Manual de Gestão Moderna

TÍTULO ORIGINAL
Manual de Gestão Moderna. Teoria e Prática

© Manuel Maçães e Conjuntura Actual Editora, 2014

Todos os direitos reservados

AUTOR
Manuel Maçães

CONJUNTURA ACTUAL EDITORA
Sede: Rua Fernandes Tomás, 76-80, 3000-167 Coimbra
Delegação: Avenida Fontes Pereira de Melo, 31 – 3º C – 1050-117 Lisboa – Portugal
www.actualeditora.pt

DESIGN DE CAPA
FBA.

PAGINAÇÃO
MA

IMPRESSÃO E ACABAMENTO
ARTIPOL - ARTES TIPOGRÁFICAS, LDA.
Março, 2018

DEPÓSITO LEGAL
438368/18

Toda a reprodução desta obra, por fotocópia ou outro qualquer processo, sem prévia autorização escrita do Editor, é ilícita e passível de procedimento judicial contra o infrator.

 GRUPOALMEDINA

BIBLIOTECA NACIONAL DE PORTUGAL – CATALOGAÇÃO NA PUBLICAÇÃO

MAÇÃES, Manuel Alberto Ramos, 1946-

Manual de gestão moderna : teoria
e prática. – 2ª ed. – (Gestão)
ISBN 978-989-694-298-4

CDU 005

Manual de Gestão Moderna

TEORIA E PRÁTICA

2018 · 2ª Edição

Manuel Mações

ÍNDICE

LISTA DAS FIGURAS	15
LISTA DAS ABREVIATURAS	19
APRESENTAÇÃO	21
INTRODUÇÃO	27

PARTE I: FUNDAMENTOS DA GESTÃO MODERNA	31
CAPÍTULO 1: INTRODUÇÃO À GESTÃO MODERNA	33
1.1. As Organizações e a Gestão	34
1.2. Definição de Gestão	35
1.3. Níveis de Gestão	35
1.4. Funções dos Gestores	38
1.5. Aptidões e Capacidades dos Gestores	39
1.6. Análise de *Stakeholders*	41
1.7. Ética e Responsabilidade Social na Gestão	43
1.8. Novas Tendências da Gestão	46
1.9. Resumo do Capítulo	47
Questões	
Estudo de casos	
Referências	
CAPÍTULO 2: DESENVOLVIMENTOS DA TEORIA DA GESTÃO	53
2.1. Teorias Clássicas da Gestão	54
2.1.1. Frederick Taylor e a Teoria da Gestão Científica	54
2.1.2. Henri Fayol e a Teoria da Gestão Administrativa	55

MANUAL DE GESTÃO MODERNA

2.1.3.	Elton Mayo e a Teoria das Relações Humanas	57
2.1.4.	Max Weber e a Teoria Burocrática	58
2.2.	Abordagens Contemporâneas	59
2.2.1.	Abordagem Quantitativa	59
2.2.2.	Abordagem Comportamental	59
2.2.3.	Abordagem Sistémica	60
2.2.4.	Abordagem Contingencial	61
2.3.	Novas Abordagens à Teoria da Gestão	62
2.3.1.	Aprendizagem Organizacional	62
2.3.2.	Gestão por Objetivos	64
2.3.3.	Gestão da Qualidade Total	66
2.3.4.	A Organização como uma Cadeia de Valor	68
2.3.5.	Gestão do Conhecimento (*Knowledge Management*)	71
2.4.	Resumo do Capítulo	72
	Questões	
	Estudo de casos	
	Referências	

CAPÍTULO 3:	MEIO ENVOLVENTE E CULTURA ORGANIZACIONAL	77
3.1.	Meio Envolvente das Organizações	78
3.1.1.	Ambiente Imediato ou Específico	79
3.1.2.	Ambiente Mediato ou Geral	82
3.2.	Gestão e Cultura Organizacional	85
3.3.	Resumo do Capítulo	89
	Questões	
	Estudo de casos	
	Referências	

CAPÍTULO 4:	ANÁLISE INTERNA	93
4.1.	Recursos, Capacidades e Vantagem Competitiva	94
4.2.	Teorias de Vantagem Competitiva	96
A.	Teoria Baseada nos Recursos	96
B.	Teoria Baseada nas Atividades	97
C.	Teoria Associada à Dificuldade de Imitação	97
D.	Teoria Baseada no Conhecimento	98
4.3.	Análise da Cadeia de Valor (*Value-Chain Analysis*)	99
4.4.	Resumo do Capítulo	103
	Questões	

Estudo de casos
Referências

CAPÍTULO 5: EMPREENDEDORISMO E INOVAÇÃO — 109

5.1.	Empreendedorismo	110
5.2.	Criatividade, Inovação e Empreendedorismo	111
5.3.	Caraterísticas dos Empreendedores	114
5.4.	Fases do Processo de Empreendedorismo	115
5.5.	Sucesso e Fracasso dos Negócios	118
5.6.	Plano de Negócios (*Business Plan*)	121
5.7.	Formas Alternativas de Empreendedorismo	124
	5.7.1. Empreendedorismo Empresarial (*Intrapreneurship*)	124
	5.7.2. Desinvestimento e Criação de *Spin-Offs*	126
	5.7.3. Franquia (*Franchising*)	126
5.8.	Empreendedorismo Social	127
5.9.	Resumo do Capítulo	128

Questões
Estudo de casos
Referências

PARTE II: GESTÃO NA PRÁTICA — 133

CAPÍTULO 6: PLANEAMENTO E GESTÃO ESTRATÉGICA — 135

6.1.	Estratégia e Planeamento	136
6.2.	Evolução e Desenvolvimento do Pensamento Estratégico	139
6.3.	Níveis e Tipos de Planeamento	141
6.4.	Gestão Estratégica	142
	6.4.1. O Processo da Gestão Estratégica	142
	6.4.2. Missão e Visão	146
	6.4.3. Objetivos	147
	6.4.4. Análise da Situação	147
	6.4.4.1. Análise SWOT	147
	6.4.4.2. Análise Estrutural da Indústria	149
	6.4.5. Formulação da Estratégia	152
	6.4.5.1. Níveis da Estratégia	152
	6.4.5.2. Estratégias ao Nível da Empresa	153
	6.4.5.3. Análise da Carteira de Negócios (*Portfolio Analysis*)	158
	6.4.5.4. Estratégias ao Nível do Negócio	168

MANUAL DE GESTÃO MODERNA

	6.4.5.5. Estratégias ao Nível Funcional	171
6.5.	Resumo do Capítulo	174
	Questões	
	Estudo de casos	
	Referências	

CAPÍTULO 7: TOMADA DE DECISÃO — 183

7.1.	Definição de Tomada de Decisão	184
7.2.	Tipos de Decisões	184
7.3.	O Processo de Tomada de Decisão	186
7.4.	Teorias da Tomada da Decisão	189
	7.4.1. Modelo Racional de Tomada de Decisão	189
	7.4.2. Teoria da Racionalidade Limitada	190
	7.4.3. O Papel da Intuição na Tomada de Decisão	191
7.5.	Tomada de Decisão em Grupo	192
7.6.	Eficácia das Decisões	194
7.7.	Resumo do Capítulo	195
	Questões	
	Estudo de casos	
	Referências	

CAPÍTULO 8: ESTRATÉGIA INTERNACIONAL — 201

8.1.	Expansão Internacional	202
8.2.	Motivações da Internacionalização	204
8.3.	Caraterísticas das Empresas Multinacionais	206
8.4.	Envolvente Internacional dos Negócios	207
8.5.	Exportação, Multinacionalização e Globalização	212
8.6.	Modelos de Internacionalização	214
	8.6.1. Modelo de Internacionalização de Uppsala	215
	8.6.2. Modelos de Internacionalização Baseados no Conceito de Inovação	220
8.7.	Principais Teorias de Internacionalização	222
	8.7.1. Teorias do Comércio Internacional	223
	8.7.2. Teorias do Investimento Internacional	226
8.8.	Formas de Entrada nos Mercados Internacionais	230
8.9.	Resumo do Capítulo	239
	Questões	
	Estudo de casos	
	Referências	

ÍNDICE

CAPÍTULO 9: MUDANÇA ORGANIZACIONAL E INOVAÇÃO   247
9.1. Organização   248
9.2. Determinantes da Estrutura Organizacional   249
9.3. Desenho de uma Estrutura Organizacional   252
9.4. Tipos de Estruturas Organizacionais   253
    9.4.1. Estrutura Funcional   254
    9.4.2. Estrutura Divisional   255
    9.4.3. Estrutura Matricial   258
9.5. Gestão da Mudança Organizacional e Inovação   260
    9.5.1. Tipos de Mudança Organizacional   262
    9.5.2. O Processo de Mudança Organizacional   263
        9.5.2.1. Metáfora das Águas Calmas   264
        9.5.2.2. Metáfora das Águas Turbulentas   265
    9.5.3. Gestão da Resistência à Mudança   265
9.6. Resumo do Capítulo   267
    Questões
    Estudo de casos
    Referências

CAPÍTULO 10: DIREÇÃO   273
10.1. Introdução   274
10.2. Motivação   275
    10.2.1. Conceito de Motivação   275
    10.2.2. Teorias da Motivação   275
        10.2.2.1. Teoria da Hierarquia das Necessidades de Maslow   276
        10.2.2.2. Teoria X e Y de McGregor   278
        10.2.2.3. Teoria da Motivação-Higiene de Herzberg   279
        10.2.2.4. Teoria das Três Necessidades de McClelland   281
        10.2.2.5. Teoria da Fixação de Objetivos   281
        10.2.2.6. Teoria da Equidade   282
        10.2.2.7. Teoria das Expectativas   283
10.3. Liderança   285
    10.3.1. Liderança e Gestão   285
    10.3.2. Teorias da Liderança   288
        10.3.2.1. Teoria dos Traços de Liderança   288
        10.3.2.2. Abordagem Comportamental da Liderança   289
        10.3.2.3. Abordagem Contingencial da Liderança   292
        10.3.2.4. Modelo de Fiedler   293

MANUAL DE GESTÃO MODERNA

10.3.2.5. Liderança Transacional e Liderança
Transformacional 294
10.3.2.6. Liderança Carismática e Liderança Visionária 297
10.4. Comunicação 298
10.4.1. Importância da Comunicação 299
10.4.2. O Processo de Comunicação 299
10.4.3. Formas de Comunicação 300
10.4.4. Comunicação Organizacional 301
10.4.5. Comunicação em Tempo de Crise 303
10.5. Resumo do Capítulo 305
Questões
Estudo de casos
Referências

CAPÍTULO 11: GESTÃO DE EQUIPAS 311
11.1. Caraterísticas do Trabalho em Equipa 312
11.2. Benefícios do Trabalho em Equipa 313
11.2.1. Redução de Custos e Aumento da Produtividade 314
11.2.2. Melhoria da Qualidade 315
11.2.3. Rapidez na Tomada de Decisão 315
11.2.4. Inovação 315
11.3. Tipos de Grupos e Equipas 316
11.4. Gestão do Desempenho das Equipas 318
11.4.1. Fases de Desenvolvimento da Equipa 319
11.4.2. Papéis do Líder e dos Membros da Equipa 320
11.5. Capacidades de Gestão de Equipas 322
11.5.1. Capacidades de Gestão do Conflito 323
11.5.1.1. Tipos de Conflitos 324
11.5.1.2. Estilos de Gestão do Conflito 325
11.5.2. Capacidades de Negociação e Resolução de Conflitos 328
11.6. Resumo do Capítulo 330
Questões
Estudo de casos
Referências

CAPÍTULO 12: ORÇAMENTAÇÃO E CONTROLO DE GESTÃO 335
12.1. Introdução 336
12.2. Importância do Controlo de Gestão 337
12.3. O Processo de Controlo 338

ÍNDICE

12.4. Níveis de Controlo   340

12.5. Tipos de Controlo   341

    12.5.1. Métodos Tradicionais de Controlo de Gestão   341

        12.5.1.1. Demonstrações Financeiras   341

        12.5.1.2. Controlo pelo Método dos Rácios   343

        12.5.1.3. Orçamentos e previsões   348

            12.5.1.3.1. Orçamentos Funcionais   349

            12.5.1.3.2. Orçamentos Fixos e Orçamentos Flexíveis   354

        12.5.1.4. O Processo de Controlo Orçamental   355

        12.5.1.5. Análise do Ponto Crítico de Vendas (*Breakeven Point*)   359

    12.5.2. Métodos Modernos de Controlo de Gestão   362

        12.5.2.1. Balanced Scorecard (BSC)   363

        12.5.2.2. Auditoria   369

        12.5.2.3. Benchmarking   370

12.6. Novas Tendências do Controlo de Gestão   371

    12.6.1. Economic Value-Added (EVA)   372

    12.6.2. Custeio Baseado na Atividade (*Activity-Based Costing-ABC*)   372

    12.6.3. Market Value-Added (MVA)   373

    12.6.4. Gestão de Risco (*Risk Management*)   374

    12.6.5. Governança da Empresa (*Corporate Governance*)   376

12.7. Resumo do Capítulo   378

    Questões

    Estudo de casos

    Referências

PARTE III: FUNÇÕES DA EMPRESA   387

CAPÍTULO 13: GESTÃO DE OPERAÇÕES   389

13.1. A Organização como um Sistema de Valor   390

13.2. O Conceito de Produtividade   392

13.3. Planeamento Estratégico do Sistema de Operações   393

    13.3.1. Planeamento do Produto ou Serviço   394

    13.3.2. Planeamento do Aprovisionamento (*Procurement*)   395

    13.3.3. Planeamento da Localização e Implantação Fabril   396

        13.3.3.1. Planeamento do Processo Produtivo   398

        13.3.3.2. Planeamento do *Layout* das Instalações Fabris   399

MANUAL DE GESTÃO MODERNA

13.4.	Controlo de Operações	399
	13.4.1. Gestão de Materiais	400
	13.4.2. Gestão Administrativa	402
	13.4.3. Gestão Económica de Inventários	402
	13.4.3.1. Principais Custos de Inventários	402
	13.4.3.2. Determinação da Quantidade Económica de Encomenda	403
13.5.	Controlo de Qualidade	406
	13.5.1. Abordagem Tradicional do Controlo de Qualidade	406
	13.5.2. Gestão da Qualidade Total	407
	13.5.3. Certificação da Qualidade	409
13.6.	Tendências Modernas da Gestão de Operações	410
	13.6.1. Gestão da Cadeia de Valor (*Value Chain Management*)	410
	13.6.2. Sistema *Just-in-Time* (JIT)	412
	13.6.3. Logística e Gestão da Distribuição	414
	13.6.4. *Enterprise Resource Planning* (ERP)	415
	13.6.5. Automação dos Processos Produtivos	416
	13.6.6. CAD/CAM/CIM	417
13.7.	Resumo do Capítulo	417
	Questões	
	Estudo de casos	
	Referências	

CAPÍTULO 14: GESTÃO DE MARKETING		425
14.1.	Conceito de *Marketing*	426
14.2.	O Processo de Marketing	428
14.3.	Evolução do Conceito de Marketing	430
14.4.	Ambiente de Marketing	431
	14.4.1. Microambiente de Marketing	432
	14.4.2. Macroambiente de Marketing	435
14.5.	Funções de Marketing	437
14.6.	Sistemas de Informação e Pesquisa de Marketing	438
	14.6.1. Gestão de Sistemas de Informação de Marketing	438
	14.6.2. Pesquisa de Marketing	440
	14.6.2.1. O Processo de Pesquisa de Marketing	440
	14.6.2.2. Pesquisa Quantitativa e Pesquisa Qualitativa	444
14.7.	Comportamento do Consumidor	444
14.8.	Segmentação, *Targeting* e Posicionamento (STP)	448
	14.8.1. Segmentação do Mercado	450

14.8.2. Seleção do Mercado Alvo (*Targeting*)	451
14.8.3. Posicionamento	453
14.9. Marketing-Mix	454
14.9.1. Produto	456
14.9.2. Preço	459
14.9.3. Distribuição	461
14.9.4. Promoção e Comunicação	464
14.9.5. Pessoas, Processo e Evidência Física	469
14.9.6. Dos 4 P's aos 4 C's	470
14.10. Novas Tendências do Marketing	471
14.10.1. Marketing Relacional (*Relationship Marketing*)	471
14.10.2. Gestão da Relação com o Cliente (CRM)	473
14.10.3. *Business Intelligence*	476
14.10.4. Marketing Digital (*Digital Marketing*)	478
14.10.5. Marketing Direto (*Direct Marketing*)	481
14.10.6. Marketing Social (*Social Marketing*)	482
14.11. Resumo do Capítulo	483
Questões	
Estudo de casos	
Referências	
CAPÍTULO 15: GESTÃO FINANCEIRA	489
15.1. O Papel da Contabilidade e da Informação Contabilística	490
15.2. Funções do Gestor Financeiro	492
15.3. A Gestão Financeira nas Organizações	494
15.4. Demonstrações Financeiras	496
15.4.1. Balanço	496
15.4.2. Demonstração dos Resultados	502
15.4.3. Demonstração dos Fluxos de Caixa	504
15.5. Análise Económico-Financeira de Empresas	506
15.6. Decisões de Investimento	516
15.6.1. Tipos de Investimentos	516
15.6.2. Tramitação de um Projeto de Investimento	516
15.6.3. Avaliação Financeira de Projetos de Investimento	517
15.7. Decisões de Financiamento	521
15.7.1. Fontes de Financiamento	522
15.7.2. Financiamento de Curto Prazo	522
15.7.3. Financiamento de Longo Prazo	525
15.7.3.1. Financiamento com Capitais Próprios	525

MANUAL DE GESTÃO MODERNA

	15.7.3.2. Financiamento com Capitais Alheios *(Corporate Finance)*	526
	15.7.4. *Project Finance* e Parcerias Público-Privadas (PPP)	530
	15.7.5. Capital de Risco, *Business Angels* e *Private Equity*	533
15.8.	Resumo do Capítulo	534
	Questões	
	Estudo de casos	
	Referências	

CAPÍTULO 16: GESTÃO DE RECURSOS HUMANOS	541
16.1. Gestão Estratégica de Recursos Humanos	542
16.2. Planeamento da Gestão de Recursos Humanos	544
16.3. Recrutamento e Seleção	547
16.3.1. Métodos e Procedimentos de Recrutamento	550
16.3.2. O Processo de Seleção	551
16.4. Orientação e Integração	553
16.5. Formação e Desenvolvimento	554
16.6. Avaliação de Desempenho	556
16.6.1. Processo de Avaliação de Desempenho	557
16.6.2. Vantagens e Problemas da Avaliação de Desempenho	559
16.6.3. Erros mais Comuns na Avaliação de Desempenho	560
16.6.4. Fontes de Avaliação de Desempenho	562
16.6.5. Métodos e Instrumentos de Avaliação de Desempenho	563
16.6.6. Entrevista de Avaliação de Desempenho	569
16.6.6.1. Objetivos da Entrevista de Avaliação de Desempenho	569
16.6.6.2. Preparação das Reuniões	570
16.6.6.3. Durante as Reuniões	572
16.6.7. Qualidades de um Sistema de Avaliação de Desempenho	574
16.7. Compensação, Incentivos e Benefícios	575
16.8. Despedimento	578
16.9. Resumo do Capítulo	580
Questões	
Estudo de casos	
Referências	

LISTA DAS FIGURAS

Figura 1.1	Níveis de Gestão	36
Figura 1.2	Níveis Hierárquicos de Gestão	37
Figura 1.3	O Processo de Gestão	39
Figura 1.4	Capacidades dos Gestores	40
Figura 1.5	Principais *Stakeholders* de uma Organização	42
Figura 2.1	A Organização como um Sistema	61
Figura 2.2	Modelo de Gestão por Objetivos	65
Figura 2.3	Cadeia de Valor Típica de um Produto Industrial	69
Figura 2.4	Gestão da Cadeia de Valor	70
Figura 2.5	Gestão do Conhecimento	71
Figura 3.1	Dimensões do Ambiente Externo	79
Figura 3.2	Tipos de Cultura Organizacional	87
Figura 3.3	Tipos de Cultura Organizacional	88
Figura 4.1	Fontes de Vantagem Competitiva Sustentável	94
Figura 4.2	Curva de Economias de Escala e Curva de Experiência	98
Figura 4.3	Cadeia de Valor Tipica de uma Indústria	100
Figura 4.4	Cadeia de Valor de Porter	101
Figura 5.1	Cadeia de Valor do Empreendedorismo	113
Figura 5.2	Fases do Processo de Empreendedorismo	117
Figura 6.1	O que é Estratégia?	136
Figura 6.2	Tipos de Estratégias de Mintzberg (1988)	137
Figura 6.3	Etapas do Processo de Planeamento Estratégico	138
Figura 6.4	Principais Etapas do Processo Estratégico	139
Figura 6.5	Níveis de Planeamento	141
Figura 6.6	Tipos de Planeamento	142
Figura 6.7	O Processo de Gestão Estratégica	143

MANUAL DE GESTÃO MODERNA

Figura 6.8	Gestão Estratégica	145
Figura 6.9	Porque Falham as Estratégias?	145
Figura 6.10	Análise SWOT	148
Figura 6.11	Modelo das Cinco Forças Competitivas de Porter	149
Figura 6.12	Formulação da Estratégia	152
Figura 6.13	Níveis de Estratégia	153
Figura 6.14	Matriz Produto-Mercado de Ansoff	157
Figura 6.15	Matriz BCG	160
Figura 6.16	Modelo BCG na Prática	162
Figura 6.17	Matriz GE/McKinsey	163
Figura 6.18	Fatores de Atratividade do Mercado	165
Figura 6.19	Fatores de Posição Competitiva	166
Figura 6.20	Matriz ADL	167
Figura 6.21	Estratégias Genéricas de Porter	169
Figura 6.22	Estratégia *Stuck in the Middle*	170
Figura 6.23	Áreas Funcionais	171
Figura 7.1	Modelo Racional de Tomada de Decisão	186
Figura 7.2	Tomada de Decisão e Funções do Gestor	189
Figura 8.1	Estratégias Corporativas Internacionais	203
Figura 8.2	Análise PESTLE	208
Figura 8.3	Análise PESTLE do Grupo McDonald's	208
Figura 8.4	Modelo de Internacionalização de Uppsala	216
Figura 8.5	Diamante de Porter	225
Figura 8.6	Ciclo de Vida do Produto	227
Figura 8.7	Estratégias de Entrada nos Mercados Internacionais	231
Figura 9.1	Organograma	249
Figura 9.2	Fatores que Afetam a Estrutura Organizacional	250
Figura 9.3	Estrutura Simples	253
Figura 9.4	Estrutura Funcional	255
Figura 9.5	Estrutura Divisional por Produtos	256
Figura 9.6	Estrutura Divisional por Áreas Geográficas	257
Figura 9.7	Estrutura Divisional por Mercados	257
Figura 9.8	Estrutura Matricial	259
Figura 9.9	Tipos de Mudança Organizacional	262
Figura 9.10	Fases do Processo de Mudança de Lewin	264
Figura 9.11	Resistência à Mudança	266
Figura 10.1	Teoria da Hierarquia das Necessidades de Maslow	276
Figura 10.2	Teoria X e Y de McGregor	278

LISTA DAS FIGURAS

Figura 10.3	Teoria da Motivação-Higiene de Herzberg	280
Figura 10.4	Modelo da Teoria das Expectativas	284
Figura 10.5	Qualidades do Líder e do Gestor	286
Figura 10.6	Distinção entre Gestão e Liderança	287
Figura 10.7	Grelha de Gestão de Blake e Mouton	291
Figura 10.8	Teoria Contingencial de Fiedler	294
Figura 10.9	A Comunicação como Função do Gestor	298
Figura 10.10	Modelo do Processo de Comunicação	300
Figura 10.11	Tipos de Comunicação Organizacional	302
Figura 10.12	Redes de Comunicação	302
Figura 11.1	Tipos de Grupos e Equipas	316
Figura 11.2	Intensidade do Conflito	324
Figura 11.3	Estilos de Gestão de Conflitos	327
Figura 12.1	Processo de Controlo	338
Figura 12.2	Definição da Amplitude de Variação Aceitável	339
Figura 12.3	Níveis de Controlo	340
Figura 12.4	Balanço Esquemático	342
Figura 12.5	Demonstração dos Resultados Esquemática	343
Figura 12.6	Rácios de Análise Financeira	344
Figura 12.7	Processo de Orçamentação	348
Figura 12.8	Orçamento Financeiro	358
Figura 12.9	Ponto Crítico de Vendas	360
Figura 12.10	Balanced Scorecard	364
Figura 12.11	Exemplo de um Mapa Estratégico	367
Figura 12.12	Folha para Selecionar Medidas do *Balanced Scorecard*	368
Figura 12.13	Gestão Baseada na Atividade e Cadeia de Valor	373
Figura 12.14	Decomposição do MVA	374
Figura 13.1	Sistema de Operações	391
Figura 13.2	Planeamento do Sistema de Operações	394
Figura 13.3	Quantidade Económica da Encomenda	403
Figura 13.4	Gestão da Cadeia de Valor	412
Figura 13.5	Sistema *Just-In-Time*	413
Figura 13.6	Logística e Cadeia de Abastecimento	414
Figura 13.7	Áreas Funcionais do ERP	415
Figura 14.1	Conceito de Marketing	427
Figura 14.2	Objetivos do Marketing	428
Figura 14.3	O Marketing como um Processo	429
Figura 14.4	Evolução do Conceito de Marketing	431

Figura 14.5	Ambiente de Marketing	432
Figura 14.6	Principais Componentes de um Sistema *Data Warehouse*	439
Figura 14.7	Etapas do Processo de Pesquisa de Marketing	440
Figura 14.8	Design de Pesquisa	441
Figura 14.9	Fontes de Recolha de Dados	443
Figura 14.10	Processo de Decisão de Compra do Consumidor	445
Figura 14.11	Decisão de Compra	446
Figura 14.12	Paradigma da Discrepância	447
Figura 14.13	Critérios de Segmentação	450
Figura 14.14	Estratégias de *Targeting*	453
Figura 14.15	Marketing-Mix	455
Figura 14.16	Teorias de Determinação dos Preços	460
Figura 14.17	Estratégias de Fixação dos Preços	461
Figura 14.18	Canais de Distribuição	463
Figura 14.19	Estratégias *Push* e *Pull*	464
Figura 14.20	Marketing Tradicional e Marketing Relacional	472
Figura 14.21	Gestão da Relação com o Cliente	473
Figura 14.22	Processo de *Data Mining*	475
Figura 14.23	Tipos de E-Commerce	478
Figura 14.24	Inputs para o Plano de Marketing Digital	480
Figura 15.1	Funções do Gestor Financeiro	492
Figura 15.2	Balanço Esquemático	497
Figura 15.3	Balanço Sintético	500
Figura 15.4	Fundo de Maneio	501
Figura 15.5	Demonstração dos Resultados Esquemática	502
Figura 15.6	Demonstração dos Resultados Sintética	504
Figura 15.7	Demonstração dos Fluxos de Caixa	505
Figura 15.8	Balanço Financeiro	507
Figura 15.9	Processo de Investimento	517
Figura 15.10	Orçamento de Tesouraria	523
Figura 16.1	Planeamento da Gestão de Recursos Humanos	546
Figura 16.2	Processo de Avaliação de Desempenho	557
Figura 16.3	Qualidades de um Sistema de Avaliação de Desempenho	575

LISTA DAS ABREVIATURAS

BI – *Business Intelligence*

B2B – *Business-to-Business*

B2C – Business-to-Consumer

CAD – *Computer-Aided Design*

CAM – *Computer-Aided Manufacturing*

CIM – *Computer-Integrated Manufacturing*

C2C – *Consumer-to-Consumer*

CEO – *Chief Executive Officer*

CFO – *Chief Financial Officer*

CRM – *Customer Relationship Management*

EBT – *Earnings Before Taxes*

EBIT – *Earnings Before Interests and Taxes*

EBITDA – *Earnings Before Interests Taxes Depreciations Amortizations*

ERP – *Enterprise Resource Planning*

EVA – *Economic Value-Added*

GRH – Gestão de Recursos Humanos

I&D – Investigação e Desenvolvimento

ISO – *International Organization Standardization*

JIT – *Just-in-Time*

MBO – *Management by Objectives*

MVA – *Market Value-Added*

QEE – Quantidade Económica de Encomenda

SCM   –   *Supply Chain Management*
SWOT   –   *Strengths, Weaknesses, Opportunities,Threats*
TIR   –   Taxa Interna de Rendibilidade
TQM   –   *Total Quality Management*
ROA   –   *Return-on-Assets*
ROI   –   *Return-on-Investment*
VAL   –   *Valor Atual Líquido*

APRESENTAÇÃO

A gestão é uma área do conhecimento das ciências sociais muito recente, na medida em que só a partir dos anos 80 ganhou a maioridade e o estatuto de autonomia relativamente à economia. Para compreendermos este fenómeno basta atentarmos no facto de que, até essa altura, apenas havia cursos de economia, contabilidade e finanças nas nossas universidades e institutos politécnicos, que continham nos seus planos de curso algumas disciplinas de áreas afins à gestão, mas não havia cursos específicos de gestão.

Nos finais do século XX e início do século XXI assistiu-se a um crescimento exponencial da gestão, seja pelo aumento das necessidades das empresas, motivado pela complexidade dos problemas que começaram a ter que enfrentar, em virtude designadamente do fenómeno da globalização e do aumento da concorrência internacional, seja pela forte atração dos candidatos pelos inúmeros programas de licenciatura e pós-graduação em gestão que proliferam pelas universidades e institutos politécnicos. Os números falam por si e os cursos de gestão são dos que motivam maior interesse dos jovens candidatos ao ensino superior e que continuam a oferecer maiores oportunidades de empregabilidade.

Presume-se, por vezes, que os bons gestores têm qualidades inatas e que apenas precisam de pôr em prática essas qualidades para serem bons gestores, relegando-se para segundo plano o estudo das teorias e técnicas de gestão. Nada de mais errado e perigoso. A gestão estuda-se e os bons gestores fazem-se aplicando na prática a teoria. Os princípios de gestão são universais, o que significa que se aplicam a todas as organizações, sejam grandes ou pequenas, públicas ou privadas, com fins lucrativos ou sem fins lucrativos. A boa gestão é necessária em todas as organizações e em todas as áreas de negócio ou níveis organizacionais.

Esta postura de se pensar que, para se ser bom gestor, basta ter bom senso e caraterísticas inatas de liderança é errada, tem um preço elevado e é responsável pelo fracasso e falência de inúmeras empresas e organizações. Ao contrário da opinião generalizada, que advoga a inutilidade dos conhecimentos teóricos, há estudos que comprovam a relação benéfica da teoria com a prática e que há inúmeros casos, em Portugal e no estrangeiro, de empresas bem geridas por executivos com forte formação teórica e académica.

Esta **miopia de gestão**, mesmo entre os gestores, justifica, por si só, a apresentação deste livro.

O objetivo deste livro é facultar a estudantes, empresários, gestores de todos os níveis e investidores, de uma forma acessível, as principais ideias e desenvolvimentos da teoria e prática da gestão. As mudanças rápidas que se verificam no ambiente dos negócios, a nível doméstico e internacional, pressionam as organizações e os gestores no sentido de procurarem novas formas de resposta aos novos desafios, com vista a melhorar o desempenho das suas organizações. Este livro visa também estimular o gosto dos estudantes e gestores pelos assuntos da gestão, ao apresentar no final de cada capítulo questões para discussão e estudo de casos específicos para cada tópico.

Ao elaborar este livro, tivemos a preocupação de ir ao encontro das necessidades que hoje se colocam aos gestores e de tornar o texto relevante e facilmente percetível por estudantes e gestores menos versados nestas matérias. Além de sistematizar os desenvolvimentos da teoria da gestão, desde a sua origem até aos nossos dias e de estudar as funções do gestor, neste livro são apresentados e discutidos os principais métodos, técnicas e instrumentos de gestão nas áreas da produção, do marketing, da gestão financeira e da gestão dos recursos humanos, para além da preocupação de fazer a ligação da teoria com a prática, mediante a apresentação de estudo de casos. Daí a razão da escolha do título...

O livro pode ser usado como um texto de apoio às disciplinas de introdução à gestão ou organização e gestão de empresas das universidades e institutos politécnicos ou como um manual prático para gestores ou quadros de empresas ou organizações públicas ou privadas. Os elementos

APRESENTAÇÃO

base do livro são os dezasseis capítulos, que são agrupados em três partes. Na primeira parte, são apresentados os fundamentos da gestão moderna; na segunda parte as funções dos gestores, como o planeamento e tomada de decisão, a organização e mudança organizacional, a direção e o controlo de gestão. Finalmente, na terceira parte, são desenvolvidas as principais áreas funcionais ou funções da empresa.

As questões no fim de cada capítulo têm como finalidade testar os conhecimentos adquiridos no estudo de cada capítulo ou desenvolver as ideias sobre o modo como os conceitos ou ferramentas de gestão podem ser aplicados na prática.

Este livro apresenta algumas particularidades e inovações relativamente aos livros que se têm publicado sobre a matéria e que o tornam ímpar no panorama editorial português sobre gestão. Em primeiro lugar, para além dos fundamentos da gestão moderna e da análise das funções dos gestores, este livro trata, com algum detalhe, as principais áreas funcionais da empresa, como a gestão de produção e operações, a gestão de marketing, a gestão financeira e a gestão de recursos humanos.

Uma importante inovação tem a ver com a interligação entre os temas tratados nos diversos capítulos, que fluem de uma forma lógica e sequencial, sempre com a preocupação de construir o edifício da gestão moderna desde os alicerces e proporcionar uma boa experiência de aprendizagem e uma cobertura compreensiva dos temas tratados.

Outra importante inovação tem a ver com o tratamento dado neste livro a temas contemporâneos de extraordinária importância e atualidade no contexto da economia portuguesa e europeia. A introdução de capítulos dedicados à problemática da internacionalização, à tomada de decisão e ao empreendedorismo, permite aos leitores fazer a conexão entre estes tópicos contemporâneos e os temas clássicos da gestão e alertar para a importância da criação de um espírito de empreendedorismo.

A chamada de atenção para a necessidade de interligação entre estratégia, ao nível da empresa e ao nível do negócio, estrutura e sistemas de controlo e o enfoque dado à estratégia ao nível de negócio, que destaca a importância de estratégias de liderança pelos custos e de diferenciação em períodos de recessão e de crescente concorrência internacional, é outra inovação que importa realçar. Destacamos também o desenvolvimento dado às estratégias ao nível funcional, pelo impacto que têm na inovação e na melhoria da qualidade.

MANUAL DE GESTÃO MODERNA

Finalmente, neste livro são apresentadas, de uma forma amigável e facilmente compreensível por estudantes e por pessoas menos versadas em temas de gestão, as novas tendências da gestão de operações, como a gestão da qualidade total (TQM), sistemas *just-in-time*, logística, automação, ERP e CAD/CAM/CIM e as novas tendências do marketing, como marketing relacional, gestão da relação com o cliente (CRM), *business intelligence*, marketing digital e marketing social.

ESTRUTURA DO LIVRO

O livro está estruturado em três partes e dezasseis capítulos. Na primeira parte, que inclui os capítulos um a cinco, são apresentados os fundamentos da gestão moderna, com os desenvolvimentos da teoria da gestão, desde as teorias clássicas às novas tendências da gestão, a descrição do meio envolvente externo onde as organizações desenvolvem a sua atividade e a análise interna, designadamente as teorias da vantagem competitiva e a análise da cadeia de valor.

A segunda parte será dedicada à análise das principais funções dos gestores, desde o planeamento e tomada de decisão ao controlo de gestão, passando pela organização e direção. Pela sua importância e atualidade, será dedicado um capítulo à análise da estratégia internacional dos negócios, designadamente as teorias da internacionalização e do comércio internacional e as formas de entrada nos mercados externos. Esta segunda parte é constituída pelos capítulos seis a doze.

Finalmente, na terceira parte deste livro, formada por quatro capítulos, serão tratadas as principais áreas funcionais ou funções da empresa, designadamente os fundamentos, atribuições, métodos, técnicas e instrumentos da gestão de operações, gestão de marketing, gestão financeira e gestão de recursos humanos.

AGRADECIMENTOS

Muitos colegas e amigos contribuíram direta ou indiretamente para a realização desta obra, designadamente colegas das Universidades do Minho e Universidade Lusíada do Porto. Pelas suas valiosas contribuições, que muito contribuíram para o enriquecimento do livro, aqui deixo os meus agradecimentos sinceros.

Aos responsáveis da Livraria Almedina e muito especialmente ao seu editor Pedro Bernardo que, pela sua competência e dedicação, contribuíram decisivamente para a realização do livro, gostaria de deixar o mais profundo agradecimento.

Por fim, gostaria de agradecer especialmente à minha família pelo apoio que me deram para a conclusão deste trabalho.

INTRODUÇÃO

O sucesso de qualquer organização depende não apenas da dedicação de todos os seus colaboradores ou do acerto nos produtos e nos mercados, mas também do bom desenho dos processos estratégicos, operacionais e administrativos, de uma boa gestão dos recursos financeiros e da qualidade dos recursos humanos.

Contudo, a economia dinâmica, altamente competitiva e global dos nossos dias, coloca aos gestores novos desafios e a exigência de novas competências. Os gestores, para além da gestão interna das suas organizações, têm também que gerir uma série complexa de relações externas com clientes, fornecedores, concorrentes, instituições financeiras e organismos públicos, bem como lidar com as oportunidades e ameaças que são apresentadas pelo mercado e pelo meio envolvente, como as mudanças rápidas da tecnologia, as alterações dos gostos e necessidades dos consumidores, a instabilidade económica e questões de defesa do meio ambiente e de ética e responsabilidade social das organizações.

A busca da melhor forma de dirigir uma empresa tem estado, desde há muito, no centro das preocupações dos académicos e dos gestores. Para uma boa gestão, é necessário tomar decisões acertadas e para tomar boas decisões é necessário conhecer bem o que é e o que deve ser uma empresa, obter a informação necessária para tomar decisões e saber interpretar essa informação. Para além da gestão técnica dos recursos e do conhecimento e o aproveitamento das oportunidades do mercado, há também que cuidar da parte humana das organizações, que é a que dificulta em maior grau uma boa gestão.

Neste livro, vamos estudar os diferentes processos administrativos que se desenvolvem numa empresa, descrevendo as principais funções dos gestores, o fluxo de informação de entrada e saída nos processos de fabrico e os indicadores de gestão. Com o objetivo de obter uma visão global da empresa, vamos estudar as principais funções da empresa, como a gestão de operações, a gestão financeira, a gestão de marketing e a gestão de recursos humanos, com análise das principais inter-relações que ocorrem dentro de uma empresa.

Tem-se escrito muito sobre o que é gerir e podemos encontrar diferentes definições de gestão. Para efeitos deste trabalho, consideram-se as duas seguintes definições de gestão:

"Gerir é tomar decisões".
"Gerir é obter resultados através das pessoas, conseguindo que os trabalhadores se encontrem motivados e satisfeitos".

Uma boa gestão passa pela realização, de forma eficaz e eficiente, das seguintes funções:

- **Planeamento** – determinação dos objetivos a atingir, definição das estratégias e ações a desenvolver que permitam alcançar esses objetivos e planificação dos recursos necessários.
- **Organização** – distribuição das tarefas e dos recursos entre os membros da organização de modo a que os objetivos definidos sejam alcançados.
- **Direção** – está relacionada com os processos de gestão das pessoas na organização. Dirigir significa liderar e motivar os trabalhadores, selecionar o canal de comunicação mais adequado e resolver os conflitos dentro da organização.
- **Controlo** – é a função da gestão que assegura que os objetivos são executados conforme planeado. Consiste na monitorização e avaliação do desempenho da organização, na comparação com os objetivos planeados e na tomada de medidas correctivas, no caso de se verificarem desvios significativos.

Na primeira parte deste livro, são apresentados os fundamentos da gestão moderna, que consistem em saber o que é e o que dever ser uma empresa, quais as funções dos gestores e que capacidades devem ter para desempenhar de forma eficaz e eficiente as suas funções. Para uma boa gestão, é necessário que os gestores, a todos os níveis, desde o CEO, diretor geral, diretores e gerentes, aos chefes de serviço e chefes de secção, saibam a missão da empresa (o que se pretende da organização) para tomarem as decisões adequadas aos objetivos da organização.

Como gerir é obter resultados através do trabalho dos membros da organização e como o trabalho dos gestores é dirigir e coordenar as atividades dos colaboradores de modo a atingirem os objetivos definidos, na segunda parte deste livro são estudadas as funções dos gestores e aprofundado o conceito de direção, descobrindo as suas principais facetas – motivação, liderança e comunicação.

A terceira parte deste livro centra-se na discussão das principais funções da empresa, como a gestão de operações, a gestão financeira, a gestão de marketing e a gestão de recursos humanos. Em cada área funcional são descritos os objetivos, os processos administrativos, os fluxos de informação e inter-relações entre as diversas áreas e discutidas as principais técnicas e instrumentos específicos de cada área de gestão.

PARTE I
FUNDAMENTOS DA GESTÃO MODERNA

Capítulo 1
Introdução à Gestão Moderna

As atividades económicas constituem o motor da economia de um país, sendo as empresas as entidades responsáveis pela transformação dos fatores de produção em bens e serviços. Para alcançar os seus objetivos, as organizações devem ser capazes de utilizar, de forma eficaz e eficiente, os recursos que lhes estão alocados. Para isso precisam de gestão.

Neste capítulo, procuramos explicar o que é a gestão, o que é um gestor, quais as funções dos gestores e quais as capacidades e aptidões dos gestores para desempenharem adequadamente as suas funções. Vamos também entender o que é uma organização e porque é necessário estudar gestão. Serão também analisadas as tendências atuais da gestão e destacada a importância da ética e da responsabilidade social no mundo dos negócios.

OBJETIVOS DE APRENDIZAGEM

Depois de ler e refletir sobre este capítulo, o leitor deve ser capaz de:
- Perceber a importância e o papel da gestão.
- Compreender os conceitos de gestão e de gestor.
- Explicar a diferença entre os conceitos de eficácia e eficiência e a sua importância para o desempenho organizacional.
- Diferenciar os diferentes níveis de gestão e perceber as tarefas e responsabilidades de cada um deles.

FUNDAMENTOS DA GESTÃO MODERNA

- Identificar e descrever as capacidades ou aptidões do gestor e a sua relevância para a gestão.
- Distinguir entre planeamento, organização, direção e controlo.
- Discutir o papel dos *stakeholders*.
- Definir responsabilidade social em termos que reflitam o papel das empresas na sociedade.
- Identificar as várias ações que os gestores devem tomar para assegurar que as suas organizações têm comportamentos éticos.
- Discutir as novas tendências da gestão.

Conceitos chave
Gestão, organização, níveis de gestão, funções de gestão, capacidades dos gestores, papel dos stakeholders, *ética e responsabilidade social.*

1.1. AS ORGANIZAÇÕES E A GESTÃO

As organizações são grupos estruturados de pessoas que se juntam para atingirem objetivos comuns. Podem ser organizações formais, como o caso de uma empresa, ou informais, como um grupo de pessoas que se juntam para realizar um objetivo específico.

As organizações, independentemente da sua forma e atividade, partilham algumas caraterísticas comuns. Em primeiro lugar, todas as organizações têm objetivos distintos. Os objetivos são variados, desde produzir bens ou serviços, proporcionar lucro aos proprietários, proporcionar rendimento aos seus colaboradores, até atender às necessidades culturais, sociais ou espirituais da sociedade. Em segundo lugar, todas as sociedades são constituídas por pessoas. Sem elas, as organizações não têm quem tome decisões nem quem execute as tarefas tendentes à realização dos objetivos. As organizações têm uma estrutura deliberada que define e delimita os comportamentos e responsabilidades dos seus membros.

Num mundo cada vez mais global e competitivo, o sucesso das organizações depende da qualidade da sua gestão. São os gestores quem estabelece os objetivos, formula a estratégia e guia a empresa no sentido de atingir os objetivos definidos. São também eles quem prepara a organização para a mudança, procurando adaptá-la a um meio envolvente cada vez mais dinâmico e competitivo. O sucesso ou insucesso das organizações depende da qualidade da sua gestão.

1.2. DEFINIÇÃO DE GESTÃO

Com o aparecimento das organizações, surge a necessidade de gestão. A gestão é o processo de coordenar as atividades dos membros de uma organização, através do planeamento, organização, direção e controlo dos recursos organizacionais, de modo a atingir, de forma eficaz e eficiente, os objetivos estabelecidos. Da definição de gestão resultam duas ideias fundamentais:

1. As funções de planeamento, organização, direção e controlo.
2. Atingir os objetivos organizacionais de forma eficaz e eficiente.

A eficiência é a capacidade de conseguir o máximo de resultados (*outputs*) com o mínimo de recursos (*inputs*). É uma medida da relação entre os resultados alcançados e os recursos consumidos. Quanto maior for a produtividade de uma organização, mais eficiente ela será. A eficiência focaliza-se nos meios. Uma elevada eficiência significa um baixo desperdício de meios e recursos.

A eficácia é a capacidade de executar as atividades da organização de modo a alcançar os objetivos pretendidos. Focaliza-se nos fins. O desafio da gestão é que seja eficaz e eficiente.

Apesar das diferenças entre os conceitos de eficácia e eficiência, eles estão correlacionados. Sem eficácia, a eficiência é inútil, pois a organização não consegue atingir os objetivos a que se propõe. Por outro lado, é fácil ser eficaz quando não se é eficiente, visto que desperdiça recursos. Neste caso, a organização atinge os objetivos, mas fá-lo com custos muito elevados, podendo mesmo dar-se o caso de ser preferível não atingir os objetivos a acumular prejuízos. A boa gestão é aquela que é eficaz e eficiente na utilização dos recursos de que dispõe.

1.3. NÍVEIS DE GESTÃO

Gerir é obter resultados através das pessoas. Os gestores são os membros da organização que coordenam as atividades dos outros membros da organização e têm como função conduzir os negócios de forma a atingir os objetivos. São eles quem decide onde e como aplicar os recursos da organização, de modo a assegurar que os objetivos sejam atingidos de forma eficaz e eficiente.

FUNDAMENTOS DA GESTÃO MODERNA

Apesar de todos os gestores planearem, organizarem, liderarem e controlarem, nem todos têm o mesmo grau de responsabilidade para estas atividades. Assim, é útil classificar os gestores de acordo com os níveis e áreas de responsabilidade. As organizações normalmente têm três níveis de gestão: **gestão de topo** (*top management*), **gestão intermédia** (*middle management*) e **gestão de primeira linha** (*first-line management*) (Figura 1.1). A generalidade das organizações, como seria de esperar, tem mais gestores intermédios do que gestores de topo e mais gestores de primeira linha do que gestores intermédios.

Figura 1.1 Níveis de Gestão

Os gestores de topo são responsáveis pelo desempenho de toda a organização. Estabelecem os objetivos organizacionais, como que produtos e serviços produzir, como devem interagir os diferentes departamentos e monitorizam como os gestores intermédios de cada departamento usam os recursos para atingir os objetivos. Em última instância, os gestores de topo têm a responsabilidade máxima da organização e são responsáveis pelo desempenho e pelo sucesso ou insucesso da organização. São gestores de topo o presidente (*Chairman*), os vice-presidentes e os membros do conselho de administração (*board of directors*), o CEO (*Chief Executive Officer*) e o diretor geral.

Abaixo dos gestores de topo situam-se os gestores intermédios, que assumem também posições de considerável autonomia e importância dentro da organização. Os gestores intermédios supervisionam os gestores de primeira linha e são responsáveis pela implementação da estratégia e por encontrar a melhor forma de organizar os recursos humanos e outros recursos, para atingir os objetivos organizacionais estabelecidos pela gestão de topo. Por exemplo, se a gestão de topo decidir introduzir um novo produto ou reduzir os custos em X%, os gestores intermédios são os primeiros responsáveis sobre o modo como atingir esses objetivos. São gestores intermédios os responsáveis das áreas funcionais da empresa, como o diretor de produção, o diretor financeiro, o diretor de marketing e o diretor de recursos humanos, entre outros.

Na base da hierarquia situam-se os gestores de primeira linha, que são responsáveis pela supervisão do trabalho dos não gestores que reportam diretamente a eles. São exemplos de gestores de primeira linha os supervisores de equipas de produção, supervisores do controlo de qualidade, os chefes de vendas, os chefes da contabilidade, os gestores de produto e os gestores de projeto.

Os gestores podem ser classificados pelo nível hierárquico que ocupam na organização e pelo âmbito das funções ou atividades pelas quais são responsáveis. Tendo presente a posição que ocupam na estrutura organizacional, é possível distinguir três níveis hierárquicos de gestão: **nível estratégico, nível tático e nível operacional** (Figura 1.2):

Figura 1.2 Níveis Hierárquicos de Gestão

O **nível estratégico**, o mais elevado da hierarquia organizacional, é composto pelos gestores de topo, que são responsáveis pelas decisões que envolvem toda a organização e pelo estabelecimento dos planos e objetivos de longo prazo para toda a organização. Têm a responsabilidade máxima da empresa. São igualmente responsáveis pela interação entre a organização e o meio envolvente.

O **nível tático** é constituído pelos gestores intermédios (*middle managers*) que são os gestores situados entre os gestores de primeira linha e os gestores de topo e coordenam a atividade dos gestores de primeira linha (*first-line managers*).

O **nível operacional** é o mais baixo da hierarquia da organização e é constituído pelos gestores de primeira linha. São pessoas que gerem o trabalho dos não gestores e que estão diretamente envolvidos com a produção (por ex: supervisores, coordenadores de projeto, os gestores de comunicação, gestor de vendas e gestor de produtos, etc.). Estes gestores atuam ao nível operacional e tomam decisões de curto prazo, orientadas para a execução de atividades operacionais.

Existem gestores em todos os níveis da organização. É a coordenação entre todos os gestores que garante o sucesso da organização.

1.4. FUNÇÕES DOS GESTORES

Apesar de se situarem em diferentes níveis hierárquicos da organização, todos os responsáveis que exercem funções em cada um dos níveis indicados no ponto anterior são gestores, porque exercem as seguintes funções de gestão:

- **Planeamento** – consiste na definição de objetivos, na formulação de estratégias para alcançar os objetivos e no desenvolvimento de planos para integrar e coordenar as atividades. O planeamento pode ser de longo prazo, como o planeamento estratégico ao nível da empresa, ou de curto prazo, como a elaboração de orçamentos nas diversas áreas da empresa. O planeamento de longo prazo implica um horizonte temporal da ordem dos cinco anos, mas pode atingir dez ou mesmo vinte anos em determinadas indústrias, como a extração de petróleo ou indústrias farmacêuticas. O planeamento de curto prazo pode ir do imediato até um ano.
- **Organização** – é a função de gestão que determina as tarefas que devem ser efetuadas, quem as deve executar, como se agrupam, quem reporta a quem e onde as decisões são tomadas. Envolve a

organização detalhada e a coordenação de tarefas e dos recursos humanos e materiais necessários para levar a cabo essas tarefas.
- **Direção** – esta função está relacionada com a gestão das pessoas na organização. Consiste em liderar e motivar todas as partes envolvidas e tratar os problemas de comportamento dos colaboradores.
- **Controlo** – é a função de gestão que consiste em monitorizar as atividades e assegurar que estão a ser executadas conforme planeado, bem como encontrar e explicar as diferenças entre o planeado e o realizado (análise dos desvios) e desencadear as ações corretivas necessárias para manter ou melhorar o desempenho.

Para o sucesso de uma organização, todas as funções de gestão devem ser executadas de forma integrada e não sequencial (Figura 1.3):

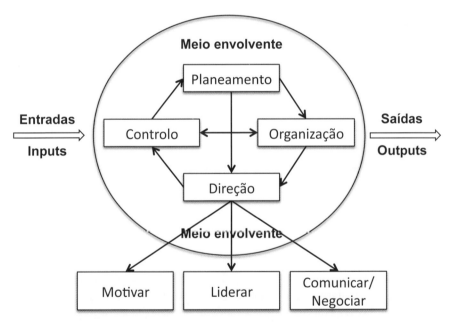

Figura 1.3 O Processo de Gestão

1.5. APTIDÕES E CAPACIDADES DOS GESTORES

Para desempenharem os diferentes papéis pelos quais são responsáveis, os gestores, para além da qualidade fundamental que se exige a qualquer decisor, que é o bom senso, devem possuir as seguintes capacidades ou aptidões: **capacidades concetuais, capacidades humanas e capacidades técnicas** (Figura 1.4):

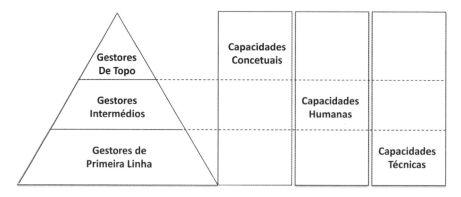

Figura 1.4 Capacidades dos Gestores

As **capacidades concetuais** estão relacionadas com a capacidade dos gestores para resolver situações complexas e coordenar as atividades da organização. Têm mais importância para os gestores de topo. São estas capacidades que permitem aos gestores ver a organização como um todo, compreender as relações entre as diversas unidades da organização, visualizar a forma como a organização se adequa ao meio envolvente e tomar decisões mais acertadas e inovadoras.

As **capacidades humanas** dizem respeito à capacidade dos gestores para trabalhar e comunicar com outras pessoas ou grupos, entendendo-as, motivando-as e liderando-as. Atendendo a que o trabalho de um gestor consiste na realização de objetivos através das pessoas, as capacidades humanas são cruciais para o seu bom desempenho. As capacidades humanas são fundamentais em todos os níveis de gestão, na medida em que todos os gestores gerem pessoas. A nível da gestão de topo, as capacidades humanas são também fundamentais para estabelecer relações com os grupos de interesse externos à organização e para conseguir agregar e motivar os membros internos em torno da estratégia da organização.

As **capacidades técnicas** estão relacionadas com a capacidade do gestor para usar ferramentas, procedimentos, técnicas e conhecimentos especializados (*know how*) relativos à área de sua especialização e responsabilidade. As capacidades técnicas devem existir a todos os níveis hierárquicos, embora tenham mais importância para os gestores de primeira linha. Para os gestores de topo, as capacidades técnicas devem situar-se ao nível do conhecimento da indústria, do mercado e dos processos e produtos da organização. Para um gestor intermédio, as capacidades técnicas dizem respeito ao conhecimento especializado da área funcional de que é responsável, por exemplo, um diretor financeiro deve ter conhecimentos de contabilidade, finanças e gestão financeira.

As três capacidades são relevantes para o desempenho de qualquer gestor, mas a sua importância depende do nível organizacional do gestor na organização. Para os gestores de topo, que têm responsabilidades ao nível estratégico, as capacidades concetuais são mais preponderantes, uma vez que o seu desempenho depende da sua capacidade para formular estratégias e tomar decisões que afetam toda a organização. Por sua vez, as capacidades técnicas são mais importantes aos níveis hierárquicos mais baixos, pois os gestores estão envolvidos em processos e atividades específicas. As capacidades humanas são importantes em todos os níveis hierárquicos, já que todos os gestores trabalham com pessoas e coordenam as suas atividades. A Figura 1.4. ilustra o grau de importância de cada uma das capacidades dos gestores de acordo com o nível organizacional.

1.6. ANÁLISE DE *STAKEHOLDERS*

Stakeholders são grupos, indivíduos ou organizações, que influenciam e são diretamente influenciados pelas práticas de uma organização e que, de alguma forma, comparticipam e se apoderam de uma parcela do valor criado pela organização sob a forma de ordenados, dividendos, impostos, juros, prémios e comparticipações.

Os *stakeholders* podem ser internos ou externos. Os grupos externos que influenciam ou são influenciados diretamente pela ação da organização são os fornecedores, os concorrentes, os clientes, as entidades governamentais e as instituições financeiras, entre outros. Os *stakeholders* internos são os empregados, os acionistas e a administração da organização, que também influenciam ou são influenciados pela atividade da organização. A Figura 1.5 identifica os principais grupos de *stakeholders* e quais as suas principais expectativas sobre a organização:

FUNDAMENTOS DA GESTÃO MODERNA

Figura 1.5 Principais *Stakeholders* de uma Organização

A análise de *stakeholders* consiste na identificação e avaliação dos *stakeholders* da organização. São vários os *stakeholders*, mas as organizações concentram fundamentalmente a sua atenção nos seguintes grupos: clientes, colaboradores, acionistas, fornecedores, instituições financeiras e comunidades locais, onde a organização desenvolve a sua atividade.

A análise dos *stakeholders* pode ser feita num processo de três etapas. A primeira etapa consiste em identificar os principais *stakeholders*, ou seja, os que têm uma ligação direta com a organização e que têm poder negocial bastante para afetar diretamente as atividades da organização. Os principais *stakeholders* são diretamente afetados pela organização e incluem usualmente os clientes, os colaboradores, os acionistas e as instituições financeiras. As empresas comerciais conhecem usualmente os seus *stakeholders* principais e sabem o que pretendem da organização.

As organizações devem monitorizar sistematicamente os seus *stakeholders* porque são importantes para satisfazerem as suas responsabilidades económicas e legais. Os clientes querem produtos bons e que justifiquem o preço pago. Os acionistas querem dividendos e valorização das suas ações. Os fornecedores querem encomendas previsíveis e que paguem atempadamente as faturas. As instituições financeiras querem que paguem os juros e reembolsem o capital. No normal desenvolvimento dos negócios, a relação entre a empresa e cada um dos principais *stakeholders* é regulada por acordos verbais ou escritos e pelas leis.

A segunda etapa na análise de *stakeholders* é identificar os *stakeholders* secundários, que são os que têm apenas uma relação indireta com a empresa mas são também afetados pelas atividades da empresa. Incluem usualmente as organizações não-governamentais, as comunidades locais, as associações patronais e sindicais, concorrentes e organismos governamentais. Como as relações entre a empresa e cada um destes *stakeholders* não é regulamentada por qualquer acordo verbal ou escrito, há aqui um espaço para mal entendidos e desentendimentos. Com exceção dos concorrentes, estes *stakeholders* não são usualmente monitorizados de uma forma sistemática pela organização.

A terceira etapa é estimar o efeito em qualquer grupo de *stakeholders* de decisões estratégicas da organização. Como normalmente as principais decisões da empresa são de natureza económica, pode haver a tendência para ignorar ou secundarizar os *stakeholders* secundários. Todavia, para preencher integralmente as suas responsabilidades sociais e a ética, as empresas devem considerar as necessidades e desejos dos *stakeholders* secundários nas suas decisões estratégicas, como, por exemplo, avaliar o que perdem ou ganham grupos específicos de *stakeholders* ou que outras alternativas existem para compensar as perdas que possam existir.

As organizações devem gerir as relações com os *stakeholders* de uma forma proativa, em função da sua importância para a organização, estabelecendo acordos e parcerias para alcançar os objetivos comuns. Se o *stakeholder* é importante para a organização, como acontece com os acionistas, as organizações devem gerir diretamente a relação com o *stakeholder*, através dos seus departamentos de relações públicas. Se a sua importância não é crítica, então a organização deve acompanhar e monitorizar de forma proativa as suas expectativas, sem necessidade de um acompanhamento direto e permanente.

1.7. ÉTICA E RESPONSABILIDADE SOCIAL NA GESTÃO

Ética refere-se ao comportamento individual dos gestores e dos colaboradores no local de trabalho, enquanto a responsabilidade social das organizações se refere às diversas formas pelas quais as organizações procuram

FUNDAMENTOS DA GESTÃO MODERNA

balancear os seus interesses com os dos grupos e indivíduos mais relevantes da sociedade em que se inserem. Responsabilidade social é a preocupação que as organizações devem ter com a proteção social e com a realização de ações que promovam e melhorem o desenvolvimento económico, cultural e social das populações. Podem contribuir para programas locais, como apoio ao clube local, às instituições de solidariedade social, ou promoverem atividades culturais ou desportivas da região.

Existem duas visões de responsabilidade social:

- **Visão clássica** – as empresas existem para dar lucro, pagam os seus impostos e isso socialmente chega pelo efeito redistributivo dos impostos. Por essa via estão a contribuir para a sociedade.
- **Visão contemporânea** – as empresas devem ter em atenção que dependem da sociedade em geral e do meio em que estão inseridas, em termos de mercados, pelo que devem preocupar-se com a promoção de atividades de cariz social.

Há fundamentalmente quatro áreas onde a responsabilidade social levanta mais preocupações:

- **Responsabilidade para com os consumidores** – a empresa não deve atuar contra os seus clientes, causando-lhes perdas e perda de confiança. Por exemplo, deve assegurar a qualidade dos produtos, praticar preços justos, dar informação adequada sobre os produtos, ter ética na publicidade.
- **Responsabilidade para com os empregados** – a empresa deve salvaguardar os direitos dos trabalhadores, segurança no trabalho, salários justos, desenvolvimento dos trabalhadores.
- **Responsabilidade para com os investidores** – os gestores podem abusar das suas responsabilidades para com os investidores de diversas formas:

  □ Um comportamento irresponsável significa desperdiçar recursos financeiros e outros da empresa, prejudicando os acionistas que não recebem os dividendos a que teriam direito.
  □ Outra forma de abuso é o *inside trading*, que consiste em usar informação confidencial em proveito próprio, como, por exemplo, comprar ou vender ações, usando informação privilegiada que têm sobre a empresa.

INTRODUÇÃO À GESTÃO MODERNA

- **Responsabilidade para com a sociedade e o ambiente** – a empresa deve controlar a poluição do ar, da água e dos terrenos, dar tratamento adequado aos afluentes e resíduos tóxicos, higiene, segurança, reciclagem de embalagens.

A ética nos negócios tem a ver com os comportamentos e a tomada de decisões dos gestores, tendo como pano de fundo o conceito de moralidade aplicada aos negócios. A ética nos negócios assume um papel determinante no sucesso da relação da organização com o meio envolvente e com a sociedade. Os escândalos recentes em algumas das maiores empresas mundiais, nomeadamente empresas americanas e até em empresas nacionais do setor bancário, reforçam a relevância do tema no atual contexto da gestão. A adoção de comportamentos éticos passou a ser uma exigência das sociedades modernas. Cada vez mais as questões relacionadas com a ética e a moral das práticas empresariais têm vindo a assumir uma importância crescente como elementos decisivos no processo de tomada de decisão.

A ética na gestão empresarial preocupa-se com a verdade e a justiça e tem a ver com os seguintes fatores:

- As expectativas da sociedade.
- A concorrência leal.
- A publicidade.
- As relações públicas.
- A responsabilidade social.
- A liberdade do consumidor.
- O comportamento da empresa.

Para evitar comportamentos não éticos ou mesmo ilegais, quer dos gestores quer dos colaboradores, muitas empresas têm vindo a tomar medidas para encorajar comportamentos éticos nas organizações. Têm elaborado códigos de conduta ou códigos deontológicos sobre a forma como a organização e os colaboradores se devem comportar nos negócios, mas a forma mais efetiva de assegurar comportamentos éticos na organização é criar uma cultura organizacional assente em padrões de comportamento, com forte empenhamento da gestão e difundir essa conduta por todos os membros da organização. A melhor forma de formalizar o empenhamento da gestão nas práticas de ética de gestão é adotar códigos de conduta escritos e instituir programas éticos que encorajem comportamentos

FUNDAMENTOS DA GESTÃO MODERNA

éticos e que devem ser reportados comportamentos ou atividades menos éticas.

Enquanto a ética nos negócios está usualmente relacionada com dilemas éticos pelos gestores como indivíduos, a responsabilidade social está usualmente relacionada com as consequências éticas de políticas e procedimentos da organização.

1.8. NOVAS TENDÊNCIAS DA GESTÃO

As funções e responsabilidades dos gestores têm vindo a mudar drasticamente desde o dealbar do século XXI. Atualmente, as ideias, as informações, as pessoas, os capitais e os produtos deslocam-se muito rapidamente, o que coloca novos problemas e novos desafios aos gestores. Os gestores do século XXI precisam de ter uma visão global do mundo dos negócios e não se limitarem ao mercado tradicional dos seus produtos ou serviços.

O ambiente de incerteza e de constantes mudanças, que se verificam nos nossos dias, tem um impacto determinante no trabalho dos gestores, colocando-lhes uma forte pressão no sentido aumentarem a eficácia e a eficiência na utilização dos recursos. Os gestores de topo são cada vez mais encorajados a estimular os gestores de níveis inferiores no sentido de atingirem os objetivos dos seus departamentos e procurarem novas oportunidades para aumentar a rendibilidade da organização.

Os dois principais fatores que têm contribuído para estas mudanças são a concorrência global, motivada pelo fenómeno da globalização e os avanços nas tecnologias de informação. As **novas tecnologias de informação** (TIC's) possibilitam aos gestores, de todos os níveis e em todas as áreas, ter acesso a mais e melhor informação e melhorar as suas capacidades para planear, organizar, liderar, comunicar e controlar. As novas TIC's também proporcionam aos empregados mais informação relacionada com o seu trabalho, o que lhes permite estar melhor preparados, mais especializados e mais produtivos.

A outra mudança que mais tem afetado a gestão das organizações é o fenómeno da **globalização**. A globalização, apesar de proporcionar novas oportunidades às organizações, como o acesso ao capital, a novas tecnologias e o alargamento a novos mercados para onde podem escoar os seus produtos, coloca também algumas ameaças, como o aumento da competitividade e a existência de uma clientela cada vez mais exigente.

INTRODUÇÃO À GESTÃO MODERNA

A **diversidade cultural** é outra realidade que coloca também novos desafios aos gestores, obrigando-os a entender diferentes modelos culturais, de modo a não ferir os princípios e respeitar os costumes e tradições dos mercados para onde pretendem expandir os seus negócios. A diversidade da força do trabalho, que se caracteriza por uma crescente heterogeneidade, como a existência de cada vez mais mulheres no trabalho, minorias étnicas, empregados mais idosos que trabalham mais tempo antes da reforma, crescente procura de produtos relacionados com os mais idosos, coloca também novos problemas aos gestores.

O **empreendedorismo**, que se define como o processo de iniciar novos negócios, geralmente em resposta a oportunidades do mercado, é também um novo desafio que se coloca aos gestores. Empreendedores são pessoas que assumem o risco do seu próprio negócio e empreendedorismo é o processo de detetar oportunidades de negócio.

Num mundo globalizado como o que vivemos, aos gestores do século XXI colocam-se os seguintes desafios, para os quais o presente livro procura encontrar respostas:

1. Construir e manter vantagem competitiva sustentável.
2. Manter elevados padrões de ética e responsabilidade social.
3. Gerir uma força de trabalho diversificada.
4. Utilizar novas tecnologias e sistemas de informação.

Vantagem competitiva é a capacidade de uma organização obter melhor desempenho que os seus concorrentes porque produz bens e serviços de forma mais eficaz e eficiente. O uso de novas tecnologias de informação, como a internet e o e-commerce, permite aos gestores e aos trabalhadores obter melhores desempenhos nas suas funções, qualquer que seja o nível hierárquico na organização. É hoje imperativo das melhores empresas a busca de novas tecnologias de informação que as possa ajudar a construir vantagem competitiva sustentável.

1.9. RESUMO DO CAPÍTULO

Neste capítulo apresentámos os princípios fundamentais da gestão das organizações. Gestão é o processo de coordenar as atividades de uma organização através das pessoas, de modo a que sejam desempenhadas de forma eficaz e eficiente. O processo de gestão é composto por quatro

FUNDAMENTOS DA GESTÃO MODERNA

atividades interrelacionadas, como o planeamento, a organização, a direção e o controlo.

Para desempenhar a sua atividade, os gestores devem possuir determinadas capacidades e aptidões, que variam de acordo com a posição que ocupam na hierarquia da organização. As capacidades concetuais são as mais importantes para um gestor de topo, ao passo que as capacidades técnicas são as mais importantes para os níveis mais baixos da hierarquia, Como a função dos gestores é atingir os objetivos organizacionais através das pessoas, todos os gestores lidam com pessoas, pelo que todos devem ter capacidades humanas.

Mas as funções dos gestores têm vindo a mudar drasticamente nos últimos anos, em virtude do aumento da concorrência global, motivado pelo fenómeno da globalização e dos avanços das tecnologias de informação.

O ambiente de incerteza e de mudanças rápidas no meio envolvente tem um impacto decisivo no trabalho dos gestores, colocando novos desafios cada vez mais exigentes. Para os enfrentar, os gestores devem ter novas competências de gestão para as quais a gestão moderna procura encontrar respostas.

QUESTÕES

1. *O que entende por gestão e quais as funções dos gestores?*
2. *O que é mais importante no desempenho organizacional: a eficácia ou a eficiência? Podem os gestores melhorá-las simultaneamente?*
3. *Quais os níveis de gestão existentes nas organizações? Dê exemplos de gestores em cada um dos níveis.*
4. *Que ameaças e oportunidades a globalização e a diversidade cultural no local de trabalho podem trazer à gestão?*
5. *Comente a seguinte afirmação:*
   "Um professor diz aos seus alunos que o objetivo de estudar gestão é ensinar gestão e não a serem gestores". Concorda? Justifique.
6. *Quem são os principais stakeholders de uma organização? Quem são os principais stakeholders com que a maioria dos negócios se deve relacionar?*
7. *Faça a distinção entre ética e responsabilidade social das organizações?*
8. *O que significa ser um empregador socialmente responsável? Quais são os benefícios para uma empresa que decide dar uma grande prioridade à responsabilidade social?*
9. *Qual a relação entre governança e responsabilidade social das empresas?*

INTRODUÇÃO À GESTÃO MODERNA

10. *Na sua opinião, que área de responsabilidade social é mais importante? Justifique.*
11. *Quais são as principais áreas de responsabilidade social com que os negócios devem estar relacionados?*
12. *Quais são as quatro principais áreas onde a responsabilidade social deve estar presente.*

ESTUDO DE CASO 1.1

A Empresa Portuguesa de Eletrodomésticos, S.A. é uma empresa de média dimensão localizada o Norte do País, que se dedica à produção e comercialização de electrodomésticos. Apesar de se ter transformado recentemente em sociedade anónima, na prática continua a ser uma empresa familiar, em nada tendo contribuído a transformação em sociedade anónima para alterar o tipo de gestão e o controlo da empresa.

Ao longo dos anos, os três sócios fundadores continuaram a gerir a empresa praticamente da mesma maneira, no pressuposto de que se deve manter o que funcionou bem no passado. No entanto, ao encerrarem as contas do último ano, os três sócios ficaram surpreendidos quando o contabilista lhes mostrou que os resultados apurados traduziam prejuízos elevados, superiores ao do ano anterior e muito superiores ao que estavam a prever. Como estavam já com idades avançadas, os três sócios consideraram que era chegada a hora de transferirem a responsabilidade da gestão da empresa para os filhos.

Os três sócios e amigos de longa data lamentavam a situação e que não pudessem deixar a empresa em melhores condições para os filhos, mas já não se sentiam com capacidade e com forças para enfrentar sozinhos os problemas que se agravavam na empresa de dia para dia e que começavam já a complicar as relações com os principais *stakeholders*. Os fornecedores começavam já a levantar problemas com o fornecimento de matérias-primas, exigindo mesmo o pagamento antecipado das encomendas e os bancos começavam a levantar grandes dificuldades na renovação dos limites de crédito, face ao agravamento visível da situação da empresa.

Ao transferirem a gestão da empresa para os filhos e dada a gravidade da situação, os três sócios decidiram eleger um novo Conselho de Administração e contratar um CEO no exterior, com experiência e capacidade demonstradas. Os filhos integravam Conselho de Administração.

Ao fim de poucas semanas, o novo CEO fez um diagnóstico da situação, que resumiu da seguinte forma:

- Demasiada diversificação dos produtos.
- Falta de orientação estratégica.
- Dificuldades de adaptação às alterações do meio envolvente, especialmente a crescente agressividade das grandes superfícies.

FUNDAMENTOS DA GESTÃO MODERNA

- Falta de gestores intermédios qualificados.
- A quota de mercado nalguns produtos estava a decrescer rapidamente.
- Os inventários eram demasiado elevados e os prazos de cobrança muito dilatados, com reflexos negativos ao nível da tesouraria da empresa.
- Conflitos abertos ou latentes entre o diretor financeiro e os responsáveis das áreas de negócio.

QUESTÕES

1. *Que razões terão motivado o recrutamento do novo CEO no exterior em vez do recrutamento interno?*
2. *Faça uma análise dos stakeholders da empresa.*
3. *A que se deve a surpresa dos três sócios, ao constatarem que os pre-juízos do último ano eram muito superiores aos do ano anterior e aos resultados previstos?*
4. *Os três sócios eram verdadeiros gestores? Justifique a resposta à luz das funções dos gestores.*
5. *Que aptidões ou capacidades de gestão terão faltado aos três sócios e que levaram à situação actual da empresa?*
6. *Que desafios enfrentam os novos gestores? Como conseguirão ultra-passá-los?*
7. *Comente a seguinte afirmação:*

"Não há empresas falidas. A má gestão é que pode levar as empresas à falência".

ESTUDO DE CASO 1.2

Em 1906 Alfred Nehemias e August Eberstein decidiram criar uma fábrica de canetas de qualidade, cuja marca viria a ser registada em 1910 como Montblanc. Durante os últimos 100 anos o nome Montblanc sempre foi associado a um sím-bolo de qualidade. A marca Montblanc concorre com outras marcas como Cartier, Louis Vuitton, Tiffany e Gucci. Durante muitos anos a sua estratégia foi de cresci-mento da quota de mercado e desenvolvimento do produto. Contudo, na década de 90 a Montblanc alterou a sua estratégia no sentido da expansão geográfica, abrindo a sua primeira loja em Hong Kong e anos mais tarde abriu lojas em Paris e Londres, que marcaram o início da sua internacionalização. Em 1995 abriu várias lojas nos estados Unidos, a que se seguiram centenas de lojas em todo o mundo.

Pela mesma altura, a empresa sentiu necessidade de diversificar para outros produtos. Começou a oferecer produtos de couro, acessórios de escritório, joalharia fina e mais tarde relógios, esforçando-se por ganhar credibilidade junto dos consumidores nestes novos produtos que não constituíam o seu *core business*. A Montblanc é hoje uma marca internacional que vende uma grande variedade de produtos em mais de 70 países, exclusivamente através de retalhistas autorizados, joalharias e butiques. Para além do seu negócio, que é a venda de artigos de luxo, a Montblanc tem sido um promotor ativo da cultura e das artes e está ativamente envolvida no apoio a obras de caridade, através de patrocínios e donativos.

A Montblanc dedica muita atenção aos seus colaboradores, devendo-se o seu sucesso à qualidade, motivação e dedicação dos trabalhadores. A remuneração é baseada na fixação de objetivos e nos resultados. Objetivos claros, estruturas achatadas, comunicação e envolvimento dos trabalhadores são a base do sucesso da empresa.

QUESTÕES

1. *Que razões motivam a Montblanc a ser um promotor ativo da cultura e das artes e a estar tão envolvida no apoio a obras de caridade, através de patrocínios e donativos?*
2. *Por que razão a Montblanc dedica muita atenção aos seus colaboradores e reconhece que o seu sucesso se deve à qualidade, motivação e dedicação dos seus trabalhadores?*
3. *Por que são tão importantes os recursos humanos na gestão?*

REFERÊNCIAS

Daft, R. L., Kendrick, M. e Vershinina, N. (2010), *Management*, South-Western, Cengage Learning, United Kingdom.

Donnelly, Gibson e Ivancevich (2000), *Administração: Princípios de Gestão Empresarial*, 10ª Edição, McGraw-Hill, Lisboa.

Jones, G. e George, J. (2011), *Contemporary Management*, 7th edition, McGraw-Hill/ /Irwin, New York.

Robbins, S. P. e Coulter, M. (2014), *Management*, Twelfth Edition, Pearson Education, Inc. Upper Side River, New Jersey.

Capítulo 2
Desenvolvimentos da Teoria da Gestão

O principal objetivo do presente capítulo é explicar porque é importante estudar a evolução do pensamento da gestão e descrever as importantes contribuições das teorias clássicas de Frederick Taylor, Henri Fayol, Max Weber e Elton Mayo para o desenvolvimento da gestão. Serão também analisadas as contribuições das teorias contemporâneas, como as abordagens comportamental, sistémica e contingencial. Para cada uma destas escolas, são abordados os pressupostos que lhe servem de base, o foco de análise, os conceitos chave e as principais contribuições e limitações.

Por fim, são abordadas as novas tendências da gestão, como a aprendizagem organizacional, a gestão por objetivos, a gestão da qualidade total, a organização como uma cadeia de valor e a gestão do conhecimento.

OBJETIVOS DE APRENDIZAGEM

Depois de ler e refletir sobre este capítulo, o leitor deve ser capaz de:
- Compreender as teorias organizacionais e a sua importância para a prática da gestão.
- Compreender as condições históricas que impulsionaram o surgimento da gestão como disciplina autónoma.
- Descrever as importantes contribuições das teorias clássicas da administração.
- Destacar as principais contribuições do enfoque comportamental para a gestão.

- Analisar a abordagem sistémica e destacar a sua relevância na atualidade.
- Destacar a contribuição da abordagem contingencial.
- Perceber o alcance e a importância das novas tendências do pensamento da gestão, do conhecimento.

Conceitos chave
Abordagens clássicas da gestão, abordagens modernas da gestão, teoria sistémica, teoria contingencial, aprendizagem organizacional, gestão por objetivos, gestão da qualidade total, gestão do conhecimento.

2.1. TEORIAS CLÁSSICAS DA GESTÃO

A procura de princípios de gestão universais e aplicáveis a todas as indústrias começou com a revolução industrial nos finais do século XIX. A abordagem clássica da gestão teve início com as ideias de gestão desenvolvidas por Jules Henri Fayol nos inícios do século XX, em que deu particular atenção à definição de gestão e aos princípios de gestão e prosseguiu com a teoria da administração científica do trabalho, desenvolvida por Frederick Taylor, baseada no estudo da melhor forma de desempenhar uma tarefa, tendo em vista aumentar a produtividade do trabalho.

2.1.1. FREDERICK TAYLOR E A TEORIA DA GESTÃO CIENTÍFICA

O final do século XIX caracterizou-se por um forte crescimento económico, fruto da revolução industrial que se verificou no mundo ocidental, dando origem ao aparecimento de numerosas fábricas, nova maquinaria e pleno emprego. O problema que se colocava na altura era como organizar de forma eficiente todos estes fatores de produção para dar resposta à procura crescente e à satisfação das necessidades dos consumidores. Frederick Taylor (1856-1915) cresceu neste ambiente e foi para lutar contra este estado de coisas que em 1911 publicou os seus "*The Principles of Scientific Management*", que se baseavam nos seguintes princípios:

- Colocar as pessoas certas nos postos de trabalho corretos, com as ferramentas e os equipamentos mais adequadas.

Frederick Taylor

- Estabelecer um método estandardizado de executar o trabalho.
- Providenciar incentivos para o trabalhador.

Frank Gilbreth (1868-1924) e Lillian Gilbreth (1878-1972) refinaram os métodos de Taylor ao introduzirem melhorias significativas no estudo dos tempos e movimentos do trabalho. Frank e Lillian Gilbreth, após análise direta dos tempos e movimentos e do redesenho dos métodos de trabalho numa fábrica de tijolos, verificaram que era possível reduzir o número de movimentos de 18 para cinco por tijolo. Os seus estudos basearam-se na divisão do trabalho em tarefas mais simples, em encontrar a melhor forma (*The Right Way*) de desempenhar cada tarefa e na reorganização de cada ação para ser mais eficiente. O casal Gilbreth também estudou os problemas de fadiga, de iluminação e de ruído no local de trabalho.

Frank Gilbreth

Henry Gantt (1861-1919), que foi colega de Taylor na *Bethlehem Steel Company*, deu também um importante contributo para a teoria da administração científica do trabalho ao introduzir fatores de humanização, como o pagamento de incentivos, com a atribuição de um salário fixo e de bónus em função da produtividade demonstrada.

2.1.2. HENRI FAYOL E A TEORIA DA GESTÃO ADMINISTRATIVA

Enquanto Frederick Taylor se preocupou com a gestão eficiente dos processos operacionais da força do trabalho, Henri Fayol (1841-1925) abordou os princípios gerais da administração. Formado em engenharia de minas, assumiu em 1888 a direção de uma empresa de aço que se encontrava em sérias dificuldades, tornando-a, em pouco mais de dez anos, numa empresa lucrativa e uma das maiores empresas públicas francesas.

Esta escola, que foi marcante na primeira metade do século XX, tinha como principal abordagem a melhoria da eficiência da gestão ao nível da organização como um todo, ao passo que Taylor

Henri Fayol

se focou na melhoria da eficiência da empresa ao nível do processo produtivo. Para Fayol a administração era um processo estruturado que podia e devia ser estudado nas escolas e universidades.

Fayol definiu as funções da administração do seguinte modo, que não difere substancialmente das funções do gestor como hoje as vemos:

- **Planeamento** – prever o futuro e determinar as atividades a desenvolver com vista a atingir os objetivos propostos.
- **Organização** – construir uma estrutura organizacional que estabeleça a autoridade e a responsabilidade e como são distribuídos os recursos pela organização.
- **Comando** – processo de administração da força do trabalho, com vista a atingir os objetivos.
- **Coordenação** – ligar, unir e harmonizar todas as tarefas da organização.
- **Controlo** – processo de monitorizar e avaliar o desempenho e velar para que tudo ocorra de acordo com as regras estabelecidas.

Outra contribuição significativa de Fayol foi o estabelecimento de 14 princípios universais de gestão sobre a forma como realizar as tarefas funcionais dos gestores:

1. **Divisão do trabalho** – especialização do trabalho, necessária para o sucesso empresarial.
2. **Autoridade** – direito de dar ordens, acompanhado pela responsabilização.
3. **Disciplina** – necessidade de estabelecer regras, obediência e respeito para atingir estabilidade. A falta de disciplina leva ao caos.
4. **Unidade de comando** – cada empregado deve receber ordens de uma única pessoa.
5. **Unidade de direção** – todos os esforços coordenados e focados na mesma direção.
6. **Subordinação** dos interesses individuais ao interesse geral.
7. **Remuneração justa** de acordo com a contribuição.
8. **Centralização** – encontrar o nível ótimo para cada organização.
9. **Cadeia hierárquica** na comunicação.
10. **Ordem** dos recursos humanos e materiais.
11. **Equidade** – sentimento de justiça para originar serviços dedicados e leais.

12. **Estabilidade dos empregados** – os indivíduos necessitam de tempo para conhecerem a sua função.
13. **Iniciativa** – formular e operacionalizar um plano como forma de elevada satisfação.
14. **Espírito de equipa** – o esforço harmonioso entre indivíduos é a chave do sucesso.

2.1.3. ELTON MAYO E A TEORIA DAS RELAÇÕES HUMANAS

Esta escola surgiu porque as teorias clássicas de Taylor e Fayol não conseguiram proporcionar suficiente eficiência da produção e harmonia no local de trabalho.

Elton Mayo (1880-1949), professor da Universidade de Harvard, estudou um grupo de operários que trabalhavam na linha de montagem de relés para telefones da *Western Electric Company*, em *Hawthorne*, nos arredores de Chicago, com vista a descobrir quais os fatores que tinham mais influência na produtividade dos trabalhadores. Estes estudos ficaram conhecidos como as experiências de Hawthorne, cujas conclusões deram origem à *teoria das* relações humanas, que tiveram um forte impacto no pensamento da gestão sobre a maneira de gerir e perceber a produtividade do trabalho.

Elton Mayo

As experiências de Hawthorne tiveram quatro fases:

1. Experiência para determinar os efeitos das alterações da iluminação na produtividade.
2. Experiência para determinar os efeitos das mudanças de horário e de outras condições de trabalho, como os tempos de descanso e pausas, na produtividade (experiência da montagem de relés).
3. Programa de entrevistas abrangendo toda a fábrica, no sentido de conhecer atitudes e sentimentos dos trabalhadores.
4. Determinação e análise da organização social do trabalho (experiência da montagem de centrais telefónicas).

Ao contrário do que esperavam, os investigadores chegaram à conclusão que a iluminação do local de trabalho teve um efeito reduzido na produtividade e que as alterações nas condições de trabalho, como, por exemplo, a temperatura do local de trabalho e as pausas, tinham um efeito reduzido na produtividade. A experiência da montagem de centrais telefónicas debruçou-se sobre o efeito de um plano de pagamento de incentivos ao grupo por trabalho à peça. Os investigadores concluíram que o plano de incentivo salarial tinha menos importância nos resultados obtidos por um trabalhador individual do que a sua aceitação pelo grupo e a sua segurança. As experiências de Hawthorne mostraram que, ao contrário do que se pensava até então, mais do que as condições físicas do local de trabalho ou os incentivos, são os fatores emocionais e psicológicos que influenciam a produtividade dos trabalhadores.

Apesar das críticas a que foram sujeitas, as experiências de Hawthorne tiveram um impacto significativo na prática e no avanço da disciplina da gestão, na medida em que atacaram os aspetos desumanizantes da abordagem científica da gestão e as formas burocráticas da organização, constituindo o embrião das modernas teorias comportamentais da gestão.

2.1.4. MAX WEBER E A TEORIA BUROCRÁTICA

Enquanto Fayol e Taylor se preocuparam com os problemas da gestão, Max Weber (1864-1920), sociólogo alemão, interessou-se pelo estudo das diferentes estruturas organizacionais. Weber estudou as grandes estruturas que se mostraram eficientes, como o Império Egípcio, o Exército Prussiano, a Igreja Católica e outras grandes organizações, a partir das quais desenvolveu uma teoria baseada no tipo ideal de organização, a que chamou Teoria Burocrática. A burocracia de Weber coloca a ênfase na racionalidade, na competência técnica e no autoritarismo.

Para Max Weber, a burocracia é a forma mais racional e eficiente de organização, que deve apresentar as seguintes caraterísticas:

- **Divisão do trabalho:** o trabalho deve ser dividido em tarefas simples que permitam a sua execução de forma eficiente e produtiva.

Maximilian Weber

- **Hierarquia de autoridade:** a hierarquia demonstra a forma pela qual os superiores têm autoridade para dirigirem os seus subordinados, com vista à obtenção dos resultados pretendidos.
- **Fixação de regras e procedimentos formais:** a elaboração de regras e procedimentos formais claros e precisos assegura a uniformidade das ações desenvolvidas e um maior controlo do seu cumprimento.
- **Mérito em detrimento do favoritismo:** as regras e os controlos devem ser aplicados de maneira uniforme a todos, evitando-se privilégios e favoritismos.

2.2. ABORDAGENS CONTEMPORÂNEAS

2.2.1. ABORDAGEM QUANTITATIVA

A abordagem quantitativa apela ao uso de técnicas quantitativas para melhorar a tomada de decisão. Esta abordagem também é conhecida como gestão científica. As teorias quantitativas envolvem métodos e modelos matemáticos e estatísticos desenvolvidos para problemas militares no âmbito da II Guerra Mundial, designadamente para resolver problemas de logística e de controlo da qualidade.

Depois de terminar a guerra, muitas destas técnicas usadas para problemas militares foram aplicadas à gestão, dando origem ao aparecimento da investigação operacional, da cibernética e de sistemas e tecnologias de informação. Estas teorias visam a melhoria da tomada de decisão de gestão, através da aplicação de métodos estatísticos, optimização de modelos, informática e simulações em computador.

2.2.2. ABORDAGEM COMPORTAMENTAL

Os estudos da teoria das relações humanas contribuíram para chamar a atenção para a importância do fator humano na gestão. A esta área de estudo, em que os investigadores se preocupam com o comportamento das pessoas no local de trabalho, chama-se **comportamento organizacional**. Muito do que os gestores fazem hoje quando gerem pessoas – motivação, liderança, gestão de equipas, gestão de conflitos – teve origem nos estudos sobre comportamento organizacional.

Apesar dos vários trabalhos desenvolvidos na segunda metade do século XX sobre comportamento organizacional, dois nomes merecem destaque pelo seu contributo para o desenvolvimento do comportamento organizacional – Mary Parker Follett (1868-1933) e Chester Barnard (1886-1961).

Se Frederick Taylor é considerado como o pai da gestão científica, Mary Parker Follett pode ser considerada como a mãe. Os seus contributos foram variados e distintos, mas ambos acreditavam que as pessoas eram o ativo mais importante numa organização e deviam ser geridos em conformidade. Enquanto Taylor ignorou o lado humano da organização, Follett argumentava que os trabalhadores, porque conhecem bem os seus postos de trabalho, deviam ser envolvidos na análise e descrição das funções de trabalho e os gestores deviam permitir que os trabalhadores participassem no desenvolvimento do processo de trabalho. Defendia o desenvolvimento de funções e que o poder deveria fluir diretamente para as pessoas que melhor podem contribuir para os objetivos da organização.

Mary Parker Follett

2.2.3. ABORDAGEM SISTÉMICA

Um sistema é um conjunto interrelacionado de partes que funcionam como um conjunto para atingir um objetivo comum. Um sistema funciona pela aquisição de meios (*inputs*) no meio envolvente externo, submete-os a um processo de transformação e coloca os *outputs* no meio envolvente. A Figura 2.1 descreve a organização como um sistema:

DESENVOLVIMENTOS DA TEORIA DA GESTÃO

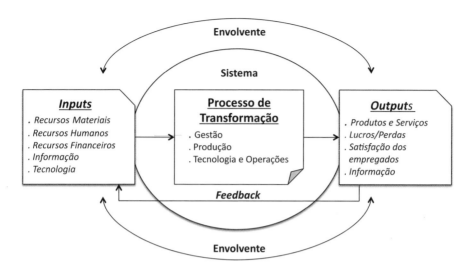

Figura 2.1 **A Organização como um Sistema**

Conforme se verifica pela Figura 2.1, a teoria dos sistemas consiste em cinco componentes: *inputs,* processo de transformação, *outputs, feedback* e meio envolvente. Os sistemas podem ser abertos ou fechados. Os sistemas abertos interagem com o meio envolvente, enquanto os sistemas fechados não interagem com a envolvente externa à organização. Na perspetiva clássica, as organizações eram muitas vezes vistas como sistemas fechados, admitindo-se que não havia perturbações externas que afetassem a gestão. Na realidade, as organizações são sistemas abertos e ignorar as alterações do meio envolvente pode levar ao fracasso da gestão e dos gestores.

2.2.4. ABORDAGEM CONTINGENCIAL

Uma segunda visão da gestão moderna é a abordagem contingencial. As abordagens clássicas assumem uma visão universalista da gestão, ou seja, pensava-se que os conceitos da gestão eram universais e válidos para todas as organizações. Ao contrário, a gestão moderna entende que cada situação é um caso e é única. Os princípios não são universais e a gestão aprende-se, experimentando um grande número de situações e casos. Compete aos gestores a tarefa de determinar que métodos devem utilizar em cada nova situação.

Como muitas vezes acontece em gestão, nenhuma destas visões está inteiramente correta. A teoria contingencial procura fazer a integração destas duas visões de gestão. A perspetiva contingencial da gestão significa que a resposta de um gestor depende da identificação das contingências chave numa situação organizacional. A visão contingencial diz-nos que o que funciona bem numa determinada situação pode não funcionar bem noutra. O trabalho do gestor é procurar as contingências mais importantes. Quando os gestores conseguem identificar as caraterísticas mais importantes das suas organizações, então estão em melhores condições para ajustarem as soluções a essas caraterísticas.

As principais contingências que os gestores devem perceber situam-se ao nível da indústria em que operam, da tecnologia, do meio envolvente e da cultura da organização.

2.3. NOVAS ABORDAGENS À TEORIA DA GESTÃO

2.3.1. APRENDIZAGEM ORGANIZACIONAL

A informação é assimilável a um conhecimento que enriquece a capacidade do gestor de reduzir a incerteza. Se virmos a empresa como um sistema aberto, é do meio envolvente externo que vem a inovação e a mudança que obriga os gestores a adaptarem-se às novas condições e a atuarem sobre esse meio envolvente. Para serem competitivas em ambientes dinâmicos, as empresas têm vindo a tornar-se menos burocráticas e mais flexíveis.

A empresa pode ser vista como um ente social capaz de acumular conhecimento, de o interpretar e de o guardar em memória, como uma organização empenhada no processo de aprendizagem. Buchanan e Huczynski (2010) descreveram a organização que aprende como uma forma organizacional que estimula o indivíduo a criar resultados válidos, tais como inovação, eficiência, adaptação ao meio envolvente e vantagem competitiva. Para Johnson, Scholes e Whittington (2008), uma organização que aprende é capaz de continuamente se regenerar a partir da variedade de conhecimentos,

Peter Senge

DESENVOLVIMENTOS DA TEORIA DA GESTÃO

experiência e capacidade dos indivíduos inseridos numa cultura que encoraja o questionamento mútuo e desafia a partilha de objetivos comuns. Esta aprendizagem é essencial no plano estratégico, sem a qual o risco de erro estratégico é maior.

Os conceitos de "aprendizagem organizacional" (*organizational learning*) e de "organização que aprende" (*learning organization*) têm merecido especial interesse por parte dos gestores e dos académicos e baseiam-se na teoria dos sistemas e na teoria contingencial. A sua difusão deve-se a Peter Senge, professor do MIT (*Massachusetts Institute of Technology*). Segundo este autor, as empresas de sucesso são as que sabem aproveitar as capacidades de apreensão e de comprometimento dos membros da organização, que ele designa por organizações que aprendem. Para Senge, os gestores devem encorajar os colaboradores a estar abertos a novas ideias que resultam de mudanças económicas, sociais e técnicas.

São três os fatores que justificam esse interesse:

- As rápidas mudanças do meio envolvente, que obrigam as organizações a ter que experimentar novas formas de gestão que respondam mais adequadamente às alterações da procura.
- O papel das competências e recursos internos na explicação da competitividade das empresas obriga a aprofundar o mecanismo de criação, de difusão e de memorização dos seus conhecimentos.
- As políticas de reformas massivas, inspiradas no *lean management*, têm como efeito a perda de competências adquiridas pelos trabalhadores ao longo dos anos.

Uma **organização que aprende** pode definir-se como uma organização em que todos os seus elementos estão envolvidos em identificar e resolver problemas e tem a capacidade de se adaptar continuamente às mudanças do meio envolvente. É uma organização capaz de criar, adquirir e transformar conhecimento e de mudar o seu comportamento de modo a refletir o novo conhecimento e novas capacidades. A ideia essencial é resolver prolemas, em contraste com a organização tradicional, hierárquica e burocrática, que busca a eficiência e o controlo, com estruturas formais construídas para a estabilidade em vez da mudança. A aprendizagem organizacional é uma componente crítica da competitividade num ambiente dinâmico e altamente competitivo. É particularmente importante para inovar e desenvolver novos produtos.

As organizações que aprendem são especialmente hábeis em quatro atividades principais:

- Resolver problemas.
- Experimentar novas abordagens aos problemas.
- Aprender com as suas próprias experiências, bem como com as experiências dos outros, evitando cometer os mesmos erros. As organizações que estão disponíveis a novas experiências e são capazes de aprender com as suas experiências são mais bem-sucedidas do que as que não têm essa capacidade.
- Transferir o conhecimento de forma rápida e eficiente por toda a organização.

Para desenvolver uma organização que aprende, os gestores devem fazer alterações em todos os subsistemas da organização. Para que uma organização seja uma organização que aprende tem que promover continuamente três importantes valores: colaboração e comunicação entre *os* departamentos (*team-based structure*), crescimento e valorização dos empregados (*empowered employees*) e partilha da informação (*open information*).

2.3.2. GESTÃO POR OBJETIVOS

A **Gestão por Objetivos (*Management by Objectives – MBO*)**, desenvolvida por Peter Drucker (1909-2005) no seu livro "*The Practice of Management* (1954)", é uma técnica de gestão que encoraja a decisão participativa, através da definição e partilha dos objetivos para todos os departamentos da organização, em que a avaliação do desempenho se baseia no alcance dos objetivos estabelecidos. Uma vez que é um sistema que liga os planos ao desempenho, é uma técnica poderosa de implementação da estratégia.

A gestão por objetivos pressupõe:

1. O estabelecimento e a comunicação de objetivos organizacionais.
2. O estabelecimento de objetivos individuais.

Peter Drucker

3. O desenvolvimento de um plano de ação das atividades necessárias para atingir os objetivos.
4. A revisão periódica do desempenho e a análise dos desvios relativamente aos objetivos.

O modelo das principais etapas da gestão por objetivos está representado na Figura 2.2:

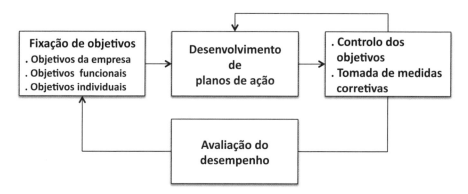

Figura 2.2 Modelo de Gestão por Objetivos

Conforme Figura 2.2, são quatro as principais etapas de um processo de gestão por objetivos:

1. **Fixação de objetivos** – a fixação de objetivos deve envolver os colaboradores a todos os níveis. Os gestores estabelecem os critérios e objetivos globais, os quais são desdobrados pelos diversos departamentos ou funções. Os objetivos devem ser acordados entre os responsáveis das diversas áreas e os colaboradores, tendo em vista criar um forte empenhamento e comprometimento para alcançar os objetivos.
2. **Desenvolvimento de planos de ação** – um plano de ação define as medidas e ações a desenvolver para atingir os objetivos.
3. **Revisão de objetivos** – é importante fazer o controlo periódico dos objetivos. Este controlo é necessário para assegurar que os planos são executados conforme planeado.

4. **Avaliação do desempenho global** – a etapa final da gestão por objetivos é avaliar se os objetivos anuais foram alcançados, quer pelos colaboradores individualmente quer pelos departamentos. O sucesso ou insucesso em alcançar os objetivos deve fazer parte do sistema de avaliação do desempenho e ter influência na promoção nas carreiras e na atribuição de incentivos.

Um processo de gestão por objetivos pode ter muitos benefícios para a organização. Um dos principais benefícios é reduzir os conflitos internos, na medida em que as pessoas sabem qual a sua missão e posição na empresa e que o sistema de incentivos se baseia no trabalho efetivamente desenvolvido e não em quaisquer jogos de poder.

2.3.3. GESTÃO DA QUALIDADE TOTAL

A **gestão da qualidade total** (*Total Quality Management*-**TQM**) é uma filosofia de gestão que procura a satisfação do cliente e a melhoria contínua da qualidade de todas as funções da organização. A TQM inclui todas as atividades necessárias para obter e colocar no mercado produtos e serviços de elevada qualidade ou de excelência. Como visa reduzir os custos e melhorar a qualidade, a TQM pode ser usada como um programa para implementar uma estratégia de redução dos custos ou como uma estratégia de diferenciação.

O conceito de TQM tornou-se especialmente atrativo para os gestores europeus e americanos nos anos 1980/90, dado o sucesso que a sua implementação implicou nas empresas japonesas, como a Toyota, Canon e Honda, que ganharam quota de mercado e reputação internacional pela qualidade dos seus produtos. Foi inspirado nos trabalhos desenvolvidos por dois norte-americanos William Edwards Deming (1900-1993) e Joseph M. Juran (1904-2008) nos anos 50. As ideias e técnicas que defendiam não tiveram grande eco nos Estados Unidos, mas foram entusiasticamente abraçadas pelas empresas e organizações japonesas. A TQM engloba todas as áreas do negócio, incluindo clientes, fornecedores e colaboradores.

W. E. Deming

A gestão da qualidade total tem quatro objetivos fundamentais:

1. Ser melhor na qualidade dos produtos e serviços.
2. Ser mais rápida na resposta às necessidades dos clientes.
3. Ser mais flexível em ajustar às exigências dos clientes.
4. Ter custos mais baixos através da melhoria da qualidade e eliminação de tarefas que não acrescentam valor.

De acordo com esta teoria, processos defeituosos e empregados desmotivados são a causa de deficiências na qualidade. A TQM envolve uma mudança significativa na cultura da empresa, requer uma liderança forte da gestão de topo, treino dos empregados, valorização das tarefas dos empregados de primeira linha e trabalho de equipa. A inspeção da qualidade é necessária, mas a ênfase deve ser colocada na melhoria dos processos para prevenir erros e deficiências.

São quatro os elementos fundamentais para o sucesso da gestão da qualidade total: trabalho em equipa (círculos de qualidade), envolvimento dos trabalhadores, *benchmarking* e melhoria contínua.

Os **círculos de qualidade** são grupos de 6 a 12 empregados que se encontram regularmente para identificar, discutir e resolver problemas que afetam a qualidade do seu trabalho. O envolvimento dos trabalhadores significa que a gestão da qualidade total implica a participação de toda a organização no controlo da qualidade. Todos os trabalhadores devem estar focados no cliente. As empresas orientadas para a gestão da qualidade total sabem o que os clientes querem e vão de encontro à satisfação das suas necessidades e desejos.

Introduzido pela Xerox em 1979, o ***benchmarking*** é hoje o principal componente da TQM. Define-se como o processo contínuo de medir os produtos, os serviços e as melhores práticas entre concorrentes e não concorrentes que têm desempenhos superiores e procurar imitar e fazer melhor do que eles. É uma ferramenta de controlo para identificar e medir diferenças de performance e áreas para melhorar. A abordagem da melhoria contínua, ou *Kaizen*, consiste na implementação de um grande número de pequenas melhorias incrementais em todas as áreas da organização.

Para ser bem-sucedida, a TQM deve satisfazer, pelo menos, os seguintes requisitos:

a. **Toda a organização deve estar orientada para a satisfação dos clientes e não apenas o departamento de marketing** – todos os colaboradores devem estar bem cientes de que a empresa e os seus postos de trabalho existem para satisfazer as necessidades dos clientes.

b. **Toda a organização deve estar tão orientada para os clientes internos como para os clientes externos** – todos os colaboradores devem estar tão empenhados em satisfazer as necessidades dos clientes internos como dos clientes externos.

c. **Todas as operações devem poder ser medidas** – os colaboradores devem saber o que medir, como medir e como interpretar os dados. Só se pode melhorar o que se pode medir.

d. **Melhoria contínua dos produtos e serviços** – todos os colaboradores devem estar cientes de que as operações precisam de ser continuamente monitorizadas para encontrar formas de melhorar os produtos e serviços.

e. **As relações de trabalho devem ser baseadas na confiança e no trabalho em equipa** – os resultados da investigação provam que a chave do sucesso da TQM está ligada ao envolvimento das pessoas, a uma cultura organizacional aberta e à valorização dos colaboradores.

2.3.4. A ORGANIZAÇÃO COMO UMA CADEIA DE VALOR

As estratégias tradicionais descrevem as empresas como um sistema usado para transformar *inputs* em *outputs*. No centro deste processo de transformação situa-se a capacidade técnica que permite produzir os bens ou serviços. As empresas são geridas como entidades individuais, em vez de membros de uma **cadeia de valor ou de uma cadeia de abastecimento (*Value Chain* ou *Supply Chain*)**. Uma cadeia de valor é um conjunto de empresas e uma cadeia de atividades que trabalham em conjunto para criar um produto, que começa com a compra de matérias-primas aos fornecedores, atravessa uma série de atividades de valor que envolvem a produção de um produto ou serviço e acaba com os distribuidores a assegurar que os produtos chegam às mãos do consumidor final (Figura 2.3):

DESENVOLVIMENTOS DA TEORIA DA GESTÃO

Figura 2.3 Cadeia de Valor Típica de um Produto Industrial

O conceito de cadeia de valor deve-se a Michael Porter, da Universidade de Harvard, defendendo que os gestores se devem focar na sequência de atividades que agregam valor aos produtos e serviços fornecidos. A gestão da cadeia de valor refere-se ao processo integrado das atividades ao longo de toda a cadeia de valor de um produto ou serviço, desde as atividades de compra aos fornecedores até ao serviço pós-venda. Para atingir os seus objetivos, a cadeia de valor deve integrar todos os membros do processo e requer o envolvimento de todas as empresas que compõem a cadeia.

A cadeia de valor é uma rede de produtores e fornecedores de serviços que trabalham em conjunto para transformar e movimentar produtos desde as matérias-primas até aos consumidores finais. A gestão da cadeia de valor envolve a gestão ativa das atividades da cadeia e as relações com vista a maximizar o valor para o cliente e conseguir vantagem competitiva sustentável.

Michael Porter

A gestão do fluxo físico dos produtos desde as matérias-primas até ao consumidor final de produtos acabados designa-se por **logística**. A logística é a parte da cadeia de abastecimento que planeia, implementa e controla o fluxo e armazenagem eficiente dos produtos, serviços e informação pertinente, desde o ponto de origem ao ponto de consumo para ir de encontro às exigências do consumidor. A logística cobre um vasto conjunto de atividades desde o transporte, armazenagem, movimentação de mercadorias, embalagem e gestão de inventários.

A **gestão da cadeia de abastecimento (*Supply Chain Management-SCM*)** baseia-se na ideia de que os membros de uma cadeia ganham vantagem competitiva se trabalharem em conjunto e de forma coordenada. A SCM inclui o planeamento e coordenação de parcerias de canais de distribuição, obtenção dos recursos necessários, produtos e serviços para apoiar a cadeia, facilidades de expedição e construção de relações com clientes. A sua gestão é hoje muito facilitada pelas novas tecnologias de comunicação e de informação, que processam, organizam e armazenam as informações, relacionando as atividades da organização com a rede de parcerias. Sistemas de informação CRM (*Customer Relationship Management*) e ERP (*Enterprise Resource Planning*) permitem reestruturar a cadeia de forma a servir cada vez melhor os clientes e os consumidores finais (Figura 2.4):

Figura 2.4 Gestão da Cadeia de Valor

Uma cadeia de valor para um produto ou serviço é uma sequência de atividades ou fluxo de informação, materiais e serviços interrelacionados, que começa com os fornecedores de matérias-primas e continua a acrescentar valor através de outros estádios na cadeia de empresas, que contribuem para a transformação de recursos em produtos e serviços e para que esses produtos e serviços cheguem ao cliente final. Cada membro da cadeia foca-se em toda a cadeia de relações em vez de se focar unicamente na etapa seguinte da cadeia. Para manterem vantagem competitiva, as organizações devem ser capazes de oferecer, de forma sustentável, mais valor para os clientes do que os seus concorrentes. A cadeia de valor refere-se ao conjunto de empresas e atividades que atuam em conjunto para criar um produto ou prestar um serviço.

2.3.5. GESTÃO DO CONHECIMENTO (*KNOWLEDGE MANAGEMENT*)

Recentemente os gestores têm vindo a reconhecer a gestão do conhecimento como o recurso mais valioso de uma organização, que deve ser gerido tal como gerem os recursos materiais ou os fluxos financeiros. Um sistema de gestão do conhecimento refere-se aos esforços de obter, organizar, integrar, sistematizar e partilhar os conhecimentos entre os colaboradores. A gestão do conhecimento, recorrendo às novas tecnologias de informação, promove e facilita uma cultura de contínua aprendizagem e de partilha de conhecimento e contribui para a redução de custos, aumento da produtividade, inovação e crescimento das organizações (Figura 2.5):

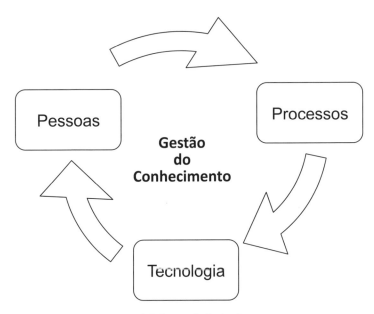

Figura 2.5 Gestão do Conhecimento

Conhecimento não é o mesmo que dados ou informação, mas o conhecimento baseia-se em dados e informação. Os dados são necessários, mas, para serem úteis à organização, têm que ser tratados, processados e transformados em informação, relacionando-os com outros dados. Por exemplo, uma empresa pode ter dados sobre as vendas numa gama de um produto, mas precisa de saber o perfil dos compradores, como a percentagem das pessoas com mais de 60 anos que compram o produto.

Informação é o conjunto de dados que são relacionados com outros dados e transformados em informação útil para determinados fins da organização. **Conhecimento** é a conclusão a que se chegar sobre a informação, depois de a relacionar com outra informação e comparar com o conhecimento existente. Conhecimento é a informação adquirida e posta em prática para fins úteis à organização.

As novas tecnologias de informação facilitam a gestão do conhecimento, na medida em que permitem às organizações dispor de importantes bases de dados, analisar esses dados e transformar esses dados em informação e conhecimento e disseminar esse conhecimento pela organização. Há hoje uma grande variedade de *software* que apoia a gestão e partilha do conhecimento, através da organização, como a internet, a intranet, as web-conferências, que permitem o acesso simultâneo e instantâneo da generalidade dos colaboradores a múltiplas fontes de informação.

As organizações usam uma variedade de sistemas de tecnologias de informação para facilitar a recolha, análise e partilha de informação e conhecimento. Uma área importante da gestão do conhecimento é o uso de sistemas de gestão da relação com o cliente (CRM), a desenvolver no capítulo 14.

2.4. RESUMO DO CAPÍTULO

O principal objetivo deste capítulo foi apresentar uma breve análise dos desenvolvimentos da teoria da gestão, desde os seus primórdios até às mais recentes tendências da gestão. O estudo sistemático da gestão começou nos finais do século XIX com o aparecimento na Europa e na América da Revolução Industrial, em que as profissões deram lugar às empresas, que colocavam novas exigências às organizações e aos gestores.

Neste capítulo, foram analisadas as teorias clássicas da gestão anteriores à II Guerra Mundial, como a teoria da administração científica do trabalho de Taylor, a teoria da gestão administrativa de Henri Fayol e a teoria das relações humanas de Elton Mayo e apresentadas as abordagens contemporâneas da gestão, como a abordagem quantitativa, a abordagem comportamental, a abordagem sistémica e a abordagem contingencial. Por fim, foram abordadas as novas tendências da gestão, como os conceitos de aprendizagem organizacional, de gestão por objetivos, de gestão da qualidade total, de gestão da cadeia de abastecimento, de gestão do conhecimento.

O objetivo de estudar a evolução do pensamento da gestão foi despertar o interesse do leitor sobre o estudo da gestão e mostrar que se trata de uma disciplina recente que se autonomizou da economia, da psicologia, do comportamento organizacional, mas que tem vindo a assumir um papel crescente no âmbito das disciplinas comportamentais.

QUESTÕES

1. *Como poderia o conhecimento das teorias da gestão, por parte dos anteriores gestores do estudo de caso do capítulo anterior, ter evitado a situação atual da empresa? Justifique.*

2. *Porque é importante compreender as diferentes perspetivas e abordagens da teoria da gestão que têm acompanhado a evolução das organizações?*

3. *Descreva a importância das teorias clássicas da gestão.*

4. *Quais foram as importantes contribuições da gestão científica e quais as suas limitações?*

5. *Com base na experiência no trabalho ou na escola, descreva de que maneira as teorias clássicas da administração científica e a teoria da burocracia estão ainda presentes nas organizações.*

6. *Analise os 14 princípios de gestão de Fayol. Quais considera que são ainda hoje úteis e quais são obsoletos?*

7. *As experiências de Hawthorne introduziram várias preocupações novas na gestão das empresas, revelando novas dimensões que as abordagens de Taylor e Fayol não tratavam.*
   Quais as novas dimensões da gestão reveladas com as experiências de Hawthorne? Quais as principais conclusões que foram elaboradas a partir dos estudos de Hawthorne e qual o impacto que tiveram no ensino e na investigação da gestão?

8. *Descreva o conceito de gestão da qualidade total.*

9. *O que é o output de uma organização?*

10. *Como as abordagens das teorias dos sistemas e contingencial contribuiram para o desenvolvimento da gestão?*

11. *Identifique as principais componentes da teoria dos sistemas. Esta perspetiva é fundamentalmente interna ou exterior à organização? Justifique.*

12. *De que formas podem os gestores desenvolver um programa de melhoria da qualidade?*

ESTUDO DE CASO 2.1

Em São Paulo, Lisboa, Moscovo ou Londres, os clientes da McDonald's vão encontrar o mesmo produto, caraterizado pela mesma qualidade, rapidez no serviço e preços baixos. Para que tal aconteça, a McDonald's possui um sistema de operações cientificamente estruturado, que vem passando por contínuas modificações, procurando ajustar-se às condições do mercado. No entanto, o cliente não dá conta do processo produtivo que está por detrás da preparação do *Big Mac*, da batata frita e até da bebida que escolheu.

A McDonald's foi criada em 1941 quando Dick e McDonald abriram o seu restaurante *drive-in,* baseado na padronização dos métodos de preparação de hamburgers, com especificações exatas do produto e dos equipamentos. Por meio de um sistema de franquias iniciado em 1955 conseguiu expandir-se por todo o mundo.

O processo operacional da McDonald's tem como objetivo alcançar a uniformidade em todos os restaurantes. Os tempos e movimentos de todas as tarefas executadas na cadeia *fast food* são rigorosamente iguais. A forma como se colocam os hamburgers na chapa, a temperatura, o tempo para virar os hamburgers, a quantidade de alface, queijo, molho, cebola, picles e pão são rigorosamente controlados. Até mesmo a quantidade de gelo que deve ter o copo do refrigerante, o tempo de fritagem da batata, a quantidade de sal, enfim, todos os detalhes estão rigorosamente definidos. Até a forma de atendimento é também a mesma e é rigorosamente controlada.

Todos os procedimentos foram formulados num manual de operações, que descreve como os operadores devem fazer todos os produtos. Um dos resultados desta uniformização é a rapidez de serviço. O tempo total de 2 minutos é um dos motivos de orgulho da empresa e que a diferencia da concorrência.

A estandardização das tarefas exige maior controlo e colaboradores mais bem preparados. O controlo é exercido por apenas uma pessoa que monitoriza o inventário dos produtos e emite as encomendas. Considerando que se trata de um sistema interligado, tipo "cadeia de montagem", todos os trabalhadores têm que trabalhar ao mesmo ritmo para manter o sistema equilibrado. Por isso, enfatiza o trabalho em equipa.

Uma caraterística da McDonald's é que os seus colaboradores não são especializados apenas numa área, sendo todos treinados para exercerem tarefas em todas as áreas do restaurante, seja a caixa, limpeza ou atendimento. Os colaboradores começam no atendimento e à medida que se destacam são promovidos a coordenadores de equipa e até a gerentes. Em todas as etapas, é dada formação adequada. Para criar um bom ambiente de trabalho, a McDonald's promove iniciativas para aumentar a motivação dos trabalhadores e o envolvimento na execução dos serviços.

A filosofia do sistema McDonald's é servir refeições, pelo que não produz nenhum dos ingredientes que utiliza nos seus produtos. Alguns dos produtos são fabricados por fornecedores exclusivos que se estruturaram de acordo com os padrões de qualidade da McDonald's. Conceitos novos, como a *Food Town*, têm como objetivo reunir num complexo industrial a produção e distribuição de produtos McDonald's. Este conceito visa reduzir o tempo e o custo de transporte entre o fornecedor e o distribuidor que estão no mesmo local. Outros produtos são fornecidos por indústrias de referência, que adaptaram as suas fábricas para a produção dos ingredientes necessários à McDonald's, dentro das especificações exigidas pela McDonald's.

Uma das vantagens da McDonald's é a estandardização dos seus produtos, mas para agradar aos clientes de países diferentes, com gostos e hábitos diferentes, a McDonald's permite alguma adaptação dos produtos aos gostos dos clientes locais, como resposta à concorrência.

As tendências demográficas têm sido uma fonte de preocupação para a McDonald's. O consumo de hamburgers tem vindo a cair fruto de campanhas sobre o seu impacto na saúde, o que levou a lançar novos menus e a diversificar a gama de produtos. A globalização, os movimentos antiamericanos e a maior consciência nutritiva e ambiental são algumas das principais ameaças que a cadeia enfrenta.

QUESTÕES

1. *Identifique os princípios das teorias da gestão cujos elementos e caraterísticas podem ser utilizados para analisar o caso McDonald's.*
2. *Que princípios das abordagens clássicas estão presentes na gestão da McDonald's? Dê exemplos.*
3. *Qual a relação entre a força de trabalho pouco qualificada da McDonald's e a teoria da administração científica?*
4. *Em que medida a teoria dos sistemas pode ajudar na compreensão do caso McDonald's?*
5. *Quais as oportunidades e ameaças que a McDonald's pode enfrentar neste século XXI em resultado do fenómeno da globalização?*

REFERÊNCIAS

Buchanan, D. e Huczynski, A. (2010), *Organizational Behaviour*, Ed. 7, Financial Times Press.

Badr, A., Madden, E. e Wright, S. (2006), *The Contributions of Business Intelligence to the Strategic Decision Making Process: Empirical Study of the European Pharmaceutical Industry*, Journal od Competitive Intelligence and Management, Vol. 3, Nº 4, pp.15-35.

Daft, R. L., Kendrick, M. e Vershinina, N. (2010), *Management*, South-Western, Cengage Learning, United Kingdom.

Donnelly, Gibson e Ivancevich (2000), *Administração: Princípios de Gestão Empresarial*, 10ª Edição, McGraw-Hill, Lisboa.

Greenberg, P. (3004), *CRM at the speed of Light: Essential Customer Strategies for 21st Century*, 3rd edition, McGraw-Hill, Lisboa.

Jones, G. e George, J. (2011), *Contemporary Management*, 7th edition, McGraw-Hill/ /Irwin, New York.

Mações, M. A. R. (2010), *Orientação para o Mercado, Aprendizagem Organizacional e Inovação: As Chaves para o Sucesso Empresarial*, Coleção Teses, Universidade Lusíada Editora, Lisboa.

Robbins, S. P. e Coulter, M. (2014), *Management*, Twelfth Edition, Pearson Education, Inc. Upper Side River, New Jersey.

Capítulo 3
Meio Envolvente e Cultura Organizacional

Este capítulo tem por objetivo apresentar uma análise do ambiente interno e externo em que as organizações desenvolvem as suas atividades. A análise do ambiente interno privilegia o papel da cultura da organização, da tecnologia de produção e da estrutura organizacional. A cultura organizacional tem vindo a assumir um papel crescente nas organizações porque tem influência na maneira como os colaboradores interagem entre si e como se empenham nos objetivos da organização.

A análise do ambiente externo tem a ver com o conjunto de fatores que direta ou indiretamente afetam o desempenho das organizações. Todas as empresas, independentemente da sua dimensão, localização ou missão operam num ambiente externo que as pode afetar. Não surpreende, pois, que o ambiente externo desempenhe um papel decisivo no sucesso ou insucesso das organizações. Os gestores devem, por conseguinte, ter um adequado e completo conhecimento do seu meio envolvente e esforçar-se por operar e competir nesse ambiente competitivo.

OBJETIVOS DE APRENDIZAGEM

Depois de ler e refletir sobre este capítulo, o leitor deve ser capaz de:
- Definir o ambiente organizacional e destacar a sua importância para a gestão.

- Identificar e descrever os principais componentes do meio envolvente no contexto organizacional.
- Descrever o ambiente interno onde o gestor deve funcionar.
- Destacar a cultura organizacional como definidora do ambiente interno da empresa.
- Analisar os principais elementos que definem a cultura organizacional.
- Discutir a relação entre cultura organizacional e meio envolvente.
- Apresentar a análise dos *stakeholders* como uma técnica de análise do meio envolvente.

Conceitos chave
Ambiente imediato, ambiente mediato, clientes, fornecedores, concorrentes, cultura organizacional, tipos de cultura organizacional.

3.1. MEIO ENVOLVENTE DAS ORGANIZAÇÕES

Todas as organizações ou negócios, independentemente da sua dimensão, localização ou missão, operam num determinado meio envolvente. Este ambiente consiste no conjunto de forças externas à organização que a podem afetar. Não surpreende que esse ambiente externo tenha uma grande influência no sucesso ou insucesso de qualquer organização. Dada a sua importância, os gestores devem ter um completo e adequado conhecimento do seu meio envolvente e operar e concorrer nesse ambiente.

A Figura 3.1 mostra as principais dimensões e elementos do ambiente externo e de que forma afeta os negócios, muito especialmente nos tempos turbulentos que atravessamos. O ambiente externo inclui o **ambiente específico ou imediato** da indústria em que a organização opera e sobre o qual exerce algum controlo e o **ambiente geral ou mediato** que afeta toda a indústria e sobre o qual a organização não tem qualquer poder de influenciar.

MEIO ENVOLVENTE E CULTURA ORGANIZACIONAL

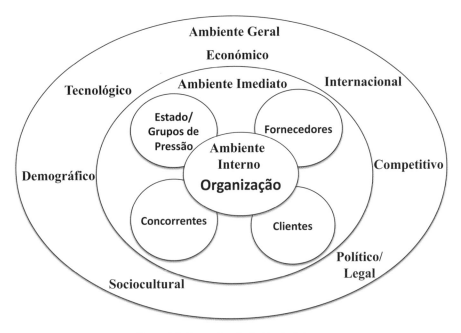

Figura 3.1 Dimensões do Ambiente Externo

3.1.1. AMBIENTE IMEDIATO OU ESPECÍFICO

O ambiente imediato inclui os *stakeholders* que têm uma relação direta com a organização, como os clientes, os concorrentes, os fornecedores, o mercado do trabalho e o Estado. De uma forma geral, as organizações procuram ter relações próximas com os seus clientes, estabelecer relações fortes com os seus fornecedores e diferenciar-se dos seus concorrentes.

Clientes
Os clientes são os grupos de pessoas ou organizações que adquirem os produtos ou serviços da organização. Como tal, são muito importantes porque determinam o sucesso da organização. Os clientes hoje têm um grande poder sobre as organizações, porque a oferta da generalidade dos produtos e serviços excede a procura e a concorrência é muito forte. Acresce que hoje há formas muito fáceis de aceder aos produtos em boas condições de preço e qualidade, como é o caso das vendas pela *internet* (*e-commerce*), que cada vez assumem mais importância no volume de negócios das empresas.

A *internet* representa uma grande oportunidade para as empresas, na medida em que permite facilmente, e sem custos, alargar a base de clientes a todo o mundo, mas constitui também uma ameaça, porque os clientes insatisfeitos podem afetar diretamente a reputação da organização, através do passa palavra e da publicação de referências pouco abonatórias em *sites ou blogs*.

Concorrentes

Os concorrentes são organizações que oferecem os mesmos produtos ou serviços, produtos ou serviços similares ou produtos ou serviços substitutos na área de negócio em que a empresa opera. Concorrentes são as outras organizações que operam na mesma indústria e que fornecem produtos ou serviços ao mesmo conjunto de clientes. Cada indústria tem o seu nível específico de concorrência. Cada gestor deve conhecer o nível de concorrência da sua indústria e as atividades dos principais concorrentes, designadamente no que se refere ao desenvolvimento de novos produtos para poderem preparar uma resposta à altura e atempada. Estudos comprovam que a distração sobre as atividades dos concorrentes constitui uma das principais causas do fracasso ou insucesso de muitos negócios.

Para perceber bem um concorrente é importante encontrar respostas para as seguintes questões.

1. Porque temos concorrentes? Estão a ganhar dinheiro?
2. Onde acrescentam valor? Têm alta qualidade, baixo preço, boas condições de crédito ou prestam um melhor serviço?
3. Em que clientes nossos eles estão mais interessados?
4. Qual o nível de custos e qual a situação financeira dos nossos concorrentes?
5. Os concorrentes estão menos expostos aos seus fornecedores do que nós?
6. Os fornecedores dos nossos concorrentes são melhores do que os nossos?
7. O que eles pensam fazer no futuro? Eles têm um plano estratégico para atacar os nossos segmentos de mercado?
8. Como a sua atividade pode afetar a nossa estratégia? Devemos ajustar a nossa estratégia ou os nossos planos?
9. Em que temos que ser melhores para batermos os nossos concorrentes?

MEIO ENVOLVENTE E CULTURA ORGANIZACIONAL

10. Quem tem vantagem competitiva no mercado? Nós ou eles?
11. Poderão aparecer novos concorrentes ou novas ideias nos próximos anos?
12. Quem são os potenciais novos entrantes?
13. Se fosse um cliente, preferiria o nosso produto em relação aos produtos oferecidos pelos nossos concorrentes?

Para responder a estas e outras questões, os profissionais de *business intelligence* utilizam técnicas e instrumentos de gestão estratégica, como a análise SWOT, o modelo das cinco forças competitivas de Porter, o modelo BCG, entre outros, que analisaremos em capítulos seguintes.

Fornecedores

Os fornecedores são os indivíduos ou organizações que fornecem as matérias-primas e outros materiais que as organizações usam para incorporar nos seus produtos ou serviços. Muitas empresas têm poucos fornecedores com os quais procuram construir relações fortes, tendo em vista assegurar as melhores condições de fornecimento em termos de preço, prazos de entrega, condições de pagamento e qualidade dos materiais fornecidos. As relações entre fabricantes e fornecedores têm sido tradicionalmente adversas, mas hoje em dia os gestores interiorizaram que a cooperação é a chave para pouparem dinheiro, manter a qualidade e mais rapidamente poderem colocar os seus produtos no mercado.

Mercado laboral

O mercado laboral representa as pessoas no mercado que podem ser contratadas pela organização. Todas as organizações necessitam de uma oferta qualificada e experiente de pessoas capazes de desempenhar as tarefas da organização. Os sindicatos, as associações patronais e a disponibilidade de certas categorias de trabalhadores podem influenciar o mercado laboral da organização. As forças do mercado de trabalho que afetam as organizações dos nossos dias são a crescente necessidade de literacia em meios computacionais, a necessidade de investimento contínuo em recursos humanos, através de um recrutamento cuidadoso, de formação e aperfeiçoamento e a facilidade de mobilidade da mão-de-obra.

3.1.2. AMBIENTE MEDIATO OU GERAL

O ambiente externo mediato ou geral inclui os fatores socioeconómicos, o ambiente global dos negócios, os fatores politico-legais, os fatores tecnológicos, os fatores socioculturais e a envolvente económica. Por sua vez, o ambiente económico doméstico refere-se ao ambiente em que a organização conduz os seus negócios e de onde obtém os seus resultados.

Ambiente demográfico

A demografia refere-se à composição de uma população e define-se por variáveis como a estrutura etária, o género, a distribuição geográfica, a dimensão das famílias, o nível educacional e as profissões. Os fatores demográficos afetam a composição do mercado e as caraterísticas dos clientes, o que naturalmente influencia a oferta de produtos e serviços.

As mudanças na composição demográfica influenciam as estratégias das empresas a vários níveis: composição da oferta mais orientada para a população de idade com maior poder de compra, composição do mercado do trabalho, potenciais consumidores. Considerando a continuidade das tendências verificadas em Portugal de diminuição da taxa de natalidade e do aumento da longevidade da população, é de esperar que nas próximas décadas a população portuguesa apresente uma estrutura etária envelhecida, o que terá consequências inevitáveis ao nível das estratégias das empresas e organizações.

Dada a sua importância, as empresas devem considerar as tendências demográficas da população na formulação e implementação das suas estratégias relativas a recursos humanos, *marketing*, produção e outras áreas funcionais.

Ambiente sociocultural

O ambiente sociocultural inclui os costumes, os valores e as caraterísticas demográficas da sociedade e é constituído por instituições e outras forças que afetam os valores básicos da sociedade, as perceções, as preferências e os comportamentos. Os fatores socioculturais condicionam a conduta nos negócios porque determinam os padrões de consumo e o tipo de produtos e serviços a produzir e que a sociedade está disposta a aceitar.

As mudanças dos valores sociais forçam as empresas a adaptar-se às novas condições, nomeadamente desenvolvendo novos produtos, quer para mercados de consumo, quer para mercados industriais. Por exemplo, a pro-

MEIO ENVOLVENTE E CULTURA ORGANIZACIONAL

cura crescente por parte dos consumidores de uma alimentação saudável obriga as empresas a promoveram as suas linhas de produtos biológicos. De igual modo no mercado dos produtos industriais a procura crescente de programas de lazer e bem-estar, que reflete as mudanças nos valores sociais, obriga as empresas a desenvolverem produtos para essa área de negócio. O aumento do número de mulheres no mercado do trabalho e o aumento dos reformados com elevado poder de compra, devem ser acompanhados por uma maior atenção por parte dos responsáveis de marketing com políticas adequadas às condições do mercado. Estas novas tendências refletem as mudanças socioculturais, as crenças e as ideias que moldam a sociedade moderna, a que as empresas devem responder com estratégias adequadas.

Ambiente politico-legal

O ambiente politico-legal é constituído pelo conjunto de leis, regulamentos e organismos governamentais que condicionam, limitam ou incentivam a atividade económica e social de um país. O desenvolvimento das variáveis politico-legais, como a estabilidade política, as políticas económicas, a legislação governamental, a política fiscal e os investimentos públicos em infraestruturas e logística, que visam proteger as empresas, os consumidores e a sociedade, afeta profundamente a estratégia e as decisões de marketing. Por exemplo, as limitações à libertação de CO2 ou a imposição de utilização de determinado tipo de energias, ou ainda as convulsões sociais no país ou em países para onde as empresas exportam uma parte significativa das suas exportações, têm profundas implicações na atividade das organizações.

Ambiente tecnológico

O ambiente tecnológico consiste no conjunto de forças que criam novas tecnologias, novos produtos e novos serviços e novas oportunidades de mercado, com o objetivo final de criar valor para os clientes. É talvez a força mais dramática que marca o destino das organizações, uma vez que o aparecimento de novas tecnologias torna os produtos existentes obsoletos e induz mudanças no estilo de vida dos consumidores. Por sua vez, as mudanças no estilo de vida estimulam muitas vezes o aparecimento de novos produtos que induzem ao aparecimento de novas tecnologias. A tecnologia inclui o conhecimento humano, os métodos de trabalho, os equipamentos físicos, os equipamentos eletrónicos e de comunicações e vários sistemas que contribuem para melhorar a rendibilidade dos negócios. O ambiente tecnológico muda muito rapidamente, pelo que os responsáveis de marketing devem estar atentos à evolução das tendências da tecnologia.

Ambiente internacional

O ambiente global refere-se às forças internacionais ou oportunidades de mercado provenientes de países que afetam os negócios da organização. O ambiente internacional inclui, nomeadamente, os acordos de comércio internacional, as condições económicas internacionais, a instabilidade política, novos concorrentes, clientes e fornecedores internacionais. Hoje em dia as empresas concorrem numa base global, pelo que os fatores internacionais têm uma importância acrescida.

O crescente poder económico da China e da Índia no panorama internacional tem mudado drasticamente o ambiente internacional dos negócios. Estes dois países, juntamente com o Brasil e a Coreia, têm população, capacidades e dinamismo suficientes para mudar o panorama económico mundial no século XXI. Crê-se que, se as coisas correrem como até aqui, a China ultrapassará o poder económico dos Estados Unidos e a Índia ultrapassará a Alemanha em poucas décadas.

Ambiente económico

O ambiente económico refere-se às condições existentes no sistema económico, que afetam o poder de compra e os padrões de consumo dos consumidores. Os países e regiões variam muito nos seus níveis e distribuição de rendimento. Alguns países têm economias de subsistência, que oferecem poucas oportunidades de mercado, enquanto outros são economias industriais evoluídas, que constituem bons mercados para os diferentes produtos. Se a economia está a crescer e a população está empregada, então uma empresa em crescimento terá que pagar salários mais elevados e oferecer mais benefícios para atrair trabalhadores de outras empresas, mas se existe muito desemprego, então a empresa poderá pagar salários mais baixos e oferecer menos benefícios.

As condições económicas influenciam os planos de marketing no que se refere à oferta do produto, preço e estratégias de promoção, uma vez que determinam os padrões de despesa dos consumidores, das empresas e dos governos. Os responsáveis de marketing têm que estar atentos às principais tendências do mercado e aos padrões de consumo, tanto no país como nos seus mercados internacionais, para onde encaminham as suas exportações. Devem considerar as variáveis económicas nos seus planos de marketing como, por exemplo, se o país está em expansão ou recessão, o nível do produto interno bruto (PIB), as taxas de câmbio, as taxas de juro, a inflação, o nível salarial, as tarifas de importação ou exportação, a taxa de desemprego ou os custos da energia. Devem monitorizar o ciclo económico e antecipar as tendências dos consumidores para se adaptarem internamente às novas condições do mercado.

Ambiente competitivo

Num ambiente competitivo como o que vivemos, os responsáveis de marketing devem convencer os compradores que devem comprar os produtos da sua empresa em vez dos produtos da concorrência. Os responsáveis de marketing, no desenvolvimento dos seus programas, devem ter em conta as condições económicas, dado que os recursos dos consumidores ou compradores são limitados e cada euro gasto num produto não pode ser disponibilizado para compras de outros produtos. O objetivo dos programas de marketing é tornar os seus produtos mais atrativos para o cliente, quer em termos de qualidade, quer em termos de preço.

3.2. GESTÃO E CULTURA ORGANIZACIONAL

O ambiente interno em que os gestores trabalham inclui a cultura organizacional, a tecnologia de produção e a estrutura organizacional. A cultura organizacional é um sistema de valores e de crenças mantidos e partilhados por uma organização, que influencia o comportamento e o modo de atuação dos membros da organização.

A cultura organizacional tem vindo a assumir um papel crescente nas organizações em virtude da crescente instabilidade do meio envolvente e porque influencia não só a maneira como os empregados interagem entre si, mas também a própria estratégia global da empresa. Tal como os indivíduos em que cada um tem uma personalidade própria, cada organização tem uma identidade única, que é a sua cultura organizacional, formada pelas experiências partilhadas pelos membros da organização, pelos valores e pelos comportamentos que caracterizam a organização.

Uma tipologia comum nas pesquisas relativas à cultura organizacional distingue culturas organizacionais fortes de culturas fracas. Uma cultura organizacional forte significa que os valores chave são intensamente partilhados pelos membros da organização e orienta os colaboradores no sentido de atingirem objetivos comuns. Uma cultura organizacional forte ajuda os novos colaboradores a adquirirem rapidamente os valores da organização. Pelo contrário, nas organizações com culturas fracas, o impacto destas nos colaboradores é menor, não existindo valores significativos a compartilhar.

A cultura organizacional influencia a filosofia e o estilo de gestão. Os gestores devem considerar cuidadosamente o tipo de cultura que pretendem para as suas organizações. Em primeiro lugar, devem ter um entendimento claro do tipo de cultura das suas organizações. Em segundo lugar, devem comunicar claramente a cultura da organização a todos os elementos da organização. Os novos elementos da organização devem conhecer bem a cultura organizacional e adaptar-se a ela, porque não é a cultura que se adaptará a eles. Os gestores podem manter e preservar a cultura da organização incentivando e promovendo os colaboradores que compreendem a cultura da organização e trabalham para manter essa cultura.

A fonte da cultura organizacional reflete, muitas vezes, a visão do fundador. Por exemplo, empresas como Walt Disney, Hewlett-Packard, Salvador Caetano, IMVT, Banco BPI, SA e Cafés Delta, refletem a personalidade e o timbre dos seus fundadores. Noutros casos, a cultura organizacional é forjada ao longo de muitos anos pela persistência de uma estratégia empresarial consistente.

Deshpandé, Farley & Webster (1993) desenvolveram um modelo que permite examinar o tipo de cultura de uma organização e a sua influência no estilo de gestão, distinguindo quatro tipos de culturas organizacionais, segundo duas dimensões:

1. Orientação para o interior ou para o exterior da organização.
2. Tipo de respostas às mudanças do meio envolvente.

As quatro categorias de culturas organizacionais associadas a estas duas dimensões são **adhocracia, cultura de mercado, hierarquia** e **clã** (Figura 3.2):

PROCESSOS ORGÂNICOS
(Flexibilidade, espontaneidade)

CLÃ	ADHOCRACIA
Valores dominantes: coesão, participação, trabalho de grupo, equidade, abertura **Estilo de liderança:** mentor, facilitador **Estilo processamento da informação:** discussão, participação consensual **Ênfase estratégica:** desenvolvimento recursos humanos, envolvimento, moral	**Valores dominantes:** empreendedorismo, Criatividade, adaptabilidade, autonomia, experimentação **Estilo de liderança:** empreendedor, inovador **Estilo processamento da informação:** Conhecimento, flexibilidade, **Ênfase estratégica:** inovação, Crescimento, novos recursos
HIERARQUIA	MERCADO
Valores dominantes: ordem, regras, regulamentos, uniformidade **Estilo de liderança:** coordenador, administrador **Estilo processamento da informação:** regras, políticas, procedimentos, documentaçao, computação **Ênfase estratégica:** estabilidade, operações simples	**Valores dominantes:** competitividade, objetivos, empenhamento, diligência **Estilo de liderança:** decidido, empenhado **Estilo processamento da informação:** orientado para os objetivos, produção, concorrência **Ênfase estratégica:** vantagem competitiva, Superioridade no mercado

Posição interna
(Atividades
regulares

Posição externa
(Concorrência/
Diferenciação)

PROCESSOS MECANICISTAS
(Controlo, ordem, estabilidade)

Figura 3.2 Tipos de Cultura Organizacional

Os quatro tipos de cultura organizacional indicados na Figura 3.2 podem caracterizar-se como segue:

- As **adhocracias (culturas empresariais)** são orientadas externamente e enfatizam os processos orgânicos. Valorizam o empreendedorismo, a criatividade e a adaptabilidade. A flexibilidade e a tolerância são importantes. A eficácia é avaliada em termos da procura de novos mercados.
- As **culturas de mercado (culturas competitivas)** são também orientadas para o exterior e enfatizam os processos mecanicistas. Valorizam a competitividade e os objetivos. As transações são reguladas por mecanismos de mercado. A eficácia é avaliada em termos de produtividade.
- As **hierarquias (culturas burocráticas)** são orientadas para o interior da organização e enfatizam os processos mecanicistas. Valorizam as regras e os regulamentos. As transações são reguladas por fiscalização, avaliação e direção. A eficácia é avaliada em termos de consecução de objetivos claramente definidos.

- As **clãs** (**culturas consensuais**) são orientadas internamente e enfatizam os processos orgânicos. Valorizam a lealdade, a coesão, a participação e os grupos de trabalho. A confiança é importante. A eficácia é avaliada em termos de coesão organizacional e de satisfação pessoal.

Cada tipo de cultura organizacional tem diferentes mecanismos de processamento da informação sobre as mudanças do meio envolvente em que a organização se insere e tem influência sobre todas as funções de gestão: planeamento, organização, estilos de liderança e controlo. São os gestores que se devem adaptar à cultura da organização e não a cultura da organização que se deve adaptar ao estilo de liderança dos gestores.

Outras correntes doutrinárias, ao analisarem a influência dos valores culturais na gestão, consideram importantes as seguintes dimensões:

1. A medida em que o ambiente externo requer estabilidade ou flexibilidade.
2. A medida em que a estratégia da organização está focada nos fatores externos ou internos.

O adequado balanceamento entre cultura, estratégia e meio envolvente determina os seguintes quatro tipos de cultura organizacional: **adaptabilidade, realização, envolvimento e consistência** (Figura 3.3):

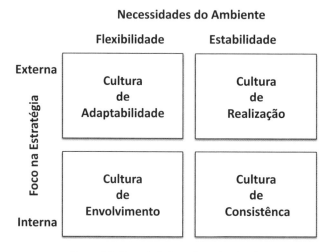

Figura 3.3 Tipos de Cultura Organizacional

A **cultura de adaptabilidade** emerge num envolvimento que requer respostas rápidas e tomada de decisões de alto risco. Os gestores encorajam valores que apoiam a capacidade da organização para detetar e responder rapidamente aos sinais do meio envolvente. Os colaboradores têm autonomia para tomar decisões e é valorizada a sua capacidade para encontrar soluções para satisfazer as necessidades dos clientes.

A **cultura de realização** é uma cultura orientada para os resultados em que os valores de competitividade, agressividade, iniciativa pessoal e empenho na realização dos objetivos são valorizados. É uma cultura ajustada a uma organização orientada para servir clientes específicos, mas sem necessidade de uma grande flexibilidade e de mudanças rápidas.

A **cultura de envolvimento** é uma cultura voltada para o interior da organização que valoriza a participação dos trabalhadores em se adaptarem rapidamente às mudanças do meio envolvente. Este tipo de cultura organizacional toma em elevada conta as necessidades dos colaboradores, podendo ser caracterizada pela cooperação e pelo ambiente familiar que se vive na organização. Os gestores enfatizam valores como a cooperação, consideração pelos empregados e pelos clientes e evitam diferenças de estatuto.

Finalmente, a **cultura de consistência** usa o ambiente interno e uma orientação consistente para criar um ambiente de estabilidade. Neste tipo de cultura organizacional cumprir as regras e fazer as coisas com método e ordem são valorizados.

Qualquer uma destas categorias de cultura pode ter sucesso. Muitas vezes, as organizações têm caraterísticas culturais que abarcam mais do que um tipo de cultura. Cabe aos gestores a responsabilidade de incutir os valores culturais que a organização precisa para ter sucesso no mercado.

3.3. RESUMO DO CAPÍTULO

A análise do ambiente externo envolve a monitorização, a recolha e a avaliação da informação, de modo a compreender a situação atual e as tendências do meio envolvente que podem afetar a organização. A informação obtida nesta fase é utilizada para projetar a empresa no futuro. O fator chave de sucesso das organizações é não assumir que a indústria se manterá na mesma como até agora, mas assumir que muda e que se prever a evolução

MANUAL DE GESTÃO MODERNA

futura estará em melhores condições de enfrentar as mudanças ou ameaças do meio envolvente. Muitas vezes, os melhores jogadores de futebol não são os que têm mais capacidades atléticas ou os que estão atentos ao local onde a bola se encontra, mas os que são capazes de prever onde irá cair. É esta capacidade de previsão que distingue os jogadores excelentes dos bons jogadores, do mesmo modo que é a capacidade de prever a evolução do meio envolvente externo que distingue os líderes dos gestores. Em relação ao ambiente interno analisou-se a cultura organizacional e a sua influência na gestão das organizações.

O sucesso ou insucesso de uma organização pode ser influenciado pelo ambiente interno, pelas oportunidades e ameaças do meio ambiente externo ou pela ação simultânea de ambos e pela adequação da cultura da organização às incertezas e necessidades do meio envolvente.

QUESTÕES

1. *Descreva o ambiente externo e defina em que medida afeta o sucesso ou o falhanço de uma organização.*
2. *Distinga entre ambiente externo imediato e ambiente externo mediato.*
3. *Quais são as forças do meio envolvente externo que criam incerteza às organizações no mundo atual?*
4. *Alguns autores afirmam que a importância de cada uma das várias forças do meio envolvente externo difere de indústria para indústria. Concorda? Justifique.*
5. *Se estivesse a ser entrevistado para um lugar numa empresa e se fosse questionado sobre a importância do conhecimento das forças do meio envolvente, como responderia?*
6. *Defina cultura organizacional e explique a sua importância para a gestão?*
7. *Uma cultura forte é sinal de eficiência? Justifique.*
8. *Porque são importantes os símbolos e os rituais na cultura organizacional? Explique.*

ESTUDO DE CASO 3.1

Em 1906 Alfred Nehemias e August Eberstein decidiram criar uma fábrica de canetas de qualidade, cuja marca viria a ser registada em 1910 como Montblanc. Durante os últimos 100 anos o nome Montblanc sempre foi associado a um símbolo de qualidade. A marca Montblanc concorre com outras marcas como Cartier, Louis Vuitton, Tiffany e Gucci. Durante muitos anos a sua estratégia foi de crescimento da quota de mercado e desenvolvimento do produto. Contudo, na década de 90 a Montblanc alterou a sua estratégia no sentido da expansão geográfica, abrindo a sua primeira loja em Hong Kong e anos mais tarde abriu lojas em Paris e Londres, que marcaram o início da sua internacionalização. Em 1995 abriu várias lojas nos estados Unidos, a que se seguiram centenas de lojas em todo o mundo.

Pela mesma altura, a empresa sentiu necessidade de diversificar para outros produtos. Começou a oferecer produtos de couro, acessórios de escritório, joalharia fina e mais tarde relógios, esforçando-se por ganhar credibilidade junto dos consumidores nestes novos produtos que não constituíam o seu *core business*. A Montblanc é hoje uma marca internacional que vende uma grande variedade de produtos em mais de 70 países, exclusivamente através de retalhistas autorizados, joalharias e butiques.

A Montblanc dedica muita atenção aos seus colaboradores, devendo-se o seu sucesso à qualidade, motivação e dedicação dos trabalhadores. A remuneração é baseada na fixação de objetivos e nos resultados. Objetivos claros, estruturas achatadas, comunicação e envolvimento dos trabalhadores são a base do sucesso da empresa.

QUESTÕES

1. *Qual a importância da envolvente externa e interna para a formulação da estratégia? Deve usar o caso Montblanc para fundamentar a sua resposta.*
2. *Quais são os principais elementos do meio envolvente de uma organização?*
3. *Quais são as dificuldades do meio envolvente que a Montblanc pode enfrentar neste século XXI?*
4. *Como caracteriza o tipo de cultura organizacional da Montblanc.*
5. *De que maneira a cultura organizacional tem influenciado os resultados da empresa? Justifique.*

REFERÊNCIAS

Daft, R. L., Kendrick, M. e Vershinina, N. (2010), *Management*, South-Western, Cengage Learning, United Kingdom.

Donnelly, J. H., Gibson, J. L. e Ivancevich, J. M. (2000), *Administração: Princípios de Gestão Empresarial*, 10ª Edição, McGraw-Hill, Lisboa.

Jones, G. e George, J. (2011), *Contemporary Management*, 7th edition, McGraw-Hill/ /Irwin, New York.

Robbins, S. P. e Coulter, M. (2014), *Management*, Twelfth Edition, Pearson Education, Inc. Upper Side River, New Jersey.

Capítulo 4
Análise Interna

Analisar e avaliar a envolvente externa de uma organização, para determinar as oportunidades e ameaças, não é suficiente para assegurar vantagem competitiva sustentável. É necessário também analisar o ambiente interno da organização, a fim de identificar os recursos, as capacidades e as competências de que dispõe, determinar em que medida é capaz de potenciar as suas forças e limitar as suas fraquezas e criar vantagem competitiva sobre os seus concorrentes.

Neste capítulo, vamos apresentar os principais fundamentos da análise interna, para identificar as principais forças e fraquezas de uma organização que fundamentam a definição e implementação de uma estratégia competitiva. Nessa perspetiva, será feita a análise da cadeia de valor de uma indústria, decompondo uma unidade de negócios nas suas atividades estratégicas relevantes, com o objetivo de identificar as fontes de vantagem competitiva sustentável relativamente aos concorrentes.

OBJETIVOS DE APRENDIZAGEM

Depois de ler e refletir sobre este capítulo, o leitor deve ser capaz de:
- Saber avaliar os recursos, capacidades e competências de uma organização.
- Saber determinar as competências distintivas de uma organização.
- Distinguir competências nucleares (*core competencies*) de competências distintivas (*distinctive competencies*).

- Identificar os fatores internos fonte de vantagem competitiva sustentável.
- Usar a análise SWOT e a análise da cadeia de valor como instrumentos de avaliação de vantagem competitiva de uma organização.
- Saber como pode uma organização ganhar vantagem competitiva sustentável.

Conceitos chave
Recursos, capacidades, competências, competências nucleares, competências distintivas, teorias de vantagem competitiva, economias de escala, curva de experiência, cadeia de valor.

4.1. RECURSOS, CAPACIDADES E VANTAGEM COMPETITIVA

Os fatores diferenciadores de uma unidade de negócio dão origem ao conceito de vantagem competitiva. Uma empresa tem vantagem competitiva quando é capaz de criar valor, isto é, quando gera um excedente das saídas (*outputs*) relativamente às entradas (*inputs*) utilizadas na produção. Os fatores diferenciadores que geram vantagem competitiva resultam das diferenças que a empresa seja capaz de conseguir relativamente aos seus concorrentes. Estas diferenças podem resultar de diferentes atividades, dos investimentos que realiza, que permitem produzir a custos mais baixos, da forma como combina essas atividades ou investimentos, da forma como diferencia o produto relativamente aos concorrentes e do grau de complementaridade entre eles (Figura 4.1):

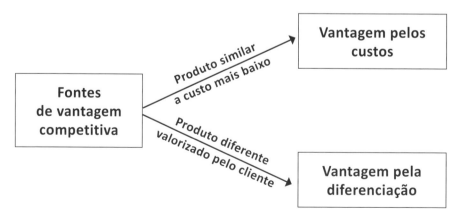

Figura 4.1 Fontes de Vantagem Competitiva Sustentável

Na literatura sobre estratégia pode encontrar-se diferentes definições de vantagem competitiva. Porter define vantagem competitiva como *"o melhor desempenho das atividades estratégicas de uma organização relativamente aos seus concorrentes"*. De acordo com Porter, o conceito de vantagem competitiva está estreitamente relacionado com as atividades que uma empresa realiza, logo o que diferencia uma empresa de outra é o conjunto de atividades que desempenha e quais as que desempenha melhor do que os concorrentes.

Um conceito mais adequado para medir a existência de vantagem competitiva a nível da empresa é o conceito de **criação de valor**, que compara a rendibilidade obtida pela empresa com o custo de oportunidade dos investimentos realizados. O custo de oportunidade do produto deve incluir todos os custos associados à sua produção e venda, mais a remuneração do capital investido, que inclui o risco do negócio.

Capacidade é a aptidão de uma empresa explorar os seus recursos. Consiste no conjunto de processos e rotinas que gerem as interações entre os recursos para transformar os *inputs* em *outputs*. As capacidades situam-se ao nível de cada função. Pode haver capacidades de marketing, capacidades de produção, capacidades de gestão financeira e capacidades de gestão de recursos humanos. Por sua vez, a **competência** refere-se à integração e coordenação de capacidades. Por exemplo, uma competência no desenvolvimento de um novo produto numa divisão de uma empresa pode resultar de várias capacidades, como capacidades ao nível da produção, do marketing ou da investigação e desenvolvimento (I&D) existentes na divisão.

Mas não basta que uma empresa tenha vantagem competitiva. É preciso que tenha vantagem competitiva sustentável, ou seja, que permita explorar continuamente os recursos disponíveis e desenvolver competências nucleares (*core competencies*) e competências distintivas (*distinctive competencies*) que salvaguardem a empresa das ameaças dos seus concorrentes. As **competências nucleares** são competências transversais à organização e é tudo o que a organização faz bem. Quando as competências são superiores aos concorrentes designam-se por **competências distintivas**. Prahalad e Hamel (1990) definem as capacidades ou competências distintivas como a aprendizagem coletiva numa organização, como a coordenação das capacidades produtivas e a integração das tecnologias.

As competências distintivas são fonte de vantagem competitiva sustentável. Para serem sustentáveis, devem ter os seguintes atributos (Barney, 2002): ter valor para o cliente (*Valuable*), ser raras (*Rare*), o que significa que nenhum concorrente tem essas competências, ser difíceis de imitar (***Inimitable***) e a organização estar preparada para explorar os recursos (***Organization***). Se a resposta a cada um destes atributos é positiva para uma determinada competência, então é considerada ser um trunfo e fonte de vantagem competitiva.

4.2. TEORIAS DE VANTAGEM COMPETITIVA

Existem diferentes teorias que procuram explicar a sustentabilidade das vantagens competitivas, a saber:

A. TEORIA BASEADA NOS RECURSOS

Esta teoria enfatiza a existência de recursos e competências de uma empresa, que permitem a formação de capacidades distintivas e tornam possível obter vantagem competitiva. Os recursos correspondem, geralmente, a ativos tangíveis (instalações, terrenos, equipamentos, força de vendas, financeiros, etc.), enquanto as capacidades e competências se referem às aptidões e conhecimentos da empresa (organização, inovação, cultura da empresa, reputação, etc.).

Peteraf (1993) e Peteraf e Barney (2003) distinguem três condições que devem ser satisfeitas simultaneamente para que a empresa tenha vantagem competitiva sustentável:

1. **Heterogeneidade de recursos e/ou capacidades** – as empresas numa indústria podem ser heterogéneas no que respeita aos recursos que controlam. Empresas diferentes têm recursos e capacidades diferentes.
2. **Limites à concorrência *ex-ante e ex-post*** – devem existir forças que limitem a concorrência. Há dois fatores críticos que limitam a concorrência *ex-post*: imitabilidade e substituibilidade imperfeitas. O registo de direitos de propriedade e as patentes tem também como finalidade proteger as empresas do fenómeno da imitação e limitar a concorrência.
3. **Mobilidade imperfeita dos recursos** – alguns recursos não podem ser transacionados no mercado dos fatores, ou porque são especializados e satisfazem necessidades específicas das empresas ou porque são difíceis de acumular e de imitar.

Recursos heterogéneos são recursos a que não tem acesso qualquer empresa. A heterogeneidade dos recursos pode persistir ao longo do tempo, porque os recursos usados para implementar as estratégias não têm uma mobilidade perfeita entre empresas, isto é, alguns recursos não podem ser transacionados no mercado dos fatores e são difíceis de guardar e de imitar. A heterogeneidade dos recursos de que disponha uma empresa pode resultar de diversas fontes, como barreiras à mobilidade, diferenciação de produtos, investigação e desenvolvimento, dimensão, entre outras.

A heterogeneidade dos recursos é considerada uma condição necessária para que os recursos contribuam para ter vantagem competitiva sustentável e gerar resultados económicos positivos. A heterogeneidade é condição necessária de vantagem competitiva sustentável, mas não suficiente. Para ser sustentável é necessário haver limites à concorrência.

As empresas que disponham de recursos ou capacidades superiores são capazes de produzir a custos médios mais baixos e de satisfazer melhor as necessidades dos consumidores.

B. TEORIA BASEADA NAS ATIVIDADES

Para Michael Porter, a vantagem competitiva de uma empresa baseia-se no seu sistema de atividades, tanto atividades individuais como a forma como se combinam e se complementam. De acordo com Porter, a estratégia consiste em realizar e combinar as atividades de uma maneira melhor que os concorrentes. A primeira condição para que haja uma adequada combinação de atividades é que haja consistência entre cada atividade e a estratégia da empresa. Se a estratégia da empresa for a liderança pelos custos, as atividades individuais da empresa têm que estar de acordo com esse objetivo.

Segundo Porter, a complementaridade estratégica entre as diversas atividades é a chave para conseguir vantagem competitiva sustentável, dado que é muito mais difícil para os concorrentes imitar um conjunto de atividades interrelacionadas do que imitar algumas atividades individuais.

C. TEORIA ASSOCIADA À DIFICULDADE DE IMITAÇÃO

Ghemawat num artigo intitulado *"Sustainable Advantage"*, publicado em 1986 na *Harvard Business Review*, argumenta que a chave para manter vantagem competitiva é a impossibilidade de imitação. De acordo com este autor, o sucesso de um negócio depende da sua capacidade para manter a sua vantagem competitiva a longo prazo. Aspetos como a inovação do produto e dos processos de produção e de marketing não representam, na maioria dos casos, vantagens competitivas sustentáveis, mas apenas vantagens temporárias, dado que são altamente imitáveis num mundo cada vez mais global e competitivo.

Para Ghemawat, as vantagens que tendem a ser sustentáveis e, consequentemente, difíceis de imitar, estão associadas às seguintes três categorias: dimensão da empresa, melhores condições para angariação de recursos ou clientes e restrições que enfrentam os concorrentes. Os benefícios da dimensão podem resultar da necessidade de fazer grandes investimentos, só ao alcance das grandes empresas ou se existem sinergias que resultem de ser grande, como economias de escala ou curva de experiência.

A Figura 4.2 mostra uma função de custos que representa economias de escala até um determinado nível de produção (redução dos custos unitários de produção em resultado da diluição dos custos fixos por produções em maior escala) e a curva típica de experiência, em que se verifica a redução de custos e o aumento da eficiência em consequência da experiência adquirida.

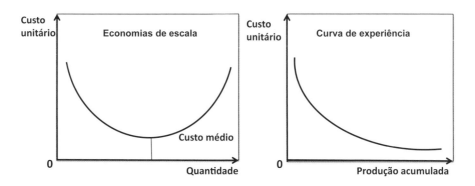

Figura 4.2 **Curva de Economias de Escala e Curva de Experiência**

D. TEORIA BASEADA NO CONHECIMENTO

Como evolução da teoria baseada nos recursos emerge a teoria baseada no conhecimento, em que o principal ativo distintivo das empresas é o conhe-

ANÁLISE INTERNA

cimento. Conhecimento é considerado um recurso muito especial que não pode ser amortizado, como acontece na linha da economia tradicional dos fatores produtivos e pode proporcionar rendibilidades crescentes. A natureza dos recursos baseados no conhecimento é essencialmente intangível e dinâmica. A teoria baseada no conhecimento considera o conhecimento o recurso mais significativo em termos estratégicos, porque é difícil de imitar e um dos principais determinantes de vantagem competitiva sustentável e de superior desempenho das organizações.

De acordo com esta teoria, a capacidade de uma empresa criar valor não se baseia tanto nos seus recursos tangíveis, materiais e financeiros, mas mais no conjunto de recursos intangíveis, baseados no conhecimento. Assim, as empresas que podem gerar e manter rendibilidades superiores são aquelas que posssuem uma dotação de conhecimento organizativo associado ao processo de criação de valor que seja escasso ou insubstituível.

4.3. ANÁLISE DA CADEIA DE VALOR (*VALUE-CHAIN ANALYSIS*)

Para avaliar a estratégia futura de uma empresa é importante fazer uma análise interna da empresa. A análise interna visa identificar e analisar as atividades, operações e processos que a empresa realiza, com o objetivo de identificar possíveis fontes de vantagens competitivas (*core competencies*) sobre as quais deve basear a sua estratégia.

A análise sistemática das atividades individuais da cadeia de valor permite ter um melhor conhecimento das forças e fraquezas internas da empresa (*core deficiencies*). De acordo com Porter, "*as diferenças entre as cadeias de valor dos concorrentes são a fonte chave de vantagem competitiva*".

A cadeia de valor é essencialmente uma forma de análise das atividades de uma empresa, mediante a qual se decompõe uma unidade de negócios nas suas atividades estratégicas relevantes, com o objetivo de identificar as suas fontes de vantagens competitivas e de diferenciação relativamente aos concorrentes.

A cadeia de valor permite descrever a empresa como uma série de atividades, processos ou operações interrelacionadas, em que cada uma delas é um elo de uma cadeia que explica a forma como a empresa gera a sua margem. O êxito da estratégia de uma empresa baseia-se fundamentalmente na consistência das inter-relações das atividades que leva a cabo num meio envolvente hostil e competitivo. A Figura 4.3 apresenta uma cadeia de valor típica de uma indústria transformadora:

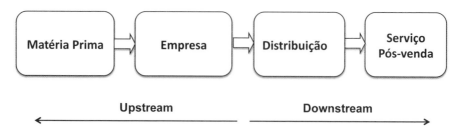

Figura 4.3 Cadeia de Valor Típica de uma Indústria

Na maioria das indústrias, produzir e disponibilizar os produtos aos compradores implica construir relações com os parceiros a montante (*upstream*) e a jusante (*downstream*) da cadeia de valor. Os segmentos *upstream* referem-se às atividades a montante na indústria, como o fornecimento de matérias-primas, de componentes, partes ou outros elementos necessários para poduzir um produto. Os segmentos *downstream* referem-se às atividades de marketing que fazem a ligação da empresa com o mercado e os seus clientes.

Cada empresa tem a sua própria cadeia de valor. Para identificar as atividades da cadeia de valor, Porter separa as atividades principais ou primárias, que começam com a logística de entrada (movimentação de matérias-primas e armazenagem), passa pelo processo produtivo em que o produto é manufaturado e continua pela logística de saída (armazenagem e distribuição) até às atividades de marketing e serviço pós-venda, das atividades de suporte ou de apoio. As atividades de suporte ou apoio, como as compras de matérias-primas, máquinas e abastecimentos (*procurement*), investigação e desenvolvimento tecnológico (I&D), gestão de recursos humanos e infraestruturas (contabilidade, finanças, planeamento estratégico) garantem que as atividades primárias da cadeia de valor sejam executadas de forma eficaz e eficiente.

As atividades primárias intervêm diretamente no processo de construção de valor da empresa. Estão associadas aos processos de fabricação do produto ou serviço e à comercialização do mesmo, incluindo a venda e o serviço pós-venda (Figura 4.4).

ANÁLISE INTERNA

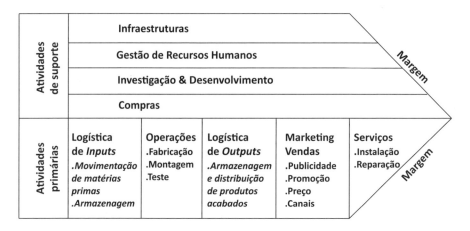

Figura 4.4 Cadeia de Valor de Porter

Entre as **atividades primárias** mais frequentes encontram-se:

a. **Logística interna ou de entrada** – são atividades associadas à aquisição de matérias-primas e outros materiais. Contempla atividades como a receção de materiais, armazenagem, distribuição pelas diferentes etapas do processo produtivo, controlo de inventários de matérias-primas e devoluções de materiais.
b. **Operações** – são atividades associadas ao processo de transformação de materiais em produtos ou serviços, incluindo os produtos intermédios e produtos em vias de fabrico. Considera aspetos como a planificação e programação da produção, processos operativos, manutenção de equipamentos, controlo de qualidade e gestão de produtos defeituosos.
c. **Logística externa ou de saída** – são atividades relacionadas com o transporte da produção para o armazém de produtos acabados e expedição dos produtos até ao ponto de receção pelo cliente. Inclui atividades como receção de produtos acabados, gestão de inventários de produtos acabados, distribuição do produto até às instalações do cliente, gestão da frota de distribuição, processamento das encomendas e programação das entregas.
d. **Marketing e vendas** – são atividades associadas ao processo de comercialização dos produtos e serviços. Inclui atividades como a seleção e gestão dos canais de distribuição, planificação e execução

de campanhas de promoção e publicidade, gestão da força de vendas, estabelecimento de políticas comerciais e de crédito e determinação da política de preços.

e. **Serviço pós-venda** – são atividades associadas com a gestão das relações com o cliente. Inclui atividades como a gestão de garantias e gestão das relações comerciais com os clientes.

As **atividades de apoio** são as atividades que permitem que as atividades primárias se desenvolvam da melhor maneira. Apesar de cada empresa ter atividades de apoio diferentes, as mais comuns são:

a. **Infraestruturas** – refere-se às atividades de apoio geral à atividade da empresa. Incluem atividades e processos gerais, como o planeamento, a contabilidade, o apoio jurídico, entre outros.
b. **Gestão dos recursos humanos** – refere-se às atividades relacionadas com a seleção, recrutamento, formação, desenvolvimento de carreiras e compensação das diferentes pessoas que constituem a empresa.
c. **Investigação & Desenvolvimento** – refere-se às atividades que visam o desenvolvimento de conhecimentos, processos, sistemas e qualquer atividade relacionada com a melhoria e inovação de novos produtos ou serviços.
d. **Compras** – refere-se às atividades relacionadas com a aquisição de recursos necessários ao desenvolvimento da empresa.

A análise da cadeia de valor de uma empresa envolve as seguintes três etapas:

1. Análise da cadeia de valor de cada linha de produto em termos das várias atividades envolvidas na produção do produto ou serviço. Que atividades podem ser consideradas trunfos (competências nucleares) ou fraquezas (deficiências nucleares)? Alguma das competências nucleares proporciona vantagem competitiva sustentável (competências distintivas)?
2. Análise das ligações da cadeia de valor em cada linha do produto.
3. Análise das sinergias potenciais entre as cadeias de valor das diferentes linhas de produtos ou diferentes unidades de negócio.

ANÁLISE INTERNA

Uma indústria pode ser analisada em termos de margem de lucro gerada em cada ponto da cadeia de valor. A análise sistemática das atividades individuais da cadeia de valor pode levar a um melhor conhecimento das forças e fraquezas da empresa e dos pontos da cadeia geradores de lucros e de prejuízos.

4.4. RESUMO DO CAPÍTULO

Monitorizar o ambiente externo é apenas uma parte da análise do meio envolvente das organizações. A análise da envolvente externa para detetar as oportunidades e ameaças não é suficiente para ganhar vantagem competitiva. Para além da análise externa, os gestores precisam também de analisar o ambiente interno da organização, para identificar os fatores críticos de sucesso, como os recursos disponíveis, as capacidades e competências existentes na organização e averiguar se uma organização será capaz de ganhar vantagem competitiva sobre os concorrentes.

A análise cuidadosa da cadeia de valor da organização permite aos gestores encontrar resposta para as seguintes questões: (1) Quais os trunfos e fraquezas da organização? (2) Como pode a organização ganhar e manter vantagem competitiva sobre os concorrentes?

A resposta a estas questões só poderá ser encontrada se os gestores analisarem cuidadosamente a cadeia de valor da organização. Só analisando a cadeia de valor é possível perceber em que fases do processo produtivo a empresa cria ou destrói valor e tomar as medidas adequadas para ultrapassar essas dificuldades. Uma empresa pode ter várias linhas de produtos ou serviços, mas só uma ou algumas delas podem estar a contribuir para obtenção de lucro e criação de valor, enquanto outras podem estar a gerar prejuízos e a destruir valor.

Só sabendo onde está a criar e a destruir valor o gestor poderá tomar em tempo oportuno as medidas corretivas adequadas. Daí a importância da análise interna da organização.

MANUAL DE GESTÃO MODERNA

QUESTÕES

1. **Qual a relevância da teoria baseada nos recursos para a gestão estratégica?**
2. **Quais são os prós e contras em usar a curva de experiência para determinar a estratégia de uma organização?**
3. **Indique e explique quais das seguintes vantagens competitivas são sustentáveis, segundo a teoria associada à dificuldade de imitação:**
   a. **Uma empresa de gelados lança uma nova linha de produtos com sabores exóticos.**
   b. **Uma empresa produtora de automóveis lança uma campanha inovadora de marketing.**
4. **A inflexibilidade é uma ameaça à sustentabilidade da vantagem competitiva?**
5. **Deve uma empresa ter competências nucleares? Algumas competências são competências distintivas? Justifique.**
6. **Deve uma empresa ter vantagem competitiva? Porquê?**
7. **Qual será o futuro previsível de uma empresa se continuar a percorrer o mesmo caminho que tem vindo a seguir?**
8. **Como pode a análise da cadeia de valor ajudar a identificar as forças e fraquezas de uma empresa.**

ESTUDO DE CASO 4.1

A Kellogg's foi constituída pelos irmãos Kellogg em 1906. No seu início experimentaram diversas formas de cozinhar os cereais com o objetivo de conseguir uma alimentação mais saudável. A empresa cresceu e hoje produz uma grande variedade de produtos à base de cereais em 19 países e vende os seus produtos em mais de 160 países.

A estratégia de negócio da Kellogg's é clara e está focada em:

- Fazer crescer o negócio dos cereais, tendo já mais de 40 produtos diferentes.
- Expandir o negócio dos snaks, diversificando os produtos.
- Aproveitar as oportunidades de crescimento.

Atuando com ética e responsabilidade social, tem grangeado o respeito e a confiança das comunidades, dos governos, dos clientes e do público em geral, o que tem permitido o crescimento do negócio.

O foco principal do negócio é a obtenção de lucro, mas tem vindo crescentemente a consciencializar que os impactos social e ambiental são importantes. A Kellogg's acredita na atuação responsável em todas as secções da cadeia de valor. Entre outras atividades, procura reduzir o consumo de energia e as emissões de CO_2 na produção e distribuição dos seus produtos e na melhoria das embalagens. O seu código de ética demonstra um envolvimento para agir responsável e eticamente. A sua missão é "conduzir um desenvolvimento sustentável através do empenhamento dos seus colaboradores e da qualidade das suas marcas para melhor servir as necessidades dos seus clientes, dos consumidores e da comunidade".

A cadeia de valor
A cadeia de valor da indústria consiste em três setores chave:
1. **Setor primário** – proporciona as matérias-primas de que precisa, como petróleo e carvão ou cereais, como trigo e milho. Algumas matérias-primas são vendidas diretamente ao consumo, como o carvão, enquanto outras são usadas mais à frente da cadeia de valor para serem transformadas em produtos acabados.
2. **Setor secundário** – fabrica e embala os produtos. Por exemplo, a Kellogg's compra arroz para fabricação de Rice Krispies e trigo para Cornflakes.
3. **Setor terciário** – neste setor as indústrias não produzem mercadorias. Prestam serviços, tais como a banca, retalho, indústrias de lazer ou transporte.

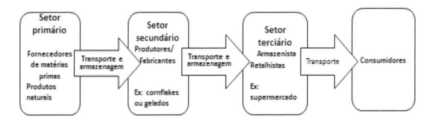

Ao longo da cadeia de valor são envolvidos um conjunto de atividades da empresa, que incluem a I&D, a qualidade, as compras, as vendas, o transporte e distribuição. Como parte da sua estratégia comercial, as empresas precisam de considerar a melhor forma de adquirir e distribuir as matérias-primas. As empresas reconhecem a importância de armazenarem e transportarem em boas condições os seus produtos. A Kellogg's está consciente da importância de organizar a armazenagem dos materiais e dos produtos acabados para minimizar os custos e o impacto ambiental. As organizações internacionais e os governos estão a encorajar as empresas e os indivíduos a reduzir e emissão de gases poluentes pelo efeito que têm no aquecimento global.

Ao longo da cadeia de abastecimento há um conjunto de áreas onde os desperdícios podem ser identificados. A produção *lean* é um sistema que possibilita a simplificação dos processos e a eliminação de desperdícios. A Kellogg's avalia regularmente os seus métodos de produção para assegurar que produzem os resultados previstos e que os desperdícios são reduzidos. Isso ajuda à competitividade e rendibilidade pela redução dos custos unitários.

No passado as empresas pensavam que eram mais eficientes se atendessem a algumas partes da cadeia de valor, como a produção e transporte. Para satisfazer o cliente bastava que entregassem as encomendas regularmente sem se preocuparem com os impactos negativos no meio ambiente. Uma encomenda

MANUAL DE GESTÃO MODERNA

urgente justificava a entrega imediata, mesmo que isso implicasse que o camião fosse praticamente vazio. Se isto acontecesse muitas vezes, implicava um grande desperdício de tempo e de combustível. Os consumidores e os governantes procuram agora métodos de produção e sistemas de distribuição mais amigos do ambiente. É mais eficiente e mais barato para a empresa especializar-se na área em que é mais competente, que é a produção de produtos alimentares, deixando as atividades em que não têm competências específicas, como a distribuição e o transporte, para empresas especializadas.

A cadeia de valor – setor secundário

A Kellogg's é uma empresa que atua no setor secundário. Obtém as matérias-primas como o trigo, milho, cacau, arroz e açucar dos fornecedores do setor primário em todo o mundo. Estes materiais permitem fabricar mais de 40 variedades de pequenos almoços de cereais e snacks para vender aos seus clientes através do setor terciário. Através de programas de I&D a empresa devenvolve novos produtos de cereais e snacks.

Os grandes fabricantes devem considerar diferentes aspetos das suas operações:

- Onde localizar as suas fábricas – devem estar próximo dos fornecedores de materiais ou estar próximo dos canais de distribuição, com o objetivo de reduzir os custos de expedição.
- Dimensão e escala – precisam de fábricas de grande dimensão com espaços adequados para equipamentos e processos de produção. Necessitam também de acomodar o abastecimento de materiais e de armazenagem de produtos acabados.
- Onde e como os materiais e os produtos acabados devem ser armazenados até serem vendidos.
- Onde se localizam os clientes – a empresa não vende os seus produtos diretamente aos consumidores finais. Usa intermediários como armazenistas, supermercados e lojas. O transporte e a armazenagem acontece entre todas as fases da cadeia de valor.

A principal fábrica da Kellogg's situa-se no Reino Unido. Um dos armazéns situa-se a cerca de 5 Kms da fábrica. Para melhorar a distribuição, a Kellogg's recorre a serviços de empresas especializadas em logística. Isto reduz consideravelmente os custos de transporte e gera eficiência de energia. A Kellogg's assinou protocolos com 21 empresas para melhorar a eficiência do consumo de água, reduzir os desperdícios e as emissões de $CO2$. Também alterou o papel de embalagem dos seus produtos para reduzir as emissões de carbono.

A cadeia de valor – setor terciário

A última fase na cadeia de valor da indústria é o setor terciário. O setor terciário não fabrica mercadorias, mas presta serviços. Este setor envolve:

- Retalhistas como supermercados que compram os produtos acabados ao setor secundário e depois vendem aos consumidores.
- Empresas de serviços, como serviços financeiros, armazenagem e transporte.

ANÁLISE INTERNA

A armazenagem e o transporte são as atividades chave que ligam as três partes da cadeia de valor. A Kellogg's contrata empresas especializadas de transporte e armazenagem que são responsáveis por todos os aspetos logísticos do negócio. Isto permite à Kellogg's concentrar-se no que é o seu *core business* que é a produção de cereais e outros produtos alimentares. A Kellogg's também partilha o transporte com outros fabricantes, o que reduz os custos de distribuição, tornando os seus produtos mais competitivos. Este sistema também reduz o número de veículos a circular nas estradas, poupando tempo e reduz as emissões de CO_2. A Kellogg's tem também parcerias no setor terciário, designadamente com supermercados, armazenistas e retalhistas, com o objetivo de promover a lealdade dos consumidores aos seus produtos.

Gestão da cadeia de abastecimento

Tendo políticas corretas de marketing mix, as empresas têm o produto certo, no local certo e no tempo certo. A kellogg's produz os produtos certos com base em investigação sobre as necessidades dos consumidores. Gere os canais de distribuição para colocar os seus produtos nos armazéns. O seu foco em sistemas baseados nos custos assegura que os seus preços são competitivos. Trabalha com os retalhistas para melhorar a promoção dos seus produtos. Os retalhistas querem ter stocks limitados dos produtos com vista a reduzir os custos de armazenagem. A Kellogg's usa o sistema *jus-in-time* para assegurar eficiência na gestão dos inventários. A Kellogg's faz uma avaliação permanente de cada secção da cadeia de valor. Atrasos na expedição ou incapacidade de abastecer por falta de produtos pode levar os retalhistas a comprar aos concorrentes. Através da colaboração com os distribuidores, a Kellogg's tem agora um sistema mais eficiente de distribuição. Um sistema computadorizado que assegura que as prateleiras estão sempre cheias e as encomendas são despachadas a tempo. Isto permite à Kellogg's ter os stocks no mínimo e permite também aos seus clientes reduzir os stocks.

Isto ilustra a eficácia da **gestão da cadeia de abastecimento** da Kellog's. Esta eficácia é conseguida pela inter-relação das indústrias na cadeia de abastecimento. Cada empresa atua na sua especialidade de forma a disponibilizar produtos e serviços aos consumidores com a qualidade exigida, no tempo e no local requeridos.

Conclusão

As três secções da cadeia de abastecimento da indústria necessitam de interagir para assegurar que os produtos ou serviços cheguem aos consumidores. A distribuição eficiente do produto até ao consumidor ao preço certo, no local certo e no tempo certo resulta em bons negócios para cada elo da cadeia. Isto obriga a um planeamento estratégico e a uma efetiva colaboração com todos os parceiros. A especialização com base nos custos e as parcerias com outras indústrias especializadas permitem a redução dos custos para a empresa, para os clientes e para o ambiente. A efetiva gestão da sua cadeia de abastecimento beneficia a empresa, o ambiente e as outras indústrias.

QUESTÕES

1. *Indique as três secções da cadeia de abastecimento da Kellogg's. Em que fases da cadeia podem algumas secções do setor primário operar como retalhistas?*
2. *Dê três exemplos em como a Kellogg's demonstra uma boa gestão da cadeia de valor. Como pode a Kellogg's fazer melhorias tanto para o seu negócio como para o ambiente?*
3. *Porque é importante para a Kellogg's construir boas relações com as empresas do setor terciário?*
4. *Avalie os benefícios de grandes fabricantes como a Kellogg's colaborarem na parte logística dos seus negócios com empresas especializadas.*

REFERÊNCIAS

Barney, J. B. (2002), *Gaining and Sustaining Competitive Advantage*, 2nd ed., Prentice Hall, Upper Saddle River.

Ghemawat, P. (1986), *Sustainable Advantage*, Harvard Business Review, 64, nº 5, September-October, pp. 53-58.

Grant, R. M. (1991), *The Resource-Based Theory of Competitive Advantage: Implications for Strategy Formulation*, California Management Review, 99, Spring pp. 114-135

Grant, R. M. (1996), *Toward a Knowledge-Based Theory*, Strategic Management Journal, Vol. 17 (winter special issue), pp. 109-122.

Jones, G. e George, J. (2011), *Contemporary Management*, 7th edition, McGraw--Hill/Irwin, New York.

Peteraf, M. A. (1993), *The Cornerstones of Competitive Advantage: A Resource-Based View*, Strategic Management Journal, Vol. 14, pp. 179-191.

Peteraf, M. A. e Barney, J. (2003), *Unraveling The Resource-Based Tangle*, Managerial and Decision Economics, Vol. 24, pp. 309-323.

Porter, M. (1980), *Competitive Strategy: Techniques for Analyzing Industries and Competitors*, The Free Press, New York.

Prahalad, C. K. e Hamel, G. (1990), *The Core Competence of the Corporation*, Harvard Business Review, Vol. 68, Nº 31, May-June, pp. 79-91.

Robbins, S. P. e Coulter, M. (2014), *Management*, Twelfth Edition, Pearson Education, Inc. Upper Side River, New Jersey.

Wernerfelt, B. (1984), *A Resource-based View of the Firm*, Strategic Management Journal, Vol. 5, pp. 171-180.

http://businesscasestudies.co.uk/kelloggs/supply-chain-from-manufacturing--to-shelf/managing-thr-supply-chain-effectively.html

Capítulo 5
Empreendedorismo e Inovação

Muitas pessoas ambicionam lançar os seus próprios negócios. Alguns decidem iniciar um negócio porque tiveram uma ideia e aspiram a ser livres. Outros decidem lançar um negócio porque foram despedidos do seu emprego ou a empresa onde trabalhavam encetou um processo de *downsizing* que os afetou diretamente e têm dificuldade em arranjar outra ocupação por conta de outrem.

Fruto das mudanças na economia, o interesse pelo empreendedorismo tem vindo a crescer de forma acentuada, assumindo hoje um papel relevante nas sociedades modernas. As universidades e os institutos politécnicos têm vindo a lançar os seus programas e cursos de pós-graduação em empreendedorismo. O empreendedorismo está hoje mais facilitado, porque os empreendedores podem dispor de apoio de incubadoras que foram crescendo à volta das universidades e dos centros de investigação e que dão apoio logístico, formação e acesso a redes de contactos, essenciais durante a fase de lançamento e crescimento do negócio.

Neste capítulo, vamos apresentar os principais fundamentos do empreendedorismo e apresentar algumas técnicas que ajudam os gestores a tomar as melhores decisões no processo de criação de novos negócios, designadamente a elaboração de um plano de negócios.

OBJETIVOS DE APRENDIZAGEM

Depois de ler e refletir sobre este capítulo, o leitor deve ser capaz de:
- Explicar o que é o empreendedorismo e descrever algumas caraterísticas de um empreendedor típico.
- Perceber a importância do empreendedorismo na economia moderna.
- Distinguir entre criatividade, inovação e empreendedorismo.
- Entender as razões por que falham os negócios.
- Descrever as etapas do processo de empreendedorismo.
- Perceber o que é um plano de negócios (*business plan*).
- Descrever as etapas de elaboração de um plano de negócios.
- Identificar formas alternativas de empreendedorismo.
- Explicar o que é e qual a importância do empreendedorismo social.

Conceitos chave
Empreendedorismo, criatividade, inovação, processo de empreendedorismo, plano de negócios, empreendedorismo social.

5.1. EMPREENDEDORISMO

Empreendedorismo é o processo de procurar novas oportunidades de negócio, geralmente em resposta a oportunidades de mercado. Empreendedorismo é também o processo de iniciar um negócio, obter os recursos necessários, assumir os riscos inerentes ao projeto e beneficiar dos benefícios potenciais. Os empreendedores são indivíduos que procuram os negócios, assumem os riscos e beneficiam dos resultados. Os empreendedores reconhecem a viabilidade da ideia de produzir um produto ou serviço e avançam com essa ideia, obtendo os recursos necessários, como capital, pessoas, maquinaria e escolhem a localização ideal para o projeto. Os empreendedores são uma importante fonte de criatividade no mundo dos negócios e fazem grandes fortunas quando os seus negócios têm sucesso.

Mas nem todos os empreendedores têm os mesmos objetivos. Alguns empreendedores lançam os seus próprios negócios com o objetivo de conquistarem a sua independência financeira e profissional. Estes empreendedores sentem-se realizados quando o negócio corre bem e não aspiram a construir grandes impérios. Outros empreendedores, mais ambiciosos, têm como objetivo o crescimento e expansão e aspiram a transformar os seus negócios em grandes empresas ou grandes grupos económicos. Estes são os verdadeiros empreendedores. É o caso da Zara, que começou com uma pequena empresa no sector têxtil tradicional no norte da Galiza e conseguiu, em pouco tempo, transformar essa pequena empresa num dos maiores grupos económicos, sendo actualmente o seu fundador um dos homens mais ricos do mundo.

O empreendedorismo tem vindo a assumir um papel crescente nas sociedades modernas. Na sociedade pós-industrial, as grandes empresas já não assumem o papel e a importância que tiveram no passado. As empresas têm vindo a reduzir sistematicamente o número de trabalhadores, com o objetivo de reduzir custos. Hoje as melhores empresas já não são as maiores empresas. O recurso cada vez mais a *outsourcing*, a existência cada vez mais de organizações virtuais e a fragmentação do mercado, estão a obrigar as empresas a uma rápida adaptação às novas condições do mercado.

As pequenas empresas têm vindo a assumir um papel importante na economia moderna, porque têm vantagens competitivas relativamente às grandes empresas. São mais flexíveis, porque se adaptam mais facilmente às mudanças na economia, motivadas pelo fenómeno da globalização e pelo aumento da concorrência, porque têm vindo a demonstrar grande capacidade de inovar com recurso a tecnologias avançadas, porque procuram novos nichos de mercado e porque podem ter uma relação mais personalizada com os clientes, capacidades que não estão ao alcance das grandes empresas.

5.2. CRIATIVIDADE, INOVAÇÃO E EMPREENDEDORISMO

O sucesso a longo prazo de uma organização está muitas vezes associado à ideia de inovação, ou seja, à capacidade de explorar e desenvolver novos produtos, novos serviços ou novas tecnologias. Fundamentalmente, inovar é fazer algo de diferente. A inovação pode implicar mudanças radicais ou mudanças incrementais. As mudanças radicais tornam as tecnologias anteriores obsoletas, enquanto as mudanças incrementais visam melhorar as tecnologias existentes. Por exemplo, a introdução das máquinas fotográficas digitais foi uma inovação radical porque tornou as máquinas de rolos absolutamente obsoletas, enquanto a introdução de HD, LED ou 3D foram inovações incrementais porque visaram melhorar os LCD's ou plasmas existentes.

Muitos autores acreditam que a inovação é um fator crítico de sucesso e que, para ter sucesso, as inovações devem acrescentar valor e resultar nalgum tipo de ganho ou melhoria para as organizações e para os clientes. Se não acrescentar valor ou novos produtos, a nova ideia pode ser uma invenção, mas não se pode qualificar como inovação. Para ser inovador, o indivíduo deve encontrar uma forma de implementar a sua ideia de tal modo que torne o produto ou serviço mais barato ou mais eficiente e comercialmente viável.

A inovação é a essência do empreendedorismo, mas para haver empreendedorismo é preciso haver novas ideias. Mas as novas ideias nem sempre se traduzem em **inovação** e se não se traduzirem em novos projetos e não se transformarem em novos produtos, novos serviços ou novos métodos de fabrico, não passam de mera **criatividade**. A criatividade é necessária para a inovação, mas não é suficiente. A criatividade é a capacidade para combinar novas ideias numa forma única de fazer coisas novas, ao passo que inovação é o processo de desenvolver uma ideia criativa e transformá-la num produto, num serviço ou num novo método de fabrico.

Uma opção atrativa para encorajar novas ideias a empreendedores que desejam arrancar com um novo negócio é juntar-se a uma incubadora de negócios. A grande vantagem de uma incubadora é que um empreendedor que tenha uma boa ideia tem um local onde desenvolver o seu projecto, sem ter que se preocupar com arranjar instalações, para além de partilhar serviços de apoio à gestão. As incubadoras também dão aos empreendedores a oportunidade de partilhar informação sobre a localização dos negócios, apoios financeiros e oportunidades de mercado.

As incubadoras desempenham um papel crescente e importante no nascimento e desenvolvimento de *start-ups* e na ligação das empresas à universidade, isto é, na transformação do conhecimento em empreendedorismo. A ideia de incubadora proporciona um "porto seguro", onde as ideias podem ser desenvolvidas sem interferências burocráticas, para além de proporcionar o apoio e o estímulo ao empreendedor.

Se analisarmos toda a cadeia de valor do empreendedorismo, verificamos que começa na universidade, que é o local privilegiado para gerar conhecimento e acaba nas incubadoras, que são os veículos ideais para transformar o conhecimento em inovação (Figura 5.1):

EMPREENDEDORISMO E INOVAÇÃO

Figura 5.1 Cadeia de Valor do Empreendedorismo

Um aspeto importante da inovação é proporcionar mecanismos de coordenação interna e externa à organização. As ideias para a inovação de produtos e tecnologia nascem tipicamente aos níveis mais baixos da organização e circulam entre os departamentos. Também muitas vezes as pessoas e organizações exteriores à empresa podem ser fontes valiosas de ideias inovadoras.

As empresas estão cada vez mais focadas no sentido de encontrar novas ideias, quer no seu interior quer exteriormente, designadamente junto dos clientes, que traduzem as necessidades do mercado e são uma importante fonte de inovação. Internamente, os departamentos de investigação e desenvolvimento (I&D) e de produção e marketing são os que podem dar um maior contributo para o desenvolvimento de novos produtos e novas tecnologias. Os colaboradores destes departamentos juntam-se muitas vezes em grupos de trabalho para partilhar ideias e resolver problemas e são uma fonte poderosa de inovação.

O departamento de marketing pode dar um importante contributo para o desenvolvimento de novos produtos, porque são as pessoas que trabalham nesse departamento quem melhor conhecem as tendências do mercado e a evolução dos gostos dos consumidores. O departamento de produção tem também aqui um importante papel, na medida em que tem que se ajustar, em termos de custos de produção, às tendências do mercado e adaptar a qualidade do produto ao preço a que o mercado está disposto a pagar pelo produto. Finalmente, o departamento de I&D informa o departamento de marketing sobre os novos desenvolvimentos tecnológicos, com vista a averiguar da sua utilidade para o cliente.

Mas as empresas dos nossos dias recorrem cada vez mais a fontes externas para inovação dos seus produtos ou processos. As empresas de maior sucesso incluem os clientes, os parceiros estratégicos e os fornecedores

MANUAL DE GESTÃO MODERNA

diretamente no processo de desenvolvimento de novos produtos ou novos serviços. No passado, as empresas criavam as suas próprias ideias no seu interior e depois desenvolviam, produziam, comercializavam e distribuíam os novos produtos, num processo que podemos designar como um processo de inovação fechado. Hoje em dia, muitas empresas adotam um processo aberto de inovação, que consiste em alargar a pesquisa e a comercialização de novas ideias ao exterior, nomeadamente às universidades e centros de investigação.

As coisas estão a mudar e hoje entende-se que são mais úteis para a organização as parcerias e a colaboração do que a independência e a competição e que as fronteiras entre a organização e o seu meio ambiente estão a ficar mais esbatidas e que é mais útil para a organização cooperar com o seu meio ambiente do que isolar-se. Através da inovação aberta, as ideias fluem e é mais útil para todos entrar no processo através da negociação de parcerias, *joint ventures*, licenciamentos e outras alianças do que lutar sozinho contra tudo e contra todos.

5.3. CARATERÍSTICAS DOS EMPREENDEDORES

Os empreendedores muitas vezes têm capacidades e caraterísticas que os diferenciam das outras pessoas e os distinguem dos empregados por conta de outrem. Os empreendedores também se distinguem dos gestores. Os empreendedores atribuem muita importância à possibilidade de serem livres, não só no sentido de terem mais dinheiro ou a possibilidade de disporem do seu tempo, mas fundamentalmente ao facto de se libertarem do medo do próprio medo, isto é, serem livres de maximizar o seu potencial. Os empregados desejam segurança, os empreendedores procuram a liberdade e a autonomia.

Na realidade, os empreendedores têm alguns traços comuns que os diferenciam das outras pessoas, designadamente:

- ❑ Estão constantemente à procura de oportunidades de negócio.
- ❑ Aprendem a utilizar os recursos dos outros.
- ❑ Têm diferentes estilos de gestão para gerir diferentes pessoas.
- ❑ Têm a capacidade de gerir pessoas e recursos que não controlam.
- ❑ São orientados para a equipa e sabem motivar os outros.
- ❑ Estão em constante processo de aprendizagem.

EMPREENDEDORISMO E INOVAÇÃO

❑ Têm uma formação mais generalista e menos especializada.
❑ Têm autoconfiança, coragem e capacidade de ultrapassar o medo.

Quando os empreendedores não têm estas caraterísticas, o negócio corre sérios riscos de estar condenado ao fracasso. Mas esta situação não é surpreendente, porque falhar é a regra e não a exceção. De acordo com estatísticas publicadas pelo Departamento de Comércio dos Estados Unidos (*U.S. Commerce Department, Small Business Administration*), cerca de 40% dos negócios falham durante o primeiro ano de atividade, cerca de 60% falham no segundo ano de vida e cerca de 90% falham ao fim de três anos. O sucesso das organizações prende-se com a competência da gestão e a presença ou ausência de caraterísticas dominantes de um empreendedor.

Mas, para ser um empreendedor de sucesso, não basta criar um novo produto que vá de encontro às necessidades dos clientes e ter as caraterísticas acima referidas. É necessário mais para que o projecto tenha sucesso a longo prazo. Se a ideia é viável e o negócio floresce, o empreendedor deverá ter a abertura de espírito suficiente para saber delegar e contratar gestores responsáveis pela organização e controlo das áreas funcionais, como o marketing, finanças e operações, necessárias para que o crescimento da organização seja bem-sucedido.

Saber delegar e construir uma equipa de gestão coesa e competente é uma das principais qualidades do empreendedor, quando o negócio atinge uma determinada dimensão que ultrapassa as suas capacidades de coordenação e controlo.

5.4. FASES DO PROCESSO DE EMPREENDEDORISMO

Quando se pretende lançar um negócio, o primeiro passo é ter uma ideia do que se pretende fazer, mas boas ideias não são necessariamente boas oportunidades de negócio. Uma oportunidade de negócio tem as qualidades de ser atrativa, duradoura e oportuna e estar ancorada num produto ou serviço que crie valor para o cliente.

Para ter sucesso, o processo de empreendedorismo deve seguir pelo menos as seguintes oito etapas:

1. Ter uma ideia e encontrar uma oportunidade de negócio.
2. Encontrar as pessoas certas para construir uma equipa competente e coesa.

3. Encontrar capital e outros recursos necessários.
4. Ter uma boa estratégia.
5. Desenvolver um plano de negócios realista (*business plan*).
6. Implementar o plano de negócios conforme planeado.
7. Controlar a execução.
8. Ter capacidade de gestão.

São várias as motivações para iniciar um negócio e várias as fontes de novas ideias, mas as principais são (1) um conhecimento profundo da indústria por parte dos empreendedores, adquirido fundamentalmente nas anteriores experiências de trabalho e (2) a deteção de nichos de mercado por explorar ou insuficientemente explorados. Seja qual for a forma de deteção do negócio, o seu sucesso resultará sempre de um *mix* de capacidades próprias, da experiência do empreendedor e das necessidades do mercado.

Muitas vezes a ideia inicial do empreendedor é criar um pequeno negócio que lhe assegure segurança financeira e realização profissional. O termo **pequenos negócios *(start-ups)*** está muito associado a este tipo de empresas. Acontece que, nalguns casos, no início o objetivo do empreendedor era criar um pequeno negócio sem grande expectativa quanto ao seu sucesso, mas depois deteta que o negócio tem grande potencial de crescimento e aproveita esse potencial para criar grandes empresas ou grandes grupos económicos. Por exemplo, Bill Gates ou Mark Zuckerberg, quando lançaram as suas *start-ups, microsoft e facebook*, não faziam ideia que tivessem tanto sucesso e tanto potencial de crescimento como aconteceu na realidade, acabando por se transformar em duas das maiores empresas mundiais. Outras vezes, os empreendedores lançam o negócio com grande entusiasmo e expectativa de crescimento e acabam por verificar que afinal as expectativas de crescimento não se realizaram.

À medida que um negócio se vai desenvolvendo, são diferentes as exigências e capacidades que se colocam à gestão. Muitos negócios falham porque os gestores não sabem acompanhar a sua evolução e não adaptam a gestão às novas exigências que uma maior dimensão necessariamente impõe.

Normalmente, um novo negócio passa pelas seguintes cinco fases de crescimento, que exigem diferentes capacidades e competências de gestão (Figura 5.2):

EMPREENDEDORISMO E INOVAÇÃO

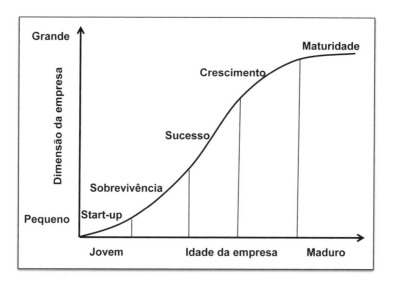

Figura 5.2 **Fases do Processo de Empreendedorismo**

1. ***Start-up*** – nesta fase os principais problemas são a fabricação do produto ou a prestação do serviço e a angariação de clientes. Aos gestores colocam-se problemas do tipo: Vamos conseguir clientes em número suficiente? Vamos conseguir sobreviver? Temos meios suficientes?
2. **Sobrevivência** – nesta fase o negócio começa a demonstrar que tem pernas para andar. Começa a ter alguns clientes e o negócio começa a gerar o seu próprio autofinanciamento.
3. **Sucesso** – nesta fase a empresa é rendível, tem uma sólida situação financeira e tem estruturas organizacionais que garantem o seu funcionamento. O empreendedor pode continuar envolvido na gestão corrente ou começar a pensar em delegar funções em gestores profissionais.
4. **Crescimento** – nesta fase a questão que se coloca é como crescer rapidamente e como financiar esse crescimento. O empreendedor tem que criar uma estrutura em quem possa delegar e a empresa tem que assegurar o financiamento para sustentar o seu crescimento. Trata-se de uma fase crucial na vida da empresa. Se for gerida adequadamente, pode tornar-se numa grande empresa.
5. **Maturidade** – nesta fase a empresa ganha dinheiro. Tem recursos humanos e financeiros para ser gerida como uma empresa madura, com sistemas adequados de planeamento e controlo.

Um gestor que entre de novo numa empresa deve ter em atenção a fase do ciclo em que se encontra e adaptar as atividades de planeamento, organização, liderança e controlo à fase em que se encontra. O planeamento formal é quase inexistente na fase inicial do empreendimento, mas é essencial a partir da fase de sucesso.

Nas duas primeiras fases de crescimento, a estrutura organizacional é tipicamente uma estrutura informal em que o empreendedor desempenha todas as funções na organização. A partir da fase de sucesso ganha forma a necessidade de dispor de uma estrutura funcional, com delegação de responsabilidades em áreas como as finanças, a produção e o marketing, com recurso a *outsourcing*. Nas últimas fases os gestores devem delegar e descentralizar responsabilidades. Em negócios com muitas linhas de produtos, o empreendedor deve pensar em criar equipas ou áreas de negócio para cada linha. Nestas fases, a empresa precisa de ter gestores competentes para cada área funcional e ter competências para crescer e eliminar os problemas que resultam do crescimento acelerado.

Até à fase de sucesso, o empenhamento e visão do empreendedor são suficientes para guiar o negócio. A visão e a personalidade do empreendedor contribuem para criar uma cultura de empresa que moldará o futuro da organização. A partir da terceira fase, o empreendedor deve procurar motivar e comunicar com os colaboradores e encontrar formas de os envolver no processo de tomada de decisão.

O controlo é essencial em todas as fases do crescimento. Nas fases iniciais, o controlo pode ser feito através dos registos contabilísticos e através da supervisão do empreendedor. Nas últimas fases, o controlo é mais complexo e torna-se necessário implementar sistemas mais sofisticados de controlo, com recurso a programas informáticos especializados.

5.5. SUCESSO E FRACASSO DOS NEGÓCIOS

Para cada caso de sucesso, em que o empreendedor consegue transformar um pequeno negócio numa grande empresa, há inúmeros casos de insucesso, em que os empreendedores falham nos seus objetivos e expectativas. Infelizmente, as estatísticas mostram que mais de 50% dos novos negócios não atingem o sucesso a longo prazo.

Antes de arrancar com um negócio, é crucial planear cuidadosamente, através da elaboração de um plano de negócios credível. Um plano de negócios é um documento em que o empreendedor específica os detalhes do negócio e é essencial para persuadir os investidores e os financiadores a participarem no negócio.

Por muito bem elaborado que seja o plano de negócios e mesmo que seja bem implementado, são mais os negócios que falham do que os que têm sucesso. A questão que se coloca é porque falham alguns negócios e outros têm sucesso?

São várias as causas que induzem ao falhanço de muitos novos negócios, mas segundo estatísticas publicadas pelo Departamento de Comércio dos Estados Unidos (*U.S. Commerce Department, Small Business Administration*), cerca de 40% dos negócios falham por excesso de optimismo na previsão de vendas, cerca de 20% por falta de competitividade do produto ou serviço, cerca de 12% por custos excessivos nas fases de arranque e crescimento do seu ciclo de vida e 8% por falta de controlo dos objetivos e da cobrança dos rendimentos.

Embora não exista um padrão aplicável a todas as empresas, de uma forma geral podem apontar-se as seguintes causas para o fracasso dos negócios:

1. **Incompetência ou inexperiência** – alguns empreendedores acreditam demasiado no bom senso, sobrestimam as suas capacidades de gestão, ou acreditam que o trabalho por si só assegura o sucesso. Se os gestores não sabem tomar decisões ou não têm conhecimentos básicos dos princípios de gestão, têm boas condições para o insucesso a longo prazo.

2. **Negligência e falta de empenhamento** – iniciar um novo negócio exige disponibilidade, esforço, dedicação e empenhamento, mas alguns empreendedores dedicam pouco tempo aos seus novos negócios.

3. **Sistemas de controlo ineficazes** – um sistema eficaz de controlo de gestão alerta os empreendedores para a existência de problemas potenciais que, se não forem resolvidos atempadamente, podem pôr em causa o futuro do negócio.

4. **Insuficiência de capital** – alguns empreendedores não cuidam de fazer uma cuidadosa análise das necessidades de capital, de modo a assegurar o funcionamento da empresa enquanto o negócio não gera o seu próprio autofinanciamento.

5. **Deficiente análise do mercado e da procura** – uma cuidadosa análise das condições do mercado pode ajudar os empreendedores

a avaliar a provável receptividade dos consumidores sobre os seus produtos.

Como razões que conduzem ao sucesso de novos pequenos negócios podem apontar-se as seguintes:

1. **Dedicação, empenhamento e trabalho árduo** – os empreendedores devem estar empenhados no sucesso do negócio e estar dispostos a dedicar o seu tempo e esforço à organização.
2. **Procura do mercado para os produtos ou serviços** – uma cuidadosa análise das condições do mercado pode ajudar os empreendedores a avaliar a recetividade dos consumidores aos seus produtos da equipa ou serviços.
3. **Competência de gestão** – os empreendedores devem adquirir competências através do treino e formação ou saber delegar competências em colaboradores qualificados.
4. **Controlo dos custos e das margens** – os empreendedores devem montar sistemas de controlo eficientes que atempadamente revelem os desvios das principais rubricas e as suas causas.
5. **Alguma sorte** – para o sucesso do negócio é sempre necessário alguma sorte, mas a sorte procura-se e dá muito trabalho.

Em qualquer caso e em qualquer negócio, cremos que, com as necessárias adaptações, são os seguintes os factores chave do sucesso:

a) **Escolha do negócio** – antes de dar início ao negócio, o empreendedor deve encontrar respostas para as seguintes questões: Que produto ou serviço produzir? Qual o ciclo de vida do negócio? Encontra-se na fase de crescimento, maturidade ou declínio?
b) **Formação e experiência do empreendedor** – quais os conhecimentos e experiência do empreendedor sobre o produto e o mercado?
c) **Equipa de gestão competente e eficaz** – o empreendedor tem uma equipa interna e externa coesa e competente? A equipa interna é constituída pelos elementos que participam no arranque da empresa e a equipa externa é formada por consultores que prestam assistência em áreas específicas (estratégia, finanças, fiscalidade, etc.).
d) **Capacidades organizativas e de inovação** – o empreendedor carateriza-se por elevadas capacidades organizativas e de inova-

ção, enquanto o gestor, por norma, se carateriza por elevadas capacidades organizativas, mas fracas capacidades de inovação, o que significa que, para ter sucesso, o promotor do negócio deve ser um empreendedor.

e) **Atratividade da indústria** – uma indústria atrativa é uma indústria que apresenta elevado potencial de crescimento, rápidas mudanças tecnológicas, que não necessita de muito capital e de grandes investimentos e que não tem necessidade de mão-de-obra intensiva.

Uma indústria pouco atrativa é uma indústria com fraco potencial de crescimento, que requer elevados investimentos, muita mão-de-obra e cujas cinco forças competitivas de Porter são muito fortes.

5.6. PLANO DE NEGÓCIOS (*BUSINESS PLAN*)

Quando alguém tem uma ideia sobre um negócio, o primeiro passo é elaborar um plano de negócios (*business plan*) e tomar decisões no sentido de concretizar essa ideia, tais como, escolher a forma jurídica mais adequada para a empresa – sociedade unipessoal, sociedade de pessoas (sociedade por quotas) ou sociedade de capitais (sociedade anónima) – e reunir os recursos necessários (capital e equipamentos) e as pessoas capazes de implementar e desenvolver o projeto. O planeamento do negócio obriga o empreendedor a ponderar cuidadosamente os problemas associados ao início e desenvolvimento do negócio, que são as fases críticas de sucesso.

Muitos empreendedores elaboram um plano de negócio porque alguém o pede. Quando o empreendedor tem que contrair empréstimos e é absolutamente crítico, para convencer os investidores e financiadores sobre a bondade do negócio, a apresentação de um plano de negócios cuidadosamente elaborado. Estudos demonstram que *start-ups* com planos de negócio cuidadosamente elaborados têm mais probabilidades de ter sucesso do que as que não têm.

Um plano de negócio faz a ligação entre as capacidades e experiência do empreendedor e as exigências para produzir e vender um produto. Um plano de negócios define as estratégias para a produção e comercialização do produto, os aspetos legais, a organização administrativa e contabilística e o planeamento financeiro, que inclui o orçamento de tesouraria, os orçamentos funcionais, a demonstração dos resultados previsionais e o balanço previsional. Em particular, um plano de negócios deve dar resposta a três questões fundamentais:

- Quais os objetivos e a previsão de vendas?
- Que estratégias serão usadas para atingir os objetivos?
- Como serão implementadas essas estratégias?

Um plano de negócios é um documento escrito que especifica em detalhe o negócio, devendo contemplar os seguintes aspetos:

Parte 1. Sumário Executivo

Encontrar resposta para as seguintes questões: "quem", "o quê", onde" e "como" quanto à empresa, à gestão, aos objetivos do negócio, ao modo de financiamento, às estratégias da empresa e do negócio, etc. O sumário executivo deve ser a última peça a elaborar, depois de analisados os planos de negócio das áreas funcionais. Tem como finalidade dar a conhecer, de forma objetiva e sintética, à gestão e aos stakeholders os principais objetivos e estratégias das organizações.

Parte 2. Descrição do Negócio

Nesta secção deve ser feita uma descrição detalhada do negócio. Deve ser dada resposta à seguinte questão: "Qual é o negócio?" A resposta a esta questão deve incluir os produtos, o mercado, as competências e o que distingue o negócio dos concorrentes.

Parte 3. Visão, Missão e Objetivos

Nesta secção deve ser feita a análise da situação atual, em termos de rendibilidade, quota de mercado e produtividade. Descrever os objetivos, a visão e a missão da empresa para o sucesso. Deve fazer-se uma análise dos fatores críticos de sucesso, através da análise SWOT.

Parte 4. Análise do Ambiente Externo: Oportunidades e Ameaças

Nesta secção deve ser feita a análise do meio envolvente externo em termos de oportunidades e ameaças (análise SWOT). Dado que o mercado é volátil e competitivo, é importante conhecer bem os concorrentes.

Parte 5. Análise do Ambiente Interno: Trunfos e Fraquezas

Nesta secção deve ser feita a análise da estrutura da organização e da cultura e recursos da empresa, nos domínios do marketing, finanças, investigação e desenvolvimento (I&D), operações e logística, recursos humanos e tecnologias de informação.

Parte 6. Produtos ou Serviços

Descrever os produtos atuais e o desenvolvimento de novos produtos. Deve incluir a descrição das caraterísticas dos produtos, a análise da competitividade, a previsão de vendas e o posicionamento estratégico.

Parte 7. Análise do Mercado

Esta secção inclui o plano de marketing estratégico, designadamente a definição do mercado, tendências do mercado, estratégias de segmentação, *targeting* e posicionamento do produto. O plano de marketing deve encontrar respostas para as seguintes questões:

- Quem são os nossos clientes?
- O mercado está em crescimento, estagnado ou em declínio?
- Como podemos aumentar a quota de mercado?

Parte 8. Formulação e Implementação da Estratégia

Esta secção deve descrever como implementar as estratégias explicadas na parte 7, bem como a previsão de vendas por mês e por produto.

Parte 9. Gestão e Organização

Nesta secção deve ser feita a análise das equipas de gestão a diversos níveis e da administração, recursos humanos, alocação dos recursos e estrutura organizacional.

Parte 10. Plano Financeiro

Nesta secção deve ser feita a análise detalhada do planeamento financeiro da empresa, incluindo a análise do ponto crítico (*breakeven*), rácios chave (autonomia financeira, solvabilidade, ROA, ROE, fundo de maneio), *cash flows* previsionais e projeções financeiras.

Parte 11. Avaliação e Controlo

Nesta secção deverá ser elaborado um cronograma de execução de cada tarefa de modo a permitir fazer um acompanhamento e controlo da evolução do negócio.

5.7. FORMAS ALTERNATIVAS DE EMPREENDEDORISMO

Para além das formas de empreendedorismo tradicional levado a cabo por empreendedores independentes, nos últimos anos tem-se assistido ao desenvolvimento de formas alternativas de empreendedorismo, que se caracterizam por envolver menos riscos para o empreendedor, como o **empreendedorismo empresarial promovido pelas próprias organizações (*corporate entrepreneurship* ou *intrapreneurship*), a criação de novas empresas a partir de empresas existentes (*spin-offs)* e contratos de franquia (*franchising*).**

5.7.1. EMPREENDEDORISMO EMPRESARIAL (*INTRAPRENEURSHIP*)

Muitos gestores e empregados talentosos estão envolvidos, dentro das próprias organizações onde trabalham, na inovação, desenvolvimento e melhoria de novos produtos e na forma como os produzir, ou seja, no desenvolvimento e implementação de novos produtos ou novos processos. Estes indivíduos, que desenvolvem projetos dentro das próprias organizações, são designados por *intrapreneurs* para os distinguir dos **empreendedores** independentes, que desenvolvem os seus próprios negócios.

Muitos gestores e empregados com espírito empreendedor começam a ficar insatisfeitos se as suas ideias, com vista à melhoria do produto ou desenvolvimento de novos produtos ou novos processos, não merecem sistematicamente a atenção ou o apoio por parte dos seus chefes e acabam por abandonar as organizações onde trabalham para criarem as suas próprias empresas e porem em prática as suas ideias.

O resultado desta postura é que os *intrapreneurs* tornam-se empreendedores, criam as suas próprias empresas e competem muitas vezes com as empresas de onde saíram. Para evitar perder estes colaboradores criativos e evitar que acabem por criar empresas que vão competir com as suas próprias empresas, os gestores mais conscientes criam condições para que eles desenvolvam as suas ideias e os seus projetos dentro da própria organização, isto é, facilitam o empreendedorismo dentro das próprias organizações.

A este empreendedorismo desenvolvido dentro das organizações já existentes, designa-se usualmente por "*corporate entrepreneurship*" ou "*intra-*

preneurship". Trata-se de uma forma de empreendedorismo em que os empregados das organizações promovem iniciativas com vista a desenvolver ou comercializar novos produtos dentro das empresas, utilizando recursos das próprias organizações. Este tipo de empreendedorismo é promovido por grandes empresas que fomentam a inovação.

O empreendedorismo empresarial é uma forma atrativa de empreendedorismo relativamente ao empreendedorismo independente, porque a empresa assume riscos e proporciona meios financeiros e outros recursos que o empreendedor independente teria dificuldade em obter pelos seus próprios meios. Como contrapartida, o *intrapreneur* não recebe os benefícios que poderia receber numa forma de empreendedorismo tradicional, se o negócio for bem-sucedido.

O empreendedorismo empresarial pode assumir duas modalidades. Pode tratar-se de uma estratégia definida ao nível da organização, em que a gestão promove, estimula e impulsiona de cima para baixo (*top-down*) o aparecimento de iniciativas inovadoras dos seus empregados ou da própria organização ou tratar-se de iniciativas individuais dos empregados, propostas de baixo para cima (*bottom-up*).

A intensidade competitiva, principalmente das pequenas empresas mais ágeis, tem forçado as grandes empresas a promoverem e encorajarem o empreendedorismo empresarial, como forma de aumentarem os seus níveis de inovação e de aprendizagem organizacional. As organizações que aprendem (*learning organizations*) encorajam e estimulam os seus empregados a identificar oportunidades de negócio e a resolver problemas, com vista a permitir à empresa servir melhor os seus clientes com novos produtos ou novos serviços. As organizações têm interesse em estimular o empreendedorismo entre os seus colaboradores (*intrapreneurship*) porque promove a aprendizagem organizacional e a capacidade de inovação das próprias organizações.

Há várias formas das organizações estimularem o empreendedorismo dentro das próprias empresas, como encorajar os indivíduos a assumirem o papel de "produto campeão", desenvolvendo os seus próprios planos de negócio, separar os novos projetos das operações normais da organização e associar o desempenho dos novos projetos ao sistema de inventivos, como o pagamento de bónus, a atribuição de ações (*stock options*) aos promotores se os projetos tiverem sucesso ou facilitar o acesso dos empreendedores bem-sucedidos a lugares de gestão de topo.

5.7.2. DESINVESTIMENTO E CRIAÇÃO DE *SPIN-OFFS*

Por vezes as empresas, no âmbito das suas estratégias de negócio, decidem vender uma parcela dos seus negócios ou separar uma área de negócio mediante a criação de uma nova empresa independente. Pode haver várias razões para esta tomada de decisão. Por exemplo, uma empresa pode decidir concentrar-se no seu *"core business"* e vender as atividades não diretamente relacionadas com o seu negócio principal ou que apresentam fracos desempenhos. A venda de áreas de negócio que não interessa manter designa-se por **desinvestimento**.

Quando uma empresa decide autonomizar uma área de negócio, que não se ajusta bem com o seu tipo de negócios ou às linhas de produtos existentes, com o objetivo de criar uma nova empresa para produzir um novo produto ou serviço e dessa forma aumentar o volume de negócios e a capacidade de libertação de fundos da organização, então estamos perante um ***spin-off***. *Spin-off* é uma forma de empreendedorismo independente que consiste na criação de uma nova unidade de negócio ou na produção de um novo produto ou serviço que foi originado numa grande empresa, mediante separação de atividades e que acabou por se tornar autónomo.

Os *spin-offs* são mais comuns nas empresas de base tecnológica, porque algumas das novas tecnologias não se ajustam bem às competências nucleares (*core competencies*) da empresa mãe, o que constitui excelentes oportunidades para a criação de *spin-offs*. As grandes empresas, e especialmente as empresas multinacionais, encorajam a formação de *spin-offs* quando a nova tecnologia tem potencial comercial, criando, em muitos casos, parcerias com os seus colaboradores que arrancam com os *spin-offs*.

5.7.3. FRANQUIA (*FRANCHISING*)

Uma outra forma menos arriscada e mais usual de empreendedorismo é o *franchising*. Quando se vende um negócio com uma marca e um produto no mercado em que a empresa pode utilizar a marca e todos os direitos de distribuir o produto, diz-se que se trata de uma operação de ***franchise.*** O *franchising t*em vindo a alargar-se praticamente a todos os negócios, mas é mais comum nos setores da alimentação e na venda a retalho, como restaurantes, hotéis e vestuário. McDonald's, Quality Inn, Starbucks, Wall Street, Chip7 e Midas são casos de *franchises* bem conhecidos. Os contratos de *franchising* envolvem duas partes: um franchisador ou franqueador (*franchiser*) e um franchisado ou franqueado (*franchisee*).

O *franchising* é uma forma atrativa de empreendedorismo em que o franchisado assume poucos riscos, porque o franchisador fornece um produto já estabelecido no mercado com uma imagem favorável e beneficia da experiência e conhecimentos do franchisador, a que acresce muitas vezes apoio financeiro, formação, assistência na promoção do produto e apoio na gestão e controlo. O franchisador dá também apoio na localização e no *layout* das instalações, no design da loja e na compra do equipamento. Trata-se de uma forma alternativa de empreendedorismo muito em voga nos nossos dias, de fácil acesso e com vantagens inegáveis para o empreendedor relativamente a outras formas de empreendedorismo.

5.8. EMPREENDEDORISMO SOCIAL

No atual contexto económico e social tem emergido um novo tipo de empreendedorismo com finalidade diferente do empreendedorismo tradicional. O empreendedorismo social envolve indivíduos e grupos que criam organizações independentes para mobilizar ideias e recursos destinados a resolver problemas sociais. Os empreendedores sociais são líderes empenhados em conciliar a realização de bons negócios com a mudança da sociedade.

O objetivo do empreendedorismo social é criar novos modelos de negócio que vão de encontro às necessidades da sociedade e resolvam problemas sociais que as instituições públicas e sociais existentes, por constrangimentos burocráticos ou políticos, se mostram incapazes de resolver, como reduzir a pobreza, aumentar a literacia e proteger o ambiente. Os empreendedores sociais procuram mobilizar recursos para resolver problemas sociais através de soluções criativas.

O empreendedorismo social combina a criatividade, a capacidade para o negócio e o empenhamento do empreendedor tradicional com a missão de mudar o mundo para melhor e de apoio aos mais necessitados. O objetivo principal do empreendedorismo social é contribuir para uma sociedade melhor, em vez de maximizar os lucros, sem descurar a necessidade de obter lucros e assegurar a sua sustentabilidade. Veja-se o caso do microcrédito que, apesar de não ter como objetivo primário o lucro, tem crescido rapidamente e tem alargado a sua atividade a outros países.

5.9. RESUMO DO CAPÍTULO

Muitas empresas começaram pela imaginação e capacidade de uma pessoa (o empreendedor) e tornaram-se grandes empresas e mesmo gigantes mundiais. Os empreendedores são pessoas que assumem o risco do seu próprio negócio. Empreendedorismo é o processo e busca de novas oportunidades de negócio em situações de risco. Mas nem todos os empreendedores têm os mesmos objetivos. Alguns pretendem apenas conseguir a sua independência, enquanto outros pretendem lançar o negócio com o objetivo de crescimento e expansão. Outros ainda lançam o negócio sem grandes expectativas de que tenham grande sucesso, mas acabam por se revelar negócios com grande potencial de crescimento.

No empreendedorismo, o falhanço não é a exceção, mas a regra. Cerca de 90% dos negócios falham ao fim do terceiro ano de vida, pelo que só cerca de 10% sobrevivem, crescem e florescem a longo prazo. Os negócios falham em cerca de 40% dos casos por excesso de otimismo na previsão de vendas, cerca 20% por falta de competitividade e cerca de 10% por excesso de despesas nas fases de arranque e crescimento do seu ciclo de vida.

Para minimizar as possibilidades de falhanço, o empreendedor deve fazer uma análise da atratividade da indústria, formar uma equipa competente e coesa e elaborar e implementar um rigoroso plano de negócios.

Mais recentemente, o empreendedorismo tem vindo a alargar-se para outras áreas que não a sua missão inicial, designadamente o empreendedorismo social, podendo desempenhar um papel muito importante na atenuação dos problemas sociais das populações.

QUESTÕES

1. *As qualidades de um empreendedor são inatas ou desenvolvem-se pela formação e experiência? Justifique e dê exemplos.*
2. *Atentas as caraterísticas dos empreendedores, que traços de personalidade são mais importantes para um gestor de uma grande empresa.*
3. *Se pretender iniciar um negócio, deve procurar uma ideia ou já deve ter uma ideia para lançar. Explique.*
4. *O que é um plano de negócios?*

EMPREENDEDORISMO E INOVAÇÃO

5. *Pensa que um empreendedor que decide lançar um negócio depois de deixar um emprego por sua própria vontade versus um empreendedor que foi despedido, em virtude de um processo de downsizing, têm diferentes caraterísticas? Qual deles tem mais probabilidades de sucesso?*
6. *Suponha que um empreendedor lhe disse que tem sido bem-sucedido e que nunca elaborou um plano de negócios. Pergunta-lhe por que razão deve ter um plano de negócios. Que lhe responderia?*
7. *Porque deve um empreendedor ter um plano de negócios antes de arrancar com o negócio? Por que deve o dono de uma empresa existente preparar um plano de negócios?*
8. *Em que difere um plano de negócios de uma start-up do plano de negócios de uma empresa existente?*
9. *Qual o objetivo do sumário executivo de um plano de negócios?*
10. *Quais são as diferenças entre um empreendedor e um gestor?*
11. *Pode um indivíduo ser um empreendedor que ainda trabalha numa grande empresa? Explique a resposta.*
12. *Quais as vantagens de iniciar um negócio em franchising, como um restaurante McDonald's, em vez de um negócio independente? E quais as desvantagens?*

ESTUDO DE CASO 5.1

Pedro Lemos cresceu numa família pobre numa pequena cidade do interior. Durante vários anos trabalhou numa pequena fábrica de sofás da região. Estava insatisfeito e não concordava com a orientação estratégica que era dada ao negócio pelo patrão, temendo pela sobrevivência da empresa e pelo seu próprio futuro. Entretanto, foi estudando à noite e acabou por concluir a sua licenciatura em gestão.

Logo que teve oportunidade, em parceria com um agente que operava no negócio, constituiu um empresa do mesmo ramo, procurando aplicar as suas ideias sobre o negócio e os conhecimentos adquiridos na escola. Pedro tinha razão. Os negócios na sua empresa correm bem e a empresa onde trabalhava acabou por falir.

Trabalha muitas horas por semana mas está apaixonado com o trabalho que faz. Trabalha por sua conta e pode aplicar as suas ideias sobre o negócio e sobre a gestão da empresa. Pedro adora viajar e está sempre à procura de novas ideias de negócio noutros países que possam ser aplicadas em Portugal. Acredita que quando surge uma oportunidade de negócio deve-se aproveitar essa oportunidade e tirar partido dela.

MANUAL DE GESTÃO MODERNA

QUESTÕES

1. **Que caraterísticas de personalidade parece ter Pedro Lemos, que são típicas de muitos empreendedores?**
2. **Que circunstâncias na sociedade ajudaram a empurrar Pedro Lemos para o empreendedorismo?**

ESTUDO DE CASO 5.2

Anita Roddick fundou a Body Shop em Brighton, Inglaterra, em 1976. A empresa foi constituída para vender cosméticos e loções que fossem amigas do ambiente. A empresa apanhou em 1980 a onda de crescimento da consciencialização da ecologia e teve um crescimento rápido.

Todavia, o rápido crescimento não foi sem problemas. Muitos concorrentes entraram no mercado depois de verem o sucesso da Body Shop. A Body Shop que apostava na publicidade em vez da publicação de anúncios teve necessidade de mudar a sua estratégia de promoção. Adicionalmente, os stakeholders não estavam satisfeitos com a filosofia de crescimento da empresa, em vez de se concentrar na obtenção de lucros. Acresce que a empresa teve um revés que foi despedimento de um casal que era responsável pelo desenvolvimento da linha de produtos da Body Shop.

A crítica mais comum é que a empresa não tem um plano de negócios e não tem uma orientação clara na sua política de marketing. Por volta do final da década, a empresa foi profundamente reestruturada, a produção foi reduzida e Anita nomeou um novo CEO. Contudo, as vendas continuaram a cair.

QUESTÕES

1. **De que forma a Body Shop está a sofrer de problemas similares às empresas que têm um crescimento demasiado rápido?**
2. **Se fosse contratado(a) como consultor(a) da empresa, que problema consideraria o mais crucial?**
3. **De que forma pode a empresa inovar radicalmente? Identifique algumas direções que a empresa poderia considerar.**
4. **Porque é que as vendas não crescem nalguns países e noutros estão a crescer?**

EMPREENDEDORISMO E INOVAÇÃO

ESTUDO DE CASO 5.3

O Alcântara Bar é um bar especializado em Whisky e Vodka. Serve mais de 100 tipos de whisky e Vodka e oferece música local, cantada ao vivo todas as noites, por artistas da região. O Alcântara Bar é frequentado por jovens e estudantes. A empresa tem vários sócios. O sócio Carlos Lopes, presidente, tem um conhecimento excepcional da música local. Ana Pinto é a principal investidora, mas tem um papel mínimo na gestão da empresa. Francisco Raposo já teve dois negócios anteriormente, um dos quais na indústria da música.

QUESTÕES

1. *Assuma que é um(a) potencial investidor(a) do Alcântara Bar. Que informação gostaria de conhecer para elaborar um plano de negócios?*
2. *Faça uma crítica sobre a secção do "ambiente do negócio". Pensa que a informação disponibilizada é adequada? Porque sim ou porque não?*
3. *Qual é a vantagem competitiva do Alcântara Bar? Pensa que é uma boa vantagem competitiva?*

REFERÊNCIAS

Ferreira, M., P., Reis, N. R. e Serra, F. R. (2009), *Marketing para Empreendedores e Pequenas Empresas*, 2ª Edição, Lidel, Lisboa.

Lambing, P. A. e Kuehl, C. R. (2007), *Entrepreneurship*, 4th edition, Prentice Hall, Pearson Education, Inc, Upper Saddle River, New Jersey.

Jones, G. e George, J. (2011), *Contemporary Management*, 7th edition, McGraw-Hill/Irwin, New York.

Mações, M. A. R. (2010), *Orientação para o Mercado, Aprendizagem Organizacional e Inovação: As Chaves para o Sucesso Empresarial*, Coleção Teses, Universidade Lusíada Editora, Lisboa.

PARTE II
GESTÃO NA PRÁTICA

Capítulo 6

Planeamento e Gestão Estratégica

Das quatro funções de gestão – **planeamento, organização, direção e controlo** – o planeamento é sem dúvida a mais importante. A sua importância deriva fundamentalmente do facto de todas as outras funções de gestão se ancorarem no planeamento. Sem uma orientação estratégica e sem a definição clara dos objetivos da organização, dificilmente os gestores poderão fazer uma alocação correta dos recursos, dirigir as pessoas e controlar os resultados.

Gestão estratégica é um conjunto de decisões e ações que determinam o desempenho a longo prazo de uma organização. O estudo da gestão estratégica enfatiza a avaliação e monitorização da envolvente externa e interna com o objetivo de aproveitar as oportunidades, defender-se das ameaças do mercado e potenciar os recursos e capacidades da organização. Para além da análise do meio envolvente, o processo de gestão estratégica envolve ainda a definição da missão da organização, a formulação e implementação da estratégia e a avaliação e controlo dos resultados.

OBJETIVOS DE APRENDIZAGEM

Depois de ler e refletir sobre este capítulo, o leitor deve ser capaz de:
- Perceber a importância do planeamento e da estratégia para a gestão.
- Descrever o processo de gestão estratégica.

- Definir objetivos e planos e explicar as relações entre eles.
- Distinguir os diferentes tipos de planos.
- Explicar os conceitos de missão e visão e como podem influenciar os objetivos e o planeamento.
- Conhecer as principais ferramentas e instrumentos de gestão estratégica.
- Conhecer os diferentes modelos de gestão estratégica.
- Analisar as diferentes opções estratégicas ao nível da empresa, ao nível do negócio e ao nível funcional, de acordo com a tipologia das estratégias competitivas de Porter.

Conceitos chave
Planeamento, gestão estratégica, missão, visão, objetivos, análise SWOT, estratégia competitiva, modelos estratégicos, estratégia da empresa, estratégia do negócio, estratégia funcional.

6.1. ESTRATÉGIA E PLANEAMENTO

Existem poucas palavras tão utilizadas no estudo da gestão moderna como **estratégia**. As organizações modernas atuam em ambientes cada vez mais complexos e competitivos, pelo que, para crescerem ou mesmo sobreviverem, necessitam de um rumo, de uma orientação estratégica. Estratégia é o caminho a seguir para atingir os objetivos. É uma abordagem para superar um desafio ou ultrapassar uma dificuldade (Figura 6.1):

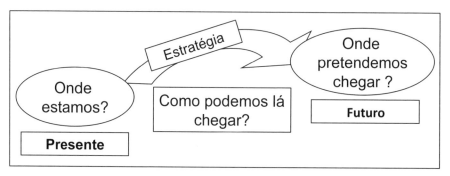

Figura 6.1 O que é Estratégia?

As definições de estratégia variam consoante os autores, mas todas elas têm algumas caraterísticas comuns, que têm a ver com as decisões estratégicas de uma organização. Alfred Chandler e Michael Porter, ambos professores da *Harvard Business School*, e Henry Mintzberg, da *McGill University*, do Canadá, apontaram elementos importantes, mas diferentes, da definição de estratégia. Chandler enfatiza a determinação de objetivos de longo prazo e a alocação dos recursos necessários para atingir esses objetivos, enquanto Porter se focaliza nas diferenças, nas vantagens competitivas e na concorrência e Mintzberg usa o termo padrão para considerar que as estratégias nem sempre resultam de escolhas deliberadas e de um plano lógico (estratégias deliberadas), mas podem emergir de várias formas não previstas (estratégias emergentes) (Figura 6.2). Todas estas definições incorporam elementos importantes do conceito de estratégia, mas todas elas enfatizam a caraterística de longo prazo.

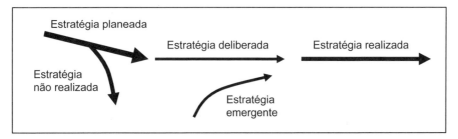

Figura 6.2 Tipos de Estratégias de Mintzberg (1988)

É pelo **planeamento** que os gestores identificam e selecionam os objetivos e desencadeiam as ações necessárias para atingir esses objetivos. O planeamento pode ser mais ou menos formal, mas é fundamental para que as organizações sejam capazes de responder com eficácia às mudanças do meio envolvente. O planeamento engloba quatro fases fundamentais (Figura 6.3):

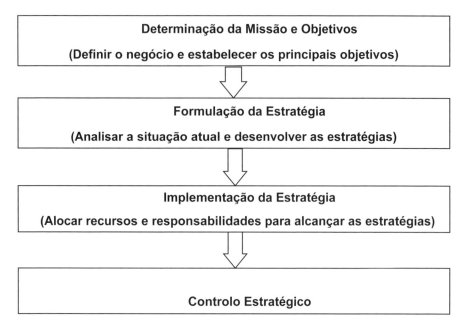

Figura 6.3 Etapas do Processo de Planeamento Estratégico

A **missão** é a primeira fase do processo de planeamento e corresponde à finalidade para que a organização foi criada. A missão procura identificar o produto, os clientes e as necessidades que a organização pretende satisfazer e como se diferencia da concorrência. A fase seguinte é a discussão e definição dos principais objetivos de curto, médio e longo prazo da organização.

A segunda etapa do processo de planeamento é a **formulação da estratégia**. Os gestores fazem o diagnóstico da situação atual e depois concebem e desenvolvem as estratégias necessárias para cumprir a missão e atingir os objetivos. A terceira etapa é a **implementação da estratégia**. Nesta fase os gestores decidem como alocar os recursos e as responsabilidades requeridas para implementar as estratégias e assegurar que a estratégia é atingida.

A quarta fase refere-se ao **controlo de gestão**, cujo objetivo é medir o desempenho organizacional, assegurar que a estratégia está a ser executada conforme foi delineada, saber se os resultados obtidos correspondem ou não aos resultados previstos e, em caso negativo, quais as razões por que não estão a ser cumpridos. A existência de um controlo efetivo, atempado e eficaz permite a tomada de medidas corretivas e antecipar fontes de potenciais problemas e ameaças vindas do interior da organização ou do mercado.

6.2. EVOLUÇÃO E DESENVOLVIMENTO DO PENSAMENTO ESTRATÉGICO

Antes de abordar o conceito moderno de estratégia, é útil fazer uma breve resenha histórica do que se tem entendido por estratégia ao longo do tempo. A Figura 6.4 mostra as principais etapas do processo de gestão estratégica. A primeira etapa, que se pode associar ao período que começa nos anos 20 do século passado, centra-se na **planificação financeira**. Nesta etapa, a estratégia traduzia-se na elaboração dos pressupostos a partir dos quais se definia a estratégia da empresa em termos da fixação de metas para as diversas áreas funcionais da empresa (produção, vendas, finanças, etc.) e análise dos desvios.

Figura 6.4 Principais Etapas do Processo Estratégico

A segunda etapa da evolução do pensamento estratégico tem a ver com o **planeamento financeiro de longo prazo**. Esta etapa, que começa pelos anos 50, baseia-se na tentativa de prever o futuro através da elaboração de diversos cenários. A empresa elaborava previsões e planos para cada um dos cenários, a que atribuía probabilidades de ocorrência e tomava decisões em função desses cenários.

Até esta segunda etapa, o pensamento estratégico estava orientado fundamentalmente para uma visão funcional da empresa, em que se planeavam individualmente as diferentes áreas e, a partir da agregação das áreas funcionais, se construía o planeamento global da empresa. Só a partir dos trabalhos de autores como Peter Drucker, Kenneth Andrews, Alfred Chandler e Igor Ansoff, se começou a sentir a necessidade de pensar a estratégia da empresa de uma maneira articulada, que identifique as necessidades e objetivos de cada área funcional e as relacione com o ambiente competitivo em que se insere. Os trabalhos destes autores foram o embrião da terceira fase da evolução do pensamento estratégico, que tem como principais caraterísticas distintivas ver a empresa numa perspetiva global e analisar o mercado e a concorrência.

Peter Drucker, em 1954, foi um dos primeiros autores a referir o termo estratégia na gestão da empresa. Outro destacado autor da mesma época, Kenneth Andrews, professor da Universidade de Harvard, desenvolveu nos anos 60 o conceito de análise SWOT (*Strengths, Weaknesses, Opportunities, Threats*), ao constatar que os melhores gestores funcionais, quando promovidos internamente à gestão de topo, nem sempre se revelavam bons diretores gerais ou bons CEO.

A partir dos trabalhos destes autores, a estratégia passou a estar na primeira linha das preocupações, tanto dos gestores como dos académicos e investigadores, de tal modo que, a partir da década de 80, passou a ser estudada como disciplina autónoma nas universidades e nas escolas de gestão. O desenvolvimento do estudo da estratégia, que se tem registado nos últimos anos, deve-se à necessidade de uma maior eficiência que atualmente se exige na gestão da empresa moderna, mas também à maior complexidade do meio envolvente, altamente competitivo, onde só as empresas altamente eficientes e competitivas conseguem sobreviver.

A quarta fase do desenvolvimento do pensamento estratégico, que podemos designar por **gestão estratégica**, inclui a aprendizagem organizacional e a análise do ambiente competitivo na formulação da estratégia. Com os ensinamentos desta fase, a formulação da estratégia começa com uma adequada análise do meio envolvente e das capacidades e recursos internos com que a empresa pode contar com vista a avaliar a sua capacidade competitiva. A partir desta avaliação, a gestão define o que fazer com o negócio e que empresa se pretende ter no futuro. A definição da missão, dos objetivos estratégicos, a correta definição de vantagem competitiva e os planos de ação, constituem os elementos essenciais da formulação da estratégia.

O desenvolvimento desta quarta fase deve-se fundamentalmente aos trabalhos de Michael Porter, professor da *Harvard Business School*, que refinou o conceito de estratégia e desenvolveu potentes instrumentos e ferramentas de análise da estratégia e do ambiente competitivo, que adiante analisaremos.

6.3. NÍVEIS E TIPOS DE PLANEAMENTO

O planeamento nas grandes empresas faz-se usualmente a três níveis: a **nível estratégico**, a **nível tático** e a **nível operacional** (Figura 6.5):

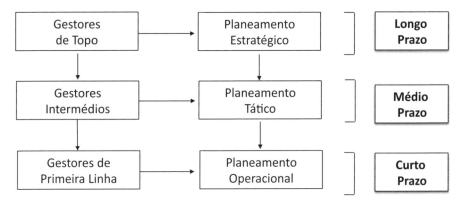

Figura 6.5 Níveis de Planeamento

A gestão de topo é responsável pelo planeamento estratégico que engloba a empresa como um todo. Abaixo do planeamento estratégico situa-se o planeamento tático. São os gestores intermédios quem controla o planeamento tático e a estratégia das suas unidades de negócio e são responsáveis pela execução e implementação das decisões tomadas ao nível do planeamento estratégico. Cada divisão tem as suas próprias funções, como produção e operações, marketing, finanças, recursos humanos e investigação e desenvolvimento, entre outras. Os gestores de cada divisão são responsáveis pelo planeamento e objetivos estratégicos, com vista a aumentar a eficiência e a eficácia das suas áreas funcionais. Por fim, ao nível mais básico, situa-se o planeamento operacional, exercido pelos gestores de primeira linha, que identifica os procedimentos e processos específicos requeridos ao nível operacional da organização. O planeamento operacional tem uma natureza de curto prazo e traduz-se na elaboração de orçamentos anuais ou orçamentos reportados a períodos mais curtos e na avaliação e controlo dos resultados das unidades organizacionais, confrontando os resultados obtidos com os resultados esperados (Figura 6.6):

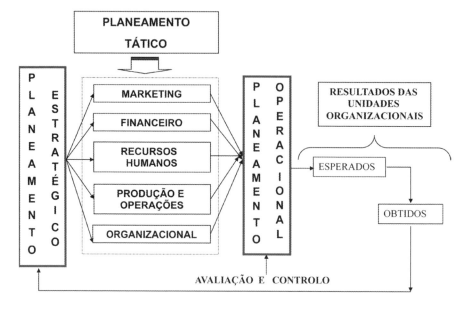

Figura 6.6 Tipos de Planeamento

6.4. GESTÃO ESTRATÉGICA

Gestão estratégica é um conjunto de ações e decisões de gestão que determinam o desempenho a longo prazo de uma organização. Inclui a análise do meio envolvente, a formulação da estratégia, a implementação da estratégica e a avaliação e controlo dos resultados, com vista a criar ou manter vantagem competitiva sustentável. O estudo da gestão estratégica enfatiza a monitorização e avaliação das oportunidades e ameaças externas e a potenciação dos trunfos e a limitação das fraquezas da organização. A gestão estratégica engloba o planeamento estratégico, a análise do meio envolvente e a análise da estrutura da indústria.

6.4.1. O PROCESSO DA GESTÃO ESTRATÉGICA

O processo de gestão estratégica é uma sequência de cinco etapas, que inclui o diagnóstico da situação atual, a análise estratégica, a formulação da estratégia, a implementação da estratégia e a avaliação e controlo dos resultados (Figura 6.7):

PLANEAMENTO E GESTÃO ESTRATÉGICA

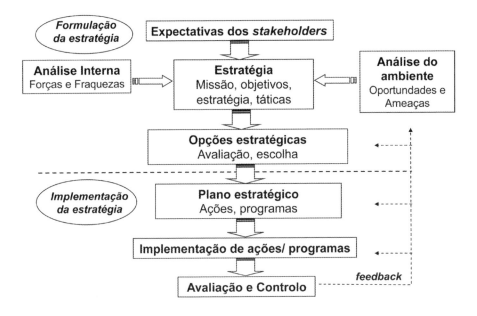

Figura 6.7 O Processo de Gestão Estratégica

Etapa 1 – Diagnóstico da situação atual – é a primeira etapa do processo de gestão estratégica, que consiste em identificar a missão, os objetivos e as estratégias da organização. A missão é a razão de ser da organização, o que significa a finalidade dos seus produtos e serviços. Os objetivos são as bases do planeamento. Devem ser específicos, mensuráveis, ambiciosos e realistas, mas, para serem eficazes, devem ser negociados, aceites e comunicados a todos os interessados.

Etapa 2 – Análise estratégica – consiste na formulação da estratégia, que deve ser precedida da análise do meio envolvente, a fim de identificar os fatores externos e internos que podem afetar o desempenho competitivo da organização. Isto implica fazer uma análise do meio envolvente externo, geral ou mediato e específico ou imediato, com vista a identificar as oportunidades e ameaças e a análise interna, para avaliar as forças e fraquezas da organização. As forças criam valor para o cliente e fortalecem a posição competitiva da empresa, enquanto as fraquezas podem colocar a empresa numa desvantagem competitiva. Estas etapas do processo de gestão estratégica constituem a chamada análise SWOT, desenvolvida por Kenneth Andrews nos anos 60.

Etapa 3 – Formulação da estratégia – esta fase consiste em:

- Desenvolver e avaliar as alternativas estratégicas.
- Selecionar as estratégias apropriadas para todos os níveis organizacionais, que proporcionam vantagens competitivas relativamente aos concorrentes.
- Adequar as forças às oportunidades do mercado.
- Corrigir as fraquezas e proteger-se das ameaças.

Etapa 4 – Implementação da estratégia – consiste em ajustar a estrutura organizacional ao meio envolvente. A implementação da estratégia requer uma estrutura organizacional ajustada às exigências da organização.

Etapa 5 – Avaliação e controlo dos resultados – é a etapa final do processo de gestão estratégica, que procura encontrar respostas para as seguintes questões:

- As estratégias foram adequadas?
- Que ajustamentos são necessários?

Uma estratégica de sucesso assenta em três pilares fundamentais – **análise das oportunidades do mercado** (análise externa), **análise dos recursos e capacidades da organização** (análise interna) e **implementação da estratégia** (Figura 6.8).

Figura 6.8 Gestão Estratégica

O colapso de qualquer um destes pilares levará inevitavelmente ao fracasso da estratégia e ao insucesso da organização (Figura 6.9):

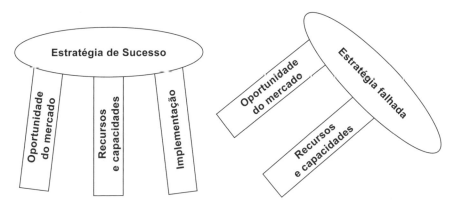

Figura 6.9 Porque Falham as Estratégias?

6.4.2. MISSÃO E VISÃO

A missão representa a razão de ser da organização. Missão é uma declaração escrita que descreve os valores organizacionais, os princípios, as aspirações e as linhas de orientação da organização. A definição da missão é a base para o desenvolvimento dos objetivos e dos planos. Sem uma missão clara, dificilmente a organização seguirá na direção pretendida.

É a missão que distingue uma organização de outra organização de tipo semelhante. Uma missão bem definida é um fator de motivação e desempenho de uma organização. Algumas declarações de missão descrevem também as caraterísticas da organização, tais como os valores, a forma de fazer negócios, a qualidade do produto e a atitude perante os colaboradores.

A título de exemplo, a missão da Sonae Indústria é a seguinte:

> "O nosso objetivo é retirar o máximo potencial dos painéis derivados de madeira para benefício dos nossos clientes, acionistas, colaboradores e da sociedade em geral. As atividades estão assentes em boas práticas de governo de sociedades, na melhoria contínua da eficiência das operações e na promoção ativa de inovação, proporcionando um ambiente de trabalho motivador, seguro e justo".

Enquanto a missão descreve as atividades básicas do negócio, os fins e os valores que orientam a organização, a visão é a declaração do que a organização pretende ser no futuro. A visão reflete as aspirações da organização e define uma orientação geral que deverá moldar o comportamento dos membros da organização.

A visão da Sonae Indústria é a seguinte:

> "Ser reconhecido como um líder mundial sustentável no sector dos painéis derivados de madeira, proporcionando, de forma consistente, aos nossos clientes os melhores produtos, mantendo os mais elevados níveis de serviço e promovendo práticas empresariais e ambientais responsáveis".

A missão e a visão são elementos essenciais, porque definem a cultura, a atitude e o comportamento ético das organizações nos negócios e representam as linhas mestras para a definição de objetivos, a formulação das estratégias e a elaboração dos planos.

6.4.3. OBJETIVOS

Os objetivos são os resultados que a organização pretende alcançar no seu processo de planeamento. São metas que as organizações pretendem alcançar, através da alocação de recursos. Os objetivos podem ser classificados consoante a sua natureza (rendibilidade, produtividade, crescimento, satisfação dos clientes, quota de mercado, inovação e desempenho), mas devem obedecer às seguintes caraterísticas:

- **Mensuráveis** – devem ser especificados de forma quantitativa como, por exemplo, aumentar o volume de vendas em 10%, conquistar uma quota de mercado de 15%, atingir um volume de faturação de 100 milhões de Euros, ou obter um ROE de 15%.
- **Ambiciosos** – devem ser difíceis de alcançar para motivarem os colaboradores.
- **Realistas** – devem ser possíveis de alcançar, caso contrário desmotivam e desvinculam os colaboradores.
- **Definidos no tempo** – devem especificar o horizonte temporal para a sua realização, de modo a ser possível avaliar se foram alcançados.
- **Ser aceites** – devem ser negociados e aceites pelos colaboradores, para que estes se sintam vinculados.

Para serem eficazes, devem ser estabelecidas relações entre os objetivos e o sistema de incentivos ou recompensas, de forma que os colaboradores tenham a noção da importância de se atingir os objetivos fixados.

6.4.4. ANÁLISE DA SITUAÇÃO

6.4.4.1. ANÁLISE SWOT

A formulação da estratégia começa com a análise **SWOT**, isto é, com o diagnóstico dos fatores internos e externos que afetam a posição competitiva da organização. A análise SWOT visa identificar as forças *(Strengths)* e fraquezas *(Weaknesses)* internas da organização e as oportunidades *(Opportunities)* e ameaças *(Threats)* externas do seu ambiente competitivo. Uma importante contribuição da análise SWOT é que os gestores não se devem preocupar apenas com o que se passa no interior da empresa, mas também com as mudanças do seu meio envolvente (Figura 6.10):

Pontos Fortes *(Strengths)*	Pontos Fracos *(Weaknesses)*
. Liderança do mercado	. Inventários elevados
. Produtos de alta qualidade	. Alta rotatividade dos empregados
. Estrutura de custos baixos	. Imagem de marca fraca
. Forte cultura organizacional	. Má gestão
. Boa situação financeira	. Dificuldades financeiras
. Investigação & Desenvolvimento	. Excesso de capacidade produtiva
Oportunidades (Opportunities)	**Ameaças *(Threats)***
. Concorrência fraca	. Saturação do mercado
. Eliminação de barreiras à entrada	. Fraca taxa de crescimento do setor
. Mudanças de hábitos de consumo	. Entrada de novos concorrentes
. Crescimento da economia	. Taxa de câmbio desfavorável
. Mudança da legislação	. Taxa de juro elevada
. Novas tecnologias	. Ameaça de compra da empresa

Figura 6.10 Análise SWOT

O primeiro passo da análise SWOT consiste em identificar as forças e fraquezas da organização (**análise interna**). A Figura 6.10 lista algumas forças importantes, como a liderança do mercado, investigação e desenvolvimento, situação financeira e algumas fraquezas, como o aumento dos custos de produção, inventários exagerados e elevada rotação dos empregados. O papel dos gestores é identificar as forças e fraquezas da organização, para as potenciar ou atenuar, respetivamente.

A segunda etapa da análise SWOT consiste em identificar potenciais oportunidades e ameaças do meio envolvente que afetam ou podem afetar a empresa no futuro (**análise externa**). A Figura 6.10 exemplifica algumas dessas oportunidades e ameaças que os gestores devem identificar para a organização aproveitar as primeiras e defender-se das segundas.

Feito o diagnóstico da situação atual e identificados os trunfos e debilidades e oportunidades e ameaças, os gestores estão em condições de continuar o processo de planeamento e determinar as estratégias específicas para cumprir a missão da organização e atingir os objetivos definidos. O resultado da definição dessas estratégias deve capacitar a organização para cumprir os objetivos, aproveitando as oportunidades, contendo as ameaças, potenciando os trunfos e atenuando as fraquezas.

6.4.4.2. ANÁLISE ESTRUTURAL DA INDÚSTRIA

A atividade em qualquer indústria está sujeita às regras da concorrência. É da compreensão do modo de funcionamento, da estrutura da indústria e da forma como esta afeta a empresa que deve emergir a estratégia competitiva. Porter chegou à conclusão de que o potencial de lucro de uma indústria é determinado principalmente pela intensidade concorrencial na indústria, que depende de cinco forças competitivas:

1. Rivalidade entre os concorrentes.
2. Ameaça de novas entradas.
3. Ameaça de produtos substitutos.
4. Poder negocial dos clientes.
5. Poder negocial dos fornecedores.

Se todas estas forças forem fortes, então é muito provável que uma empresa que queira entrar no negócio não obtenha uma boa rendibilidade. Segundo este modelo, uma indústria é tanto mais atrativa quanto menor for a intensidade das cinco forças competitivas.

A Figura 6.11 resume o modelo das cinco forças competitivas de Porter que ajuda os gestores a focarem-se nas cinco importantes forças competitivas ou ameaças potenciais do meio ambiente externo. No centro destas forças está a rivalidade competitiva entre as empresas de uma mesma indústria.

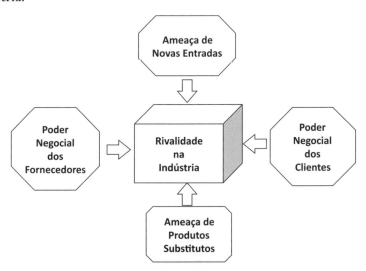

Figura 6.11 **Modelo das Cinco Forças Competitivas de Porter**

1. Rivalidade entre os Concorrentes

Os determinantes do nível de rivalidade podem consistir em causas internas ou externas à indústria, podendo referir-se a título de exemplo:

- Número de empresas presentes na indústria.
- Taxa de crescimento do mercado.
- Diferenciação do produto/serviço.
- Nível de custos fixos.
- Barreiras à saída.
- Importância estratégica do negócio.

2. Ameaça de Novas Entradas

A entrada de novos concorrentes tem impacto no desempenho das empresas já instaladas, obrigando-as a tomar comportamentos reativos. Porter identificou as seguintes consequências:

- Aumento da capacidade instalada.
- Luta por quota de mercado.
- Acréscimo no consumo de recursos.

A ameaça de entrada de novos concorrentes num mercado depende da existência de barreiras à entrada e das ações de retaliação, designadamente:

- Economias de escala.
- Diferenciação de produtos.
- Volume de investimento.
- Política governamental.
- Acesso a canais de distribuição.
- Economia de custos (patentes, curva de experiência, ...)

3. Ameaça de Produtos Substitutos

A pressão exercida sobre o mercado pela ameaça de produtos substitutos incrementa a competitividade na indústria e impõe tetos máximos de preços a praticar. Desta forma, a ameaça de produtos substitutos limita o potencial da indústria, afeta a performance das empresas e conduz à redução dos níveis de preços.

4. Poder Negocial dos Fornecedores

Um elevado poder negocial dos fornecedores constitui uma limitação à rendibilidade da indústria, na medida em que pode fazer aumentar os preços ou diminuir a qualidade das matérias-primas.

Este poder é de facto um fator restritivo da atratividade da indústria e é indispensável o estudo dos fatores que o determinam, tais como:

- Custos de mudança.
- Importância do volume de compras.
- O custo relativo no total de compras da indústria.
- Ameaça de integração a jusante.
- Concentração de fornecedores.

Por estas razões, a seleção de fornecedores torna-se numa variável estratégica crucial.

5. Poder Negocial dos Clientes

O poder negocial dos clientes assume-se cada vez mais como uma força competitiva que poderá pôr em causa a rendibilidade da indústria, por poder influenciar ou induzir variações de preços. Cada vez mais, o cliente é mais exigente, quer em termos de preço, quer em termos de qualidade, pressionando a concorrência à custa da rendibilidade da indústria.

Analisar os determinantes deste poder é estudar os fatores importantes para qualquer negócio, tais como:

- Importância do cliente na faturação da empresa.
- Ameaça de integração a montante.
- Custos de mudança.
- Os produtos que compram são pouco diferenciados.

Este modelo permite identificar as caraterísticas básicas estruturais da indústria que determinam as forças competitivas e definem o potencial de lucro do setor, medido em termos de rendibilidade a médio e longo prazo dos capitais investidos.

6.4.5. FORMULAÇÃO DA ESTRATÉGIA

Formulação da estratégia é o desenvolvimento de planos de longo prazo para a gestão das oportunidades e ameaças do meio envolvente e a potenciação dos forças e limitação das fraquezas. Na formulação da estratégia, os gestores definem a missão da organização, especificam os objetivos e desenvolvem as estratégias a nível da empresa, a nível do negócio e a nível funcional, que permitam cumprir a sua missão e atingir os objetivos.

6.4.5.1. NÍVEIS DA ESTRATÉGIA

Com base na análise SWOT, os gestores dos diferentes níveis definem as estratégias para que a organização cumpra a sua missão e atinja os objetivos. A formulação da estratégia situa-se a três níveis: a **nível da empresa**, a **nível do negócio** e a **nível funcional** (Figuras 6.12 e 6.13):

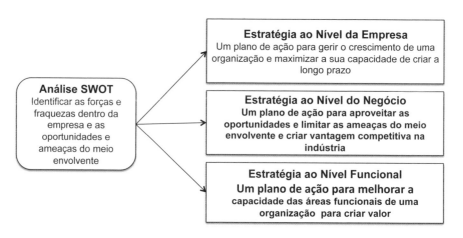

Figura 6.12 Formulação da Estratégia

A formulação da estratégia da empresa faz-se a três níveis segundo uma determinada hierarquia: **estratégia ao nível da empresa, estratégia competitiva ou estratégia ao nível do negócio** e **estratégia ao nível funcional** (Figura 6.13).

Enquanto a primeira é definida ao nível da gestão de topo e visa determinar a atitude da empresa face ao crescimento e à forma como pretende gerir os seus negócios ou linhas de produtos, ou seja, procura definir em que negócios participar, que produtos produzir e a melhor forma de coordenar as diferentes atividades e negócios da empresa para obter vantagem competitiva, a segunda situa-se ao nível das unidades estratégicas de negócio ou linhas de produtos e foca-se na melhoria da posição competitiva da empresa em cada área de negócio. Apesar de diferentes, a estratégia competitiva e a estratégia ao nível da empresa estão estreitamente correlacionadas. A estratégia ao nível da empresa depende das vantagens competitivas que se procuram a nível de cada negócio, as quais, por sua vez, dependem da estratégia da empresa.

A estratégia ao nível funcional refere-se à forma como os gestores das áreas específicas, como a investigação e desenvolvimento, a produção, o marketing, os recursos humanos e as finanças, decidem a melhor forma de alocar os recursos e atingir os objetivos da empresa, através da melhoria da produtividade.

Figura 6.13 Níveis de Estratégia

6.4.5.2. ESTRATÉGIAS AO NÍVEL DA EMPRESA

A estratégia ao nível da empresa define o rumo que a organização pretende seguir. É um plano de ação que envolve escolher em que indústrias ou países a empresa deve investir os seus recursos, com vista a desempenhar a sua missão e atingir os objetivos organizacionais. Ao definir a sua estratégia ao nível da empresa, os gestores devem questionar como deve ser gerido o crescimento e desenvolvimento da empresa para aumentar a sua capacidade de criar valor para os clientes. Os gestores devem procurar novas oportunidades para usar os recursos da empresa e desenvolver novos produtos e serviços para os clientes.

Os gestores de topo devem encontrar as estratégias da empresa que podem ajudar a organização a fortalecer as suas estratégias ao nível de negócio e melhorar o seu nível de desempenho. Paralelamente devem ajudar as suas organizações a responder às ameaças do meio envolvente, que tornaram as suas estratégias ao nível do negócio menos efetivas e levaram à redução dos lucros. Por exemplo, os clientes podem não continuar a comprar os produtos e serviços de uma empresa por já não corresponderem aos seus gostos ou desejos, ou por outras organizações terem entrado no mercado e atacado os seus clientes.

As principais estratégias ao nível da empresa que os gestores podem usar para ajudar a empresa a crescer e guindá-la ao topo da indústria ou ajudar a reverter o seu processo de degradação são as seguintes:

1. Concentração numa única indústria.
2. Integração vertical.
3. Diversificação.
4. Expansão internacional.
5. Matriz produto-mercado de Ansoff.

Uma organização beneficiará se prosseguir uma destas estratégias quando a estratégia ajuda a aumentar o valor dos produtos ou serviços e os clientes compram mais esses produtos ou serviços. Especificamente, para aumentar o valor dos produtos e serviços, a estratégia ao nível da empresa deve ajudar a empresa numa destas direções: redução dos custos de desenvolvimento e produção dos produtos, ou aumentar a diferenciação de tal modo que os clientes valorizem essa diferenciação e estejam dispostos a pagar mais por esses produtos ou serviços.

Concentração numa Única Indústria

A maioria das empresas em crescimento reinveste os seus lucros na indústria onde opera para fortalecer a sua posição competitiva. Neste caso, as empresas seguem uma estratégia ao nível da empresa de concentração numa única indústria. Normalmente, as organizações usam as suas capacidades para desenvolver novos tipos de produtos ou alargar os mercados onde podem colocar os seus produtos. Por exemplo, a Apple está continuamente a melhorar os seus iPods, iPhones e IPads e a McDonald's está constantemente a expandir a sua rede de distribuição em todo o mundo. Esta estratégia de concentração num único setor pode tornar-se muito forte porque aumenta a dimensão das empresas e reduz os custos unitários, mas pode também ser muito arriscada, na medida em que está dependente das oscilações do mercado.

Outras empresas, pelo contrário, usam estratégias diferentes quando têm um bom desempenho. Muitas vezes decidem entrar em novas indústrias nas quais investem os seus recursos para criar produtos com maior valor para o cliente. Começam por adotar uma *estratégia de integração vertical,* como é o caso da Sonae, dos Bancos e da Apple ou usam uma *estratégia de diversificação,* como é o caso da Unicer que, depois da cerveja, entrou no negócio dos sumos, do vinho e das águas, com vista a aproveitar as sinergias existentes, nomeadamente ao nível do transporte.

Integração Vertical

Quando uma organização tem um bom desempenho na indústria, os gestores vêm novas oportunidades para criar valor, quer produzindo as matérias-primas de que precisam, quer criando ou adquirindo os canais de distribuição dos seus produtos até aos seus clientes. É o caso, por exemplo, de uma cervejeira produzir as suas próprias garrafas ou adquirir uma empresa de distribuição.

A *integração vertical* é uma estratégia ao nível da empresa, segundo a qual a empresa expande os seus negócios a montante numa nova indústria que produz os *inputs* para os seus produtos (integração vertical a montante), ou investe numa nova indústria que usa, distribui ou vende os produtos da empresa (integração vertical a jusante).

Diversificação

Diversificação é a estratégia ao nível da empresa que consiste em expandir os negócios para novas indústrias com vista a produzir uma nova gama de produtos ou serviços ou expandir para novos mercados. Por exemplo, a Unicer e a Centralcer, cujo negócio principal é a produção e venda de cerveja, diversificaram os seus negócios para as águas, com a compra da Vitalis, Vidago e Pedras Salgadas e da Luso, respetivamente.

Há duas formas principais de diversificação: **diversificação relacionada** e **diversificação não relacionada**:

Diversificação relacionada é a estratégia de entrar em novos negócios ou novas indústrias para criar vantagem competitiva num ou mais negócios já existentes. A empresa diversifica para áreas similares. Esta estratégia é vantajosa quando se criam sinergias entre os diversos negócios da empresa. Há sinergia quando o valor criado por dois negócios que trabalham em conjunto é maior do que a soma obtida por cada negócio quando operam separadamente. Por exemplo, há sinergias entre os negócios da cerveja, dos sumos e das águas, na medida em que o transporte que leva a cerveja leva também os sumos ou águas, já que os clientes normalmente são os mesmos.

Diversificação não relacionada é a estratégia de entrar em novos negócios ou novas indústrias que não estão de qualquer forma relacionados com os negócios ou indústrias já existentes. A principal razão para a diversificação não relacionada é a compra de empresas em condições muito favoráveis, dada a situação financeira precária, para a qual transferem as suas capacidades de gestão, reestruturam os seus negócios e melhoram a performance. Muitas vezes, a diversificação não relacionada tem também como objetivo a diminuição do risco ou das crises na indústria que a concentração necessariamente implica.

Apesar da diversificação não relacionada poder potencialmente criar valor para a empresa, é difícil de gerir e, se for exagerada, poderá implicar a perda de controlo dos gestores relativamente ao seu negócio principal e ter como consequência reduzir valor em vez de criar valor para a empresa.

Expansão Internacional

Nos seus processos de expansão dos negócios, para além das estratégias de concentração, integração vertical ou diversificação, as empresas sentiram a necessidade de estudar a melhor forma de competirem internacionalmente.

A presença permanente nos mercados internacionais poderá fazer-se de várias formas, desde formas simples que não envolvem grandes riscos e recursos, como a exportação, a formas mais avançadas, com assunção de grandes riscos e envolvimento de recursos avultados, como *joint ventures* com parceiros locais ou investimento direto no estrangeiro. A opção por uma ou outras formas de internacionalização depende de vários fatores, como as expectativas de lucro, a forma como será financiada ou o tipo de controlo que se pretende efetuar.

Estratégia Produto-Mercado de Ansoff

Depois de analisado o ambiente externo e interno da organização, os gestores devem definir a estratégia da organização, ou seja, quais os negócios da empresa e como se interrelacionam. A estratégia ao nível da empresa define o rumo que a organização deve seguir de forma a cumprir a sua missão e atingir os objetivos definidos. Igor Ansoff nos anos 60 desenvolveu uma matriz, designada matriz produto-mercado, que define as opções estratégicas que se colocam aos gestores quando pretendem alcançar uma posição de topo na indústria ou quando pretendem relançar uma empresa que apresenta dificuldades de crescimento (Figura 6.14):

Igor Ansoff

Mercados Produtos	Atuais	Novos
Atuais	Penetração do Mercado	Desenvolvimento do Mercado
Novos	Desenvolvimento do Produto	Diversificação

Figura 6.14 Matriz Produto-Mercado de Ansoff

De acordo com Ansoff, as opções de crescimento interno e externo que se colocam aos gestores podem ser classificadas em quatro estratégias:

- **Estratégia de penetração no mercado** – caracteriza-se pelo aumento do volume de vendas nos mercados onde a empresa atua. Esta estratégia traduz-se na opção de crescimento pela via do aumento da quota de mercado. As empresas que recorrem a esta estratégia estão sujeitas a dois tipos de constrangimentos que têm que fazer face – retaliação dos concorrentes e constrangimentos legais existentes em muitos países.
- **Estratégia de desenvolvimento do produto** – caracteriza-se pelo desenvolvimento de novos produtos nos mercados onde a empresa opera. É uma estratégia arriscada e cara na medida em que implica investimentos avultados em investigação e desenvolvimento e em novos equipamentos.
- **Estratégia de desenvolvimento do mercado** – é uma estratégia alternativa ao desenvolvimento do produto que se caracteriza pela oferta dos produtos existentes em novas áreas geográficas, em novos segmentos do mercado ou a novos utilizadores. A internacionalização é o caso típico deste tipo de estratégia.
- **Estratégia de diversificação** – consiste no lançamento de novos produtos em novos mercados. Trata-se de uma estratégia arriscada, pelo que os gestores só devem fazer uso desta estratégia quando as outras tiverem esgotado as suas potencialidades.

O crescimento externo ocorre quando a organização expande a sua atividade atual em novos mercados ou entra em novas áreas de negócio, através de fusões ou aquisições de outras organizações.

6.4.5.3. ANÁLISE DA CARTEIRA DE NEGÓCIOS (*PORTFOLIO ANALYSIS*)

O fator determinante para uma estratégia de sucesso relativa a cada segmento de negócio é a sua posição competitiva. Em resultado do efeito da curva de experiência e de sinergias verificadas ao nível do negócio, o concorrente com quota de mercado mais elevada num dado segmento está em melhores condições de desenvolver uma estratégia de custos mais baixos e, consequentemente, de lucros mais altos e estáveis. A posição concorrencial relativa num segmento de negócio constitui um objetivo estratégico fundamental. A maneira mais simples de exprimir a posição concorrencial relativa é a quota de mercado relativa, ou seja, a razão entre a quota de mercado da empresa e a quota de mercado do seu principal concorrente. Por conseguinte, apenas a empresa líder possui uma quota de mercado relativa superior à unidade, enquanto todos os concorrentes possuem quotas de mercado relativas inferiores à unidade.

Uma empresa que faça uma análise cuidadosa da sua carteira de negócios, facilmente descobrirá que os seus negócios ocupam posições concorrenciais diferenciadas. Alguns negócios serão concorrencialmente sólidos, enquanto outros se revelarão débeis do ponto de vista competitivo, colocando-se à empresa a opção estratégica de tentar melhorar a sua posição concorrencial investindo nesses negócios ou, caso não se revelarem interessantes, desinvestir e mesmo abandonar.

Uma solução para este dilema exige o desenvolvimento de modelos que possibilitem a seleção da combinação ótima de estratégias de negócio no espetro de alternativas possíveis e oportunidades que se deparam à empresa, condicionadas pelas suas restrições, designadamente em termos de mercado e de recursos financeiros.

a. Matriz Crescimento/Quota de Mercado ou Matriz BCG

Com base nestes pressupostos, a consultora *Boston Consulting Group* (BCG) desenvolveu um modelo de análise de uma carteira de negócios que assenta nas duas seguintes dimensões: **quota de mercado relativa** e **taxa de crescimento do mercado**. Os negócios de qualquer empresa poderão facilmente enquadrar-se numa das quatro grandes categorias representadas esquematicamente na Figura 6.15:

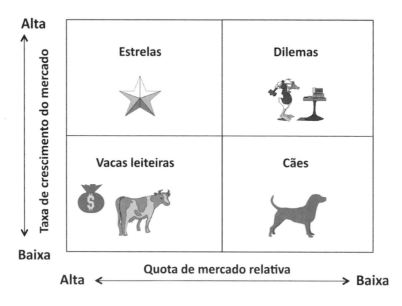

Figura 6.15 **Matriz BCG**

Os negócios "estrelas" (*stars*) situam-se no quadrante superior esquerdo da matriz e caracterizam-se por elevado crescimento do mercado e elevada quota de mercado relativa. Como estes produtos/negócios apresentam um crescimento rápido, serão utilizados recursos avultados para manter a posição concorrencial. Trata-se também de uma posição de liderança pelo que no futuro deverá gerar fundos elevados. Em resultado desta posição no mercado, os negócios estrelas tendem a gerar o seu próprio autofinanciamento. Representam, porventura, as melhores oportunidades de investimento que se deparam à empresa, pelo que não deverão ser regateados esforços para acompanhar o crescimento do mercado e manter a posição concorrencial. Esta estratégia poderá exigir investimentos avultados para além da sua capacidade geradora de fundos e margens reduzidas, mas poderá ser útil a longo prazo.

Quando o mercado afrouxar, como acontece em todos os negócios, desde que a quota de mercado seja mantida, o negócio evoluirá para o quadrante inferior esquerdo tornando-se uma "vaca leiteira" (*cash cow*). Se os negócios "estrela" não conseguirem manter a quota de mercado relativa, como muitas vezes acontece quando se tem uma visão de curto prazo, reduzindo os investimentos e aumentando os preços, então podem cair para o quadrante inferior direito e tornar-se "cães" (*dogs*).

PLANEAMENTO E GESTÃO ESTRATÉGICA

Os negócios "vacas leiteiras" situam-se no quadrante inferior esquerdo da matriz e caracterizam-se por fraco crescimento e elevada quota de mercado relativa. Como têm uma posição de supremacia no mercado e baixos custos e como não necessitam de grandes investimentos, o *cash flow* libertado é elevado, o que permite pagar dividendos aos sócios/acionistas e canalizar fundos para investimento noutros negócios mais promissores e potenciadores do futuro da empresa.

Os negócios "cães" situam-se no quadrante inferior direito da matriz e caracterizam-se por fraco crescimento e reduzida quota de mercado relativa. A sua posição concorrencial débil condena-os a lucros baixos, mas não desprezíveis, dado que têm baixos custos e não necessitam de grandes investimentos. Trata-se de negócios que apenas serão de manter enquanto gerarem lucros, caso contrário é preferível o seu abandono.

Os negócios "dilema" ou "pontos de interrogação" (*question marks*) situam-se no quadrante superior direito da matriz e caracterizam-se por elevado crescimento do mercado e fraca quota de mercado relativa. Nestes negócios, as necessidades de fundos são elevadas atendendo à necessidade de acompanhar o elevado crescimento do mercado e ao facto de se tratar de um produto em desenvolvimento, mas o *cash flow* gerado é fraco devido à reduzida quota de mercado relativa. Se nada se fizer para acompanhar o crescimento do mercado, o negócio corre o risco, quando o crescimento do mercado afrouxar, de se tornar um cão. A estratégia relativamente a estes negócios terá que ser muito seletiva, ou seja, efetuar todos os investimentos que forem necessários para ganhar quota de mercado no intuito de ganhar a liderança e tornar-se "estrela" e mais tarde, quando o negócio entrar na fase de maturidade, tornar-se um negócio "vaca leiteira", ou então abandonar os negócios que se revelarem mais problemáticos ou duvidosos.

Muitas empresas dispõem de uma carteira de negócios que se espalham por todos os quadrantes da matriz, mas é possível delinear a estratégia global que cada empresa deverá adotar. O objetivo primordial é manter uma carteira equilibrada, ou seja, assentar a base dos negócios da empresa nas "vacas leiteiras", mas ter também negócios em todos os quadrantes da matriz. Os fundos gerados pelos negócios "vacas leiteiras" deverão ser utilizados prioritariamente para manter ou consolidar posição nos negócios "estrelas", que ainda não são auto-suficientes, mas assegurarão o futuro da empresa. Alguns excedentes gerados pelas "vacas leiteiras" deverão ser canalizados para assegurar a liderança de um número selecionado de negócios "dilema".

Finalmente, todas as empresas possuem alguns negócios "cães". Não há nada de mal a este respeito, até porque alguns "cães" podem ser muito rendíveis, por não necessitarem de investimentos, por poderem situar-se em nichos de mercado interessantes e por terem custos baixos, mas é essencial perceber que não é neste tipo de negócios em que deve assentar a estratégia da empresa.

A estratégia adequada para uma empresa com vários negócios implicará um equilíbrio na sua carteira de negócios, em que os fundos libertos pelos negócios "vacas leiteiras" e "cães" sejam suficientes para suportar os negócios estrelas e financiar os negócios dilemas que sejam selecionados para atingir a liderança do mercado. Este padrão de estratégias está indicado pelas setas que sinalizam o fluxo dos fundos libertos (Figura 6.16):

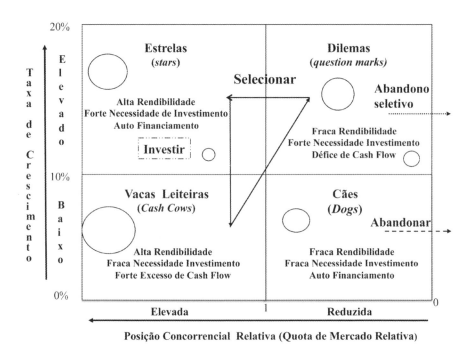

Figura 6.16 Modelo BCG na Prática

b. Matriz GE-McKinsey

A General Electric, com o apoio da consultora internacional McKinsey & Co, desenvolveram uma matriz constituída por nove células, determinadas pelas dimensões "atratividade do mercado" e "posição competitiva da empresa" (Figura 6.17).

De acordo com este modelo, a dimensão "atratividade do mercado" inclui o ciclo de vida do produto, a taxa de crescimento do mercado, a rendibilidade da indústria, a dimensão e as práticas de preços, entre outras possíveis ameaças e oportunidades. A dimensão "posição competitiva" inclui a quota de mercado, a posição tecnológica, a rendibilidade e a dimensão entre outros possíveis trunfos e fraquezas.

Tal como na matriz BCG, os produtos ou unidades de negócios são representados por círculos, cujos diâmetros representam a percentagem das vendas dos produtos ou unidades de negócios no volume total de faturação da empresa.

Em termos gerais, as nove células da matriz GE/McKinsey representam um avanço relativamente à matriz BCG, na medida em que considera mais variáveis e não é tão simplista nas suas conclusões. Reconhece que a atratividade do mercado pode ser avaliada de diversas formas e não apenas

		Posição competitiva		
		Fraca	**Média**	**Forte**
Atratividade do mercado	**Forte**	**Expandir** Especializar Reforçar fraquezas Sair se não crescer	**Investir/ crescer** Conquistar liderança Concentrar esforços Reforçar certas áreas	**Proteger posição** Investir para crescer Concentrar esforços
	Média	**Crescer selectivamente** Expandir sem riscos Limitar investimento Sair se não crescer	**Gerir** Proteger negócio Investir sem risco Reforçar retorno	**Reforçar posição** Investir segmentos atractivos Bater concorrentes
	Fraca	**Desinvestir** Não investir Cortar custos Sair	**Rendibilizar** Proteger Reduzir custos Cortar investimentos	**Proteger/ Rendibilizar** Garantir retorno Gerir bons segmentos Defender áreas fortes

Zona de crescimento	Zona de desinvestimento	Zona de gestão da rendibilidade

Figura 6.17 **Matriz GE/McKinsey**

pela sua taxa de crescimento, o que permite aos utilizadores recorrerem ao critério que entendam ser o mais adequado. Tem, todavia, também algumas debilidades, como poder ser complicado calcular as dimensões em que se baseia o modelo e, embora possa parecer objetiva a estimação da atratividade da indústria e da posição competitiva, na realidade introduz algum grau de subjetividade no seu cálculo, podendo variar de indivíduo para indivíduo.

Os diferentes tipos de estratégias representadas na matriz podem caracterizar-se da seginte maneira:

a. **Estratégias de crescimento e de melhoria da posição competitiva** – estratégias ofensivas para fortalecer a posição competitiva, melhorando a quota de mercado ou entrando em novos mercados atrativos. A estratégia de desenvolvimento de novos mercados exige grandes investimentos em recursos de marketing, podendo gerar prejuízos enquanto o negócio não atingir o ponto de equilíbrio (*breakeven point*).

b. **Estratégias de monitorização e rendibilização** – estratégias defensivas usadas em mercados menos atrativos em que um negócio tem algum nível de posição competitiva. Uma estratégia de monitorização gere os preços e os recursos com vista a maximizar os resultados, sem sair do mercado. As empresas reduzem os investimentos ao mínimo e procuram rendibilizar a sua posição de mercado.

c. **Estratégias de desinvestimento e abandono** – estratégias defensivas para maximizar os resultados e o cash flow nos mercados existentes. Os preços tendem a subir para compensar a redução do volume de vendas e as despesas em marketing tendem a reduzir-se. O negócio mantém-se enquanto gerar a sua própria rendibilidade.

São vários os fatores que afetam a atratividade do mercado. A posição no ciclo de vida do produto e a taxa de cescimento do mercado são medidas de atratividade do mercado que afetam as vendas e os lucros. As vendas e os lucros tendem a ser mais elevados nas fases de crescimento e maturidade e tendem a decrescer à medida que o produto entra na fase de declínio.

O processo de planeamento estratégico de marketing requer uma análise em profundidade da atratividade do mercado. Para avaliar a atratividade do mercado, um negócio deve colocar a seguinte questão: Que fatores tornam um negócio atrativo ou não atrativo? Os fatores que tipicamente mostram a atratividade são a dimensão do mercado, o crescimento do mercado, a concorrência, as margens potenciais, a facilidade de acesso ao mercado e um correto ajustamento do mercado às capacidades da empresa. Estes fatores podem ser agrupados em três dimensões de atratividade do mercado: **forças do mercado, ambiente competitivo** e **facilidade de acesso ao mercado** (Figura 6.18):

Figura 6.18 Fatores de Atratividade do Mercado

Para criar uma medida de atratividade do mercado, cada uma destas dimensões pode ser ponderada de modo a refletir a sua importância em relação às outras. Cada uma destas dimensões é subdividida em vários fatores que contribuem para cada uma das dimensões da atratividade do mercado e cada um destes fatores é ponderado de modo a representar a sua importância relativa dentro da respetiva dimensão. Atribuindo um *rating* à atratividade de cada fator dentro de cada dimensão, é possível calcular um índice geral de atratividade do mercado.

O cálculo da posição competitiva é similar ao cálculo da atratividade do mercado. A primeira questão que se deve colocar é: O que faz um negócio forte e outro fraco relativamente à posição competitiva? Para responder a esta questão, podem apontar-se três dimensões que determinam a posição competitiva: **diferenciação, custos** e **posição de mercado** (Figura 6.19):

MANUAL DE GESTÃO MODERNA

Figura 6.19 Fatores de Posição Competitiva

A cada dimensão da posição competitiva atribui-se um peso relativo, tal como fizemos na determinação da atratividade do mercado. Cada uma destas dimensões é subdividida em vários factores que contribuem para cada uma das dimensões da posição competitiva e cada um destes fatores é ponderado de modo a representar a sua importância relativa dentro da respetiva dimensão. Atribuindo um *rating* à posição competitiva de cada fator, dentro de cada dimensão, é possível calcular um índice geral da posição competitiva do produto ou do negócio.

c. Matriz ADL (Arthur D. Little)

Tal como os modelos BCG e GE/McKinsey, a matriz ADL é uma ferramenta de gestão usada para analisar e optimizar uma carteira de negócios de uma empresa. Embora semelhante às matrizes anteriores, baseia a sua análise em duas dimensões diferentes: o **grau de competitividade da empresa** e o **ciclo de vida do produto ou da indústria**. Subjacente à escolha destas dimensões está o facto de se considerar que a rendibilidade de uma organização será tanto maior quanto melhor for a sua posição competitiva e que quanto mais jovem for o produto ou o negócio maiores serão as necessidades de investimentos e, consequentemente, maiores os riscos do negócio.

Tal como as matrizes anteriores, também a matriz ADL propõe a adoção de algumas estratégias pelas organizações, com vista a assegurar o equilíbrio da carteira de negócios e a sua rendibilização. (Figura 6.20):

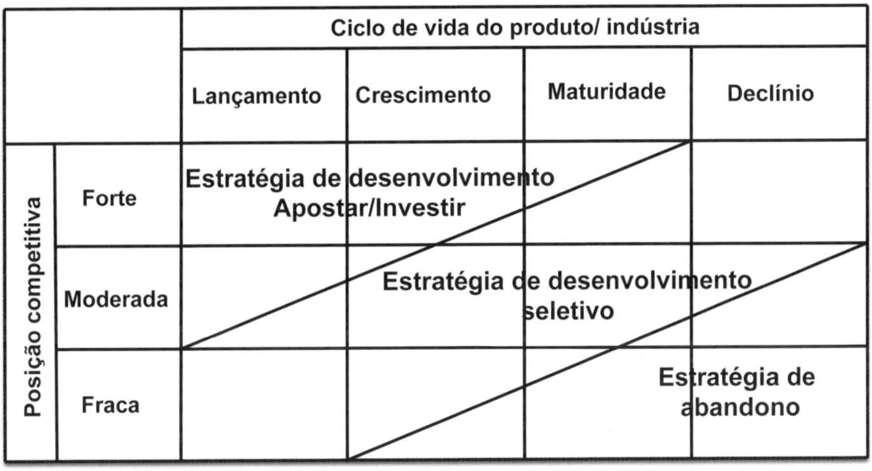

		Ciclo de vida do produto/ indústria			
		Lançamento	Crescimento	Maturidade	Declínio
Posição competitiva	Forte	Estratégia de desenvolvimento Apostar/Investir			
	Moderada		Estratégia de desenvolvimento seletivo		
	Fraca				Estratégia de abandono

Figura 6.20 **Matriz ADL**

As estratégias propostas têm em consideração a caraterização do negócio em termos da sua posição competitiva e grau de maturidade dos negócios, resultando as seguintes estratégias genéricas:

- **Estratégia de desenvolvimento** – assente no investimento nestes negócios por se tratar de negócios em fase de introdução e crescimento do seu ciclo de vida e porque a empresa tem uma posição competitiva moderada e forte relativamente aos concorrentes. As estratégias específicas a desenvolver, dependendo da fase do ciclo de vida em que se encontra a respetiva indústria, podem passar pelo reforço do investimento no aumento da capacidade produtiva ou intensificação da actividade comercial, com penetração em novos mercados ou formas de integração vertical ou horizontal.
- **Estratégia de desenvolvimento seletivo** – trata-se de uma estratégia adequada a negócios com fraca capacidade competitiva e a negócios nas fases de crescimento, maturidade ou declínio. Esta

estratégia visa fundamentalmente aumentar a rendibilidade do negócio através da melhoria da posição competitiva.

- **Estratégia de abandono** – trata-se de uma estratégia adequada para negócios em fase de crescimento, de maturidade ou em declínio com fracas posições competitivas, relativamente aos quais não existem fundadas expectativas de sucesso e cuja rendibilidade se encontra definitivamente comprometida.

6.4.5.4. ESTRATÉGIAS AO NÍVEL DO NEGÓCIO

Enquanto a **estratégia ao nível da empresa** define quais os negócios ou produtos em que a empresa deve apostar, alocando os respetivos recursos, a **estratégia ao nível do negócio ou estratégia competitiva** tem como objetivo definir como a unidade deve competir para conseguir alcançar vantagem competitiva relativamente aos concorrentes. Uma empresa tem vantagem competitiva quando domina e controla os recursos e tem capacidades distintivas em relação aos concorrentes, que lhe permitem oferecer um valor superior aos seus clientes. São fatores de vantagem competitiva uma qualidade superior do produto oferecido, domínio das fontes de abastecimento de matérias-primas, dispor de tecnologias de ponta, inovação, custos mais baixos, uma marca forte, dispor de recursos humanos, posse de recursos financeiros, dispor de um bom sistema de distribuição dos seus produtos, boa qualidade de atendimento aos clientes, etc.

Cabe aos gestores descobrir as suas competências distintivas, desenvolvê-las e explorá-las de forma a conseguir vantagem competitiva sustentável relativamente aos seus concorrentes.

Estratégias Genéricas de Porter

Ao enfrentar as cinco forças competitivas, Porter apresenta três **estratégias genéricas** potencialmente bem sucedidas e que garantem taxas de rendibilidade acima da média: **liderança pelos custos**, **diferenciação** e **focalização** (Figura 6.21):

		Estratégia	
		Baixos Custos	Diferenciação
Número de Segmentos	**Muitos**	Liderança pelos Custos	Diferenciação
	Poucos	Focalização Baixo Custo	Focalização Diferenciação

Figura 6.21 Estratégias Genéricas de Porter

A **estratégia de liderança pelos custos** orienta-se, prioritariamente, para a minimização dos seus custos totais. Segundo Porter, as empresas que perseguem uma estratégia de baixos custos podem vender os produtos a preços mais baixos do que os concorrentes e ainda obtêm bom lucro porque têm custos mais baixos. Estas empresas ganham vantagem competitiva com base nos seus preços mais baixos. Por exemplo, a BIC persegue esta estratégia de custos mais baixos. Segundo Porter, esta estratégia gera rendibilidades superiores, permitindo o seu reinvestimento de forma a reforçar a sua vantagem competitiva.

Com uma **estratégia de diferenciação** os gestores procuram ganhar uma vantagem competitiva focalizando todas as energias na diferenciação dos seus produtos relativamente aos concorrentes, numa ou mais dimensões, como o design, a qualidade, o serviço pós-venda e a assistência. Esta estratégia é cara, pelo que as organizações que perseguem com sucesso esta estratégia têm que ser capazes de vender os seus produtos a preços mais caros. A Coca-Cola, a Pepsi Cola e a Procter & Gamble seguem uma estratégia de diferenciação. Gastam muito dinheiro em publicidade para diferenciar e criar uma imagem única dos seus produtos.

De acordo com Porter, os gestores não podem simultaneamente perseguir uma estratégia de liderança pelos custos e de diferenciação. Os gestores devem escolher entre uma estratégia de liderança pelos custos ou uma estratégia de diferenciação. Refere que os gestores e as organizações que não façam a escolha ficam entalados no meio das duas estratégias (***stuck in the middle***) e tendem a ter níveis mais baixos de desempenho do que as que perseguem uma estratégia de liderança pelos custos ou de diferenciação (Figura 6.22). Para evitar ficar entalada no meio, os gestores de topo devem instruir os gestores intermédios no sentido de tomarem ações que resultam numa estratégia de liderança pelos custos ou de diferenciação.

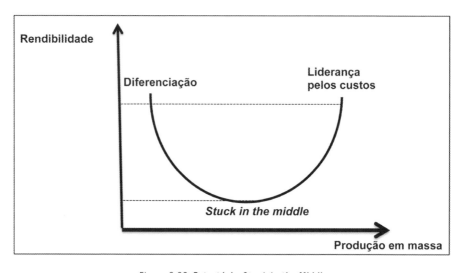

Figura 6.22 Estratégia *Stuck in the Middle*

Esta regra, contudo, pode ter exceções. Muitas empresas podem ter estratégias de liderança pelos custos para uns produtos e ter estratégias de diferenciação para outros. É o caso das empresas de transportes aéreos.

A **estratégia de focalização** ou **de nicho de mercado** pretende evitar o combate frontal com os grandes do setor, apoiando-se num nicho de mercado mal explorado e para o qual a empresa desenvolve as competências necessárias de forma a realizar uma abordagem ao segmento de uma forma eficiente. Esta estratégia, por vias diferentes das outras estratégias, gera também taxas de rendibilidade acima da média.

Quer a estratégia de liderança pelos custos, quer a estratégia de diferenciação, destinam-se a servir muitos segmentos do mercado, tais como as *commodities*. Porter identificou duas outras estratégias ao nível do negócio cujo objetivo é satisfazer as necessidades dos clientes em mercados com um ou poucos segmentos. Os gestores podem seguir uma estratégia de **focalização pelos baixos custos,** em que servem um ou poucos segmentos do mercado global e procuram que a sua organização tenha os custos mais baixos do segmento, ou adotam uma estratégia de **focalização pela diferenciação,** em que procuram servir um ou poucos segmentos do mercado e procuram que a sua organização seja a empresa mais diferenciada do mercado.

As empresas que seguem quer uma quer outra destas estratégias escolhem especializar-se de várias formas, dirigindo os seus esforços para tipos especiais de clientes ou para satisfazer necessidades de clientes em zonas geográficas específicas.

A Zara tem sido capaz de perseguir uma estratégia de focalização que é simultaneamente de baixos custos e de diferenciação, porque tem sabido desenvolver forças em diversas áreas, como a confeção, o design, o marketing e os sistemas de informação e tecnologia, que lhe permitem obter vantagem competitiva.

6.4.5.5. ESTRATÉGIAS AO NÍVEL FUNCIONAL

As estratégias ao nível funcional são formuladas ao nível das áreas funcionais como compras, produção e operações, marketing, finanças, recursos humanos, investigação e desenvolvimento, entre outras, e constituem planos de ação que servem para sustentar a estratégia ao nível da empresa (Figura 6.23):

Figura 6.23 Áreas Funcionais

Estratégia de Compras

A estratégia de compras preocupa-se com a aquisição de matérias-primas, partes de equipamentos e necessidades de abastecimento para suportar a função operações. A estratégia de compras é importante porque, na generalidade das indústrias, os materiais e os componentes correspondem a uma parcela muito significativa dos custos de produção. As opções de compra podem ser múltiplas (vários fornecedores), um fornecedor exclusivo ou fontes paralelas. A compra de múltiplas fontes tem sido considerada melhor que as outras formas de compra, na medida em que:

1. Fomenta a concorrência, principalmente quando se trata de um grande comprador, com redução dos custos de compra.
2. Se um fornecedor falhar pode sempre comprar a outro fornecedor, permitindo que a empresa tenha sempre disponíveis os materiais e componentes quando precisar.

A prática corrente de comprar ao fornecedor que oferecer um preço mais baixo tem o reverso de se poder comprometer a qualidade. Por essa razão, W. Edwards Deming recomendou vivamente o fornecedor exclusivo, como a única forma de garantir um fornecedor de superior qualidade. Deming argumenta que o comprador deve trabalhar muito próximo do fornecedor em todos os estádios do processo de compra. Este procedimento reduz o preço e o tempo gasto no desenho do produto e contribui para melhorar a qualidade do produto.

Estratégia de Produção e Operações

A área de produção e operações é responsável pela transformação das matérias-primas em bens e serviços. É também responsável pelo nível ótimo de tecnologia que a empresa deve ter nos seus processos de fabrico. As decisões estratégicas relacionadas com esta área funcional são relativas aos processos de planeamento da produção, *layout* das instalações, capacidade produtiva, tecnologia e equipamentos produtivos, localização das instalações, assim como a organização do trabalho.

O uso de tecnologia de produção avançada (*advanced manufacturing tecnology*) está a revolucionar o mundo da produção e continua a avançar através da integração de diversas atividades com recurso a sistemas computorizados. O uso de CAD/CAM, sistemas flexíveis de produção, sistemas de controlo numérico por computador, robótica e técnicas de *just-in-time*, têm contribuido para aumentar a flexibilidade, dar respostas mais rápidas e aumentar a produtividade.

Estratégia de Marketing

A área de marketing faz a ligação entre a empresa e o mercado e tem como principal objetivo promover as trocas comerciais que garantam a satisfação dos clientes e o alcance dos objetivos organizacionais. As decisões estratégicas na área do marketing dizem respeito à definição da segmentação do mercado, do posicionamento pretendido para os produtos e para empresa e das políticas de marketing-mix. Estas decisões têm implicações no desenvolvimento de produtos de modo a que satisfaçam as necessidades dos clientes e envolve a definição da política de preços, a elaboração de uma política de comunicação que promova os produtos e a escolha dos canais de distribuição mais adequados à natureza do produto e do mercado.

A estratégia de marketing é fundamental para desenvolver as políticas de diferenciação e de posicionamento dos produtos, de modo a conseguir vantagem competitiva em relação aos concorrentes.

Estratégia de Recursos Humanos

A estratégia de recursos humanos diz respeito às políticas de gestão de pessoas no contexto organizacional, designadamente decisões relativas ao recrutamento e seleção, desenvolvimento de carreiras, gestão do desempenho, sistemas de compensação e incentivos e despedimento.

Estratégia Financeira

A área financeira é responsável pela gestão dos recursos financeiros colocados à disposição da organização. A estratégia financeira analisa as implicações financeiras das opções estratégicas ao nível da empresa e do negócio e identifica a melhor forma de financiar a empresa para executar essas estratégias. A estratégia financeira pode contribuir para ganhar vantagem competitiva, baixando o custo do *funding* e assegurando o financiamento da empresa.

As decisões estratégicas relacionadas com a área financeira dizem respeito à política de investimentos, à política de financiamento e à política de distribuição de dividendos.

Conseguir e manter o equilíbrio financeiro da empresa, dado pela relação entre os capitais próprios e os capitais alheios e pela relação entre os capitais de curto prazo e os capitais de médio e longo prazo e assegurar o autofinanciamento a longo prazo, via *cash flow*, são as questões chave da estratégia financeira.

Estratégia de Investigação e Desenvolvimento (I&D)

A estratégia de investigação e desenvolvimento trata da inovação e melhoramento dos produtos e dos processos. Trata também da melhor forma de aceder às novas tecnologias, por via de desenvolvimento interno ou por aquisição no exterior ou ainda o estabelecimento de alianças estratégicas.

As opções que se colocam à empresa é ser um líder tecnológico, inovando nos produtos e processos, ou um seguidor, imitando os produtos desenvolvidos pelos concorrentes. Michael Porter sugere que, decidindo tornar-se um líder tecnológico ou um seguidor, pode ser uma forma de conseguir vantagem pelos custos ou diferenciação dos produtos.

Muitas empresas têm trabalhado com os seus fornecedores no sentido de os ajudar a mudar a tecnologia. As empresas começam a compreender que não podem tornar-se competitivas tecnologicamente somente através do desenvolvimento interno. Cada vez mais recorrem a alianças tecnológicas com os fornecedores e até com os concorrentes, para combinarem as suas competências em investigação e desenvolvimento. Por exemplo, a Toyota e a Honda, empresas concorrentes, têm alianças estratégicas para o fornecimento de componentes e partes dos motores dos seus veículos.

Uma nova abordagem de I&D é a inovação aberta, segundo a qual uma empresa estabelece alianças com empresas, organismos oficiais, laboratórios, universidades, centros de investigação e mesmo os consumidores para desenvolver novos produtos e novos processos. Por exemplo, a BIAL recorre frequentemente a laboratórios e centros de investigação das universidades para descoberta de novas moléculas e desenvolvimento de medicamentos. O mesmo acontece com muitas *start-ups* de sucesso da área da informática que se têm desenvolvido nos últimos anos no nosso País.

6.5. RESUMO DO CAPÍTULO

O planeamento é a função de gestão que é responsável pela definição dos objetivos da organização e pelo desenvolvimento de planos que permitam alcançar esses objetivos.

PLANEAMENTO E GESTÃO ESTRATÉGICA

Neste capítulo, foram apresentados os principais conceitos relacionados com o planeamento estratégico, os níveis de planeamento, as etapas do processo de planeamento e os tipos de planos no que se refere à abrangência e horizonte temporal. Foi também estudado o conceito de gestão estratégica e analisadas as diversas fases do processo de gestão estratégica.

Foi estudada a formulação estratégica aos diversos níveis – ao nível da empresa, ao nível do negócio e ao nível funcional – e apresentados os principais modelos e técnicas de análise e orientação estratégica, como a análise SWOT, a matriz BCG, a matriz GE/McKinsey, a matriz ADL, o modelo das cinco forças competitivas de Porter, o modelo de Ansoff e o modelo das estratégias genéricas de Porter. Os gestores devem constantemente analisar a sua carteira de produtos, de negócios e oportunidades para decidirem em que produtos ou negócios devem reinvestir os seus capitais.

Por último, foram estudadas as diversas estratégias ao nível funcional, como estratégia de produção e operações, de marketing, de recursos humanos, financeira, de I&D e estratégia de compras.

QUESTÕES

1. *O que é o planeamento? Por que é a mais importante função de gestão?*
2. *Porque a gestão estratégica se tem tornado tão importante nas empresas?*
3. *Qual a diferença entre planos e objetivos? Como classifica os diferentes tipos de planos?*
4. *Qual a diferença entre planeamento e estratégia?*
5. *Quais as etapas do processo de planeamento estratégico?*
6. *Faça uma análise SWOT do setor do Vinho do Porto.*
7. *Descreva a matriz BCG e como pode ajudar os gestores na formulação da estratégia da empresa.*
8. *Descreva o modelo das cinco forças competitivas de Porter e qual a sua utilidade para analisar a atratividade de uma indústria.*
9. *Quais as diferentes estratégias competitivas que uma empresa pode adotar?*
10. *A estratégia de marketing ou a estratégia de produção diferem em empresas que adotem estratégias de liderança pelos custos ou estratégias de diferenciação? Justifique a resposta.*
11. *O que é uma organização que aprende (learning organization)? Esta abordagem da gestão estratégica é melhor do que a abordagem tradicional de cima para baixo segundo a qual o planeamento estratégico é principalmente imposto pela gestão de topo?*

MANUAL DE GESTÃO MODERNA

12. *Porque as decisões estratégicas são diferentes das outras decisões?*
13. *Recorrendo à internet, procure e comente declarações de missão de três organizações com fins lucrativos e sem fins lucrativos.*
14. *Comente a seguinte afirmação:*
    "Na indústria do vinho, a estratégia de liderança pelos custos pode fazer sentido para os vinhos correntes, já que a grande diferenciação é feita pelo preço. Para os vinhos de qualidade, adotam-se normalmente estratégias de diferenciação em empresas de dimensão significativa, ou de focalização em pequenas empresas, que produzem vinhos de elevada qualidade, muito procurados e valorizados pelo mercado".

ESTUDO DE CASO 6.1

O IKEA é um retalhista de artigos e mobiliário familiar conhecido internacionalmente. Cresceu rapidamente desde que foi fundada em 1943. Hoje é o maior retalhista de mobiliário doméstico e artigos para o lar. A maioria do mobiliário IKEA está pronto para ser montado pelo próprio cliente. Tem uma gama de cerca de 9 500 produtos, incluindo o mobiliário doméstico e acessórios. Esta grande variedade de artigos está disponível em todas as lojas IKEA, onde os clientes podem encomendar muita desta variedade *online* através do site da empresa. IKEA tem 130 mil trabalhadores e cerca de 12 000 produtos, que vende em 349 lojas próprias em 43 países e 32 em regime de *franchising*. Em Portugal tem atualmente 4 lojas e três unidades fabris. Em 2010 a IKEA vendeu 23,1 mil milhões de dólares. Em Portugal a IKEA tem 4 lojas e 3 unidades fabris em funcionamento e tenciona estabilizar o seu crescimento com 7 lojas, 2 no norte do País, 1 na zona centro, 3 na região de Lisboa e 1 no Algarve. As lojas IKEA incluem restaurantes, cafés e pequenas lojas de alimentação.

Preços baixos são uma das pedras de toque do conceito de negócio IKEA. Esta estratégia de preços baixos é complementada com uma grande variedade de produtos bem desenhados e funcionais. Os produtos IKEA servem para cada estilo de vida e para todas as idades e tipos de habitações. Isto é vital quando o setor de retalho está deprimido.

Desde que foi criada, o IKEIA teve sempre preocupações com as pessoas e com o ambiente. O IKEA tem respondido sempre às preocupações de sustentabilidade nas suas escolhas da gama de produtos, fornecedores, armazéns e comunicação, procurando sempre apresentar soluções sustentáveis, fazendo um melhor uso das matérias-primas e da energia.

Análise SWOT

Objetivos de sustentabilidade e preocupações com o ambiente são questões centrais na estratégia de negócio do IKEA. Combina aspetos sociais, económicos e de sustentabilidade na definição do seu plano estratégico. O IKEA usa a análise SWOT para ajudar a definir os seus objetivos. A análise SWOT é a primeira etapa do processo de planeamento e consiste em determinar as forças (*Strengths*), oportunidades (*Opportunities*), fraquezas (*Weaknesses*) e ameaças (*Threats*) envolvidas no negócio. Trunfos e fraquezas são aspetos internos, o que significa que têm algum controlo do negócio. São aspetos relacionados com o marketing, finanças, produção ou organização. Oportunidades e ameaças são fatores externos, o que significa que estão fora do controlo da empresa. Estes fatores podem incluir o ambiente, a situação económica, mudanças sociais ou tecnológicas, como a internet.

Uma empresa pode criar oportunidades e defender-se das ameaças potenciando as suas forças e mitigando as suas fraquezas. Por exemplo, um dos trunfos chave do IKEA é o seu objetivo estratégico de não usar mais materiais do que os necessários na produção de cada item. Por outro lado, desenvolve os seus planos de produtos de forma a aumentar o uso de desperdícios ou de materiais recicláveis.

Trunfos

Os trunfos podem incluir especialistas de marketing ou a sua localização. São aspetos do negócio que acrescentam valor aos seus produtos ou serviços. Os trunfos do IKEA incluem:

- Uma marca global forte que atrai grupos de consumidores. Assegura a mesma qualidade e variedade em todo o mundo.
- A sua visão – criar um melhor estilo de vida a muitas pessoas.
- Um conceito forte baseado na oferta de uma grande variedade de produtos funcionais e bem desenhados a preços baixos.

Estes trunfos contribuem para o IKEA ser capaz de atrair e reter os seus clientes.

Uma forma de medir os seus trunfos é o uso de **Key Performance Indicators (KPI).** Os KPI ajudam o IKEA a avaliar o progresso da sua visão e os objetivos de longo prazo, fixando alvos e monitorizando o progresso através deles. Um exemplo de um KPI do IKEA é a percentagem de fornecedores que são aprovados pelo sistema de compras usado pelo IKEA (*IKEA Way of Purchasing Home Furnishing Products*). Este guia define os requisitos sociais e ambientais esperados dos seus fornecedores.

O IKEA tem trunfos precisamente através dos seus processos de fabrico, tais como:

- Uso crescente de materiais renováveis.
- Uso crescente de matérias-primas recicláveis e reutilização dos desperdícios.
- Negociação de parcerias de longo prazo com os fornecedores. Acredita que comprando grandes quantidades durante longos períodos de tempo pode negociar preços mais baixos.
- Economias de escala – por exemplo comprar a granel a custos unitários mais baixos.

- Abastecimento de materiais perto da cadeia de valor para reduzir os custos de transporte.
- Despachar os produtos diretamente do fornecedor para os armazéns do IKEA.
- Uso de novas tecnologias que permitam reduzir o consumo de matérias--primas.

Oportunidades

O IKEA acredita que a sua orientação para o ambiente e o desenvolvimento de soluções para os clientes, que possibilitam viver uma vida mais sustentável, resulta numa boa rendibilidade mesmo num mercado de preços sensíveis. Algumas das oportunidades de que o IKEA tira vantagem através da sua agenda de sustentabilidade são:

- A crescente procura de artigos verdes.
- A crescente procura de produtos de baixo preço.
- Exigência para a redução do uso de água e de energia, uso de energias renováveis e menor emissão de CO_2.
- Preocupações de responsabilidade social, apoiando instituições de carácter social.

Fraquezas

O IKEA tem que conhecer as suas fraquezas para minorar os seus efeitos. Isto pode ter um papel chave em ajudar a atingir os objetivos e desenvolver novas estratégias. As fraquezas do IKEA podem incluir:

- A dimensão e escala do seu negócio global, o que pode tornar difícil o controlo dos padrões de qualidade.
- A necessidade de produzir produtos de baixo custo, o que precisa ser balanceado contra produzir artigos de qualidade.
- O IKEIA necessita de manter uma boa comunicação com os seus clientes e outros *stakeholders* sobre as suas atividades ambientais. A dimensão do negócio torna esta tarefa difícil. O IKEA produz publicações em papel e *online* e faz companhas na televisão e rádio para permitir comunicar com diferentes audiências.

Ameaças

Se uma empresa está sujeita a possíveis ameaças externas pode procurar mitigá-las. As ameaças do IKEA podem advir de:

- Tendências sociais – como o abrandamento do mercado dos móveis familiares, que é um mercado core do IKEA.
- Forças do mercado – mais concorrentes entram no mercado da habitação fornecendo a preços baixos. O IKEA necessita de reforçar as suas capacidades para competir com eles.
- Fatores económicos – a recessão reduz o poder de compra e o rendimento disponível das famílias e, consequentemente, a compra de mobiliário.

PLANEAMENTO E GESTÃO ESTRATÉGICA

O IKEA gere as fraquezas e as ameaças para criar um resultado positivo. O IKEA apoia os seus clientes com ideias sobre a forma como podem poupar dinheiro. Por outro lado, o IKEA é suficientemente grande para gerar economias de escala. Isto permite reduzir os custos a longo prazo, quer pelo uso de tecnologia, quer empregando gestores especializados. As economias de escala permitem vantagem competitiva, especialmente se a poupança de custos é repercutida nos clientes sob a forma de preços mais baixos. Esta vantagem competitiva coloca barreiras à entrada de concorrentes mais pequenos no mercado. Finalmente é vital manter preços tão baixos quanto possível quando o setor do retalho está deprimido. O IKEA deve assegurar que é sempre reconhecida como tendo os preços mais baixos do mercado no futuro. A comunicação desempenha aqui um papel importante.

Conclusão

O IKEA é uma marca global bem conhecida, com centenas de lojas espalhadas pelo mundo. Com vista a melhorar o seu desempenho, deve avaliar o ambiente externo e o ambiente competitivo. Essa análise do meio envolvente revela as oportunidades em que pode ter vantagem e as ameaças com que tem que lidar. O IKEA responde às ameaças internas e externas de uma forma proativa, potenciando os seus trunfos e limitando as suas fraquezas.

O IKEA combina o *design*, os preços baixos, o uso económico dos recursos e a responsabilidade social para com as pessoas e o ambiente e está a procurar tornar-se um exemplo no desenvolvimento de um negócio sustentável. O seu lema é que ser sustentável e responsável é bom não só para a empresa, mas também para os clientes e para o planeta.

QUESTÕES

1. *Descreva o que entende por análise SWOT.*
2. *Explique a diferença entre fatores internos e fatores externos.*
3. *Analise as formas pelas quais o IKEA tem gerido o seu negócio para minimizar as ameaças do meio envolvente.*
4. *Discuta a contribuição da análise SWOT para o crescimento do negócio do IKEA.*

ESTUDO DE CASO 6.2

Em 1906 Alfred Nehemias e August Eberstein decidiram criar uma fábrica de canetas de qualidade, cuja marca viria a ser registada em 1910 como Montblanc. Durante os últimos 100 anos o nome Montblanc sempre foi associado a um símbolo de qualidade. A marca Montblanc concorre com outras marcas como

MANUAL DE GESTÃO MODERNA

Cartier, Louis Vuitton, Tiffany e Gucci. Durante muitos anos a sua estratégia foi de crescimento da quota de mercado e desenvolvimento do produto. Contudo, na década de 90 a Montblanc alterou a sua estratégia no sentido da expansão geográfica, abrindo a sua primeira loja em Hong Kong e anos mais tarde abriu lojas em Paris e Londres, que marcaram o início da sua internacionalização. Em 1995 abriu várias lojas nos estados Unidos, a que se seguiram centenas de lojas em todo o mundo.

Pela mesma altura, a empresa sentiu necessidade de diversificar para outros produtos. Começou a oferecer produtos de couro, acessórios de escritório, joalharia fina e mais tarde relógios, esforçando-se por ganhar credibilidade junto dos consumidores nestes novos produtos que não constituíam o seu *core business*. A Montblanc é hoje uma marca internacional que vende uma grande variedade de produtos em mais de 70 países, exclusivamente através de retalhistas autorizados, joalharias e butiques.

A Montblanc dedica muita atenção aos seus colaboradores, devendo-se o seu sucesso à qualidade, motivação e dedicação dos trabalhadores. A remuneração é baseada na fixação de objetivos e nos resultados. Objetivos claros, estruturas achatadas, comunicação e envolvimento dos trabalhadores são a base do sucesso da empresa.

QUESTÕES

1. *Que razões terão motivado a Montblanc a oferecer agora uma gama tão diversificada dos seus produtos? Justifique.*
2. *Utilize o modelo de Ansoff para explicar a estratégia tradicional da Montblanc ao nível da empresa, de crescimento da quota de mercado e desenvolvimento do produto.*
3. *Utilizaria a matriz BCG para fazer uma análise da carteira de negócios da Montblanc? Trata-se de uma carteira equilibrada e com futuro?*
4. *Caracterize a estratégia da Montblanc ao nível do negócio, utilizando o Modelo das Estratégias Genéricas de Porter.*

ESTUDO DE CASO 6.3

A Logoplaste tem a sua atividade totalmente orientada para a prestação de serviços com um elevado padrão de qualidade no domínio da produção de embalagens de plástico em regime de parceria em unidade integrada (fábrica dentro da fábrica), com uma perspetiva de médio/longo prazo.

A empresa foi fundada em 1976 por Marcel de Botton, empresário ligado à produção de embalagens. Vende soluções integradas, desde a conceção, pro-

PLANEAMENTO E GESTÃO ESTRATÉGICA

dução e fornecimento de embalagens de plástico. Para cumprir a sua missão, investe fortemente em I&D, tendo uma equipa de 30 pessoas a trabalhar exclusivamente em novas soluções e design, a que dedica um orçamento de 2% da faturação.

O ambiente é também uma preocupação fundamental da empresa. Sendo sócia fundadora da sociedade Ponto Verde, a Logoplaste procura a optimização das embalagens e a participação ativa em organismos nacionais e internacionaios de promoção da valorização e reciclagem de resíduos.

A empresa tem cerca de 900 trabalhadores e factura cerca de 150 milhões de Euros nas suas 34 fábricas espalhadas por seis países. Transforma por ano cerca de 80 mil toneladas de matérias-primas em 3,5 milhões de embalagens. A empresa continua a crescer e espera duplicar o negócio em cada 4 anos, através da abertura de uma nova fábrica em cada 2 anos. Para além destas unidades produtivas especializadas e localizadas junto das instalações dos clientes, existe uma estrutura central dedicada ao desenvolvimento de embalagens, investigação e gestão.

Muito antes do *outsourcing* estar na moda, a Logoplaste abriu em 1976 as suas primeiras unidades de produção em Portugal dentro das instalações dos clientes – Nestlé e Yoplait – através do desenvolvimento de parcerias. O *outsourcing* permitiu a estas empresas uma maior especialização no seu *core business*, reduzindo o volume de investimento nas fábricas, ao mesmo tempo que lhes permitiu trabalhar com especialistas no negócio. A instalação de unidades fabris dentro das instalações do cliente contribui para a fidelização da carteira de clientes, devido à grande importância que as embalagens têm para a indústria alimentar e porque permite reduzir os custos de transporte, muito elevados neste setor, mas pode implicar riscos para ambas as partes. De forma a não ficar excessivamente dependente dos seus clientes importantes, a Logoplaste procura diversificar mercados e indústrias. Assim, está presente numa vasta gama de produtos alimentares (iogurts, óleos, águas, refrigerantes, margarinas, etc.), higiene e lubrificantes e prepara-se para entrar em novos mercados, como a produção de vinhos e o turismo.

A empresa iniciou a sua internacionalização em 1994 com a abertura da sua primeira unidade fabril em Espanha. Desde então, alargou a sua atividade aos mercados brasileiro (Danone), francês (Coca-Cola), inglês (Procter & Gamble) e italiano (Lever). Em 2002 os mercados externos representavam 55% da faturação da empresa.

A Logoplaste tem uma estratégia de internacionalização sustentada em dois vetores: por clientes e por mercados geográficos. Dados os elevados investimentos que uma nova fábrica implica, a Logoplaste privilegia a associação a grandes empresas com estabilidade económico-financeira. Os clientes atuais e potenciais da Logoplaste são empresas nacionais e internacionais, em regra líderes nos seus segmentos de mercado.

QUESTÕES

1. *Que vantagem competitiva, se é que tem alguma, tem a Logoplaste?*
2. *Que tipos de planeamento usa a Logoplaste e a que instrumentos recorre ou poderá recorrer para planear a sua atividade? Justifique.*
3. *Como evoluiu a estratégia da Logoplaste? Deve usar as matrizes de Ansoff e BCG na sua resposta.*
4. *Que razões estratégicas terão levado a Logoplaste a adotar a estratégia de instalar as suas próprias fábricas dentro das fábricas dos seus clientes? Justifique a estratégia adoptada.*
5. *Da análise feita à empresa, parece tratar-se de um caso de sucesso. Que razões estarão na base deste sucesso? Fundamente a resposta.*
6. *Que razões poderão estar na origem da aposta da empresa na diversificação do negócio para áreas não tradicionais da empresa como o vinho e o turismo? Quais as vantagens e desvantagens desta opção estratégica? Justifique a resposta.*
7. *Caso a empresa opte por aprofundar a sua posição no mercado das embalagens, de que forma se pode expandir? Utilize o(s) modelo(s) de análise estratégica que achar mais adequado(s).*

REFERÊNCIAS

Donnelly, J. H., Gibson, J. L. e Ivancevich, J. M. (2000), *Administração: Princípios de Gestão Empresarial*, 10ª Edição, McGraw-Hill, Lisboa.

Chandler, A. (1962), *Strategy and Structure*, MIT Press, Cambridge, MA.

Taggart, J. and McDermott, M. (1993), *The essence of international business*, Prentice Hall.

Johnson, G., Whittington, R. e Scholes, K. (2011), *Exploring Strategy: Texts and Cases*, 9th Edition, Pearson Education Limited, England.

Johnson, G., Scholes, K. e Whittington, R. (2008), *Exploring Corporate Strategy*, 8th Edition, Prentice Hall, England.

Jones, G. e George, J. (2011), *Contemporary Management*, 7th edition, McGraw-Hill/Irwin, New York.

Olson, E, Slater, S. e Hult, G. (2005), *The importance of Structure and Process to Strategy Implementation*, Business Horizons, 48, pp. 47-54.

Robbins, S. P. e Coulter, M. (2014), *Management*, Twelfth Edition, Pearson Education, Inc. Upper Side River, New Jersey.

http://www.ikea.com/

Capítulo 7
Tomada de Decisão

Diariamente os gestores são forçados a tomar decisões. Pode mesmo dizer--se que a principal função dos gestores é a tomada de decisões. A qualidade das decisões determina o desempenho das organizações, mas a tomada de decisão não é um processo fácil. Por vezes, o contexto da tomada de decisão reveste-se de grande complexidade e incerteza, o que dificulta o trabalho dos gestores. Apesar de não ser um processo fácil, a decisão tem que ser tomada porque a indecisão é, por vezes, bem pior do que tomar uma má decisão. Um gestor deve estar ciente da dificuldade, mas tem que assumir que tomar decisões é a sua principal função na organização.

Ao longo do capítulo vamos apresentar os principais fundamentos do processo de tomada de decisão e apresentar algumas técnicas que ajudam os gestores a tomar as melhores decisões possíveis com a informação disponível. Serão também analisadas as vantagens e desvantagens da tomada de decisão em grupo e comparado o processo de tomada de decisão individual e em grupo.

OBJETIVOS DE APRENDIZAGEM

Depois de ler e refletir sobre este capítulo, o leitor deve ser capaz de:
- Compreender a importância da tomada de decisão para a gestão.
- Distinguir entre decisões programadas e decisões não programadas.

- Descrever o processo de tomada de decisão.
- Identificar os pressupostos do modelo racional de tomada de decisão.
- Descrever os diferentes estilos de tomada de decisão.
- Conhecer as etapas do processo de tomada de decisão.
- Descrever as vantagens e desvantagens da tomada de decisão em grupo.
- Comparar o processo de tomada de decisão individual e em grupo.

Conceitos chave
Tomada de decisão, decisão em grupo, tipos de decisões, processo de tomada de decisão, avaliação de alternativas, modelo racional, modelo da racionalidade limitada, intuição na decisão, decisão em grupo.

7.1. DEFINIÇÃO DE TOMADA DE DECISÃO

Todas as pessoas têm que tomar decisões todos os dias nos seus negócios ou nas suas vidas pessoais. Muitas decisões são fáceis de tomar, mas muitas outras são difíceis e exigem muita análise e ponderação. A tomada de decisão é um processo que consiste na identificação de um problema e na escolha entre as alternativas disponíveis para a resolução do problema.

Os líderes e os gestores são diariamente confrontados com a necessidade de tomar decisões, podendo mesmo dizer-se que a tomada de decisões é a essência do trabalho dos gestores. A tomada de decisão é o processo pelo qual os gestores respondem às oportunidades e ameaças, analisam as opções e tomam decisões sobre os objetivos e as ações a tomar. As decisões em resposta às oportunidades surgem quando os gestores respondem às formas de melhorar o desempenho das organizações, ao passo que as decisões em resposta às ameaças ocorrem quando os gestores são confrontados com eventos adversos para a organização.

Todas as funções dos gestores requerem uma efetiva tomada de decisão. Praticamente tudo que os gestores fazem requer a tomada de decisões.

7.2. TIPOS DE DECISÕES

As decisões podem ser classificadas em vários tipos, consoante o nível da função desempenhada pelos decisores e a natureza dos problemas com que são confrontados. Em função do problema a tratar, Ansoff classificou as decisões em três tipos:

1. **Decisões operacionais** - decisões de exploração corrente. Têm uma perspetiva de curto prazo, usualmente menos de um ano. São decisões do primeiro nível de decisão.
2. **Decisões táticas ou administrativas** – decisões que se referem à estrutura e à gestão dos recursos pelos vários departamentos. Têm uma perspetiva de curto prazo e focam unidades da organização. São decisões tomadas pelos gestores intermédios.
3. **Decisões estratégicas** – decisões que definem e moldam os eixos de desenvolvimento futuro da organização. Têm uma perspetiva de longo prazo, usualmente de dois a cinco anos e afetam toda a organização. Inclui decisões do tipo que produtos produzir ou mercados explorar ou se o objetivo da empresa é o crescimento ou a rendibilidade. São decisões tomadas pelos gestores de topo.

Qualquer que seja o tipo de decisão, o nível da função desempenhada, a natureza dos problemas e o grau de informação disponível, os decisores podem tomar dois tipos de decisões:

1. **Decisões programadas ou decisões de categoria I**: são decisões de rotina, recorrentes, para problemas simples, tomadas em situações usuais, em que o processo de decisão é quase automático. Os gestores já tomaram muitas destas decisões em situações anteriores. Há regras estabelecidas, procedimentos conhecidos e políticas da organização que o gestor deve seguir.
2. **Decisões não programadas ou decisões de categoria II**: são decisões não rotineiras, não recorrentes, para problemas novos, tomadas em situações não usuais. Neste tipo de decisões não há regras ou procedimentos a seguir, dado que a decisão é nova. Estas decisões são tomadas com base na informação e intuição do gestor e no julgamento que faz da situação. Uma decisão de investir numa nova tecnologia é uma decisão não programada.

As decisões não programadas tendem a ser mais importantes do que as decisões programadas porque são mais complicadas e difíceis de tomar e normalmente têm um efeito maior na organização. Os gestores de topo tomam predominantemente decisões não programadas, enquanto os gestores operacionais tomam decisões programadas e os gestores intermédios supervisionam as decisões de categoria I e apoiam a tomada de decisões de categoria II.

7.3. O PROCESSO DE TOMADA DE DECISÃO

Os líderes e os gestores devem esforçar-se por ser racionais na tomada de decisão. A tomada de decisão é um processo racional e não um simples acto de escolha entre duas ou mais alternativas, que compreende os seguintes oito passos (Figura 7.1):

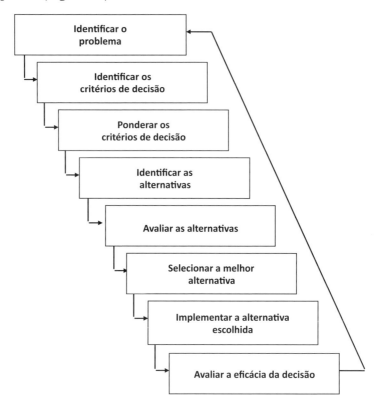

Figura 7.1 Modelo Racional de Tomada de Decisão

1. **Identificação do problema** – o processo de tomada de decisão inicia-se com o reconhecimento da existência de um problema, ou seja, com o reconhecimento de que existe uma discrepância entre o estado atual e o estado desejado, que exige a tomada de decisão. O problema deve ser tal que exerça pressão sobre o gestor e o gestor apenas caracterizará uma situação como problema se tiver recursos e competência (autoridade) para agir.

TOMADA DE DECISÃO

2. **Identificação dos critérios de decisão** – uma vez reconhecido e identificado o problema pelo gestor, é importante definir o critério de decisão, ou seja, o gestor deve determinar o que é relevante na tomada de decisão. Por exemplo, na compra de um computador, os critérios podem ser o preço, a capacidade de memória, a capacidade de multimédia, a qualidade do monitor, a duração da bateria, a capacidade de expansão, a garantia e o peso. Após avaliação cuidadosa, o gestor pode considerar que a capacidade de memória, a qualidade do monitor, a duração da bateria, a garantia e o peso são os critérios relevantes para a decisão.

3. **Ponderação dos critérios de decisão** – os critérios de decisão identificados no passo 2 não têm todos a mesma importância, como tal, deve ponderar-se os critérios para lhes dar a prioridade apropriada à decisão. Uma abordagem possível será dar ao critério mais importante o peso 10 e atribuir pesos sucessivos aos restantes critérios. O quadro seguinte lista os critérios e respetivos pesos para a decisão da compra do computador:

Memória e armazenagem	10
Duração da bateria	8
Peso	6
Garantia	4
Qualidade do monitor	3

4. **Identificação das alternativas** – uma vez reconhecido o problema e definidos os critérios de decisão, a etapa seguinte é desenvolver e identificar as alternativas viáveis que possam resolver o problema. Por exemplo, no caso do computador, o gestor identificou seis computadores alternativos possíveis: Toshiba, IBM, Apple, Sony Vaio, HP e Samsung.

	Memória e Armazenagem	Duração Bateria	Peso	Garantia	Qualidade Monitor
Toshiba	10	5	4	8	5
IBM	8	6	4	8	7
Apple	8	4	10	6	8
Sony Vaio	10	8	10	10	10
HP	6	4	6	6	6
Samsung	4	8	8	6	6

MANUAL DE GESTÃO MODERNA

5. **Análise das alternativas** – uma vez identificadas as alternativas, o gestor deve analisar cada uma de acordo com os critérios definidos. Se, por exemplo, atribuirmos coeficientes de ponderação a cada uma das alternativas (memória 10, duração da bateria 8, peso 6, garantia 4 e qualidade do monitor 3) e se multiplicarmos cada alternativa pelo seu peso, obtemos os valores constantes do quadro abaixo. A soma representa a avaliação de cada alternativa, dados os critérios definidos.

	Memória e Armazenagem	Duração Bateria	Peso	Garantia	Qualidade Monitor	Total
Toshiba	100	40	24	32	15	211
IBM	80	48	24	32	21	205
Apple	80	32	60	24	24	220
Sony Vaio	100	64	60	40	30	294
HP	60	32	36	24	18	170
Samsung	40	64	48	24	18	194

6. **Seleção da melhor alternativa** – consiste em escolher a melhor alternativa de entre as que foram consideradas. Uma vez que as alternativas foram ponderadas, a escolha recairá sobre a que tiver maior pontuação. Neste caso, o gestor escolheria a alternativa Sony Vaio porque é a que tem maior pontuação com base nos critérios identificados. É a melhor alternativa.

7. **Implementação da alternativa escolhida** – apesar do processo de escolha ficar concluído no passo seis, a decisão pode falhar se a implementação não for a mais adequada.

8. **Avaliação dos resultados e da eficácia da decisão** – verificar a eficácia da decisão, ou seja, verificar se a decisão produziu os efeitos desejados e se o problema foi bem resolvido.

Todas as pessoas numa organização tomam decisões, mas a tomada de decisão é particularmente importante para os gestores, já que decidir é a principal função dos gestores e a tomada de decisão está presente nas quatro funções dos gestores – planeamento, organização, direção e controlo (Figura 7.2.):

TOMADA DE DECISÃO

Planeamento
- Quais os objetivos de longo prazo?
- Quais as melhores estratégias para atingir os objetivos?
- Quais os objetivos de curto prazo?
- Qual o grau de dificuldade dos objetivos?

Liderança
- Como motivar os trabalhadores?
- Qual o tipo de liderança é mais efetiva numa dada situação?
- Como uma dada mudança pode afetar a produtividade do trabalhador

Organização
- Quantos colaboradores devem reportar a cada responsável?
- Que o nível de centralização deve haver na organização?
- Como devem ser desenhadas as funções?
- Quando deve a organização implementar uma estrutura diferente?

Controlo
- Que atividades na organização devem ser controladas?
- Como devem ser controladas essas atividades?
- Que tipo de controlo deve ter a organização?
- Que tipo de sistema de controlo deve ter a organização?
- Que tipo de sistema de informação de gestão deve ter a organização?

Figura 7.2 **Tomada de Decisão e Funções do Gestor**

7.4. TEORIAS DA TOMADA DA DECISÃO

A teoria da gestão baseia-se no pressuposto de que os indivíduos agem racionalmente e que os gestores sejam racionais quando tomam decisões, ou seja, que sigam os oitos passos do processo de tomada de decisão e que tomem as decisões ótimas que maximizam os resultados da organização. É expectável que um decisor racional seja decidido, mas prudente, e que tome boas decisões e exiba comportamentos próprios da tomada de decisão, como identificar claramente os problemas, identificar todas as alternativas viáveis, ter objetivos claros e específicos e que selecione a alternativa que maximiza os resultados no interesse da organização e não no seu interesse pessoal. Porém, nem todas as pessoas se comportam racionalmente.

Acontece que, muitas vezes, a decisão ótima não é a que melhor defende os interesses da organização, sendo os gestores forçados a tomar as decisões possíveis nas circunstâncias em que têm que tomar decisões. O ótimo por vezes é inimigo do bom. A intuição assume também um papel importante na tomada de decisão.

7.4.1. MODELO RACIONAL DE TOMADA DE DECISÃO

O modelo racional de tomada de decisão pressupõe que os gestores sigam os oito passos do processo de tomada de decisão de um modo racional e que tomem as decisões ótimas que maximizem os resultados da organização. De acordo com este modelo, é suposto que o decisor seja um agente racional que escolhe a melhor solução (solução ótima), após obter, comparar e avaliar todas as alternativas possíveis. Segundo esta teoria, o processo de decisão levaria a uma decisão ideal, independentemente de quem tomasse a decisão. Racional é entendido como sinónimo de "inteligência", "sucesso" e "sanidade".

O modelo racional de tomada de decisão baseia-se nos seguintes pressupostos:

- A situação é bem definida e está corretamente formulada.
- As metas e objetivos são claros e conhecidos.
- Não existem restrições à tomada de decisão.
- Existe informação suficiente, precisa e confiável sobre todas as alternativas.
- Os critérios para escolha e avaliação das alternativas são perfeitamente identificáveis e são estáveis ao longo do tempo.
- O decisor é racional, usa a lógica para tomar decisões e sabe escolher a alternativa que maximiza o alcance dos objetivos estabelecidos.

Estes pressupostos, porém, raramente estão todos reunidos no mundo dos negócios. Na prática, há um elevado grau de incerteza e de insegurança nas informações sobre alternativas, resultados e objetivos. Mesmo quando o decisor atribui probabilidades de acontecerem determinados acontecimentos, são meras estimativas que ajudam a atenuar o risco, mas não garantem uma escolha que maximize os resultados.

A perspetiva racional pressupõe que existe apenas um objetivo que se pode representar por uma **função objetivo,** potencialmente quantificável. Faz uso da investigação operacional, com inserção de variáveis em modelos matemáticos que supostamente conduzem à solução ótima. O comportamento racional pressupõe que o decisor é um agente "friamente materialista", em que a emoção ou paixão estão ausentes do processo de tomada de decisão.

7.4.2. TEORIA DA RACIONALIDADE LIMITADA

Uma abordagem mais realista para descrever como os gestores tomam decisões é o conceito de **racionalidade limitada**, defendida por Herbert

TOMADA DE DECISÃO

Simon, segundo a qual os gestores tomam decisões racionalmente, mas são limitados pela complexidade dos problemas, pela sua capacidade de processar informação e pela limitação de tempo e de recursos para obter toda a informação. Trata-se de um modelo corretor do modelo racional.

Esta teoria assume que os decisores não têm toda a informação sobre todas as alternativas, que têm limitações pessoais para tratar toda a informação e que escolhem a primeira alternativa encontrada que resolve satisfatoriamente o problema, em vez de maximizar os resultados das suas decisões, considerando todas as alternativas e escolhendo a melhor.

Na prática, os defensores da racionalidade limitada constataram que os indivíduos não procuram a solução ótima, antes se satisfazem com decisões consideradas "satisfatórias". O modelo da racionalidade limitada admite que as decisões são tomadas com base em informação incompleta, sob pressão do tempo e até sobre objetivos contraditórios.

7.4.3. O PAPEL DA INTUIÇÃO NA TOMADA DE DECISÃO

Incapazes de analisar os problemas em toda a sua complexidade, por falta de informação ou por limitação pessoal de processar toda a informação, muitos gestores tomam decisões com base na intuição. Num inquérito realizado em 2002, cujos resultados foram publicados na *Harvard Business Review* em maio de 2003, 45% dos gestores inquiridos afirmaram que o seu processo de decisão é mais influenciado pela intuição do que pela análise racional dos dados e dos factos.

Não há dúvida de que a intuição desempenha um papel importante na tomada de decisão. São bem conhecidos os casos de empresários de sucesso que decidem fundamentalmente com base na intuição, como são os casos de Salvador Caetano, de Américo Amorim ou George Soros. Costuma dizer-se que estes empresários têm *"feeling* para o negócio", mas não há dúvida também de que confiar cegamente na intuição pode ser extremamente perigoso, como tem acontecido nalgumas situações com os mesmos empresários e com outros.

A intuição é o processo de interpretar e chegar a conclusões sobre uma situação, sem recorrer a um pensamento consciente, baseado em análises rigorosas sobre dados objetivos. Todavia, isso não significa que seja uma forma irracional de tomar decisões. A tomada de decisão por intuição é baseada em experiências do indivíduo que permitem reconhecer aspetos

MANUAL DE GESTÃO MODERNA

críticos de um problema e chegar a uma solução sem passar por uma análise objetiva dos factos e dos dados.

7.5. TOMADA DE DECISÃO EM GRUPO

Não restam dúvidas de que os gestores tomam muitas decisões no desempenho das suas funções, mas nas organizações as decisões mais importantes, especialmente as decisões que têm implicações no futuro da organização, são comummente tomadas em grupo. Os gestores passam grande parte do seu tempo em reuniões e estudos recentes mostram que grande parte desse tempo envolve a definição de problemas, a busca de soluções para esses problemas e a determinação dos meios necessários para implementar as soluções encontradas.

A tomada de decisão em grupo tem caraterísticas diferentes das decisões individuais e tem vantagens e desvantagens relativamente à tomada de decisão individual. Como vantagens, as decisões em grupo proporcionam informações mais completas que as decisões individuais. Tem aqui pleno cabimento o ditado popular de que duas cabeças pensam melhor do que uma só cabeça. Um grupo traz para o processo de decisão uma diversidade de experiências e perspetivas que um indivíduo sozinho não consegue. Os grupos também geram mais alternativas do que um indivíduo. Além disso, a tomada de decisão em grupo aumenta a aceitação e o comprometimento das pessoas sobre a solução encontrada. Finalmente, um processo de tomada de decisão em grupo é mais democrático, o que aumenta a legitimidade relativamente às decisões tomadas por um único indivíduo.

Mas a tomada de decisão em grupo tem também grandes desvantagens. A primeira é que demora muito mais tempo a ser tomada. Pode levar também a que uma minoria domine o grupo em casos de desequilíbrio do grupo em termos de posição hierárquica da organização, conhecimentos sobre o problema, experiência, influência sobre os outros membros do grupo, oratória, agressividade, etc. Este desequilíbrio pode levar a que um ou mais membros, organizados ou não, dominem os outros elementos do grupo. Uma minoria dominante normalmente tem uma influência indevida na decisão final.

As decisões em grupo têm ainda outros inconvenientes, como a responsabilidade ambígua. Os membros do grupo compartilham a responsabilidade pela decisão final, mas quem é verdadeiramente o responsável

TOMADA DE DECISÃO

pelo resultado final? Na decisão individual sabe-se quem é o responsável; na decisão em grupo, a responsabilidade de qualquer membro fica diluída.

Há fundamentalmente cinco maneiras de tornar as decisões em grupo mais criativas: **brainstorming, técnica do grupo nominal, método Delphi, reuniões eletrónicas** e **videoconferências.**

O *brainstorming* é uma dinâmica de grupo que é usada pelas empresas como uma técnica para resolver problemas específicos, para desenvolver novas ideias e para estimular o desenvolvimento de alternativas criativas. É uma técnica de gerar ideias para a solução do problema que encoraja a apresentação de alternativas pelos membros do grupo, sem qualquer análise crítica. O *brainstorming* tem várias aplicações na gestão e no marketing, designadamente no desenvolvimento de novos produtos, na publicidade, na resolução de problemas, na gestão de processos e de projetos e na formação de equipas.

O grupo nominal é uma técnica de decisões em grupo que fundamentalmente se traduz numa reunião de grupo em que os seus membros apresentam as suas ideias face a face, mas numa forma sistemática e independente. Os membros do grupo precisam estar presentes, como em qualquer reunião, mas devem atuar de forma independente. Cada membro do grupo escreve uma lista de problemas ou potenciais soluções para um problema.

O processo de decisão em grupo nominal é o seguinte:

1. Apresentação do problema.
2. Geração de ideias.
3. Apresentação individual e registo de cada ideia.
4. Classificação e discussão das ideias apresentadas.
5. Ordenação e classificação das ideias apresentadas.
6. Classificação global.

A principal vantagem desta técnica é que permite que o grupo se reúna formalmente, mas não restringe o pensamento independente, como acontece com muita frequência nas reuniões de grupo tradicionais.

O método Delphi é um método semelhante ao grupo nominal, com exceção da presença física dos membros do grupo numa reunião. Este método caracteriza-se pelas seguintes fases:

1. Identificação do problema e apresentação do questionário aos membros do grupo.

2. Resposta ao questionário de forma anónima e independente.
3. Compilação das respostas e sua distribuição pelos membros do grupo, acompanhadas do questionário revisto.
4. Respostas ao novo questionário da mesma forma descrita no ponto 2.
5. Repetição da terceira e quarta fases até se atingir uma solução de consenso.

A abordagem mais recente no que se refere às decisões em grupo são as reuniões eletrónicas, que resulta da aplicação da tecnologia dos computadores aos grupos nominais. Segundo esta técnica, as pessoas reunem-se em torno de uma mesa, sendo as questões apresentadas aos participantes através de monitores de computadores, os quais digitam as suas respostas diretamente no seu computador. Os comentários individuais, assim como as respostas agregadas são apresentadas num monitor gigante colocado na sala. As principais vantagens das reuniões eletrónicas são o anonimato, a honestidade e a rapidez. As reuniões eletrónicas têm vindo cada vez mais a ser utilizadas pelas grandes empresas, especialmente pelas empresas globais, por serem mais rápidas e mais baratas do que as reuniões tradicionais.

Uma variante cada vez mais utilizada das reuniões eletrónicas é a videoconferência. Tem a vantagem de permitir reuniões frente a frente com pessoas situadas em locais diferentes, mesmo a milhares de quilómetros de distância, com economia de tempo e de recursos.

7.6. EFICÁCIA DAS DECISÕES

A capacidade de tomar decisões rápidas e acertadas é uma competência essencial das organizações modernas. De facto, o que distingue as organizações com elevado desempenho das restantes é a sua capacidade de tomar rapidamente boas decisões. A demora no processo de tomada de decisão implica perda de oportunidades e determina muitas vezes o próprio fracasso da organização.

Para uma organização ter sucesso deve seguir um conjunto de princípios nos seus processos de tomada de decisão, designadamente:

1. Nem todas as decisões têm a mesma importância para a organização. As mais importantes são aquelas que contribuem para a criação de

TOMADA DE DECISÃO

valor e as que têm a ver com o processo operacional da organização. Os gestores devem dar prioridade a essas decisões, pois são elas que determinam o sucesso ou fracasso da organização.

2. As decisões só produzem efeitos se forem implementadas. De nada vale uma boa decisão se não for implementada conforme decisão.

3. Avaliação dos resultados e da eficácia da decisão. Para que uma decisão seja bem-sucedida, não basta que seja tomada e executada conforme previsto; é necessário que produza os efeitos pretendidos. Se não são obtidos os resultados pretendidos, a decisão não é uma boa decisão e provavelmente será necessário tomar uma nova decisão.

4. Atribuição de responsabilidades. É essencial saber quem toma a decisão e quem é responsável pela sua execução. É necessário envolver as pessoas na estrutura hierárquica certa e no momento certo.

5. Capacidade de adaptação. Para a decisão ser bem-sucedida, é necessário que todos os intervenientes da estrutura tenham informação, competências e capacidade de adaptação para responder com rapidez aos desafios e problemas que se colocam ao longo do processo.

6. Envolvimento proativo e responsável de todos os elementos da estrutura organizacional. Para a decisão ser bem-sucedida, é necessário o empenhamento de todos os responsáveis pela implementação e execução da decisão.

O processo de tomada de decisão é uma das principais funções dos gestores no seu trabalho diário. Os princípios enunciados ajudam os gestores a melhorar a qualidade e eficácia do seu processo de tomada de decisão e a melhorar o desempenho das organizações.

7.7. RESUMO DO CAPÍTULO

Neste capítulo abordaram-se alguns aspetos relevantes do processo de tomada de decisão. Foi feita a distinção entre decisões programadas e decisões não programadas e a análise do contexto em que as decisões são tomadas, que difere em função do risco e da incerteza. Foi decomposto o processo de decisão em oito etapas sequenciais, desde a identificação do problema, identificação e ponderação dos critérios de decisão, à escolha e seleção das alternativas e avaliação dos resultados e da eficácia da decisão.

MANUAL DE GESTÃO MODERNA

Estudaram-se as teorias racional e da racionalidade limitada da tomada da decisão, em que muitas vezes os gestores não tomam as decisões mais racionais, mas as que são possíveis dentro de um conjunto de limitações e restrições de tempo, de recursos e de capacidades.

Em seguida, abordaram-se alguns aspetos relacionados com as vantagens e desvantagens da tomada de decisão em grupo e com o grau de participação dos colaboradores no processo de tomada de decisão. Foram também indicadas algumas maneiras de tornar as decisões em grupo mais criativas.

Finalmente foram apontados alguns princípios que devem orientar as organizações nos seus processos de tomada de decisão com vista à melhoria da eficácia e da qualidade das suas decisões.

QUESTÕES

1. *Em que consiste o processo de tomada de decisão e quais os tipos de decisões que os gestores são forçados a tomar? Dê exemplos.*
2. *Descreva as oito etapas do processo de tomada de decisão.*
3. *Porque se diz que a tomada de decisão é a essência do trabalho do gestor?*
4. *Indique e explique as fases do processo racional de tomada de decisão.*
5. *Caracterize os seguintes estilos de decisores quanto ao modo de pensar: racional e intuitivo. Com qual se identifica melhor?*
6. *Qual a diferença entre decisões programadas e não programadas?*
7. *Todos os dias tomamos decisões.*
   a. *Descreva duas decisões programadas que toma usualmente.*
   b. *Por que as considera programadas? Justifique.*
8. *Descreva e explique os dois tipos de problemas e de decisões.*
9. *"Os gestores usam computadores porque possibilitam tomar decisões mais racionais". Concorda com esta afirmação? Justifique.*
10. *Há alguma diferença entre decisões erradas e más decisões? Porque é que bons gestores às vezes tomam decisões erradas? E más decisões? Como podem os gestores melhorar as suas capacidades de tomar decisões?*
11. *Apresente algumas vantagens e desvantagens do processo de tomada de decisão em grupo.*
12. *Faça uma breve caracterização das seguintes técnicas para aumentar a criatividade na tomada de decisão em grupo:* brainstorming, *método de Delphi e grupo nominal.*

TOMADA DE DECISÃO

13. *Descreva uma situação comercial em que as técnicas de Delphi ou grupo nominal possam ser utilizadas como parte do processo de tomada de decisão.*

14. *Descreva uma situação que conheça em que uma decisão tomada por um indivíduo possa ser melhor do que a decisão em grupo. Concorda?*

15. *Comente a seguinte afirmação:*
    "Os gestores devem tomar decisões numa variedade de situações e não existe um único método de tomada de decisão que possa cobrir todas as situações"

16. *Como podem as comunicações eletrónicas, como a internet e o e-mail, ser usadas para melhorar o processo da tomada de decisão? Dê exemplos.*

17. *Em que condições é melhor envolver um grupo de empregados na tomada de decisão, em vez de um gestor individual? Que papel deve tomar um líder no processo de decisão em grupo?*

ESTUDO DE CASO 7.1

Um gestor tem que decidir que tipo de computadores deve comprar para a sua empresa para substituir os existentes. Para a decisão de substituição dos computadores foram identificados cinco critérios e respetivos pesos:

Memória	10
Duração da bateria	8
Peso	6
Garantia	4
Qualidade da imagem	3

QUESTÕES

1. *Qual é o problema a que o gestor tem que fazer face? Que razões terão levado à existência do problema?*

2. *Admita que tem cinco alternativas de escolha: Toshiba, Dell, HP, Apple e Sony Vaio. Elabore uma matriz de decisão que fundamente a decisão a tomar.*

3. *Que decisão tomaria relativamente a este processo de substituição dos computadores? Justifique.*

ESTUDO DE CASO 7.2

Um surfista pretende mudar de carro. Precisa de um carro que, além de transportar pessoas, possa transportar pranchas de *windsurf* e que seja um bom carro para viagens de negócio. Adora carros desportivos. Nenhum carro existente no mercado satisfaz plenamente as três finalidades que pretende.

As suas opções são as seguintes:

- SUV/4x4
- Um carro familiar confortável
- Uma carrinha/station
- Um carro desportivo

Os critérios de decisão para a escolha do carro são os seguintes:

- Custo
- Capacidade para transportar pranchas de *windsurf* a uma velocidade normal
- Capacidade de bagagem para guardar as pranchas e outro equipamento
- Confortável para viagens longas
- Bonito e seguro

O surfista avaliou as opções disponíveis sobre a forma como cada tipo de carro satisfaz cada critério de decisão de 0 (fraco) a 3 (muito bom), conforme quadro seguinte e atribuiu os seguintes pesos relativos a cada um dos fatores: 1 capacidade da bagagem, 2 conforto, 3 segurança, 4 custo e 5 capacidade para transportar pranchas.

Pesos	Custo	Transportar Pranchas	Capacidade Bagagem	Conforto	Segurança	Total
SUV/4x4	0	3	2	2	3	
Carro Familiar	2	2	3	3	1	
Carrinha/Station	2	3	3	3	0	
Carro Desportivo	1	0	0	1	1	

QUESTÃO

Por que tipo de carro optaria o surfista?

REFERÊNCIAS

Donnelly, J. H., Gibson, J. L. e Ivancevich, J. M. (2000), *Administração: Princípios de Gestão Empresarial*, 10ª Edição, McGraw-Hill, Lisboa.

Harrison, E. F 1999), *The Managerial Decision-Making Process*, Fifth Edition, Houghton Mifflin Company.

Johnson, G., Whittington, R. e Scholes, K. (2011), *Exploring Strategy*, Ninth edition, Financial Times, Pearson Education Limited, Edinburg Gate, England.

Jones, G. e George, J. (2011), *Contemporary Management*, 7th edition, McGraw-Hill/Irwin, New York.

Robbins, S. P. e Coulter, M. (2014), *Management*, Twelfth Edition, Pearson Education, Inc. Upper Side River, New Jersey.

Capítulo 8
Estratégia Internacional

No capítulo sexto definimos as estratégias ao nível da empresa que os gestores podem usar para ajudar a empresa a crescer ou a reverter o processo de degradação. Entre elas referimos a estratégia de expansão internacional.

Muitas vezes as organizações têm necessidade de expandir internacionalmente os seus negócios quando o mercado nacional se mostra saturado ou incapaz de absorver os seus produtos em condições de preço compensadoras ou quando pretende diversificar os mercados.

Este capítulo discute este importante mercado e as diferentes estratégias de internacionalização que os gestores podem perseguir com vista a obter sinergias nas operações internacionais. Neste capítulo, discute-se também as diferentes teorias tradicionais de internacionalização e as diversas formas de entrada nos mercados internacionais.

OBJETIVOS DE APRENDIZAGEM

Depois de ler e refletir sobre este capítulo, o leitor deve ser capaz de:
- Avaliar o potencial de internacionalização dos diferentes mercados.
- Compreender o ambiente internacional dos negócios.
- Identificar as fontes de vantagem competitiva na estratégia internacional.
- Distinguir entre os quatro principais tipos de estratégia internacional.

MANUAL DE GESTÃO MODERNA

- Conhecer os principais modelos e teorias de internacionalização.
- Compreender as estratégias de entrada nos mercados externos, que as empresas podem usar para desenvolver os seus negócios.
- Avaliar as vantagens e desvantagens das diferentes formas de entrada nos mercados internacionais, incluindo a exportação, o licenciamento, as *joint ventures* e o investimento direto no estrangeiro.

Conceitos chave
Ambiente global, internacionalização, ambiente internacional, modelos de internacionalização, teorias de internacionalização, estratégias de internacionalização, formas de entrada.

8.1. EXPANSÃO INTERNACIONAL

Uma das marcas mais significativas da segunda metade do século XX é, sem dúvida, o fenómeno da internacionalização. Nos seus processos de expansão dos negócios, para além das estratégias de integração vertical, diversificação ou concentração, que estudámos no capítulo sexto, as empresas sentiram também a necessidade de estudar a melhor forma de competirem internacionalmente.

Impelidas pelos significativos e contínuos avanços tecnológicos na produção, nos transportes, nas tecnologias de informação, nos sistemas financeiros e na regulamentação sobre o meio ambiente, as empresas, independentemente da sua dimensão, sentiram um irreprimível impulso para se lançarem no processo de internacionalização, tendo em vista explorar as suas capacidades tecnológicas e as suas vantagens competitivas, bem como reduzir os custos e diversificar os riscos. De facto, o crescente envolvimento das empresas no comércio internacional, designadamente as pequenas e médias empresas, e a crescente integração das economias, mormente as economias europeias, fizeram com que um número crescente de empresas sentisse o impulso e a necessidade de se lançarem nos mercados internacionais, com tendência crescente para o estabelecimento de formas de presença permanente no exterior.

A presença permanente nos mercados internacionais poderá fazer-se de várias formas, desde formas simples que não envolvem grandes riscos e recursos, como a exportação, a formas mais avançadas, com assunção de grandes riscos e envolvimento de recursos avultados. A opção por uma ou outras formas de internacionalização depende de vários fatores, como as expectativas de lucro, a forma como será financiada ou o tipo de controlo que se pretende efetuar.

Para os gestores que pensam globalmente, a internacionalização é uma fonte de novas ideias, de rendimentos, de informação e de novos clientes. Os gestores podem lançar as suas empresas na arena internacional a vários níveis, passando tipicamente por quatro estratégias e estádios distintos: **estratégia de exportação, estratégia multidoméstica, estratégia transnacional** e **estratégia global** (Figura 8.1):

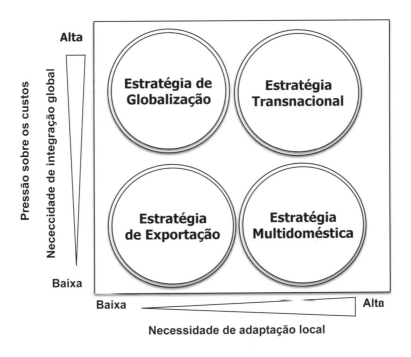

Figura 8.1 Estratégias Corporativas Internacionais

Uma empresa adota a **estratégia de exportação** se estiver focada no mercado doméstico e exportar apenas alguns produtos para alguns países selecionados. Neste caso, os gestores sentem pouca necessidade de prestar atenção quer às especificidades dos mercados locais, quer à integração global. Quando as empresas optam por um maior envolvimento na expansão internacional, a questão básica que se coloca aos gestores é decidir se cada subsidiária atua autonomamente ou se as suas atividades devem ser estandardizadas e centralizadas e usar a mesma estratégia de marketing.

De acordo com Harzing (1999), as empresas que estão focadas na competição global e em economias de escala são caracterizadas como **empresas globais**. As empresas que enfatizam a concorrência doméstica são classificadas como **empresas multidomésticas** e as empresas que combinam estas caraterísticas são consideradas **empresas transnacionais**. Se a empresa procura combinar os benefícios de eficiência à escala global com os benefícios da adaptação às condições locais, ou seja, se pretende perseguir ambas as estratégias de integração global e de adaptação local, então usa uma estratégia transnacional (Griffin e Pustay, 1996). Esta escolha induz os gestores a terem que selecionar uma estratégia básica alternativa entre uma **estratégia global**, uma **estratégia multidoméstica** ou uma **estratégia transnacional.**

Quer a estratégia global, quer a estratégia multidoméstica, têm vantagens e inconvenientes. A principal vantagem da estratégia global é a significativa poupança de recursos, já que não tem que adaptar os produtos e estratégias de marketing a cada mercado onde pretende operar. A principal desvantagem é que, ao ignorar as diferenças culturais dos diferentes países, os gestores ficam vulneráveis às reações dos concorrentes locais no sentido de adaptarem os seus produtos aos gostos dos consumidores.

Por sua vez, as vantagens e desvantagens da estratégia multidoméstica são o oposto da estratégia global. A principal vantagem da estratégia multidoméstica é que, ao customizarem os produtos oferecidos e as estratégias de marketing às condições locais, os gestores podem ganhar quota de mercado e praticar preços mais elevados para os seus produtos. A principal desvantagem é que a customização faz aumentar os custos de produção e coloca a empresa multidoméstica em desvantagem no que se refere aos preços praticados.

8.2. MOTIVAÇÕES DA INTERNACIONALIZAÇÃO

Perante o cenário de multinacionalização e globalização que acabámos de descrever, as empresas são motivadas a atravessar as fronteiras dos seus países para operarem numa base mundial. Muitos fatores podem induzir as empresas a encetarem processos de internacionalização e a

ESTRATÉGIA INTERNACIONAL

transformarem-se em empresas multinacionais, sendo as mais óbvias as seguintes (Bennett, 1998:14; Rugman e Hodgetts, 2003:39):

- Expectativas de obtenção de economias de escala (redução dos custos unitários de produção em resultado da diluição dos custos fixos por produções em maior escala) e da curva de experiência (redução de custos e aumento da eficiência em consequência da experiência adquirida), ou por preços inferiores dos fatores de produção.
- Expectativas de benefícios superiores em termos de preços ou de impostos em países estrangeiros (Olson e Weidersheim-Paul, 1978).
- Protegerem-se de riscos e incertezas e crises do mercado doméstico (Rugman e Hodgetts, 2003).
- Diversificação dos riscos de mercado (riscos económicos, sociais, comerciais e políticos).
- Transpor barreiras alfandegárias e tarifárias operando dentro do país estrangeiro. A União Europeia é um bom exemplo, na medida em que as mercadorias produzidas dentro da União Europeia podem circular de um país para outro sem barreiras alfandegárias.
- Acesso a novas tecnologias produzindo os produtos diretamente em vez de autorizarem outros a produzirem sob licença.

Para Welch e Luostarinen (1988), a empresa inicia ou aprofunda as atividades internacionais, como a exportação ou acordos de *joint venture*, em resultado de uma decisão própria que é influenciada por duas forças: *fatores externos*, como a política governamental ou entrada de concorrentes estrangeiros e *fatores internos* à empresa que refletem o processo de aprendizagem e a acumulação de experiência internacional.

Muitos estudos têm incidido na investigação desses fatores que motivam as empresas a envolverem-se em atividades de exportação. Alguns autores distinguem entre estímulos internos e externos com vista a examinarem se a tomada de decisão no sentido da internacionalização é afetada pelas caraterísticas internas da empresa mais do que por fatores externos (Wiedersheim-Paul et al., 1978; Cavusgil e Nevin, 1981). Outros estudos mostram que o início das exportações ocorre de forma passiva na grande maioria das pequenas e médias empresas, sob o estímulo de encomendas não procuradas pela empresa (Simmonds e Smith, 1968; Bilkey e Tesar, 1977) e não de uma atitude proativa e deliberada de procura de oportunidades de exportação, ou seja, a internacionalização não resulta de uma estratégia deliberada.

Muitas empresas iniciam o seu processo de internacionalização quando têm uma dimensão relativamente pequena, desenvolvendo-a à medida que vão adquirindo experiência. A dimensão da empresa poderá ser também um fator de envolvimento ou de estímulo à exportação, mas estudos efetuados demonstram que a dimensão não é determinante na decisão de internacionalização, mas antes um fator limitativo da expansão geográfica a vários países (Czinkota e Johnston, 1983).

Outros factores a ter em conta são as caraterísticas e a orientação internacional dos gestores de topo, avaliadas pela idade, pelo nível de educação e formação académica, número e frequência de viagens ao estrangeiro, participação em feiras ou eventos internacionais e conhecimento de idiomas estrangeiros e a posse de competências distintivas ou vantagens competitivas por parte da empresa, designadamente ao nível tecnológico, da especificidade do produto e da capacidade de gestão.

8.3. CARATERÍSTICAS DAS EMPRESAS MULTINACIONAIS

Uma empresa multinacional é uma empresa que possui, controla e gere os rendimentos dos ativos em mais do que um país. Estas empresas têm subsidiárias em mais do que um país e têm uma filosofia de gestão global e integrada, tanto no mercado doméstico, como nos mercados internacionais (Stoner e Freeman, 1989). Apesar da tendência de alargamento das atividades além-fronteiras e da crescente contribuição das atividades externas para os resultados da empresa, muitas multinacionais mantêm as suas raízes num país ou região (Shenkar e Luo, 2004). Os países hospedeiros beneficiam muito da atividade das empresas multinacionais, pela sua dimensão, pelos ativos que gerem, pelo volume de investimentos, pelas exportações de bens e serviços, pela transferência de tecnologia, pelos recursos humanos que mobilizam, com as inerentes vantagens em termos de balança de pagamentos, de crescimento e de emprego.

Segundo Rugmam e Hodgetts (2003), há um conjunto de caraterísticas que definem uma empresa multinacional (MNC). Uma caraterística é que as suas afiliadas devem dar resposta a um conjunto de forças do meio envolvente, como os concorrentes, os clientes, os fornecedores, as instituições financeiras e o governo, tanto no país de origem como nos países hospedeiros. Outra caraterística é que envolve um conjunto de recursos comuns, como ativos, patentes, marcas comerciais, informação e recursos humanos. Uma terceira caraterística é que todas as suas afiliadas têm uma mesma visão e seguem estratégias comuns.

Finalmente, as empresas multinacionais têm grandes vantagens relativamente às empresas domésticas, designadamente maior capacidade de congregar recursos financeiros, conhecimento e recursos humanos qualificados e têm um conjunto mais vasto de experiências do que as empresas domésticas. Por outro lado, têm capacidade para suportar mercados desfavoráveis e prejuízos por períodos mais longos de tempo antes de começarem a gerar lucros (Shenkar e Lu, 2004).

8.4. ENVOLVENTE INTERNACIONAL DOS NEGÓCIOS

Antes de avançarem para um processo de internacionalização, os gestores devem analisar as forças do meio envolvente dos países onde pretendem operar para escolherem o método mais apropriado para expandir os seus objetivos e responder a essas forças da forma mais adequada.

A importância desta análise manifesta-se de duas maneiras:

- É importante discernir quais são os fatores do meio envolvente relevantes que devem ser considerados quando se pretende avançar para os mercados internacionais.
- Para cada faceta do meio envolvente considerada, convém reter os elementos salientes suscetíveis de constituir uma oportunidade ou uma ameaça e de influenciar a estratégia da empresa.

A envolvente internacional da empresa possui múltiplas facetas que podem ser abordadas segundo diferentes perspetivas. As facetas mais importantes que interessa considerar quando se escolhem as formas de entrada nos mercados internacionais são: a envolvente **Política**, a envolvente **Económica**, a envolvente **Social**, a envolvente **Tecnológica**, a envolvente **Legal** e a envolvente **Ecológica**, que constituem a análise **PESTLE** (Figura 8.2):

Figura 8.2 Análise PESTLE

Por exemplo, uma análise PESTLE do Grupo McDonald's poderia ser similar à que se apresenta na Figura 8.3:

Figura 8.3 Análise PESTLE do Grupo McDonald's

Ambiente sóciocultural

O negócio, tal como outras atividades humanas, efetua-se num determinado contexto da sociedade. Quando uma empresa decide expandir os seus negócios para mercados externos está sujeita a novos desafios, motivados pelas diferenças culturais entre os países e pelas pessoas com quem se faz negócios. É verdade que os desenvolvimentos registados nas tecnologias de informação e comunicação (TICs) e as reduções nos custos de transporte têm aumentado a frequência de contactos entre pessoas de diferentes países e aumentado a importância das empresas se entenderem sobre o papel da cultura nos negócios, se querem ter sucesso na concorrência internacional.

Não obstante a atenuação das diferenças registadas, a sensibilidade para as diferenças culturais é crucial para o sucesso dos negócios internacionais. Apesar da definição de cultura permanecer necessariamente vaga, podemos identificar alguns aspetos que caracterizam as diferenças culturais. Há pelo menos duas caraterísticas que ajudam a distinguir cultura de outros atributos. Em primeiro lugar, cultura são as opiniões que estão enraizadas e mudam pouco ao longo do tempo e, em segundo, o contexto social da comunidade. Alguns autores vêm cultura como a soma de atitudes, crenças e estilos de vida. Os gestores internacionais devem estar cientes das atitudes a tomar perante a cultura, a maneira de trabalhar, o tempo, a mudança, a autoridade, a família e tomada de decisão e risco.

De acordo com Dressler e Carn (1969:60), perceber as diferenças culturais capacita os gestores a:

i) Comunicar com as pessoas através do uso de linguagem que seja comummente conhecida por ambos ou que tenham aprendido.
ii) Antecipar como as outras pessoas de negócios e os consumidores em vários mercados estão dispostos a responder às suas ações.
iii) Distinguir entre o que é considerado certo e errado, razoável ou não aceitável, seguro ou perigoso, bonito ou feio.
iv) Identificar-se com outros gestores da mesma categoria e adquirir os conhecimentos e capacidades necessárias para negociar com eles.

Têm sido várias as tentativas para identificar e classificar as diferenças nas caraterísticas das culturas nacionais dos diversos países, mas os trabalhos mais conhecidos devem-se a Geert Hofstede (1980), que identificou diferentes culturas nacionais numa mesma organização multinacional. Como psicólogo da IBM, Hofstede recolheu dados de mais de 100 000 trabalhadores em 64 países e identificou cinco importantes dimensões de cultura nacional que designou por individualismo versus coletivismo, distância ao poder, aversão ao risco, masculinidade/feminilidade e orientação de longo prazo.

Ambiente político

Uma área importante para qualquer tomada de decisão sobre um negócio é avaliar a envolvente política em que a empresa opera. A estabilidade política pode ter um impacto importante no desenvolvimento económico de um país ou de uma região, porque influencia a perceção do risco pelos potenciais investidores. O quadro legal e regulatório de um país pode afetar a viabilidade das empresas operarem no país hospedeiro. Por exemplo, as leis sobre o salário mínimo afetam o preço do fator trabalho e leis sobre a proteção ambiental afetam a tecnologia que pode ser usada, bem como os custos de tratamento dos resíduos (Griffin e Pustay, 2011).

A falta de cumprimento das normas e regras por parte dos outros pode afetar o gestor internacional. Por exemplo, muitas empresas estão preocupadas com a falta de proteção aos direitos de propriedade intelectual. Sem salvaguardas, a contrafação pode resultar em produtos de pior qualidade, o que prejudica a reputação de uma empresa e reduz as possibilidades de que uma empresa inovadora possa recuperar os seus investimentos em investigação e desenvolvimento de novos produtos (Griffin e Pustay, 2011). Mudanças adversas nas leis fiscais podem lentamente destruir a rendibilidade das empresas. De igual modo, revoluções e assassinatos de quadros estrangeiros e expropriações de propriedades de empresas são igualmente perigosas para a viabilidade de negócios no estrangeiro (Griffin e Pustay, 2011). Outra área em que os governos podem tentar ajudar é proteger os esforços dos negócios internacionais das empresas que entram nos mercados por formas ilegais por falta de controlo dos canais de distribuição e que prejudicam as empresas instaladas legalmente no mercado.

Ambiente legal

O ambiente legal em que as empresas multinacionais têm que conduzir os seus negócios pode ser visto como um subconjunto do ambiente político, dado que ambos estão interligados (Taggart e McDermott, 1993). Os sistemas legais variam muito entre os países. Dado que não existe um sistema legal global, as empresas internacionais vêm-se confrontadas com muitos ambientes legais, consoante o país ou países onde operam. Os sistemas legais diferem de país para país por razões históricas, culturais, políticas e religiosas. As antigas colónias britânicas seguem a lei comum tradicional do Reino Unido, enquanto a maioria dos países ocidentais usa o sistema do direito civil romano. Poucos países, como Irão e Arábia Saudita, usam a lei teocrática que se baseia no código religioso (Griffin e Pustay, 2011). Os sistemas legais variam de país para país consoante os seus princípios, a independência e transparência (Shenkar e Luo, 2004).

Quando há qualquer conflito nos negócios internacionais, deve ser sediado num dos países envolvidos e dirimido de acordo com as leis e regulamentos desse país, a menos que o contrato estipule de maneira diferente. Os gestores internacionais devem conhecer os sistemas dos países hospedeiros nos quais as suas empresas operam, dado que as obrigações legais nesses países diferem das dos seus próprios países. As empresas multinacionais devem estar cientes sobre a facilidade ou dificuldade das leis estrangeiras. Alguns países são mais favoráveis às empresas domésticas e aos cidadãos nacionais do que às empresas multinacionais e aos seus colaboradores. Algumas questões que devem ser tidas em conta quando uma empresa pretende instalar-se em mercados externos são: direitos intelectuais de propriedade industrial, registo de patentes, marcas e direitos de autor.

Os direitos intelectuais de propriedade industrial incluem todos os aspetos de conhecimento tecnológico ou trabalho criativo que um indivíduo ou uma empresa desenvolveu. Diz respeito, por exemplo, ao desenvolvimento de *software*, *design*, inventores, etc. O registo das patentes está baseado no país de origem, o que significa que uma patente registada num país não deve ser alargada a outros países. Por conseguinte, para estar protegida, uma empresa deve requerer os seus direitos de patente nos países onde planeia fazer negócios. A marca é um nome distintivo, um símbolo, uma figura ou a combinação destes elementos que é usada por um negócio para identificar os seus produtos ou serviços. Foi criada para proteger a boa reputação dos produtos ou serviços, evitando que possam ser utilizados pelos concorrentes como sendo seus. A proteção das marcas está coberta por vários acordos internacionais. O direito de autor é um direito legal que protege os trabalhos originais dos autores. Dá ao autor direitos exclusivos de publicar, vender e expor os seus trabalhos.

Ambiente ecológico

A importância crescente dos aspetos ecológicos tem obrigado as empresas a dedicarem uma maior atenção a este fator e a reservarem uma parcela crescente dos seus orçamentos a esta variável do meio envolvente.

8.5. EXPORTAÇÃO, MULTINACIONALIZAÇÃO E GLOBALIZAÇÃO

O processo de internacionalização das empresas pode assumir três formas de presença nos mercados internacionais: **exportação, multinacionalização e globalização.**

A **exportação** é a forma mais antiga de internacionalização e resulta da simples circunstância de um produto existente num país de exportação poder satisfazer a procura num país de importação. Constitui o primeiro passo no processo de internacionalização e é uma etapa crucial para que uma empresa possa avançar para outras formas mais avançadas de comércio internacional, tais como o licenciamento, *joint ventures* ou o investimento direto no estrangeiro (Buckley, 1979). A exportação é também considerada a forma mais comum de entrada no mercado externo, particularmente entre as PME, por minimizar os riscos, por exigir um menor envolvimento de recursos e por apresentar maior flexibilidade (Young et al., 1989). Esta forma de internacionalização não implica investimento direto produtivo nos países de destino, nem é potenciadora da criação direta de empregos.

A exportação pode tomar a forma direta ou indireta, consoante a empresa se envolve nas atividades de marketing internacional ou delega em empresas de exportação ou de importação toda a responsabilidade da venda externa dos seus produtos. A exportação indireta tem menor risco e menores custos, sendo a forma normalmente utilizada por pequenas empresas que se iniciam no processo de internacionalização, mas tem o inconveniente de colocar a empresa numa situação de total dependência perante terceiros.

A exportação direta obriga a um maior investimento e a um maior envolvimento nos mercados internacionais. O maior risco deste tipo de exportação pode ser compensado com a possibilidade de obtenção de maiores lucros e um maior controlo do processo.

A **multinacionalização**, que implica investimento direto produtivo no estrangeiro, é a segunda forma de internacionalização. A empresa do país de origem transforma-se numa multinacional pela criação ou aquisi-

ESTRATÉGIA INTERNACIONAL

ção de empresas subsidiárias autónomas no estrangeiro (Vernon, 1976), estritamente controladas por sistemas hierárquicos rigorosamente estruturados.

O modelo do ciclo de vida do produto, desenvolvido por Vernon, constitui uma tentativa de justificar o desenvolvimento do processo de internacionalização e multinacionalização das empresas. O modelo identifica uma sequência de quatro estádios no ciclo de vida do produto ao longo dos quais se desenrola a expansão internacional da empresa. O estádio 1 é doméstico e está voltado para o país onde o produto é desenvolvido, sendo as exportações, quando existentes, orientadas para países subdesenvolvidos. A exportação para outros países industrializados possibilita a emergência de economias de escala na produção e a passagem para o estádio seguinte. Na fase de crescimento, as atividades de exportação desenvolvem-se e a produção passa também a ser realizada noutros países onde a procura justifica, o que implica a realização de investimentos diretos. Na fase de maturidade, onde os mercados estão saturados e o produto estandardizado, a produção transfere-se para países onde os custos de mão-de-obra são mais baixos. Finalmente, na fase de declínio, a produção e em certos casos mesmo a procura, abandonam o país industrializado onde o produto foi lançado e desenvolvido.

Para Levitt (1983) a empresa multinacional é a que opera num conjunto de países ajustando os seus produtos e as suas práticas a cada um deles, suportando para tal custos relativamente elevados. Por isso se designa como **multidoméstica**.

O papel das multinacionais na economia global é hoje enorme. Poucos setores da economia e poucas empresas estão livres da sua influência difusa (Bartlett e Choshal, 1995). Através da sua rede de subsidiárias, as multinacionais, operando preferentemente nos mercados internacionais, podem explorar muitas novas oportunidades de negócio. Com estas oportunidades "surgem desafios de estratégia empresarial, de organização e operacionais que são naturalmente mais complexos, variados e incertos" (Bartlett e Ghoshal, 1995).

A **globalização** representa um fenómeno novo em comparação com a exportação ou a multinacionalização e constitui a forma mais avançada de internacionalização das empresas. Foi impulsionada e é alimentada pelo desenvolvimento das novas tecnologias nos domínios dos transportes e das telecomunicações, que abrem novos mercados e geram novos atores. As novas regras da globalização – liberalização, privatização e direitos de propriedade intelectual mais apertados – desencadearam uma corrida ao conhecimento, que é hoje o principal ativo das organizações.

Uma empresa globalizada não é apenas uma grande empresa mas antes um conjunto de empresas interdependentes que atuam localmente, mas subordinadas à estratégia global, ou seja, um conjunto de empresas que pensam globalmente, mas agem localmente (Bartlett e Ghoshal, 1998). As empresas multinacionais, principal veículo da globalização, promovem a transferência de tecnologia, a investigação e desenvolvimento e a divulgação de conhecimentos à escala mundial, encontrando apenas alguma limitação no poder dos Estados-nação, que vai, todavia, enfraquecendo à medida que aumentam os poderes aos níveis regionais, supra e intranacional (Murteira, 1997, p. 115).

As grandes empresas estão a controlar parcelas crescentes do mercado mundial, num processo que tem aspetos positivos, inovadores e dinâmicos e aspetos negativos, desintegradores e marginalizadores. As dez maiores empresas de telecomunicações detinham cerca de 90% do mercado no início do século XXI. Nos pesticidas, a parcela das dez maiores empresas era de 85%; nos computadores quase 70%; na medicina veterinária 60%; nos produtos farmacêuticos 35%; nas sementes comerciais 32%. Também as patentes estão concentradas, detendo os países industrializados 97% das patentes a nível mundial.

8.6. MODELOS DE INTERNACIONALIZAÇÃO

Existem diferentes abordagens dos processos de internacionalização das empresas. Alguns autores, nomeadamente das escolas americanas, tendem a considerar a internacionalização como uma decisão autónoma das empresas, que identificam os produtos a colocar nos mercados internacionais, os mercados a atingir e os modos de acesso e de presença mas adequados, desde a exportação a formas mais avançadas que impliquem investimento direto. Outros, da escola escandinava, acentuam o carácter incremental dos processos de internacionalização e a aprendizagem por parte das empresas. Segundo esta escola, as empresas começam por exportar para países próximos psicologicamente, passando depois para operações que impliquem investimento direto e, à medida que forem adquirindo experiência, estendem essas atividades a países mais distantes culturalmente.

ESTRATÉGIA INTERNACIONAL

A revisão da literatura sobre os diferentes ângulos e perspetivas em que tem sido estudado o processo de internacionalização das empresas revela a existência de duas escolas ou correntes de pensamento principais (Andersen, 1993):

- **Internacionalização por Estádios ou Modelo de Internacionalização de Uppsala (Johanson e Wiedersheim-Paul, 1975), (Johanson e Vahlne, 1977; 1990)**, que se baseia na teoria do comércio internacional e advoga que a internacionalização é um processo evolutivo, ou seja, o envolvimento das empresas no mercado internacional faz-se de forma gradual, através de acordos ou alianças estratégicas.
- **Internacionalização baseada na Inovação Organizacional (Bilkey e Tesar, 1977), (Cavusgil, 1980, 1984), (Czinkota, 1983) e Reid (1983)**, que considera a internacionalização como um processo de adoção de uma inovação organizacional.

Andersen (1993) considera, no entanto, que, exceto quanto ao mecanismo de iniciação, as diferenças entre estes modelos refletem mais diferenças de semântica do que diferenças reais no que se refere à natureza do processo de internacionalização.

8.6.1. MODELO DE INTERNACIONALIZAÇÃO DE UPPSALA

Esta teoria desenvolveu-se a partir dos trabalhos de Johanson & Wiedersheim-Paul (1975), que consideravam a internacionalização como um processo de **envolvimento incremental,** que envolve quatro etapas distintas: 1) atividades de exportação não regulares; 2) exportação via agentes independentes; 3) estabelecimento de subsidiárias no exterior e 4) estabelecimento de unidades de produção no exterior. Cada estádio representa um envolvimento de recursos sucessivamente mais elevados.

Esta teoria foi desenvolvida alguns anos mais tarde por Johanson e Vahlne (1977), que criaram o Modelo de Internacionalização por Estádios, que ficou conhecido como o Modelo de Internacionalização de Uppsala (Figura 8.4):

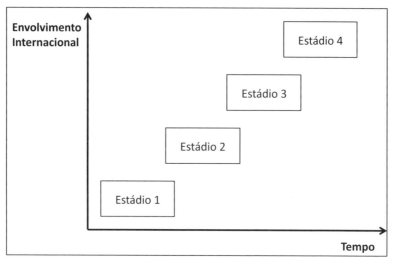

Estádio 1 - Atividades não regulares de exportação
Estádio 2 - Exportação através de representantes independentes (agentes)
Estádio 3 - Exportação por intermédio de subsidiárias comerciais no exterior
Estádio 4 - Instalação de filiais de produção no estrangeiro

Figura 8.4 Modelo de Internacionalização de Uppsala

De acordo com esta teoria, quando uma empresa desconhece os mercados externos ou o seu conhecimento é insuficiente, deverá envolver-se nesses mercados adotando uma postura incremental, ou seja, só deverá passar de um estádio ao seguinte quando adquirir mais conhecimentos e experiência. Segundo este modelo, as empresas preferem adotar métodos de entrada nos mercados internacionais que impliquem um baixo nível de comprometimento (exportações, licenças, acordos) e começam a exportar para países vizinhos ou próximos culturalmente com práticas comerciais similares, só se abalançando a métodos mais avançados que impliquem maiores compromissos (empresas subsidiárias, filiais comerciais, filiais de produção) ou a exportar para países psíquica e culturalmente mais distantes à medida que forem adquirindo mais experiência e melhor conhecimento dos mercados.

Wiedersheim-Paul et al. (1978) aprofundaram este tema da internacionalização como um processo de envolvimento incremental. Na base desta teoria, estava a assunção de dois pressupostos fundamentais que condicionam o processo de internacionalização das empresas – a limitação dos recursos e a falta de conhecimento dos mercados internacionais. Estes obstáculos só podem ser reduzidos por decisões incrementais, etapa a etapa e através da aprendizagem progressiva dos mercados internacionais e não através de uma decisão estratégica radical.

Este modelo é suportado por estudos que mostram que, tanto as pequenas como as grandes empresas, passam por estádios incrementais de internacionalização, progressivamente mais exigentes, ao longo do seu processo de envolvimento internacional dos negócios (Johanson & Vahlne, 1990).

O modelo, que reflete os estudos efetuados pelos autores sobre os processos de internacionalização de quatro empresas suecas (Volvo, Atlas Copco, Facit e Sandvik), explicita os dois padrões que, por norma, caraterizam a internacionalização das empresas.

As exceções a esta evolução gradual, isto é, a definição à partida de uma estratégia diferente de internacionalização, dependerá de fatores diversos, como a existência de avultados meios financeiros que permitam correr riscos não negligenciáveis, o conhecimento dos mercados por experiências anteriores, a experiência em mercados similares e tratar-se de mercados estáveis e homogéneos, logo facilmente previsíveis.

A internacionalização das empresas faz-se de mercados mais próximos para mercados mais distantes psíquica e culturalmente (*distância psíquica* e *distância cultural*). O conceito de "distância psíquica" define-se como o conjunto de fatores que impedem ou dificultam o fluxo de informação entre as empresas e o mercado. Estes fatores podem incluir a língua, a cultura, o sistema político, os níveis educacionais e o nível de desenvolvimento industrial e constituem barreiras à aprendizagem e à forma de atuação nesse mercado (Johanson e Vahlne, 1977). Nordström e Vahlne (1992), citados por O'Grady e Lane (1996), definem "distância psíquica" como os fatores que dificultam ou perturbam a aprendizagem e a compreensão da envolvente externa, por parte das empresas. Luostarinen (1980) define "distância cultural" como "a soma de fatores que criam, por um lado, uma necessidade de conhecimento e, por outro, barreiras ao fluxo do conhecimento e portanto também a outros fluxos entre o país de origem e o país de destino" pp. 131-32, citado em Buckley e Ghauri (1999).

De uma forma geral, os autores demonstraram que o desenvolvimento internacional das quatro empresas citadas se processou de acordo com o modelo de internacionalização incremental, ou seja, as empresas começaram por estabelecer contactos com agentes independentes, depois avançaram para subsidiárias comerciais e, após essa fase e nalguns casos, para subsidiárias de produção. Ao mesmo tempo, foram alargando progressivamente as suas atividades externas de mercados próximos psíquica e culturalmente para outros mercados mais distantes psiquicamente (Johanson e Vahlne, 1977). Sullivan e Bauerschmidt (1990) falam mesmo na emergência de um padrão de expansão quase concêntrico do mercado doméstico para os mercados externos e que os gestores tendem a iniciar a análise de problemas estratégicos pela simplificação da sua complexidade, passando neste caso a sua simplificação pela aplicação das rotinas domésticas às decisões de internacionalização.

O conceito de **distância psíquica** é uma espécie de conceito cultural que estabelece a relação entre as empresas e os seus mercados (Johanson e Wiedersheim-Paul, 1975), mas não é, contudo, um fator objetivo que existe entre a empresa e os seus mercados. É uma distância que existe nas cabeças dos gestores e a perceção da distância depende da forma como veem o mundo, da sua perceção da realidade, que varia de pessoa para pessoa; logo a distância psíquica não pode traduzir as diferenças culturais nos processos de internacionalização das empresas. Outros autores, porém, interpretam o conceito de distância psíquica como distância cultural (Kogut e Sing, 1988, Nordström e Vahlne, 1992), o que significa que distância psíquica se refere ao efeito de diferenças culturais nos processos de internacionalização das empresas.

Em sentido diverso, O' Grady e Lane (1996) defendem a ideia de que o conceito de "distância psíquica" é um conceito muito mais amplo do que a mera "diferença cultural". Fatores comerciais, como as envolventes competitiva e legal, devem ser considerados no conceito de "distância" no processo de internacionalização. De acordo com os mesmos autores, são necessários mais estudos para determinar quais os fatores mais importantes a considerar.

A operacionalização do conceito de distância psíquica tem-se revelado problemática e varia muito dentro da literatura. Alguns autores (Vahlne e Wiedersheim-Paul, 1973, Luostarinen, 1989 e Nordström e Vahlne, 1992, estes citados por O'Grady e Lane, 1996) operacionalizaram o conceito usando os seguintes indicadores ou variáveis mais significativas: 1) o nível de desenvolvimento do país de acolhimento; 2) a diferença no nível de desenvolvimento entre o país de origem e o país de acolhimento 3) o nível de educação; 4) a linguagem comercial; 5) a distância cultural; 6) a língua e 7) as relações comerciais entre os dois países.

ESTRATÉGIA INTERNACIONAL

Vários outros estudos (Kogut e Singh, 1988 e Benito e Gripsrud, 1992) basearam as suas estimativas de distância cultural entre países usando o mesmo método. A partir dos quatro índices de Hofstede (1984) construíram um "índice composto com base no desvio relativamente a cada uma das quatro dimensões culturais (i.e. distância hierárquica, controlo da incerteza, masculinidade versus feminilidade e individualismo versus coletivismo) de cada país em relação aos Estados Unidos. Os desvios foram corrigidos por diferenças nas variâncias de cada dimensão e depois calculada a média aritmética". Este quadro constitui uma base de partida para a avaliação da cultura de um país alvo, antes do envolvimento ativo no negócio. Para estes autores, o conceito de "distância cultural" foi usado com o mesmo significado de "distância psíquica" (O'Grady e Lane, 1996).

Nordström e Vahlne (1992) sugerem que distância cultural e distância psíquica traduzem "fenómenos diferentes mas com sobreposições" e que a distância psíquica tem uma componente de dificuldade de negócio e de distância cultural. Na perspetiva destes autores, distância psíquica tem uma componente "cultural (tal como as dimensões definidas por Hofstede, 1984), estrutural (tal como os sistemas legais e administrativos) e diferenças linguísticas". Com base neste conceito alargado, criaram um índice de distância psíquica que, usando os dados de Hofstede ajustados, chegam a um *ranking* que, nalguns pormenores, difere do *ranking* apresentado por Hofstede.

Estes modelos não estão isentos de críticas, sendo uma das principais que se fazem (Welch e Louosterinen, 1988) a de que o processo de internacionalização não é necessariamente sequencial e que muitas empresas se internacionalizaram rapidamente, através de estratégias de investimento direto no estrangeiro, em associação com parceiros locais, saltando etapas ou estádios do modelo, mas os próprios críticos admitem a existência de fatores dinâmicos de competitividade que podem explicar a escolha desse modelo de internacionalização, nomeadamente a existência de recursos disponíveis suficientes e o conhecimento e perceção do risco subjacente. Os próprios Johanson e Wiedersheim-Paul (1975) reconhecem que o seu modelo não se aplica a todas as situações quando escrevem "podemos esperar saltos na sequência de estádios em empresas com larga experiência de outros mercados externos".

8.6.2. MODELOS DE INTERNACIONALIZAÇÃO BASEADOS NO CONCEITO DE INOVAÇÃO

O conceito de inovação é muito vasto podendo incluir coisas tão diversas como a adoção de novas soluções tecnológicas ou novos processos de fabrico, o lançamento de novos produtos, competir em novos mercados, estabelecimento de novos acordos com clientes ou fornecedores, etc. (Cunha e Verhallen, 1998).

O conceito tem várias aceções, mas foi Schumpeter em 1934 quem primeiro o utilizou no sentido técnico. Hoje é tópico de investigação das várias subdisciplinas dos estudos de organização, desde o *marketing* à sociologia organizacional, passando pela gestão empresarial e comportamento organizacional.

O conceito de inovação tem vindo a ser alargado desde a visão inicial de Schumpeter, ligada à invenção e ao desenvolvimento tecnológico do produto e do processo, para um conceito mais vasto que, para além da vertente tecnológica, enfatiza a mudança organizacional e a inovação de *marketing*, nas suas dimensões do produto, do preço, da distribuição e da comunicação, sendo crucial a articulação entre estas vertentes, dadas as interpenetrações que necessariamente existem entre todas as áreas da gestão das empresas, para a obtenção de vantagens competitivas relativamente à concorrência.

A adaptação da empresa à envolvente, que é turbulenta, está em rápida mutação e tem horizontes temporais cada vez mais curtos (Dias, 1996), poderá ser relacionada com o potencial de inovação, que se situa a três níveis de comportamento da empresa (Murteira, 1997):

- **Nível externo** – produtos e mercados.
- **Nível interno** – equipamentos e processos tecnológicos, recursos humanos, organização, I & D.
- **Nível de posicionamento sistémico** – estratégias de internacionalização e/ou transnacionalização, fusões e absorções, alianças estratégicas, *joint ventures*, etc.

Em Portugal, presentemente, a maior parte das inovações ainda ocorre ao nível interno, mas é a aceção do nível de posicionamento sistémico que verdadeiramente interessa.

A perspetiva da inovação no contexto de internacionalização é relativamente recente. O primeiro trabalho apelando a essa perspetiva foi o de

Simmonds & Smith (1968) e só quase uma década depois o tema voltou a ser retomado em trabalhos de investigação de *marketing* internacional (Lee & Brasch, 1978), chamando a atenção para o papel dos agentes da mudança nos processos de internacionalização (constataram que as empresas no início do seu ciclo de vida eram as mais inovadoras) e para a não racionalidade do processo, iniciando-se muitas vezes de forma impulsiva.

Bilkey e Tesar (1977) conceptualizaram também uma proposta de tipificação dos estádios de desenvolvimento do processo de internacionalização, na perspetiva do crescente envolvimento da empresa para países mais longínquos psicologicamente. O seu modelo consiste em seis estádios distintos de envolvimento na exportação em função da atitude assumida pela gestão da empresa, desde a completa falta de interesse em se iniciar na exportação até ao envolvimento em oportunidades de exportação em mercados longínquos psicológica e culturalmente.

Wortzel e Wortzel (1997) ao examinarem o comportamento do desenvolvimento das exportações em países novos e menos desenvolvidos, propuseram um modelo de cinco estádios através dos quais uma empresa poderá progredir no seu processo de internacionalização, determinados em função do grau de controlo exercido pelo exportador nas operações externas, que começam pela internacionalização da produção, *marketing* e outras funções relacionadas com os clientes estrangeiros.

Cavusgil (1982) propôs um modelo que concetualiza o comportamento da exportação como um processo composto de cinco estádios: pré-envolvimento, envolvimento reativo, envolvimento limitado, envolvimento ativo e comprometimento.

Czinkota (1982) desenvolveu um modelo baseado no modelo de Bilkey e Tesar, cujo principal mérito foi a sua validação empírica ter revelado que as empresas nos vários estágios de internacionalização diferem consideravelmente em termos de organização, gestão e outras caraterísticas internas.

Examinando o envolvimento das empresas no processo de exportação na perspetiva da adoção da inovação, Lim, Sharkey e Kim (1991) desenvolveram um modelo que distingue quatro estádios, que designaram por reconhecimento da exportação como oportunidade de negócio (*awareness*), o interesse na exportação (*interest*), a intenção de prosseguir na exportação (*intention*) e finalmente a adoção da exportação como uma nova atividade comercial (*adoption*). A maior contribuição deste estudo é ter demonstrado a aplicabilidade do quadro da adoção da inovação à tomada da decisão de exportar.

Crick (1995) desenvolveu um modelo de internacionalização das empresas em seis estádios, baseado nos critérios propostos por Bilkey e Tesar (1977), segundo o qual, de forma abreviada, as empresas são classificadas em **não exportadoras, exportadoras passivas** e **exportadoras ativas**. O autor concluiu que há diferenças significativas entre as empresas nos vários estádios de internacionalização, no que se refere à procura de clientes estrangeiros, às capacidades internas, a problemas relacionados com a exportação e ao tipo de apoio das entidades oficiais, mas não existem variações significativas no que se refere às caraterísticas das empresas e à forma de atuar na exportação.

Outros modelos foram desenvolvidos no sentido de concetualizar o processo de internacionalização das empresas, que não diferem substancialmente dos já aqui apresentados e que destacam as diferenças significativas que existem entre as empresas nos vários estádios de envolvimento internacional.

A despeito das diferenças que existem entre os diversos modelos, quer quanto ao número, quer quanto ao conteúdo dos estádios, uma conclusão que se pode retirar é que o processo de desenvolvimento de exportação das empresas se pode dividir em três fases: **pré-envolvimento, envolvimento inicial** e **envolvimento avançado**. O pré-envolvimento inclui as empresas que apenas vendem no mercado nacional e não estão interessadas na exportação, as empresas que estão no mercado nacional mas encaram seriamente a possibilidade de exportar e as que exportaram mas já não exportam. No envolvimento inicial a empresa exporta esporadicamente e na fase avançada as empresas exportam regularmente para mercados alargados, podendo mesmo assumir formas que impliquem um maior envolvimento nos negócios internacionais.

8.7. PRINCIPAIS TEORIAS DE INTERNACIONALIZAÇÃO

O envolvimento internacional das empresas desenvolveu-se inicialmente através do comércio. A compreensão das vantagens do comércio internacional foi objeto de estudo dos economistas clássicos, cujo corpo teórico constitui a base das **Teorias do Comércio Internacional**, formalizada inicialmente por Adam Smith (1776), baseada no conceito de vantagem absoluta e desenvolvida mais tarde por David Ricardo (1817), com base no conceito de vantagem comparativa.

Mais tarde, a partir dos finais da década de 60, surgiram novos modelos e novas teorias de internacionalização, em resultado da crescente interpenetração e integração das economias, com forte crescimento do investimento direto estrangeiro, que podemos designar por **Teorias de Investimento Internacional.**

8.7.1. TEORIAS DO COMÉRCIO INTERNACIONAL

Teoria da Vantagem Absoluta de Adam Smith

A formalização teórica do comércio internacional foi iniciada por Adam Smith (1776), com recurso ao conceito de vantagem absoluta. Para Adam Smith, as trocas comerciais entre dois países ocorrem quando um país tem vantagem absoluta numa produção e o outro é melhor que o primeiro noutra produção. Esta teoria não justifica, porém, porque é que um país com desvantagens absolutas em muitas ou em todas as produções ainda assim apresenta elevado nível de trocas comerciais internacionais.

Teoria da Vantagem Comparativa de Ricardo

David Ricardo (1817), através do conceito de vantagem comparativa, vem dar resposta à insuficiência da teoria de Adam Smith. Para Ricardo, são as diferenças nas vantagens comparativas na produção de bens e não as diferenças nas vantagens absolutas que determinam as trocas internacionais entre os países. Para explicar a sua teoria, Ricardo utilizou como exemplo a produção de vinho por parte de Portugal e a produção de têxteis por parte da Inglaterra. Ricardo, de acordo com a sua teoria, prova que Portugal, apesar de ter vantagens absolutas na produção dos dois produtos é mais eficiente na produção de vinho, pelo que, tendo vantagem comparativa, se deveria especializar na produção de vinho, trocando-o, com vantagem, por tecido produzido pela Inglaterra.

Teoria da dotação de Recursos de Hecksher-Ohlin

A teoria da vantagem comparativa de Ricardo não explica a razão pela qual um país é mais eficiente que outro na produção de determinados bens, ou seja, não justifica as fontes das vantagens comparativas. A esta questão procuraram dar resposta os economistas suecos Hecksher e Ohlin através da *Teoria Hecksher – Ohlin da Dotação de Recursos* (Czinkota et al., 1992), segundo a qual os preços diferem em função dos custos de produção, os quais, por sua vez, dependem das quantidades e dos custos dos recursos disponíveis, nomeadamente matérias-primas, mão-de-obra e capital.

Como os países têm diferentes dotações de recursos, em quantidade e qualidade, deverão especializar-se na produção dos bens que requerem um maior número de fatores de produção em que o país é mais dotado. Segundo esta teoria, são as diferenças de dotação dos fatores que levam às diferenças nas vantagens competitivas e à especialização do comércio internacional.

O baixo custo e a disponibilidade dos fatores de produção num país constitui a base da vantagem comparativa deste país relativamente aos outros, o que, num contexto de forte competição internacional e de globalização, constitui um fator de atração do comércio e do investimento internacional e de localização das empresas multinacionais.

Teoria da Vantagem Competitiva das Nações de Porter

Apesar do avanço que representou, a teoria da vantagem comparativa mostra-se, contudo, incapaz de explicar plenamente os atuais padrões de desenvolvimento do comércio internacional. De facto, constata-se frequentemente que certas empresas de um país exercem um domínio mundial sobre uma indústria específica, enquanto outras do mesmo país têm desempenhos muito maus nos mercados internacionais. Por exemplo, a indústria do calçado italiana revela uma clara vantagem competitiva à escala mundial, enquanto as empresas de eletrónica de consumo perdem terreno relativamente às empresas japonesas. Porter concluiu que estas situações ocorrem porque existem fatores nacionais específicos que determinam o ambiente de apoio para as empresas de uma indústria e não para as de outra.

Porter, no seu livro *The Competitive Advantage of Nations (1990)*, propõe uma nova teoria explicativa do sucesso das nações no comércio internacional, segundo a qual a capacidade dos países dominarem os mercados internacionais é determinada por quatro condições que se combinam e formam um sistema que permite um domínio nacional de certas indústrias, a que chama o *diamante nacional* (Figura 8.5):

- **Condições dos fatores** – definem a posição da nação em termos dos fatores de produção necessários a que as empresas possam competir de forma eficaz numa indústria, como, por exemplo, o nível escolar e de qualificação profissional da mão-de-obra, recursos naturais, etc.

- **Condições da procura** – definem a natureza da procura interna do produto ou serviço da indústria, nomeadamente se a procura é ou não sofisticada, nível de exigência e sofisticação dos consumidores, etc.
- **Indústrias relacionadas e de suporte** – referem-se à presença ou ausência no país de indústrias fornecedoras e outras relacionadas, que sejam internacionalmente competitivas, como, por exemplo, a indústria de calçado, que é apoiada por indústrias de curtumes e de *design* competitivas.
- **Estratégia, estrutura e rivalidade das empresas** – referem-se ao tipo de organização e gestão das empresas e ao nível da concorrência nacional.

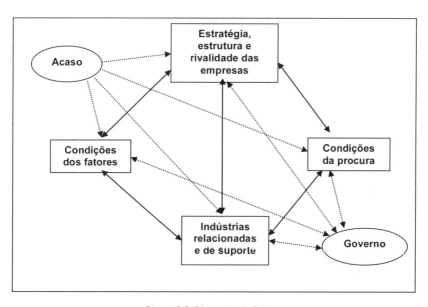

Figura 8.5 Diamante de Porter

Segundo Porter, estes quatro atributos genéricos do ambiente próximo das empresas, considerados em conjunto, permitem compreender porque é que certas empresas baseadas em certos países têm sucesso e são capazes de inovar e de desenvolver vantagens competitivas que vão explorar internacionalmente. A unidade de análise é a indústria. É aí que se ganha ou perde a vantagem competitiva. O país funciona como uma plataforma competitiva na medida em que proporcione o ambiente favorável a que as empresas sejam competitivas.

Porter refere ainda que outras importantes influências na maneira como uma indústria se desenvolve num país são as políticas do governo desse país, pela forma como atuam sobre as componentes básicas do diamante e de fatores de sorte e do acaso que escapam ao controlo das empresas. Os governos devem atuar como catalisadores da mudança, nomeadamente pela via do investimento em educação e infraestruturas, da fiscalização para fazer cumprir os padrões de qualidade exigidos e pela via legislativa para regulamentar a defesa da concorrência.

As fontes da vantagem competitiva decorrem das empresas encontrarem no seu país de origem os fatores críticos de produção (materiais, recursos humanos, tecnologia, capital), mercados mais importantes e clientes mais exigentes, a concorrência mais sofisticada, os fornecedores que detêm ou desenvolvem os produtos ou serviços complementares mais necessários. É desta confluência que resulta a inovação e o desenvolvimento das vantagens competitivas que a empresa vai explorar internacionalmente.

8.7.2. TEORIAS DO INVESTIMENTO INTERNACIONAL

Teoria das Imperfeições do Mercado de Hymer-Kindleberger

Uma das explicações mais importantes para justificar os movimentos de internacionalização das empresas baseia-se no paradigma de Hymer-Kindleberger (1969), segundo o qual são as imperfeições dos mercados de fatores (barreiras à mobilidade da mão-de-obra, escassez e economias de escala nas matérias-primas) e de produtos (existência de barreiras alfandegárias, custos de transporte) que estão na base das vantagens competitivas das empresas potencialmente multinacionais em relação às empresas locais, designadamente em termos de imagem de marca, capacidade de *marketing* e de gestão, capacidade financeira, tecnologia e economias de escala ou de integração vertical. Para Calvet (1981, p. 46) imperfeições de mercado são "... desvios à pureza dos preços determinados pelo mercado em virtude da existência de caraterísticas de mercado de monopólio ou oligopólio".

Teoria do Ciclo de Vida do Produto de Vernon

O modelo do ciclo de vida do produto, desenvolvido por Vernon (1966), é uma tentativa de estabelecer uma ponte entre a perspetiva da teoria do comércio internacional e a teoria do investimento internacional. Identifica uma sequência de quatro fases ao longo das quais se desenvolve o envolvimento internacional da empresa (Figura 8.6):

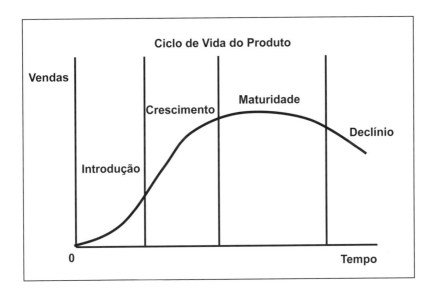

Figura 8.6 Ciclo de Vida do Produto

Segundo Vernon, os novos produtos surgem – **fase de lançamento ou de introdução** – geralmente nos países ou regiões mais sofisticadas. São desenvolvidos, produzidos, comercializados e exportados para países em desenvolvimento. Na **fase de crescimento**, em que o produto tem já um elevado grau de estandardização, a exportação em grande escala torna-se vantajosa, até para aproveitar as economias de escala no país de origem, passando também a produção a ser efetuada noutros países, levada a cabo por empresas locais que adquiriram a tecnologia necessária, explorando as vantagens de custos de mão-de-obra mais baixos e menores custos de transporte. Na **fase de maturidade** o preço é a variável mais importante, dado que a tecnologia se vulgarizou e o produto já não tem segredos a defender, atingindo a produção no estrangeiro níveis de eficiência comparáveis aos da empresa do país de origem, comprometendo a estratégia baseada nas exportações. A empresa vê-se, assim, obrigada a deslocalizar a produção para regiões de baixos custos de fatores produtivos, nomeadamente com recurso ao investimento direto, de forma isolada ou em aliança com parceiros locais. Esta tendência de deslocalização da produção para regiões de mais baixos custos de produção acentua-se à medida que o produto caminha para a **fase de declínio** e as novas empresas atingem economias de escala que lhes permitem competir com as empresas dos países industrializados que lançaram os produtos, ameaçando mesmo a sua posição monopolista, que detinham aquando do lançamento do produto e que deu origem a este ciclo.

Teoria Ecléctica de Produção Internacional de Dunning

A teoria ecléctica de Dunning foi uma tentativa de oferecer um quadro holístico para ajudar a identificar e avaliar os fatores na expansão internacional, particularmente pela produção (Dunning, 1988). De acordo com esta teoria, a decisão e escolha do modo de entrada num mercado externo depende do paradigma eclético OLI, ou seja, a internacionalização de uma empresa depende da conjugação de três fatores: vantagem específica da empresa (*Ownership*), vantagem específica do país (*Location*) e vantagem na internalização (*Internalisation*).

O paradigma ecléctico OLI de Dunning identifica três pressupostos que podem levar uma empresa a promover um investimento no estrangeiro (Kwang e Kim, 1990):

- A empresa tem vantagens específicas próprias (*Ownership-Specific Advantages*) (**O**), ou seja, a empresa tem vantagens competitivas que a distinguem dos seus concorrentes, nomeadamente em áreas como o marketing, tecnologia, capacidade de gestão, acesso favorável a matérias-primas, apoio governamental, quer sob a forma de incentivos, quer dificultando e controlando as novas entradas.
- A empresa explora fatores de localização específicos (*Location- -Specific Fators*) (**L**), como sejam a existência de recursos, tais como matérias-primas, energia e mão-de-obra, distância psíquica, economias de centralização de políticas de marketing e R & D, incentivos governamentais, entre outros.
- A empresa prefere explorar as vantagens da internalização (*Internalisation of Ownership Specific Advantages*) (**I**) por si própria em vez

de confiar essas tarefas a empresas locais nos países onde opera, protegendo-se ou explorando as imperfeições do mercado. São exemplos de vantagens de internalização, entre outras, a redução da incerteza acerca da natureza e do valor dos *inputs*, a possibilidade de discriminar preços, a maior capacidade para explorar ou evitar a intervenção governamental.

De acordo com este paradigma, na ausência de imperfeições do mercado, as empresas teriam na exportação a única forma de entrada nos mercados externos (Calvet, 1981; Hymer, 1976). No entanto, no mundo real, dadas as imperfeições dos mercados causadas pelas restrições impostas pelos governos (Kindleberger, 1969) e pelo conhecimento (Rugman, 1981), as firmas podem escolher entre uma variedade de modos de entrada nos mercados externos, como, por exemplo, filiais e empresas subsidiárias, *joint ventures*, licenciamento (*licensing*), acordos de franquia (*franchising*) e outros acordos contratuais.

Teoria da Internalização de Buckley & Casson

Vários autores (Andersen, 1993) consideram que a Teoria de Internalização de Buckley e Casson (1976) tem as suas origens em Coase (1937) e na Teoria dos Custos de Transação de Williamson (1975). Esta teoria reclama para si a potencialidade para explicar a origem e o crescimento da empresa multinacional e da própria empresa moderna, em que a estrutura organizativa substitui o mercado. Segundo esta teoria, a empresa multinacional desenvolveu no seu país um conjunto de competências e capacidades superiores à média, em termos de produção, investigação e desenvolvimento, marketing e gestão, o que lhe permitiu criar "fatores específicos da empresa" que parecem ter contribuído para a internalização dos mercados, através de processos de integração vertical ou horizontal, com investimentos próprios, pela via da criação de subsidiárias ou de *joint ventures*, em vez de outras formas contratuais menos envolventes, como a subcontratação ou o licenciamento.

De acordo com esta teoria, algumas atividades da cadeia de valor de uma empresa podem ser contratadas no exterior com agentes externos, parceiros ou fornecedores, ou podem ser internalizadas e desenvolvidas por departamentos próprios da empresa e por equipas próprias (integração vertical). Se, pelo contrário, os mercados não são eficientes há uma maior propensão para internalizar um número de atividades da cadeia (Buckley e Casson, 1976). A este respeito, Klein et al. (1990) defendem que, quanto maiores forem os custos de contratar externamente, maior é o incentivo para internalizar as transações.

Teoria das Capacidades Organizacionais

Alguns estudos sobre as formas de entrada nos mercados externos baseiam-se na perspetiva das capacidades organizacionais (Madhok, 1997). De acordo com Madhok (1997), a investigação sobre formas de entrada nos mercados externos tem resultado predominantemente da perspetiva de internalização, a qual está relacionada com a teoria dos custos de transação. Ambas as perspetivas estão fundamentalmente relacionadas com a minimização dos custos de transação e as condições subjacentes ao fracasso do mercado. Madhok (1997) sublinha a importância de uma empresa competir principalmente com base nas suas capacidades que podem ser desenvolvidas através de processos específicos dinâmicos e interativos (Amit e Shoemaker, 1993). De acordo com Madhok (1997, p. 42), a "acumulação de capacidades é um processo dinâmico onde a capacidade de uma firma adquirir, avaliar, assimilar, integrar, difundir e explorar o conhecimento é crucial".

As diferenças entre a teoria dos custos de transação e a teoria das capacidades organizacionais são de duas ordens. A primeira refere-se ao facto da teoria dos custos de transação focar somente o fracasso do mercado, enquanto a teoria das capacidades organizacionais olha para a possibilidade das capacidades das empresas falharem. Quanto à segunda diferença, a teoria dos custos de transação foca-se só na exploração da vantagem da empresa, enquanto a segunda olha para o benefício de executar.

8.8. FORMAS DE ENTRADA NOS MERCADOS INTERNACIONAIS

Como o estabelecimento de uma presença permanente no exterior é uma operação arriscada, que envolve, por vezes, recursos avultados, pode ser preferível começar por formas menos envolventes, que implicam menos riscos e menor dispêndio de recursos, como a exportação, passando depois para formas mais avançadas, mais arriscadas e com maior envolvimento de recursos, como a negociação de *joint ventures* com parceiros locais ou mesmo o investimento direto no estrangeiro.

ESTRATÉGIA INTERNACIONAL

Do ponto de vista da internacionalização, a escolha típica de entrada num país estrangeiro baseia-se numa combinação de duas dimensões principais: i) a *dimensão posse* (investir só com investimento próprio no qual tem pleno controlo das suas operações ou entrar em parcerias com locais); ii) a *dimensão investimento* (investir em ativos e competências para criar atividades de valor ou limitar-se a atividades comerciais e administrativas.

Há várias formas possíveis para as empresas desenvolverem o seu processo de internacionalização. Cada método tem os seus trunfos, fraquezas, oportunidades e ameaças. A escolha depende da natureza do negócio, dos objetivos da organização, das condições do meio envolvente, do tipo de produtos e do ambiente competitivo local. Não obstante as empresas poderem escolher uma forma de expansão internacional, é comum adotarem simultaneamente várias estratégias de entrada em vários países.

Em geral, as quatro formas básicas para operar no ambiente global, desde as mais simples e com menor risco, até às mais complexas e com maior envolvimento de recursos, são a importação e exportação, o licenciamento, o *franchising*, acordos de *joint ventures* e alianças estratégicas e investimento direto no estrangeiro (Figura 8.7):

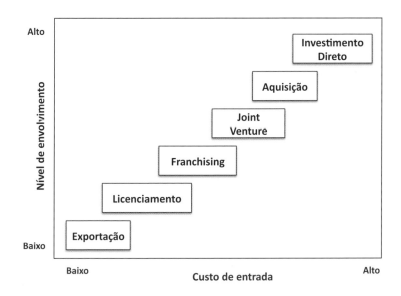

Figura 8.7 Estratégias de Entrada nos Mercados Internacionais

Importação e Exportação

A exportação e a importação são as formas mais acessíveis e menos complexas de entrada nos mercados externos, podendo fazer-se diretamente ou através de agentes ou distribuidores. Os métodos indiretos de entrada nos mercados externos requerem usualmente menos investimento em marketing, mas perde-se o controlo sobre o processo de marketing. A exportação direta necessita de maiores investimentos em marketing, mas o grau de controlo das estratégias de exportação é maior.

Uma empresa pode exportar diretamente os seus produtos para os seus clientes no estrangeiro, através do seu departamento de exportação dentro da própria empresa, ou indiretamente permitindo que agentes ou representantes locais distribuam os seus produtos no estrangeiro. A venda direta aos clientes, através dos departamentos comerciais da própria empresa, permite estabelecer uma relação direta com os mercados e os clientes externos mas, nos casos em que não é possível ou não se justifica vender diretamente ao consumidor final, pode usar agentes ou distribuidores locais.

Os riscos associados à exportação são baixos porque a empresa não tem que investir na fabricação no exterior. Uma empresa pode reduzir os seus investimentos no estrangeiro se tiver uma empresa local que faça a distribuição dos seus produtos.

A exportação tem vantagens e desvantagens. As principais vantagens são a não necessidade de facilidades operacionais no país estrangeiro, as economias de escala que podem ser exploradas e o acesso fácil aos mercados internacionais, mesmo por pequenas empresas. Como desvantagens pode apontar-se o facto de não permitir à empresa beneficiar das vantagens de localização internacional, tem possibilidades limitadas de aproveitar as oportunidades de se localizar num país estrangeiro, pode criar dependência relativamente aos intermediários, implica custos de transporte e pode limitar a capacidade de resposta imediata à procura por parte dos clientes.

Licenciamento

Os acordos de licenciamento internacional (*licensing*) são processos pelos quais uma empresa, o licenciador (*licensor*), concede determinadas facilidades de utilização de recursos (tecnologia, processos de fabrico, direito de utilizar determinadas patentes ou marcas) a outra empresa, o licenciado (*licensee*), mediante o pagamento de uma determinada quantia, como *royalties* ou outra forma de pagamento, de acordo com um calendário

ESTRATÉGIA INTERNACIONAL

acordado entre as duas partes. O licenciamento não é mais do que um contrato entre o licenciador e o licenciado em que se identificam claramente as marcas, patentes, desenhos e *know how* que o licenciador cede ao licenciado a troco de uma remuneração.

Esta forma de entrada nos mercados internacionais é muitas vezes usada como um primeiro passo para a entrada num novo mercado para ganhar conhecimento sobre a envolvente internacional antes de aumentar o seu envolvimento. É uma forma de penetração em novos mercados relativamente rápida, que exige poucos capitais e envolve poucos riscos. Adicionalmente, o licenciamento permite às novas empresas testar os seus produtos nos mercados e estabelecer parcerias com parceiros locais. Proporciona às empresas recursos adicionais, com custos muito baixos, sob a forma de *fees* ou *royalties,* como contrapartida da informação fornecida e da assistência. Finalmente, esta forma de entrada não requer grandes investimentos na produção ou nas estratégias de marketing.

A principal desvantagem do licenciamento é a dificuldade de identificar um parceiro adequado, a possibilidade de perda de controlo, quer sobre o produto, quer sobre as políticas de marketing-mix, uma vez que o licenciado está usualmente distante, não tendo o licenciador possibilidades de controlar os licenciados nos países de destino. Ações impróprias de uma parte podem prejudicar a outra parte. Se o licenciado prejudicar a imagem e reputação do produto ou da marca no seu mercado, a publicidade negativa pode prejudicar a marca noutros mercados. Finalmente, muitas empresas têm receio de que partilhar a sua tecnologia pode inadvertidamente criar um futuro concorrente, particularmente quando expirar o acordo. Terpstra e Sarathy (1999) identificaram um conjunto de técnicas que podem ser adotadas para minimizar potenciais problemas relacionados com o licenciamento.

Franquia

Os acordos de franquia (*franchising*) são uma forma especial de licenciamento, que consiste num método de cooperação entre empresas autónomas que estabelecem relações comerciais ao abrigo das quais uma entidade, o franchisador (*franchiser*) concede a outra, o franchisado (*franchisee*), um pacote completo de materiais e serviços necessários ao funcionamento do negócio, podendo incluir equipamento, produtos, componentes dos produtos, direitos e marcas, aconselhamento de gestão e procedimentos operacionais estandardizados.

As operações franchisadas têm usualmente um conjunto especificado de procedimentos e métodos e um conjunto de orientações fornecidas pelo franchisador, bem como o *layout* que o franchisado deve seguir para produzir e distribuir o produto. Enquanto no licenciamento, o licenciado geralmente mantém o nome da empresa, a autonomia e o sistema operacional, o franchisado assume o nome e os métodos operacionais do franchisador. As cadeias de *fast-food* são exemplos claros de *franchising*, em que os franchisados mantêm os nomes dos franchisadores, como McDonald's, KFC e Burger King.

O *franchising* é a estratégia de entrada nos mercados internacionais que apresenta maior taxa de crescimento, por permitir uma maior flexibilidade e um melhor aproveitamento dos recursos e capacidades e tender a possibilitar ao franchisador um maior controlo sobre as políticas de marketing (Cateora, 1997).

As vantagens do *franchising* internacional são similares às do licenciamento internacional. O *franchising* permite entrar num negócio que tem um produto e sistema operacional já testados e os franchisadores podem expandir-se internacionalmente com relativamente pouco risco e reduzidos custos. Adicionalmente permite a expansão da marca com pouco investimento. Todavia, o *franchising* contém alguns riscos. Encontrar um franchisado adequado ou um master franchisado pode ser muito complicado nalguns mercados. Em muitos mercados o conceito é mal compreendido. Outros aspetos importantes a ter em conta no *franchising* referem-se às restrições do mercado e às dificuldades de controlo.

Alianças Estratégicas

As alianças estratégicas são formas especiais de *joint ventures*, que consistem em acordos de cooperação entre empresas, procurando beneficiar da complementaridade de ativos, desde que não existam situações de competitividade direta entre produtos ou de mercados, tendo em vista o incremento da inovação e melhoria da flexibilidade na resposta às ameaças e oportunidades do mercado. Uma aliança estratégica é uma forma de presença nos mercados externos que representa mais do que um simples acordo de compra e venda. Tem um propósito bem definido e bem estruturado, com base em estratégias de gestão e objetivos financeiros. As empresas que constituem alianças estratégicas não têm necessariamente que criar organizações comerciais independentes, podendo assumir uma ou uma combinação das seguintes formas de acordos:

- Partilha de tecnologia e/ou de propriedade intelectual.
- Licenças cruzadas.
- Acordos de distribuição.
- Capital.
- Coordenação de desenvolvimento do produto.

Muitas pequenas e médias empresas têm nas alianças estratégicas uma alternativa às formas de entrada nos mercados externos que implicam investimentos em capital intensivo. As alianças estratégicas são também uma forma de competir com empresas multinacionais instaladas nos diversos mercados.

As alianças estratégicas internacionais proporcionam uma forma efetiva de entrar em novos mercados, evitando os problemas típicos de aquisições, nomeadamente problemas de integração, o recrutamento de novos empregados e proporciona a partilha de custos. De acordo com Collins e Montgomery (1997), as alianças sob qualquer das formas, como *joint ventures*, *franchising*, participações de capital, ou acordos de longo prazo, têm as vantagens do investimento direto no estrangeiro e de aquisições, sem as desvantagens de ambos.

Segundo Mowery et al. (1996), as alianças estratégicas podem assumir formas simples como contratos unilaterais, ou formas complexas, como contratos de transferência de tecnologia, acordos de cooperação e de gestão, até ao desenvolvimento de *joint ventures* com parceiros estrangeiros. De acordo com Lorange et al. (1992) há quatro motivos para estabelecer alianças estratégicas: defender, capturar, manter ou reestruturar.

Investimento Direto no Estrangeiro (IDE)
Quando os gestores decidem estabelecer uma subsidiária no estrangeiro estão a começar uma nova operação de risco, com envolvimento de meios próprios. Há várias formas pelas quais uma empresa pode estabelecer as suas operações de produção noutro país mantendo a propriedade total. Pode assumir a forma de um investimento direto no estrangeiro ou a aquisição de facilidades de produção no estrangeiro.

O investimento direto no estrangeiro é mais arriscado, porque requer um investimento substancial e um maior envolvimento no país de acolhimento, podendo implicar problemas de integração e coordenação, mas apresenta também grandes vantagens, como:

MANUAL DE GESTÃO MODERNA

- Possibilita uma rendibilidade potencial elevada porque a empresa não tem que partilhar os seus resultados com um parceiro internacional.
- Reduz o nível de risco porque os gestores têm o controlo de todas as operações das subsidiárias no exterior.
- Possibilita o pleno controlo da sua tecnologia e do *know-how* da concorrência internacional.
- As aquisições permitem o acesso rápido aos mercados e permitem transferência de tecnologias e acesso a apoios financeiros no país de acolhimento.

Estudos empíricos mostram que as empresas mais experientes internacionalmente tendem a adotar esta forma de entrada nos mercados internacionais, quando não precisam de um parceiro nos mercados onde pretendem instalar-se (Gatignon e Anderson, 1988; Agarwal e Ramaswani, 1992). Anderson e Gatignon (1986) argumentam que, com este modo de entrada, uma empresa multinacional pode dedicar um maior esforço no desenvolvimento do mercado, promover a sua marca internacionalmente e desenvolver novos produtos.

Estratégia de Aquisição Internacional

Uma segunda estratégia de investimento direto estrangeiro é a aquisição de uma empresa existente no país hospedeiro. Comprar uma empresa existente é muitas vezes visto como a forma mais simples de diversificar, dado que permite uma rápida penetração nos mercados externos e dá às empresas acesso a um conjunto de recursos necessários para ganhar vantagem competitiva (Collis e Montgomery, 1997). Se a empresa adquirida está já estabelecida e tem *expertise* específica local, tem canais de distribuição eficientes, uma boa base de clientes, uma boa reputação, a aquisição pode ser uma solução apropriada (Glaister e Des Thwaites, 1994). De igual modo, a aquisição é desejável quando a indústria é altamente competitiva e há pouco espaço para novos entrantes ou existam barreiras substanciais à entrada (Douglas e Craig, 1995). Comprando um *player* existente, a empresa não perde tempo a estabelecer-se ou obter recursos, o que é especialmente vantajoso quando esses recursos são difíceis de obter (Collis e Montgomery, 1997). Contudo, a aquisição de uma empresa obriga a assumir responsabilidades, nomeadamente financeiras, capacidade de gestão e outras.

Joint ventures

Um método alternativo de entrada nos mercados internacionais é a formação de *joint ventures* entre duas ou mais empresas de diferentes países com empresas locais, segundo o qual criam uma nova entidade autónoma, com partilha dos lucros e de riscos (Cateora, 1997). Numa *joint venture* internacional, cada parte contribui com capital, ativos ou capital próprio, mas não necessariamente numa base de 50/50. Leersnyder (1986) considera as *joint ventures* como filiais comerciais ou industriais criadas em associação com outros *partners*, repartindo entre eles o respetivo capital. Butler e Carney (1986) consideram as *joint ventures* como uma estratégia cooperativa em que as empresas ganham poder através da troca de compromissos e, desde logo, a redução do potencial de incerteza para ambas as partes.

Uma *joint venture* internacional é criada quando dois ou mais parceiros juntam forças para criar uma nova empresa em que cada parte tem uma posição específica de igualdade, com partilha proporcional de dividendos e representação no conselho de administração. O envolvimento da empresa no processo de tomada de decisão da nova subsidiária varia de acordo com a sua participação na estrutura de capital. Ao contrário do licenciamento, as *joint ventures* exigem investimento direto em capacidade de gestão, formação, transferência de tecnologia e em relações e contactos internacionais.

Há várias razões para as empresas adotarem *joint ventures* como estratégia de internacionalização. As principais vantagens são a partilha do risco do investimento com o parceiro local, a combinação de recursos e *know-how*, pode ser uma condição imposta pelo país de acolhimento e é uma forma de ganhar acesso a novos canais de distribuição. As *joint ventures* também estão menos expostas ao perigo de expropriação ou de nacionalização. As desvantagens que se podem apontar são a dificuldade de identificar um parceiro adequado, a gestão das relações com o parceiro internacional, perda de competitividade por via da imitação e capacidade limitada de integração e coordenação das atividades.

Ao contrário do estabelecimento de empresas subsidiárias no estrangeiro, as joint ventures permitem à empresa a utilização de capacidades especializadas dos parceiros locais, juntamente com o seu conhecimento do mercado local, da cultura e dos contactos governamentais. Permitem um mais vasto acesso aos sistemas de distribuição locais, particularmente quando a empresa tem falta de recursos humanos e financeiros para se expandir por si própria nos mercados internacionais. *Joint ventures* sem participação no capital ou alianças estratégicas são diferentes de *joint ventures* com participação no capital em que os parceiros contribuem para a parceria com um montante fixo de recursos (Hennessey, 1995), o que significa que, no primeiro caso, os parceiros concordam em cooperar em atividades específicas sem criarem uma nova empresa.

Contrato de Gestão Internacional

Trata-se de um acordo pelo qual uma empresa faculta apoio de gestão a outra empresa, treinando o seu pessoal a assumir posições de gestão contra pagamento de um *fee* pela assistência. Este tipo de acordos são usualmente por períodos curtos de tempo. Este modo de entrada requer menos capital do que as outras formas de entrada nos mercados internacionais. Não há qualquer risco político envolvido, uma vez que a empresa apenas recebe um *fee* por ter prestado o apoio necessário.

Contrato de Fabricação Internacional

Trata-se de uma forma de entrada nos mercados internacionais que consiste na celebração de um contrato com um fabricante estrangeiro, em que o produto da empresa que se pretende colocar nos mercados externos é produzido no estrangeiro por um fabricante local. Uma empresa pode ter interesse em fabricar o produto localmente se os custos de mão-de-obra forem mais baixos, para evitar altas taxas de importação, para reduzir os custos de transporte, pela facilidade de acesso a fontes de matérias-primas, exportação de componentes ou como forma de entrada no mercado (Cateora, op.cit. p. 345). Por outro lado, pode também ser um primeiro passo para formas mais avançadas de internacionalização, nomeadamente a criação de uma empresa subsidiária no exterior.

Mas o contrato de fabricação não está, todavia, isento de dificuldades. Pode ser difícil encontrar um fabricante satisfatório no mercado externo. O controlo de qualidade é usualmente também um grande problema quando a produção é feita por outra empresa. A principal preocupação é a falta de controlo sobre o fabricante. Este risco leva muitas empresas a preferirem fazer em casa os produtos mais valiosos ou os produtos que envolvem investigação e desenvolvimento próprios.

Ao contrário do licenciamento, o contrato de fabricação terá que subordinar-se às regras e cultura do país de acolhimento, mas tem a vantagem do fabricante local conhecer o mercado e possuir os contactos que facilitam a entrada no mercado e de controlar a política de *marketing,* que fica a seu cargo.

Piggyback Marketing

Uma empresa que tem o seu sistema de exportação devidamente estruturado pode ter necessidade de fornecer outros produtos ou serviços em complemento do seu próprio produto. Permitir que outra empresa comercialize os seus produtos ou serviços conjuntamente com os seus próprios produtos é o que se designa por exportação *piggyback*. Este tipo de exportação funciona bem nos casos em que os produtos se complementam ou os serviços prestados por terceiros acrescentam valor ao sistema de distribuição da empresa, pela oferta de soluções mais completas face às necessidades dos mercados externos.

8.9. RESUMO DO CAPÍTULO

Neste capítulo analisámos o processo de internacionalização das empresas. Apesar dos princípios básicos de gestão e de marketing serem universalmente aplicáveis, a entrada em novos mercados num país estrangeiro pode muitas vezes significar operar num ambiente diferente, com diferentes culturas e diferentes gostos dos consumidores, diferentes processos de investigação e desenvolvimento e diferentes abordagens de marketing. Foi analisada a envolvente internacional dos negócios e estudadas os principais modelos e teorias de internacionalização.

A escolha da forma de entrada nos mercados internacionais é uma das decisões mais importantes e mais complexas que uma empresa tem que tomar. Os gestores devem selecionar as formas de entrada mais consistentes com a posição que pretendem assumir nos mercados onde querem entrar. Cada opção tem os seus riscos e os controlos do mercado, pelo que cada mercado a considerar requer uma forma de entrada diferente. A forma de entrada escolhida determina a estratégia de internacionalização da empresa.

Finalmente deve enfatizar-se que, uma vez escolhidas as formas de entrada, é difícil alterá-las sem consideráveis perdas de tempo e de dinheiro, o que torna a escolha da forma de entrada uma decisão estratégica muito importante.

MANUAL DE GESTÃO MODERNA

QUESTÕES

1. Caracterize as seguintes estratégias de expansão internacional: multidoméstica, transnacional e globalização.
2. Identifique e caracterize as diferentes opções de internacionalização tradicionalmente usadas na internacionalização das empresas.
3. Descreva as principais forças da envolvente internacional dos negócios.
4. Faça uma análise PESTLE de uma cadeia de supermercados que conheça.
5. Faça uma análise crítica das vantagens e desvantagens do fenómeno da globalização no mundo dos negócios. Acha que vale a pena lutar contra ela?
6. Faça uma breve caracterização das principais teorias do comércio internacional. Qual lhe parece mais ajustada ao atual mundo dos negócios?
7. Compare as vantagens associadas às estratégias de entrada nos mercados internacionais de exportação, licenciamento e instalação de subsidiárias próprias. Que informação necessita recolher e que fatores deve considerar quando seleciona uma estratégia de internacionalização?
8. Explique as seguintes estratégias de entrada nos mercados internacionais: exportação, licenciamento, joint venture, contrato de fabricação internacional, contrato de gestão internacional e aquisição internacional.
9. Quais são os fatores que devem ser considerados na escolha de um país para um investimento direto no estrangeiro.
10. Pensa que uma empresa multinacional deve ter gestores locais nos principais mercados? Porquê?
11. Explique como a teoria das imperfeições do mercado explica o investimento direto estrangeiro.
12. Defina uma estratégia para a internacionalização dos vinhos verdes portugueses.

ESTUDO DE CASO 8.1

A indústria do Vinho do Porto tem vindo nos últimos anos a melhorar a sua posição, através de um crescente interesse de alguns mercados consumidores e da atuação de algumas das maiores empresas do setor. No entanto, o Vinho do Porto pode caracterizar-se como uma indústria sem uma orientação estratégica definida, não centrada no mercado, o que tem impedido de se afirmar nos mercados mundiais com uma sólida imagem e uma correta estratégia de marketing.

ESTRATÉGIA INTERNACIONAL

Em termos genéricos, os produtores de Vinho do Porto orientam a sua atividade em função do produto e não em função do mercado e dos consumidores. Esta falta de orientação de marketing faz com que se tenham desenvolvido muito poucas marcas de Vinho do Porto e estratégias de marketing consistentes.

A grande diversidade de tipos de Vinho do Porto e a falta de estratégias adequadas, provoca grande confusão no mercado. Grande parte dos consumidores não identifica sequer alguns tipos de Vinho do Porto existentes. Por outro lado, a existência de normas de utilização, que variam em função do tipo de Vinho do Porto, faz com que os consumidores se sujeitem frequentemente a experiências desagradáveis, como consumirem de forma inadequada as diversas categorias de Vinho do Porto.

Na indústria do Vinho do Porto não há uma visão estratégia comum ao setor, nem uma concertação efetiva de esforços em torno de ações concretas. Esta situação mantem-se, apesar dos progressos verificados e de existir um número significativo de instituições, como o Instituto do Vinhos do Douro e Porto, a Associação de Exportadores de Vinho do Porto, a Confraria do Vinho do Porto e a Casa do Douro, tornando-se mais grave quando se compreende que os orçamentos de promoção poderiam ser mais eficazes se utilizados em torno de objetivos comuns.

Relativamente à definição da estratégia para a indústria, não existe um organismo que assuma um papel de liderança, pese embora a crescente intervenção do Instituto dos Vinhos do Douro e Porto, no setor. Não obstante, a indústria tem vindo a crescer, em quantidades e em valor, embora com algumas oscilações. A grande opção feita na qualidade por algumas das maiores empresas do setor tem sido responsável por essa valorização. No entanto, não é possível concluir se essa valorização resultou do esforço dos produtores em desenvolver estratégias de marketing eficazes ou se foi a imprensa da especialidade e os consumidores de vinho de mesa que, no âmbito do seu interesse por vinhos de qualidade, estenderam a sua pesquisa de marketing ao Vinho do Porto e vice-versa.

Nas últimas décadas assistiu-se à entrada de empresas multinacionais de bebidas espirituosas na indústria do Vinho do Porto, sobretudo pela aquisição de empresas existentes. A sua atuação tem sido importante, provocando uma reorientação estratégica em torno de produtos de maior valor acrescentado e a uma profissionalização da gestão, com destaque para o desenvolvimento de uma visão de marketing.

A intensidade competitiva da indústria do Vinho do Porto está muito dependente da notoriedade e formas de utilização do produto verificadas em cada mercado. As diferenças de posicionamento e de estratégias impõem consequências importantes ao nível do enquadramento competitivo de cada mercado. Em termos globais, a intensidade competitiva entre as diversas empresas da indústria do Vinho do Porto é reduzida, devido à dispersão de empresas e de quotas de mercado.

Se considerarmos o ambiente competitivo alargado, também composto por outras bebidas, como os aperitivos (vermutes, xerez, gin, cerveja) e digestivos (whisky, cognac, aguardentes e licores), conclui-se que a intensidade competitiva é função do grau de notoriedade e de diferenciação conseguidos pelo Vinho do Porto em cada mercado.

A posição competitiva do Vinho do Porto é muito distinta, se considerada como produto indiferenciado de baixa qualidade e baixo preço, como acontece no mercado francês, belga e holandês, ou como produto diferenciado, associado a caraterísticas de um produto de qualidade, como é o caso de outros mercados (especialmente o Reino Unido, os EUA e o Canadá).

Nos casos em que o Vinho do Porto é um produto indiferenciado, cresce a gama e a importância dos produtos substitutos, concorrendo pelo preço. Neste caso, a sua posição competitiva é débil, ficando com um poder negocial muito reduzido, dado que concorrem num ambiente alargado, os seus concorrentes são empresas multinacionais, com estruturas de custos otimizadas e grandes sinergias e economias de escala e muitos produtos substitutos são produtos industriais não dependentes das condições climatéricas, com custos de produção muito inferiores ao Vinho do Porto. Paralelamente, possuem estratégias de marketing e orçamentos de promoção muito superiores.

Quando o Vinho do Porto concorre como produto diferenciado, com um conjunto de caraterísticas únicas, reduz o espaço de manobra dos concorrentes e dos produtos substitutos, detendo um forte poder no mercado e aumentando o valor para os consumidores.

Da leitura do caso, conclui-se que o Vinho do Porto sofre de problemas de afirmação em vários mercados, para além de posicionamentos distintos nos diversos países de exportação.

QUESTÕES

1. *Faça uma breve caracterização da envolvente internacional da indústria do Vinho do Porto.*
2. *Que modelo de internacionalização lhe parece mais ajustado à indústria do Vinho do Porto?*
3. *Que formas de entrada nos mercados internacionais adotaria se fosse nomeado responsável de marketing de uma empresa do Vinho do Porto? Justifique.*
4. *Como as empresas do Vinho do Porto diferenciam e posicionam os seus produtos para obterem vantagem competitiva nos mercados internacionais?*
5. *Recomende uma possível estratégia de marketing para uma empresa do Vinho do Porto que pretende agora entrar no mercado e faça a ligação entre as suas capacidades internas e as oportunidades externas.*
6. *Defina uma estratégia de internacionalização para uma empresa do Vinho do Porto que pretende internacionalizar-se?*

ESTRATÉGIA INTERNACIONAL

ESTUDO DE CASO 8.2

A Starbucks tem sido bem sucedida nos países europeus, incluindo o Reino Unido, Irlanda e Alemanha. O sucesso tem acontecido apesar da concorrência local e do consumo *per capita* de café torrado nos três países ser o mais baixo da Europa. Em Janeiro de 2004 a Starbucks abriu a sua primeira loja em Paris. O CEO Howard Schultz disse que a decisão de abrir uma loja em França foi ainda mais corajosa, porque as relações entre os Estados Unidos e a França tinham sido ameaçadas por causa das diferenças políticas a propósito da decisão do Presidente Bush de invadir o Iraque. Por outro lado, os franceses preferem café expresso e existe o sentimento popular de que os americanos não são bons apreciadores de café.

A China representou outra estratégia de crescimento do mercado para a Starbucks. Começando com uma loja em Pequim, que abriu em 1999, a Starbucks tem agora lojas em mais de 600 locais. Na sua estratégia de internacionalização para a China, a Starbucks teve que fazer face a vários tipos de desafios. Primeiro, a regulação do país obriga as empresas a estabelecer parcerias com empresas locais. Depois, os chineses não têm hábitos de consumir café, estando mais habituados ao consumo de chã. Apesar disso, a Starbucks consegui ultrapassar as barreiras locais e iniciou a sua expansão, focando-se nas grandes cidades como Pequim e Shanghai.

Face a uma das mais fundamentais questões de marketing internacional – adaptar a oferta aos apelos locais ou tentar mudar os hábitos e gostos locais – a Starbucks espera educar os chineses sobre o consumo de café.

Os consumidores chineses exibem padrões diferentes de comportamento do que os clientes da Starbucks noutros países. Na China, a maior parte do consumo de café faz-se nas confeitarias e nos cafés, fundamentalmente da parte de tarde, enquanto nos Estados Unidos a maioria das compras de café é para consumir em casa.

Vendo uma janela de oportunidade, a McDonald's está a fazer planos para lançar o McCafé, um novo conceito de café semelhante ao "cappuccino" e outras bebidas de café a preços significativamente mais baixos que a Starbucks.

Na Europa a Starbucks está actualmente em cerca de 1300 locais. A McDonald's planeia montar um total de 1200 McCafés na Irlanda, Alemanha, Rússia, Itália, França e Áustria. Alguns McCafés ficam localizados dentro dos McDonald's existentes; outros são localizados em lojas próprias, próximas dos restaurantes McDonald's existentes.

QUESTÕES

1. Qual a importância da análise do meio envolvente internacional de uma empresa que pretende lançar-se nos mercados internacionais, como foi o caso da Starbucks?

MANUAL DE GESTÃO MODERNA

2. *Nos Estados Unidos cerca de 2/3 são lojas próprias da Starbucks e um terço operam por licenciamento. Fora dos Estados Unidos, as proporções são inversas: cerca de 2/3 são licenciamentos ou parcerias, nas quais a Starbucks tem partes iguais de capital com os parceiros locais. Qual a explicação para as duas estratégias diferentes de expansão do mercado?*

3. *Em resposta à recessão económica, a Starbucks lançou recentemente uma nova linha de café instantâneo. A empresa também lançou uma linha de pequenos-almoços económicos. Concorda com esta decisão de diversificação dos negócios?*

4. *A longo prazo, qual das duas empresas lhe parece estar mais bem preparada para ganhar a "guerras do café" no mercado global: a Starbucks ou a McDonald's? Justifique.*

REFERÊNCIAS

Anderson, E. e Gatignon, H. (1986), *Modes of Foreign Entry: A Transaction Cost Analysis and Propositions*, Journal of International Business Studies, Fall 1-26.

Bartlett, C., Ghoshal, S. e Birkinshaw, J. (2003), *Transnational Management, Text, Cases and Readings*, fourth edition, McGraw-Hill.

Cavusgil, S. (1980), *On the International Process of Firms*, European Research, 8 (November), pp. 273-81.

Collis, K. R. e Montgomery, C. A. (1995), *Competing on Resources: Strategy for the 1990s*, Harvard Business Review, n.ª 73, pp. 118-128.

Cullen, J. B. (2011), *Multinational Management: A Strategic Approach*, 5th Edition, South-Western: Thomson Learning.

Czinkota, M. (1982), *Export Development Strategies*, New York, NY: Praeger.

Deresky, H. (2014), *International Management: Managing Across Borders and Cultures, Text and Cases*, 8th Edition, Pearson Education Inc., New Jersey.

Hedlund, G. and Rolander, D. (1990), *Action in heterarchies: new approaches to managing the MNC*, in Managing the Global Firm, edited by Bartlett, C., Doz, Y., and Hedlund, G., London: Routledge, pp. 15-46.

Hill, C. (2007), *International Business: Competing in the global marketplace* (6th Ed.) McGraw-Hill Irwin, International Edition.

Johanson, J. e J. Vahlne (1977), *The internationalisation process of the firm: A model of knowledge development and increasing foreign market commitments*, Journal of International Business Studies, Vol. 8 N.º 1, pp. 23-32.

Johanson, J. e J. Vahlne (2003), *Business the internationalisation process of the firm: A model of knowledge development an Relationship Learning and Commitment in the*

Internationalization Process, Journal of International Entrepreneurship, Vol. 1, Nº 1.

Johanson, J. e Wiedersheim-Paul (1975), *The internationalisation of the firm – Four Swedish Cases*, Journal of Management Studies, Vol. 12, Nº 3, pp. 305-22.

Jones, G. e George, J. (2011), *Contemporary Management*, 7th edition, McGraw--Hill/ Irwin, New York.

Keegan, W. e Green, M. (2011), *Global Marketing*, Sixth Edition, Pearson, Education, Upper Sadle River, New Jersey.

Matsuura, N. (1991), *International Business. A New Era*, Harcourt Brace Jovanovich, New York.

Rugman, A. e Hodgetts, R. (1995), *International Business: A Strategic Management Approach*, England: Financial Times, Prentice Hall.

Shenkar, O. e Luo, Y. (2004), *International Business*, John Wiley & Sons.

Stoner, J. e Freeman, R. (1989), *Management*, 4th ed., Prentice-Hall, Englewood Cliffs, NJ.

Taggart, J. (1998), *Strategy shifts in MNC subsidiaries*, Strategic Management Journal, Vol. 19, pp. 663-681.

Wortzel, H. e Wortzel, L. (1997), *Strategic Management in a Global Economy*, 3 ed., John Wiley & Sons, N. Y.

Capítulo 9
Mudança Organizacional e Inovação

Uma decisão chave que os gestores têm que tomar é qual a melhor estrutura organizacional para as suas organizações. Organizar é muito importante porque a estrutura segue a estratégia. A estratégia define "o que fazer", enquanto organização define "como fazer". A estrutura organizacional é o meio pelo qual os gestores dividem, agrupam e coordenam as tarefas de modo a que a organização funcione e atinja os objetivos pretendidos.

Neste capítulo, vamos apresentar os conceitos fundamentais de organização e os modelos teóricos de estruturas organizacionais usadas pelos gestores. Vamos também analisar a forma como os gestores adequam os vários elementos da estrutura às suas organizações e como a organização pode ser estruturada para facilitar a inovação e a mudança.

OBJETIVOS DE APRENDIZAGEM

Depois de ler e refletir sobre este capítulo, o leitor deve ser capaz de:
- Definir os conceitos de organização, estrutura organizacional e organograma.
- Identificar os fatores que influenciam os gestores na definição da estrutura organizacional.
- Definir os tipos de estruturas organizacionais.
- Comparar a estrutura funcional, divisional e matricial, explicando as principais vantagens e desvantagens de cada uma.

- Definir mudança organizacional e explicar as forças que induzem a inovação e a mudança nas organizações modernas.
- Explicar a importância da inovação organizacional.
- Explicar as etapas do desenvolvimento organizacional de descongelamento, mudança e recongelamento.
- Identificar as forças de resistência à mudança organizacional e como pode ser gerida.

Conceitos chave
Organização, estrutura organizacional, tipos de estruturas organizacionais, gestão da mudança, tipos de mudança, processo de mudança, inovação, resistência à mudança.

9.1. ORGANIZAÇÃO

Uma vez estabelecidos os objetivos e definidas as estratégias da organização, a função seguinte do gestor consiste em organizar os recursos materiais e humanos para atingir os objetivos propostos. Organizar é o processo pelo qual os gestores estabelecem a estrutura que define as relações de trabalho entre os membros da organização para atingir os objetivos organizacionais. Organização é a função de gestão que agrupa as tarefas, estrutura os recursos, estabelece os mecanismos de comunicação e coordenação das diversas áreas da empresa e que determina quem tem autoridade sobre quem e quando e a que nível se devem tomar as decisões.

Estrutura organizacional é o sistema formal de relações que coordena as atividades de uma organização e determina como os colaboradores usam os recursos para atingir os objetivos. A estrutura organizacional especifica os papéis, as relações entre as pessoas e os procedimentos organizacionais que possibilitam uma ação coordenada dos seus membros. A estrutura organizacional representa-se graficamente através do organograma (Figura 9.1):

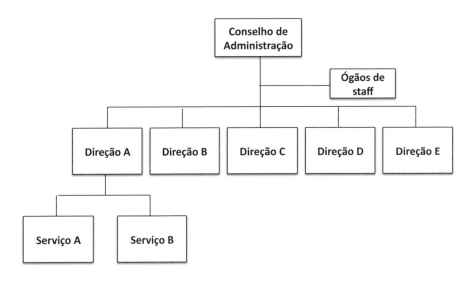

Figura 9.1 **Organograma**

O organograma mostra os diversos níveis hierárquicos da organização e como se interrelacionam as funções de gestão. Cada retângulo representa a forma como estão distribuídas as tarefas e indica quem é responsável por quê, enquanto as linhas referem-se à cadeia de comando. As organizações, para além de uma estrutura de funções especializadas, precisam também de uma estrutura hierárquica que define os níveis de responsabilidade e de autoridade. A esta hierarquia chama-se cadeia de comando. O conceito de cadeia de comando está associado ao princípio militar de unidade de comando, segundo o qual cada subordinado reporta apenas a um único superior hierárquico, mas este conceito é hoje posto em causa por algumas estruturas modernas.

9.2. DETERMINANTES DA ESTRUTURA ORGANIZACIONAL

São os gestores de topo quem tem a responsabilidade e o poder de definir o desenho das estruturas organizacionais. Não há uma estrutura ótima que possa ser aplicada a todas as organizações. Muitos fatores assumem um papel determinante na definição da estrutura de uma organização. A melhor estrutura é a que melhor se ajusta aos fatores contingenciais existentes em cada organização, como a missão, a estratégia, a envolvente organizacional, a tecnologia e, em particular, a tecnologia de informação e as caraterísticas dos recursos humanos (Figura 9.2).

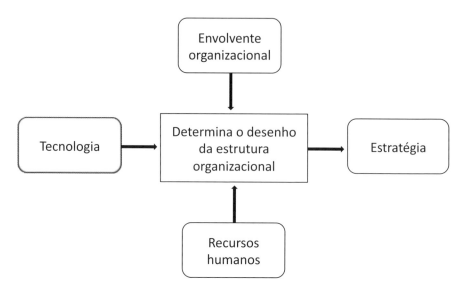

Figura 9.2 **Fatores que Afetam a Estrutura Organizacional**

Em geral, quanto mais rápidas forem as mudanças do **meio envolvente** externo e maior for a incerteza, maiores são os problemas que os gestores têm que enfrentar para terem acesso a recursos, que são escassos. Quando as mudanças do meio envolvente são rápidas, as estruturas devem ser mais flexíveis, a tomada de decisão deve ser descentralizada, devem ser valorizadas as funções dos empregados de níveis mais baixos, no sentido de serem atribuídos poderes para decisões operacionais e enfatizar a mudança e a inovação. Pelo contrário, se o ambiente externo é estável, os recursos estão prontamente disponíveis e a incerteza é baixa, há menos necessidade de coordenação e comunicação e a estrutura pode ser mais centralizada e hierarquizada.

Quando os gestores decidem a estratégia devem escolher a melhor estrutura para a implementar. Diferentes estratégias requerem diferentes estruturas organizacionais. Por exemplo, uma estratégia de diferenciação ou de integração vertical necessita de uma estrutura mais flexível e uma cultura de inovação, enquanto uma estratégia de liderança pelos custos, que visa redução dos custos em todas as funções, usualmente pode necessitar

MUDANÇA ORGANIZACIONAL E INOVAÇÃO

de uma estrutura mais formal que permita aos gestores um maior controlo sobre todas as atividades da organização. As estratégias de integração vertical ou de diversificação também requerem estruturas mais flexíveis. Estudos recentes mostram que o desempenho de um negócio é fortemente influenciado pela forma como a estrutura da empresa está alinhada com a sua estratégia, pelo que os gestores devem ter estratégias e estruturas que sejam congruentes (Olson, Slater e Hult, 2005). Alfred Chandler, com base em estudos feitos na DuPont, General Motors, Standard Oil of New Jersey e Sears Roebuck, concluiu que a estrutura segue a estratégia, o que significa que a estrutura organizacional é criada com vista a implementar uma dada estratégia corporativa.

A **tecnologia** compreende a combinação de capacidades, conhecimentos, ferramentas, equipamentos, computadores e máquinas usadas na organização para desenhar, produzir e distribuir os produtos e serviços. Por regra, quanto mais complexa for a tecnologia usada por uma organização, mais difícil é o controlo porque mais facilmente podem surgir eventos inesperados. Quanto mais complicada for a tecnologia, mais necessárias são estruturas flexíveis. Pelo contrário, quanto mais rotineira for a tecnologia, mais adequada é a estrutura formal, porque as tarefas são simples e as etapas necessárias para produzir produtos ou serviços são definidas antecipadamente.

Um último fator importante que afeta a escolha da estrutura de uma organização é a qualidade dos seus **recursos humanos**. Em geral, quanto mais qualificados forem os recursos humanos, mais flexível e descentralizada deve ser a estrutura organizacional. Trabalhadores mais qualificados desejam usualmente maior liberdade e autonomia no desenvolvimento do seu trabalho. Quando os gestores desenham a estrutura organizacional devem prestar atenção às necessidades dos trabalhadores e à complexidade e tipo de trabalho que os empregados desempenham.

Em suma, a envolvente externa da organização, a estratégia, a tecnologia e a qualidade dos recursos humanos são fatores que devem ser tidos em consideração pelos gestores ao escolherem o desenho da melhor estrutura para uma organização. Quanto maior for o nível de incerteza do meio envolvente, mais complexas forem a estratégia e a tecnologia usadas e mais qualificados forem os recursos humanos, mais flexível deve ser a estrutura adotada. Quanto mais estável for o meio envolvente, menos complexas forem a estratégia e a tecnologia e menos qualificados forem os recursos humanos, mais formal, hierárquica e controladora pode ser a estrutura.

9.3. DESENHO DE UMA ESTRUTURA ORGANIZACIONAL

Uma decisão chave dos sócios das empresas ou dos gestores é a melhor forma de estruturar a empresa. Estrutura organizacional é a forma como os empregados são formalmente divididos em grupos para coordenação e controlo do seu desempenho.

O primeiro passo no desenvolvimento da estrutura de qualquer organização ou negócio, pequeno ou grande, envolve três atividades:

- **Especialização** – é o processo de identificar as funções específicas que devem ser feitas e determinar quem as executa.
- **Departamentalização** – determinar como podem ser agrupadas as tarefas de modo a que sejam desempenhadas de forma mais eficiente.
- **Estabelecimento de uma hierarquia de tomada de decisão** – decidir quem terá poderes para tomar decisões e quem depende de quem, ou seja, decidir uma hierarquia de tomada de decisões.

Quando as funções de uma organização são divididas em áreas funcionais homogéneas, os trabalhadores podem especializar-se nas suas funções e podem coordenar melhor a sua atividade com o trabalho desenvolvido pelos outros colaboradores. Quando a organização é muito pequena, o sócio ou o gestor podem desempenhar todas as funções, mas quando a empresa cresce, torna-se necessário dividir e especializar as funções por áreas homogéneas para que possam ser desempenhadas de forma eficiente. A especialização de funções é um passo natural no processo de crescimento das organizações.

Depois de especializadas as funções, estas devem ser agrupadas em unidades lógicas, que é o processo de departamentalização. A departamentalização permite à empresa tratar cada departamento como um centro de lucro responsável pelos seus próprios custos e resultados. A departamentalização pode fazer-se por produtos, por processos, por funções, por clientes ou por áreas geográficas.

O terceiro passo no processo de desenvolvimento de uma estrutura é o estabelecimento de uma hierarquia de tomada de decisão. Alguns gestores pretendem manter o máximo de poder aos mais elevados níveis da estrutura organizacional, enquanto outros procuram delegar o máximo de poder possível nos níveis mais baixos da hierarquia, tendo como resultado a criação de estruturas centralizadas ou estruturas descentralizadas.

Empresas descentralizadas tendem a ter relativamente poucos níveis hierárquicos e é uma estrutura típica de pequenas empresas, em que o dono ou gerente detém quase todos os poderes da organização, resultando numa estrutura organizacional achatada. Em contrapartida, empresas centralizadas requerem múltiplos níveis de gestão, de que resulta uma estrutura organizacional alongada. É natural que à medida que as organizações vão crescendo as estruturas se vão tornando cada vez mais alongadas.

9.4. TIPOS DE ESTRUTURAS ORGANIZACIONAIS

As organizações fazem escolhas quando desenham a sua estrutura organizacional. A organização formal é uma estrutura do conjunto de grupos de trabalho que foram conscienciosamente formados, com a finalidade de maximizar os objetivos organizacionais, que é o oposto à organização informal, constituída pelo conjunto de relações que se estabelecem espontaneamente entre os membros de uma organização.

Talvez o principal desafio que se coloca aos gestores é conceber a forma como os empregados são agrupados – por áreas, por funções, por produto ou por processos. Há diversas alternativas sobre a forma como desenhar uma estrutura organizacional. As formas mais comuns de estrutura que têm sido desenhadas são as seguintes, consoante o grau de complexidade da organização:

- **Estrutura simples** – não há categorias de produtos ou funções atribuídas a responsáveis funcionais, sendo todas as funções exercidas pelo empresário. É apropriada para empresas muito pequenas, com um patrão dominador e uma ou duas linhas de produtos, que opera num nicho de mercado facilmente identificável (Figura 9.3):

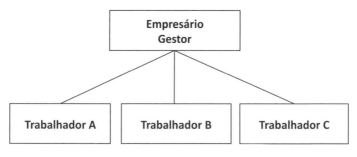

Figura 9.3 Estrutura Simples

- **Estrutura funcional** – baseia-se em agrupar as pessoas por áreas funcionais especializadas da empresa, tais como a produção, marketing, finanças, recursos humanos.
- **Estrutura divisional** – é apropriada para grandes empresas com muitas linhas de produtos em indústrias relacionadas. Os empregados tendem a ser especialistas funcionais de acordo com as distinções do produto ou do mercado.
- **Estrutura matricial** – os gestores agrupam as pessoas simultaneamente por funções e por equipas de produto. Resulta numa rede complexa de relações de reporte e de hierarquia. É muito flexível e pode responder rapidamente à mudança. Cada empregado tem dois chefes, o que pode causar problemas no caso de haver ordens diferentes e incompatíveis, impossibilitando o empregado de poder satisfazer ambas. Na estrutura por equipas de produto não há duas vias de reporte. Os membros estão permanentemente afetos à equipa e empenhados em colocar o produto no mercado.

9.4.1. ESTRUTURA FUNCIONAL

Na estrutura funcional as tarefas são agrupadas por áreas funcionais com base no tipo de função organizacional – produção e operações, finanças, recursos humanos, marketing, entre outras, consoante o tipo de empresa e o setor de atividade em que opera. Todas as atividades relacionadas com a produção são agrupadas na função produção, todas as atividades financeiras são agrupadas na função financeira e as atividades de vendas e marketing são agrupadas na função marketing. É apropriada para pequenas e médias empresas com várias linhas de produtos numa indústria (Figura 9.4):

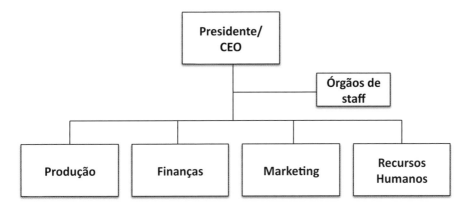

Figura 9.4 Estrutura Funcional

Neste tipo de estrutura, o CEO é responsável pelo comando de toda a empresa e cada gestor intermédio é responsável pela sua área específica. As atividades organizacionais são coordenadas verticalmente através da respetiva hierarquia.

A principal vantagem da estrutura funcional é o agrupamento das pessoas de acordo com as suas especializações e competências técnicas, o que facilita a utilização e coordenação dos serviços. Para os trabalhadores também facilita melhores oportunidades de promoção e de desenvolvimento das carreiras. As desvantagens são principalmente o crescimento dos interesses da função, o que pode conflituar com os interesses da organização como um todo e as dificuldades desta estrutura se adaptar a determinadas estratégias como a diversificação do produto ou a dispersão do mercado. A estrutura funcional é provavelmente o tipo de estrutura que melhor se adapta às pequenas e médias empresas e a ambientes relativamente estáveis.

9.4.2. ESTRUTURA DIVISIONAL

Quando as empresas começam a diversificar os seus produtos ou mercados, torna-se necessária a criação de departamentos ou divisões responsáveis por cada área de negócio ou por cada segmento de mercado. Surge assim a estrutura divisional que agrega as tarefas de acordo com a estrutura do negócio.

Ao contrário da estrutura funcional, em que as pessoas são agrupadas de acordo com os recursos necessários para que a organização produza os bens ou serviços que constituem a sua atividade, na estrutura divisional os departamentos são agrupados por áreas de negócio ou divisões. Na estrutura divisional, os responsáveis por cada divisão têm sob sua responsabilidade a maioria das funções e recursos necessários para produzir um produto ou serviço. Assim, cada divisão tem as suas próprias direções funcionais, como produção, finanças, vendas e marketing ou recursos humanos.

A principal diferença entre as estruturas funcional e divisional é que a cadeia de comando de cada função converge menos na hierarquia. Na estrutura divisional, os conflitos entre os diversos departamentos devem ser resolvidos ao nível divisional em vez do presidente ou CEO. A estrutura divisional fomenta a descentralização. A tomada de decisão é empurrada para baixo, libertando a administração para a sua função principal de planeamento estratégico.

A estrutura divisional tem-se revelado a mais adequada em organizações de grande dimensão que atuam em várias áreas de negócio e em mercados muito diferentes ou organizações que oferecem produtos ou serviços que utilizam tecnologias diferentes ou estão presentes em áreas geográficas distantes. Assim, a estrutura divisional pode estar organizada por **produtos**, por **áreas geográficas** ou por **mercados** (Figuras 9.5 a 9.7).

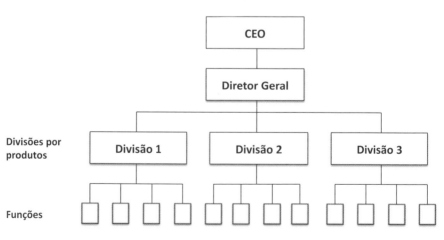

Figura 9.5 Estrutura Divisional por Produtos

MUDANÇA ORGANIZACIONAL E INOVAÇÃO

Estrutura Divisional por Áreas Geográficas

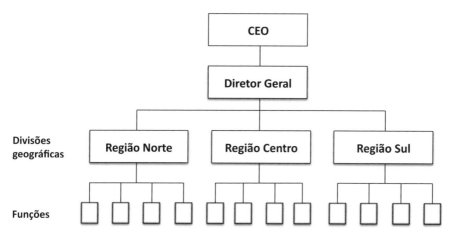

Figura 9.6 Estrutura Divisional por Áreas Geográficas

Estrutura Divisional por Mercados

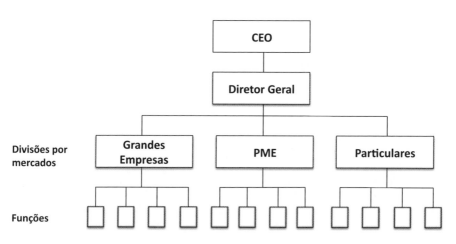

Figura 9.7 Estrutura Divisional por Mercados

A estrutura divisional tem vantagens e desvantagens. Como principais vantagens podemos apontar a melhor distribuição de riscos, uma vez que cada responsável de divisão é responsável por um produto, mercado ou área geográfica. A estrutura divisional permite manter um mais elevado nível de desempenho, com ênfase no resultado, facilita o controlo do desempenho de cada divisão e possibilita um maior conhecimento do cliente e das suas necessidades. Como desvantagens podemos apontar a possibilidade de os interesses da divisão se sobreporem aos interesses da organização, tornando difícil a coordenação entre divisões, a multiplicação de recursos, uma vez que as funções de gestão são replicadas em cada divisão, pode estimular a concorrência entre divisões pelos recursos da organização e não potenciação das competências técnicas, visto que a especialização funcional ocorre em cada divisão, onde as capacidades são menores do que ao nível de toda a organização.

9.4.3. ESTRUTURA MATRICIAL

A estrutura matricial é um modelo híbrido que procura conjugar as vantagens da estrutura funcional com a estrutura divisional. É usada geralmente por empresas multinacionais para lidar com projetos que precisam de equipas multidisciplinares que agrupam colaboradores de áreas funcionais com colaboradores alocados ao projeto ou divisão. A estrutura matricial combina uma cadeia de comando funcional de natureza hierárquica vertical – produção, finanças, marketing, recursos humanos – com uma cadeia de comando horizontal centrada no projeto ou no produto. Neste tipo de estrutura dual, cada colaborador têm dois chefes, um que é o gestor do projeto, do produto ou negócio e outro que é o responsável pela área funcional respetiva (Figura 9.8):

MUDANÇA ORGANIZACIONAL E INOVAÇÃO

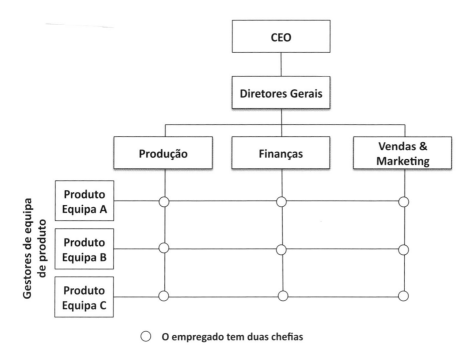

Figura 9.8 Estrutura Matricial

A estrutura matricial resultou da necessidade das grandes empresas se adaptarem às rápidas mudanças ambientais que se verificaram a partir do último quartel do século XX e que exigiam uma maior flexibilidade e capacidade de resposta e de adaptação.

A estrutura matricial, tal como todas as outras, tem vantagens e desvantagens. As principais vantagens são a melhoria da eficiência, porque reduz a dispersão de recursos, permite maior flexibilidade às alterações do meio envolvente, facilita a cooperação entre as áreas funcionais da empresa e promove a discussão e troca de impressões entre os membros da organização. Como desvantagens, podem apontar-se a dificuldade de coordenação, possibilidade de gerar conflitos, em resultado da dualidade de chefias, perda excessiva de tempo em reuniões para discussão de assuntos e resolução de conflitos, maior dificuldade de apurar responsabilidades e exige uma maior capacidade de relacionamento interpessoal dos gestores.

9.5. GESTÃO DA MUDANÇA ORGANIZACIONAL E INOVAÇÃO

Senior e Swalles (2010) sugerem que a maioria dos gestores em determinada altura sente a necessidade de mudar alguma coisa nas suas organizações. A mudança organizacional é a adoção de uma nova ideia ou de um novo comportamento por uma organização, a qual pode dar-se ao nível das pessoas, da estrutura ou da tecnologia.

A mudança organizacional é essencial para o sucesso a longo prazo de uma organização, a qual pode ser induzida por forças externas, como o mercado, a tecnologia, as leis, os regulamentos e mudanças económicas, ou por forças internas, como a introdução de novas tecnologias, o desenvolvimento de novos produtos ou as mudanças na força de trabalho.

Gestão da mudança é um processo eficaz de alocação de recursos de forma a transformar a organização, com o objectivo de melhorar a sua eficácia. Existem diversas condicionantes que influenciam o processo de mudança de uma organização, como o nível de recursos de que a organização dispõe, o setor em que se insere, a maior ou menor necessidade de mudança, a qualidade da gestão e o ambiente político, económico, social, tecnológico e legal.

A mudança organizacional é essencial para o sucesso a longo prazo de uma organização e pode ser induzida por forças externas, como o mercado, a tecnologia, as leis, os regulamentos e mudanças económicas, ou por forças internas, como a introdução de novas tecnologias, o desenvolvimento de novos produtos ou as mudanças na força do trabalho.

Vimos a propósito da teoria contingencial, que a organização deve alinhar-se com o seu meio envolvente que está em permanente mudança. Académicos e gestores concordam que as constantes mudanças do meio envolvente, a sua imprevisibilidade e o seu impacto na gestão da organização são maiores do que nunca foram. Novos produtos, novos processos e novos serviços estão a aparecer a uma taxa nunca vista no passado. Os mercados locais têm-se transformado em mercados globais e as indústrias estão sujeitas a uma concorrência cada vez mais intensiva.

Como forma de encontrar resposta para as alterações bruscas do meio envolvente, as organizações desenvolvem estratégias e processos de mudança organizacional, como reestruturação, *downsizing*, programas de mudança cultural, processo de reengenharia, *empowerment*, programas de desenvolvimento de competências e capacidades, novos modelos de negócio e o desenvolvimento de novos produtos e serviços. Nos últimos

MUDANÇA ORGANIZACIONAL E INOVAÇÃO

vinte anos foram desenvolvidos e implementados múltiplos processos de mudança organizacional, mas não devemos andar muito longe da verdade se dissermos que muitos deles se caracterizaram por rotundos fracassos.

Parece não restar dúvidas de que a gestão da mudança é um processo muito difícil e arriscado, que requer uma perspetiva multidisciplinar e um conhecimento profundo das organizações, da estratégia, da gestão da inovação e da mudança, dos sistemas e das teorias comportamentais.

A inovação nos produtos e serviços é a principal via pela qual as organizações se adaptam às mudanças no meio envolvente, nos mercados, na tecnologia e na concorrência. A inovação no produto é a mudança nos *outputs* do produto ou serviço da organização. Quando a Toyota lançou o modelo híbrido Prius, os concorrentes disseram que aquela tecnologia não teria sucesso. Todavia, hoje todas as marcas estão a caminhar no sentido de introduzirem modelos híbridos no mercado. As mudanças nos produtos estão relacionadas com mudanças na tecnologia. A mudança na tecnologia é uma mudança no processo de produção da organização que visa tornar a produção de um produto ou serviço mais eficiente.

Há fundamentalmente três formas de incentivar a inovação nos produtos e na tecnologia numa organização:

1. Desenvolver uma **estratégia de negócio** em que os gestores criem uma estrutura que promova e estimule a criatividade, a imaginação e a geração de novas ideias. O sucesso da Zara deve-se, em grande parte, à forte aposta na contratação de jovens *designers* de diferentes culturas, mas com elevada criatividade, localizados em diferentes partes do mundo e lançar os modelos propostos.
2. Desenvolver uma **estratégia de cooperação** em que os gestores criem mecanismos que estimulem a cooperação interna e o estabelecimento de parcerias com fornecedores e clientes que facilitem a partilha de conhecimentos. Os indivíduos e organizações exteriores à organização podem ser importantes fontes de ideias inovadoras. A falta de inovação nos produtos e nos processos é hoje apontada como um dos principais problemas das organizações e uma das principais causas de perda de competitividade internacional.
3. Desenvolver uma **estratégia de empreendedorismo** em que os gestores criem mecanismos que assegurem que as novas ideias são estimuladas, aceites e implementadas. Os gestores podem estimular o empreendedorismo na organização apoiando as atividades

MANUAL DE GESTÃO MODERNA

empreendedoras, alocando recursos humanos à investigação e desenvolvimento, dando algum grau de autonomia às pessoas e incentivando a aprendizagem e formação.

As empresas que têm sucesso na inovação têm usualmente as seguintes caraterísticas:

1. Os técnicos de marketing têm um bom conhecimento das necessidades atuais e potenciais dos clientes.
2. Os técnicos do departamento de produção estão atualizados em termos dos mais recentes desenvolvimentos tecnológicos e fazem uso das novas tecnologias.
3. Os membros dos departamentos chave, como a pesquisa e desenvolvimento, o marketing e a produção, comunicam e cooperam entre si no desenvolvimento de novos produtos e novos serviços.

9.5.1. TIPOS DE MUDANÇA ORGANIZACIONAL

Antes de desencadearem qualquer processo de mudança, os gestores devem saber muito bem o que pretendem mudar. Em qualquer processo de mudança organizacional, os gestores enfrentam três principais tipos de alterações: na **estrutura,** na **tecnologia** ou nas **pessoas** (Figura 9.9):

Estrutura	**Tecnologia**	**Pessoas**
Relações de autoridade	Processos de trabalho	Atitudes
Mecanismos de	Métodos	Expectativas
coordenação	Equipamentos	Perceções
Redesenho de funções		Comportamento-
Controlo		individual e de grupo

Figura 9.9 Tipos de Mudança Organizacional

Mudanças no meio envolvente externo ou nas estratégias organizacionais muitas vezes induzem **mudanças na estrutura** organizacional. Como uma estrutura organizativa define como e quem executa o trabalho, os gestores podem alterar um ou ambos destes componentes estruturais. Por exemplo, podem ser combinadas as responsabilidades dos departamentos, eliminados determinados níveis hierárquicos, ou aumentar o número de pessoas que um gestor supervisiona. Podem ser implementadas regras e

MUDANÇA ORGANIZACIONAL E INOVAÇÃO

procedimentos para aumentar a estandardização, ou valorizadas as funções dos trabalhadores através da delegação de poderes e competências.

A mudança organizacional pode implicar mesmo alterações profundas no *design* estrutural, como eliminação de divisões de produtos, ou mesmo alterar uma estrutura funcional numa estrutura divisional por produtos, por mercados ou por áreas geográficas. É o que acontece muitas vezes em processos de fusão ou aquisição, que podem implicar a eliminação de estruturas redundantes.

Os gestores podem também implementar **mudanças na tecnologia** usada para converter os *inputs* em *outputs*. O conceito de mudanças tecnológicas tem vindo a evoluir, envolvendo hoje não apenas a melhoria na eficiência da produção, mas também a introdução de novos equipamentos, ferramentas ou métodos de fabrico, automação, informatização e sistemas de informação.

A **mudança nas pessoas** envolve mudança nas atitudes, expectativas, perceções e comportamentos ao nível dos indivíduos ou de grupos. Desenvolvimento organizacional é o termo usado para descrever as mudanças nos métodos que incidem nas pessoas. São várias as técnicas de desenvolvimento organizacional, mas todas elas visam fazer com que as pessoas trabalhem melhor em grupo. Contudo, dadas as diferenças culturais, algumas técnicas de desenvolvimento organizacional podem funcionar muito bem num país e não funcionar noutros países, pelo que os gestores, antes de aplicarem essas técnicas nas suas organizações, devem certificar-se de que tomaram em conta as caraterísticas culturais e se essas técnicas fazem sentido para a cultura local.

9.5.2. O PROCESSO DE MUDANÇA ORGANIZACIONAL

Podem ser usadas diferentes metáforas para descrever o processo de mudança. A **metáfora das águas calmas** imagina a organização como um grande navio que cruza um grande oceano de águas calmas. O capitão e a tripulação sabem perfeitamente para onde querem ir, porque a viagem foi preparada calmamente com muita antecedência. A mudança surge na forma de uma tempestade ocasional, como uma pequena perturbação na viagem. Na metáfora das águas calmas, a mudança é vista como uma disrupção ocasional no normal fluir dos acontecimentos. Na **metáfora das águas turbulentas** a organização é vista como um bote descendo um rio com uma corrente muito forte e com rápidos ininterruptos. No bote estão pessoas que nunca remaram juntas, não conhecem o rio, não sabem muito bem para onde pretendem ir e estão a navegar com uma visibilidade muito má.

Estas duas metáforas representam abordagens muito diferentes sobre a forma como perceber e dar resposta à mudança organizacional.

9.5.2.1. METÁFORA DAS ÁGUAS CALMAS

De acordo com Kurt Lewin (1951), da Universidade de Iowa, o processo de mudança desenvolve-se em três fases – **descongelar (unfreezing), mudar (change) e recongelar (refreezing)** (Figura 9.10):

Figura 9.10 Fases do Processo de Mudança de Lewin

A primeira fase do processo de mudança tem que ver com descongelar o estado de coisas no momento da mudança. A segunda etapa trata de mudar para um novo estado por meio da participação e envolvimento das pessoas. A terceira fase visa recongelar e estabilizar o novo estado de coisas, definindo uma política, recompensando o sucesso e estabelecendo novos padrões de atuação.

De acordo com o modelo de Lewin, o processo de mudança pode ser planeado, o que implica o descongelamento da situação atual, a mudança para um novo estado e o recongelamento da mudança para que seja permanente. O descongelamento é a fase de preparação do processo de mudança na qual as velhas práticas são abandonadas. É uma fase fundamental para que a mudança aconteça. Para Lewin, a mudança significa a passagem de uma fase para outra diferente. A mudança implica transformação, perturbação, desconfiança, rutura, dependendo da sua intensidade.

MUDANÇA ORGANIZACIONAL E INOVAÇÃO

A mudança pode ser feita impulsionando as forças condutoras de mudança, pela redução ou eliminação das forças de resistência à mudança, ou pela combinação de ambas. Segundo Lewin, a resistência ocorre quando um indivíduo ou um grupo tenta impedir o sistema de atingir um novo patamar de equilíbrio.

Feito o descongelamento, a mudança para uma nova situação pode então ser implementada, mas a mera introdução da mudança não assegura que seja feita. O recongelamento é necessário para evitar retrocessos à situação anterior à mudança e para que a mudança seja sustentada ao longo do tempo. O objetivo do recongelamento é estabilizar a nova situação reforçando novos comportamentos.

9.5.2.2. METÁFORA DAS ÁGUAS TURBULENTAS

Esta metáfora tem em conta que o meio ambiente é incerto, dinâmico e competitivo. No mundo real dos nossos dias, a estabilidade e previsibilidade da metáfora das águas calmas não existe. Nos nossos dias, em que a concorrência é muito forte, os gestores, para terem sucesso, são forçados a mudar continuamente.

Uma organização que trate os sinais de mudança como distúrbios ocasionais e temporários num mundo calmo e estável corre sérios riscos de sobrevivência. No mundo dos negócios tudo está a mudar muito rapidamente para que uma organização ou os seus gestores sejam complacentes.

Dada a incerteza e complexidade do mundo atual, os gestores a todos os níveis devem estar permanentemente preparados para gerir, de forma eficaz e eficiente, as mudanças por que passam as suas organizações ou as suas áreas de trabalho.

9.5.3. GESTÃO DA RESISTÊNCIA À MUDANÇA

Antes de desencadearem qualquer processo de mudança, os gestores devem estar bem cientes das estratégias a implementar, das soluções alternativas e da forma como vencer as **resistências à mudança**. Devem começar por definir os contornos da mudança e explorar o que querem mudar na organização. Devem identificar os tipos de mudança e discutir a necessidade de mudança.

Todos sabemos que é melhor para a saúde ter uma alimentação equilibrada e ter uma vida ativa, mas poucos seguem este conselho e continuam a ter uma alimentação desregrada e a ter uma vida sedentária. As pessoas resistem à mudança porque a mudança pode ser uma ameaça para as pessoas numa organização. As organizações criam inércia que motiva as pessoas a resistirem a mudar o seu *status quo*, mesmo que a mudança possa ser benéfica.

Então, pode perguntar-se porque as pessoas resistem à mudança e que podem os gestores fazer para minimizar as suas resistências? As principais razões porque resistem à mudança incluem o medo do desconhecido, o medo de perder alguma coisa de valor e acreditar que a mudança é incompatível com os objetivos e interesses da organização (Figura 9.11):

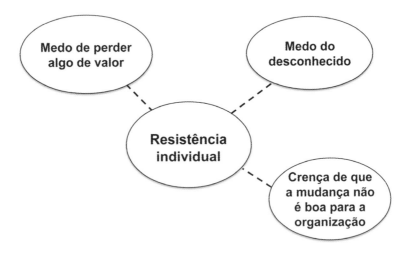

Figura 9.11 Resistência à Mudança

A primeira causa de resistência à mudança é o medo de trocar o certo pelo incerto. A segunda causa de resistência é o medo de perder o que já adquiriram. Uma última causa é a crença de que a mudança seja incompatível com os objetivos e interesses da organização. Se um colaborador acredita que um novo procedimento ou método de fabrico reduzirá a produtividade ou a qualidade do produto, então ele resistirá à mudança.

Quando os gestores veem a resistência à mudança como um processo disfuncional, o que podem fazer para reduzir essa resistência? Várias estratégias têm sido sugeridas para lidar com a resistência à mudança, que incluem **educação** e **comunicação, participação, facilitação** e **apoio, negociação, cooperação** e **coação.**

A educação e comunicação podem ajudar a reduzir a resistência à mudança ajudando os empregados a ver a lógica do esforço de mudança. Esta técnica assume que muita da resistência resulta de desinformação ou de falta de informação.

A participação envolve a chamada à participação na tomada de decisão dos indivíduos diretamente afetados pelo processo de mudança. A sua participação permite-lhes expressar os seus sentimentos, aumenta a qualidade do processo e aumenta o envolvimento dos empregados na decisão final.

A facilitação e apoio envolvem o apoio da gestão de topo aos empregados em lidar com o medo e a ansiedade associados ao esforço de mudança. Esta ajuda pode incluir o aconselhamento, a terapia e a formação e aquisição de novas competências ou capacidades.

A negociação envolve trocar alguma coisa de valor por um acordo que reduza a resistência ao esforço de mudança. Esta técnica de resistência pode ser perfeitamente usada quando a resistência resulta de uma fonte poderosa.

A manipulação refere-se a tentativas de influenciar os outros acerca da mudança. Pode envolver distorção de factos de modo a parecer que a mudança apareça mais atrativa.

Finalmente, a coação pode ser usada para lidar com a resistência à mudança e envolve o uso de ameaças diretas ou da força contra os resistentes.

Todas estas técnicas devem ser vistas pelos gestores como instrumentos de redução da resistência à mudança, devendo ser usadas as mais apropriadas, em função das vantagens e desvantagens que apresentam e do tipo e fonte de resistência.

9.6. RESUMO DO CAPÍTULO

Neste capítulo foi estudada a função organização como uma importante tarefa dos gestores e analisada a forma como tornar mais eficaz e mais eficiente a utilização dos recursos humanos, através do desenho da estrutura organizacional.

Foi identificada a finalidade da existência de uma estrutura organizacional – dividir as atividades organizacionais, alocar os recursos, tarefas e objetivos e coordenar e controlar as atividades para que os objetivos sejam atingidos.

Um desenho adequado da estrutura organizacional pode trazer benefícios para a organização, como maior eficiência, acesso a recursos especializados, estimulação da inovação e criação de flexibilidade operacional e ter impacto no desempenho, através da motivação, empenhamento e lealdade dos colaboradores e fomentar a interligação das atividades.

Foram apresentadas as componentes base da estrutura organizacional e comparadas as principais configurações teóricas que as estruturas organizacionais podem adotar, como as estruturas funcionais, divisionais e matriciais.

Foram destacados os determinantes da estrutura organizacional, como a envolvente organizacional, a estratégia, a tecnologia e os recursos humanos, estudada a problemática da mudança organizacional e da inovação e apontadas estratégias para que o processo de inovação seja bem-sucedido.

Finalmente foi estudado o processo da resistência à mudança, analisadas as suas causas e apresentadas estratégias e técnicas para lidar com o fenómeno, como educação, comunicação, negociação, participação, cooperação e coação.

QUESTÕES

1. *Defina o conceito de organização.*
2. *Qual a importância da estrutura organizacional? O que é o organograma?*
3. *Em que consiste a estrutura funcional? E a estrutura divisional? Quais as principais diferenças e semelhanças entre elas?*
4. *A estrutura matricial combina a estrutura funcional e divisional. Concorda com esta afirmação?*
5. *Como o ambiente externo e a tecnologia condicionam a estrutura?*
6. *Como pode a estrutura organizacional ser uma força ou fraqueza de uma organização?*
7. *Como gestor, como lidaria com a resistência à mudança quando suspeita que o medo dos trabalhadores de perderem os seus empregos é bem fundamentado?*

MUDANÇA ORGANIZACIONAL E INOVAÇÃO

8. *O que entende por forças internas e forças externas de mudança? Que forças são causas de mudança na universidade? E na indústria do turismo?*
9. *Compare as metáforas organizacional das águas calmas e das águas turbulentas no processo de mudança organizacional.*
10. *Quais são as três fases do modelo de mudança organizacional de Lewin? Como podem os gestores usar este modelo?*
11. *As organizações têm limites quanto às mudanças que podem absorver. Como gestor, que sinais podem indiciar que a organização está a exceder a sua capacidade de mudança?*
12. *Compare e distinga empresas com culturas fortes e culturas fracas. Quais as vantagens e desvantagens de uma cultura forte? Em que circunstâncias é preferível ter uma cultura fraca?*
13. *Em que circunstâncias uma tática coerciva de gestão da mudança pode ser mais efetiva e em que circunstâncias provoca grande resistência à mudança?*
14. *Comente a seguinte afirmação:*
    "A mudança é inevitável nas organizações e o sucesso na inovação é vital em todas as indústrias para um crescimento sustentável a longo prazo. Os dois aspetos chave de mudança nas organizações são as mudanças nos produtos, nas tecnologias e na cultura e mentalidade das pessoas".

ESTUDO DE CASO 9.1

A empresa ABC, S.A. é uma empresa com duas áreas de negócios: produção de bicicletas e produção de equipamentos agrícolas. Da estrutura organizacional da ABC, S. A. fazem parte os seguintes órgãos: Administração, constituída pelo CEO e 4 administradores, secretariado, Gabinete de I&D; Direção de Produção, constituída por três departamentos (corte, fabricação e pintura); a Direção de Aprovisionamento, constituída por duas secções (compras e armazenagem); Direção Financeira, constituída pelos departamentos de Contabilidade e Tesouraria e, por último, a Direção de Marketing, constituída pelos Departamentos de Marketing Estratégico e Marketing Operacional. Para além disso, e na dependência direta do Diretor de Marketing, trabalha uma secretária.

1. Elabore o organograma da empresa ABC, S. A.
2. Identifique e caracterize o tipo de estrutura.

ESTUDO DE CASO 9.2

As estruturas organizacionais podem assumir diversas formas em função da estratégia que a organização se propõe prosseguir, da tecnologia e das caraterísticas do meio envolvente.

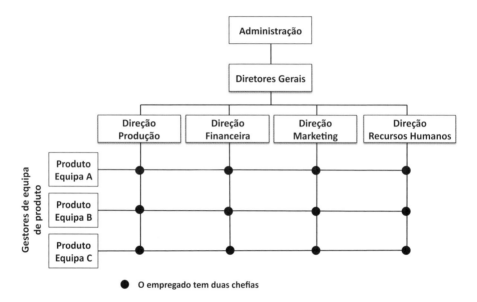

1. Identifique a estrutura organizacional apresentada. Caracterize.
2. Em que tipo de organizações se mostra mais adequada? Justifique.

ESTUDO DE CASO 9.3

A Eletro Popular, Lda é uma empresa que vende e presta assistência a aparelhos eletrodomésticos, tais como máquinas de lavar roupa, máquinas de lavar louça e frigoríficos. Ao longo dos anos a empresa desenvolveu uma boa reputação sobre a qualidade dos serviços prestados aos seus clientes. Recentemente, alguns novos retalhistas de eletrodomésticos têm aberto lojas que também vendem uma grande variedade de eletrodomésticos. Para atrair mais clientes, estes novos retalhistas têm também uma grande variedade de aparelhos eletrónicos de consumo doméstico, como televisões, aparelhos de estereofonia e computadores. Pedro Pinto, o dono da Eletro Popular, chegou à conclusão de que, para poder competir com os novos armazéns e se manter no negócio, tem de alargar a sua

MUDANÇA ORGANIZACIONAL E INOVAÇÃO

gama de produtos à linha de eletrónica de consumo e concorrer diretamente com as cadeias de distribuição.

Para o efeito, decidiu construir um grande armazém com 20 000 m2 e está a contratar novos empregados para vender e prestar assistência à nova linha de eletrónica de consumo.

Dado o grande crescimento da empresa, Pedro Pinto não está seguro sobre a melhor forma de estruturar a empresa. Atualmente, tem uma estrutura funcional em que as pessoas estão agrupadas pelas funções vendas, compras, contabilidade e reparações. Pedro Pinto interroga-se se vender e prestar assistência na linha de aparelhagem eletrónica de consumo é muito diferente de vender e prestar assistência à linha de eletrodomésticos e se deve mudar para uma estrutura divisional por produtos e criar conjuntos separados de funções para cada uma das duas linhas de negócio.

Admita que Pedro Pinto o(a) contratou para o aconselhar a fazer esta escolha relativamente à estrutura mais adequada.

QUESTÕES

1. *Desenhe a estrutura funcional que a empresa tem atualmente.*
2. *Construa uma estrutura divisional por produtos, adequada às duas linhas de negócios de que dispõe.*
3. *Que tipo de estrutura recomendaria a Pedro Pinto? A funcional ou a divisional por produtos? Porquê?*

REFERÊNCIAS

Chandler, A. (1962), *Strategy and Structure*, MIT Press, Cambridge, MA.

Donnelly, J. H., Gibson, J. L. e Ivancevich, J. M. (2000), *Administração: Princípios de Gestão Empresarial*, 10ª Edição, McGraw-Hill, Lisboa.

Holt, D. (1998), *International Management*, The Dryden Press.

Lassere, P. (2003), *Global strategic management*, New York, Palgrave Macmillan.

Levitt, T. (1983), *The globalization of markets*, Harvard Business Review, May-June, pp. 92-102.

Jones, G. e George, J. (2011), *Contemporary Management*, 7th edition, McGraw-Hill / Irwin, New York.

Olson, E, Slater, S. e Hult, G. (2005), *The importance of Structure and Process to Strategy Implementation*, Business Horizons, 48, pp. 47-54.

Quelch, J. e Klein, L. (1996), *The internet and international marketing*, Sloan Management Review, September, pp. 60-75.

Robbins, S. P. e Coulter, M. (2014), *Management*, Twelfth Edition, Pearson Education, Inc. Upper Side River, New Jersey.

Senior, B. e Swalles, S. (2010), *Organizational Change*, Ed. 4 Pearson.

Sheridan, E. (2000), http://Webofculture.com/corp/commandments.html.

Torre, J. e Moxon, R. (2001), *Introduction to the symposium E-commerce & Global Business*, Journal of International Business Studies, 32, 4, pp. 617-639.

Verity, J. e Hof, R. (1994), *The Internet: How it will change the way you do Business*, Business Week, 14, November.

Capítulo 10

Direção

A direção é uma das quatro funções dos gestores que está relacionada com todas as atividades organizacionais e envolve a interação entre a gestão e os trabalhadores. Dirigir é orientar e coordenar os esforços individuais dos colaboradores no sentido de atingir os objetivos comuns da organização. Dirigir é motivar, liderar e comunicar.

Neste capítulo vamos estudar as principais teorias e modelos de motivação e liderança. A motivação visa compreender as forças internas e externas que estimulam os colaboradores a acreditar na organização e a lutar para que os objetivos sejam atingidos, enquanto a liderança focaliza a capacidade do líder influenciar os colaboradores com vista a atingir os objetivos.

Finalmente será estudada a comunicação que é a capacidade do gestor persuadir e influenciar as pessoas. Comunicar de forma efetiva é o principal desafio e responsabilidade que se coloca aos gestores, já que tudo o que os gestores fazem envolve comunicação.

OBJETIVOS DE APRENDIZAGEM

Depois de ler e refletir sobre este capítulo, o leitor deve ser capaz de:
- Definir o conceito de direção.
- Definir o que é a motivação e descrever as principais teorias da motivação.
- Definir o conceito de liderança.

- Descrever as principais teorias da liderança.
- Discutir as principais abordagens contemporâneas da liderança.
- Definir o que é a comunicação.
- Analisar o processo de comunicação.
- Definir e descrever comunicação organizacional.
- Destacar a importância da comunicação em tempos de crise.

Conceitos chave

Direção, motivação, teorias da motivação, liderança, teorias da liderança, liderança transacional, liderança transformacional, liderança carismática, comunicação, processo de comunicação, comunicação organizacional, comunicação em períodos de crise.

10.1. INTRODUÇÃO

As organizações existem para alcançar objectivos, mas para funcionarem precisam de pessoas. O sucesso de qualquer organização depende em larga medida da satisfação das necessidades, desejos e ambições dos trabalhadores. O problema é que as pessoas são complexas, com comportamentos difíceis de prever e de controlar. A compatibilização dos objetivos individuais dos membros da organização com o desempenho da empresa é um dos principais desafios que se colocam aos gestores.

A direção é a função dos gestores responsável pela articulação da ação dos indivíduos no contexto organizacional. Ao contrário das outras funções dos gestores – planeamento, organização e controlo – a direção é um processo complexo de gestão de relações interpessoais entre os membros da organização.

A função direção envolve motivação, liderança e comunicação/negociação e busca compatibilizar os objetivos individuais com o desempenho da organização. A direção desempenha um papel fundamental para a consolidação de boas relações de trabalho entre os trabalhadores e a gestão. Por isso, é uma das principais e mais importantes funções dos gestores.

O capítulo começa por introduzir o conceito de motivação, seguido da explanação das principais teorias e modelos de motivação. De seguida, faz-se a análise do fenómeno da liderança e a abordagem das teorias da liderança para, no final do capítulo, se estudar a problemática da comunicação organizacional.

10.2. MOTIVAÇÃO

As organizações são grupos de pessoas estruturadas em torno de objetivos comuns. Acontece que, por vezes, os objetivos individuais não coincidem e podem mesmo ser conflituantes com os objetivos da organização. Cabe ao gestor a tarefa de compatibilizar os objetivos dos trabalhadores com os objetivos organizacionais. A esta tarefa, que é uma das mais difíceis e complexas funções do gestor, chama-se motivação.

10.2.1. CONCEITO DE MOTIVAÇÃO

No âmbito organizacional, pode definir-se motivação como a disponibilidade dos indivíduos para despender níveis elevados de esforço para atingir os objetivos da organização. Indivíduos motivados esforçam-se mais, mas nem sempre na direção dos objetivos organizacionais. O desafio que se coloca ao gestor é procurar que os esforços individuais sejam dirigidos conscientemente para os objetivos organizacionais. Mas a motivação é também um processo de satisfação de necessidades. Necessidades não satisfeitas criam tensões e estados de desconforto que motivam comportamentos que fazem a compensação parecer atrativa. Os indivíduos esforçam-se como consequência do desconforto e da tensão criados por necessidades não satisfeitas.

Para a organização, a motivação dos trabalhadores no desempenho das suas funções deve ser consistente e compatível com a satisfação das necessidades individuais.

10.2.2. TEORIAS DA MOTIVAÇÃO

As teorias clássicas da motivação partem do pressuposto de que as pessoas agem para satisfazer as suas necessidades. Esta perspetiva é representada pelos autores clássicos desde Frederick Taylor e Elton Mayo a Abraham Maslow, Frederick Herzberg e David McClelland.

Mais recentemente foram desenvolvidas teorias e modelos mais complexos sobre o comportamento e motivação dos trabalhadores, de que destacamos as teorias da equidade e das expectativas, a analisar e desenvolver mais à frente.

10.2.2.1. TEORIA DA HIERARQUIA DAS NECESSIDADES DE MASLOW

Um dos principais teóricos da motivação foi o psicólogo Abraham Maslow (1908-1970), que desenvolveu a primeira explicação sobre o papel da satisfação das necessidades na motivação. De acordo com a **teoria da hierarquia das necessidades**, o comportamento individual é motivado por múltiplos estímulos internos, a que chamou necessidades, que são estados de carência ou privação, e que estas necessidades existem numa ordem hierárquica.

Abraham Maslow

Maslow identificou cinco tipos gerais de necessidades por ordem ascendente, que designou por pirâmide das necessidades (Figura 10.1):

Figura 10.1 Teoria da Hierarquia das Necessidades de Maslow

- **Necessidades fisiológicas** – incluem as necessidades básicas de alimentação, abrigo, repouso, água e oxigénio. No local de trabalho, as necessidades fisiológicas refletem-se na necessidade de aquecimento, intervalos para descanso e um salário base para assegurar a sobrevivência.
- **Necessidades de segurança** – estas necessidades incluem a proteção contra o perigo, doença, como a segurança física e emocional. No local de trabalho, as necessidades de segurança refletem a segurança no trabalho e de emprego e regalias sociais.
- **Necessidades sociais** – estas necessidades refletem o desejo de ser aceite pelos pares, amizade, fazer parte de grupos e ser estimado e amado. Na organização, estas necessidades influenciam o desejo de ter bom ambiente de trabalho, participação em grupos de trabalho ou reuniões e ter um bom relacionamento com os superiores.
- **Necessidades de estima** – estas necessidades traduzem o desejo de reconhecimento, reputação e de merecer a atenção e reconhecimento dos outros. Dentro da organização, as necessidades de estima refletem-se na motivação pelo reconhecimento e *status*, no aumento da responsabilidade e ser solicitado pela organização.
- **Necessidades de auto-realização** – estas necessidades incluem a oportunidade de desenvolvimento e realização pessoal, aceitar desafios, criatividade e autonomia.

De acordo com a teoria de Maslow, as necessidades de nível inferior (fisiológicas e segurança) devem ser satisfeitas antes de serem ativadas as necessidades de nível superior (sociais, estima e auto-realização). As necessidades devem ser satisfeitas de acordo com a sua hierarquia, ou seja, as necessidades fisiológicas devem ser satisfeitas antes das necessidades de segurança, as necessidades de segurança antes das necessidades sociais e assim sucessivamente. Uma vez satisfeita, uma necessidade perde importância e é ativada a necessidade de nível superior. As necessidades satisfeitas já não motivam o trabalhador.

A motivação de uma pessoa depende do conhecimento que temos do nível em que está essa pessoa na hierarquia das necessidades. Para motivar os seus colaboradores, o gestor deve conhecer o nível hierárquico das suas necessidades. Um gestor de topo ou um gestor intermédio não se motiva com ligeiros aumentos dos seus vencimentos, mas sim com outros

MANUAL DE GESTÃO MODERNA

benefícios, como comparticipação nos resultados da organização ou com atribuição de ações.

10.2.2.2. TEORIA X E Y DE MCGREGOR

O economista americano Douglas McGregor (1906-1964) concluiu que os gestores têm opiniões radicalmente diferentes sobre a melhor forma de utilizar os recursos humanos. Classificou estas opiniões num conjunto de assunções que chamou **Teoria X** e **Teoria Y**. As diferenças básicas entre estas duas teorias estão sintetizadas na Figura 10.2:

Teoria X e Y de McGregor	
Teoria X • As pessoas não gostam de trabalhar • As pessoas têm reduzida ambição • As pessoas necessitam de elementos coercisos no seu trabalho • As pessoas querem evitar responsabilidades • As pessoas resistem à mudança • As pessoas necessitam de ser controladas e preferem ser dirigidas	**Teoria Y** • As pessoas são enérgicas • As pessoas são ambiciosas e responsáveis • As pessoas consideram o trabalho realizador • As pessoas procuram responsabilidades • As pessoas gostam de contribuir para a mudança • As pessoas têm capacidade de autocontrolo e de se autodirigirem perante os objetivos

Figura 10.2 Teoria X e Y de McGregor

Os gestores que subscrevem a **Teoria X** assumem que os trabalhadores são naturalmente preguiçosos, têm reduzida ambição, não gostam de trabalhar, evitam responsabilidades e necessitam de ser estreitamente controlados. Esta teoria assume que predominam as necessidades de nível inferior.

Pelo contrário, os gestores adeptos da **Teoria Y** assumem que os trabalhadores são naturalmente enérgicos e participativos, consideram o trabalho como uma atividade natural, estão orientados para a mudança e para o crescimento, procuram responsabilidades, são automotivados e estão interessados em ser produtivos.

Esta teoria assume que dominam as necessidades de nível superior. McGregor argumenta que é mais provável que os gestores que defendem a Teoria Y tenham trabalhadores satisfeitos e motivados.

Esta teoria é demasiado simplista e de difícil aplicação na prática, mas tem o mérito de realçar e classificar o comportamento dos gestores em função das atitudes que assumem em relação aos trabalhadores.

Douglas McGregor

10.2.2.3. TEORIA DA MOTIVAÇÃO-HIGIENE DE HERZBERG

O psicólogo americano Frederick Herzberg (1923-2000) desenvolveu, na década de 50, uma importante teoria motivacional, conhecida como a **teoria dos dois fatores da motivação,** segundo a qual os fatores responsáveis pela motivação são substancialmente diferentes daqueles que determinam a insatisfação e a desmotivação no trabalho. Segundo este autor, a satisfação e insatisfação no trabalho dependem de dois fatores: **fatores higiénicos,** como as condições de trabalho, os salários, as relações interpessoais, etc. e **fatores motivacionais,** como a natureza do trabalho, a autonomia, a autorrealização e o reconhecimento por um trabalho bem feito.

De acordo com a teoria da motivação-higiene de Herzberg, os **fatores higiénicos** são responsáveis pela insatisfação do trabalho, mas, quando satisfeitos, não têm efeito sobre a satisfação. Por exemplo, os trabalhadores ficam insatisfeitos se estiveram convencidos de que têm poucas condições de trabalho mas, se as condições de trabalho forem melhoradas, não ficarão necessariamente satisfeitos; simplesmente não ficarão insatisfeitos. Se os trabalhadores não receberem um reconhecimento pelo sucesso do seu trabalho, poderão ficar nem satisfeitos nem insatisfeitos. Se houver reconhecimento ficarão mais satisfeitos.

Frederick Herzberg

Por outro lado, existem **fatores motivacionais** que influenciam a satisfação no trabalho. Realização, reconhecimento, progresso e responsabilidade são alguns fatores motivacionais. Com base nesta teoria, os gestores devem estar cientes de que a realização dos fatores higiénicos é condição necessária mas não suficiente para a motivação dos trabalhadores. Enquanto os fatores motivacionais estão diretamente relacionados com o trabalho que os empregados desempenham, os fatores higiénicos referem-se às condições ambientais em que trabalham.

A Figura 10.3 ilustra a teoria motivação-higiene de Herzberg:

Figura 10.3 Teoria da Motivação-Higiene de Herzberg

Os fatores higiénicos e os fatores motivacionais representam dois fatores distintos que influenciam a motivação. Herzberg acredita que quando os fatores motivacionais estão presentes, os trabalhadores estão altamente motivados e satisfeitos. Os fatores higiénicos atuam só na área de insatisfação, enquanto os fatores motivacionais atuam na área de motivação.

Esta teoria tem implicações claras para os gestores. O papel dos gestores consiste, numa primeira fase, em remover os fatores higiénicos para eliminar a insatisfação dos trabalhadores e depois atender aos fatores motivacionais para aumentar a satisfação e a motivação. Herzberg conclui que a motivação dos trabalhadores não pode resultar senão de factores motivacionais como o enriquecimento das tarefas.

10.2.2.4. TEORIA DAS TRÊS NECESSIDADES DE MCCLELLAND

A última teoria que enfatiza a teoria das necessidades foi desenvolvida por David McClelland (1917-1998). Esta teoria propõe que certos tipos de necessidades são adquiridos pelos indivíduos ao longo da vida. São três as necessidades mais comuns dos indivíduos:

1. **Necessidade de realização** – relativa ao desejo de alcançar objetivos difíceis e superar os outros.
2. **Necessidade de poder** – corresponde ao desejo de influenciar e controlar o comportamento dos outros, ter poder e autoridade sobre eles.
3. **Necessidade de afiliação** – refere-se ao desejo de criar e manter relações interpessoais estreitas, evitar o conflito e estabelecer fortes relações de amizade.

David McClelland

Ao contrário de Maslow, McClelland entende que a configuração destas necessidades depende de indivíduo para indivíduo, uma vez que são apreendidas ao longo da vida de forma diferente consoante os indivíduos. Também, ao contrário de Maslow, entende que estas necessidades não são hierárquicas e estão presentes nos indivíduos com intensidades diferentes. Algumas pessoas têm elevada necessidade de poder, enquanto outras têm forte necessidade de afiliação.

McClelland, nas suas pesquisas sobre as necessidades humanas e as suas implicações na gestão, concluiu que os indivíduos com forte necessidade de realização estão associados a elevados níveis de desempenho e que os gestores de sucesso tendem a ter elevada necessidade de poder e reduzidas necessidades de afiliação.

10.2.2.5. TEORIA DA FIXAÇÃO DE OBJETIVOS

A teoria da fixação de objetivos, desenvolvida por Edwin Locke e Gary Latham, admite que os gestores podem aumentar a motivação dos trabalhadores, através do estabelecimento de objetivos ambiciosos, mas realistas e aceites pelos subordinados.

De acordo com esta teoria, a fixação dos objetivos, para motivar os trabalhadores, deve obedecer simultaneamente a quatro caraterísticas:

- **Devem ser específicos e mensuráveis** – devem ser concretos e sem ambiguidade. Por exemplo, crescer 10% ao ano, ou atingir um volume de vendas de X milhões de euros são objetivos específicos.
- **Devem ser ambiciosos** – devem ser difíceis de atingir. Objetivos difíceis motivam mais do que objetivos fáceis.
- **Devem ser aceitáveis** – significa que os empregados devem compreender e aceitar os objetivos e sentir que têm as condições necessárias para os atingir. Comprometem-se com eles. Para conseguirem o comprometimento dos empregados nos objetivos, os gestores devem envolve-los na fixação desses mesmos objetivos.
- **Deve haver** *feedback* sobre a realização dos objetivos. É importante para os gestores haver um sistema regular de controlo dos objetivos.

Esta teoria tem como principal contribuição para a gestão a importância do estabelecimento de objetivos como ferramenta de motivação dos trabalhadores. Quanto mais específicos, quantificáveis e mensuráveis forem esses objetivos, mais eficazes serão na motivação dos trabalhadores. Por outro lado, os gestores devem montar um sistema de controlo de modo a que os trabalhadores canalizem as suas energias e ajustem o seu desempenho na direção desses objetivos.

10.2.2.6. TEORIA DA EQUIDADE

A teoria da equidade, desenvolvida por J. Stacey Adams, coloca a ênfase na perceção pessoal do indivíduo sobre a razoabilidade ou justiça relativa na sua relação laboral com a organização. É uma teoria que defende que um fator a considerar na motivação é a perceção do empregado acerca da justiça/equidade da recompensa recebida pelos resultados alcançados, em comparação com os colegas.

De acordo com esta teoria, se o trabalhador percebe que as suas compensações são iguais aos outros que têm igual desempenho, então sente que é tratado com justiça e igualdade. Para Adams as pessoas avaliam a equidade pelo rácio *inputs*/benefícios. Os *inputs* significam o que a pessoa investe no trabalho, como a formação, a experiência, o esforço e a capaci-

DIREÇÃO

dade. As recompensas do trabalho incluem o ordenado, o reconhecimento, os benefícios e as promoções. O rácio *inputs*/benefícios pode ser comparado com os outros trabalhadores do grupo ou com a média do grupo.

Se os rácios *inputs*/benefícios, dentro de um grupo, são iguais, existe equidade; se, pelo contrário, os rácios são desiguais há iniquidade. Existe iniquidade, por exemplo, quando uma pessoa com um alto nível de formação ou experiência recebe o mesmo ordenado que um jovem com um nível de formação inferior. Se os empregados detetam iniquidades, por exemplo um empregado contribui mais para a empresa com os mesmos recursos, então eles próprios tendem a reduzir essas iniquidades, ajustando o seu comportamento, designadamente reduzindo os seus *inputs*, trabalhando mais e melhorando a sua formação ou, em último caso, mudando de emprego. Ao mudar de emprego, as pessoas esperam encontrar nos seus novos empregos uma maior equidade na distribuição dos benefícios.

A principal implicação desta teoria para os gestores é que os benefícios devem ser percebidos como justos para que sejam motivadores. Os gestores não devem estar preocupados apenas com as remunerações absolutas, mas também com as remunerações relativas, ou seja, devem preocupar-se também com a comparação dos benefícios que os outros recebem. Por exemplo, um aumento de salários ou uma promoção podem ter um efeito desmotivador se são percebidos pelos trabalhadores como iníquos relativamente aos outros.

10.2.2.7. TEORIA DAS EXPECTATIVAS

A teoria das expectativas, desenvolvida pelo psicólogo Victor Vroom nos anos 60, defende que a motivação é alta quando os trabalhadores acreditam que altos níveis de esforço conduzem a elevado desempenho e elevado desempenho leva a atingir os objetivos desejados. O esforço de trabalho de uma pessoa para alcançar determinado nível de desempenho depende da sua expectativa em relação aos resultados que espera obter do seu esforço e desempenho.

A teoria das expectativas baseia-se nos três elementos da motivação – esforço individual, desempenho individual e resultados (Figura 10.4):

Figura 10.4 **Modelo da Teoria das Expectativas**

De uma forma sintética, de acordo com a teoria das expectativas, uma elevada motivação resulta de altos níveis de esforço, do desempenho e do valor atribuído a um objetivo (valência). Se algum destes fatores for baixo, a motivação tende também a ser baixa. As relações entre estes três elementos representam as principais componentes da teoria das expectativas:

- **Relação entre esforço individual e desempenho** – as expectativas de uma pessoa acerca do grau de dificuldade de um desempenho de sucesso influenciam as suas decisões sobre o comportamento desejado. Geralmente as pessoas tendem a escolher o nível de desempenho que pareça ter a máxima probabilidade de obter o resultado desejado. Se um gestor acredita que não tem capacidade para desempenhar uma atividade com sucesso, a sua expectativa será baixa e a motivação também.
- **Relação entre desempenho e resultados** – os indivíduos esperam certos resultados do seu comportamento e esses resultados influenciam as decisões sobre as ações individuais. A expectativa dos indivíduos é que o desempenho bem-sucedido leve ao resultado desejado. A expectativa acerca do resultado influencia a sua decisão de assumir ou evitar a tarefa.
- **Valência** – é o valor que o indivíduo atribui às recompensas obtidas em resultado do seu desempenho. Se os resultados que resultam do esforço e do bom desempenho não são valorizados pelos empregados, então a motivação será baixa. Por exemplo, se um gestor valoriza

DIREÇÃO

o convívio com os colegas e amigos, a promoção e deslocalização para outro local ou país com um ordenado mais elevado tem valência inferior à de um gestor que valoriza a realização e o reconhecimento.

A teoria das expectativas tem importantes implicações para a gestão. Enfatiza a importância de compatibilizar os objetivos individuais dos empregados com os objetivos da organização. Para isso, o sistema de incentivos da organização deve adaptar-se às necessidades e objetivos dos empregados. Paralelamente, esse sistema deve estar relacionado com o desempenho do indivíduo no cargo.

10.3. LIDERANÇA

Vimos no Capítulo 1 que uma das quatro principais funções dos gestores é a direção e que dirigir é motivar, liderar e comunicar. Vimos também que a motivação é uma das mais complexas funções do gestor, mas nem todos os gestores obtêm os mesmos resultados na motivação dos seus colaboradores. Isso acontece porque nem todos os gestores são líderes.

A liderança é a capacidade de influenciar as pessoas com vista a atingir os objetivos. A liderança é provavelmente o elemento chave para o sucesso empresarial, juntamente com a motivação e a comunicação, as quais estão, aliás, intimamente ligadas. São os líderes de topo que fazem a diferença nas organizações, mas uma liderança forte é importante a todos os níveis de gestão, desde a gestão de topo à gestão de primeira linha, passando pela gestão intermédia.

Neste capítulo, vamos definir o que se entende por liderança, fazer a distinção entre gestão e liderança e apresentar as principais teorias que procuram explicar como a liderança pode influenciar o comportamento e desempenho das organizações.

10.3.1. LIDERANÇA E GESTÃO

Podemos definir liderança como o conjunto de processos e comportamentos usados por alguém para motivar, inspirar e influenciar comportamentos de outras pessoas com vista a alcançar os objetivos da organização. Um líder é a pessoa que exerce essa influência e inspira esses comportamentos. Uma liderança efetiva aumenta as capacidades da organização para enfrentar novos desafios. Quando a liderança é forte, os subordinados estão altamente motivados nos objetivos da organização, são comprometidos e obtêm bons resultados.

Muito se tem escrito sobre o papel de liderança dos gestores. A gestão e a liderança são ambas importantes nas organizações. Todos os gestores são líderes? Porque liderar é uma das quatro funções dos gestores, idealmente todos os gestores devem ser líderes. Os bons gestores devem também ser líderes, porque associam as qualidades de gestão e liderança e ambas contribuem para o fortalecimento da organização. A gestão e a liderança refletem dois conjuntos de qualidades e capacidades diferentes que se sobrepõem na mesma pessoa. Uma pessoa pode ter mais qualidades de um ou do outro, mas idealmente um gestor desenvolve um balanceamento das qualidades do líder e do gestor (Figura 10.5):

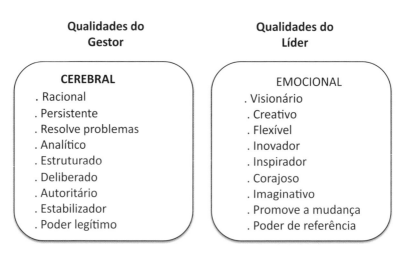

Figura 10.5 Qualidades do Líder e do Gestor

A principal diferença entre gestão e liderança é que a gestão promove a estabilidade, a ordem e a resolução de problemas numa organização. A liderança promove a visão, a criatividade e a mudança. Liderança significa questionar o *status quo* existente para uma nova ordem mais atual, mais produtiva e socialmente mais responsável. A liderança não pode substituir a gestão; pode adicionar à gestão. A boa gestão é necessária para ajudar a organização a cumprir os seus compromissos, enquanto a boa liderança é necessária para lançar a empresa para o futuro.

Um dos erros mais comuns é considerar que liderança e gestão significam a mesma coisa, quando na realidade são conceitos diferentes. Uma pessoa pode ser um gestor, um líder, ambos ou nem uma coisa nem outra. Um bom líder pode não ser um bom gestor, mas um bom gestor deve ser também um bom líder. Algumas das distinções básicas entre liderança e gestão estão enunciadas na Figura 10.6:

Figura 10.6 Distinção entre Gestão e Liderança

A gestão e a liderança têm áreas que se sobrepõem, mas têm também áreas distintas. A gestão focaliza-se principalmente nas atividades de planeamento, organização, direção e controlo (funções da gestão), enquanto a liderança está mais relacionada com atividades como ter uma visão para a organização, estabelecer o rumo e influenciar os seus seguidores no sentido dos objetivos organizacionais. Um líder deve ser um bom comunicador e ser capaz de influenciar, motivar e inspirar os outros. O gestor assegura que os objetivos são atingidos, através de planos, orçamentos, aplicação de recursos, organização, resolução de problemas e controlo de objetivos.

Alguns autores postulam que a liderança é um aspeto do papel da gestão, mas fazem notar que ser um bom gestor implica necessariamente que seja um bom líder. Todavia, um indivíduo pode ser um líder sem ser um bom gestor e pode ser um gestor sem ser um líder, mas um gestor

MANUAL DE GESTÃO MODERNA

que não é líder não será um bom gestor, porque lhe falta uma visão para a organização. Em suma, um bom gestor terá que ser um bom líder, mas um bom líder poderá não ser um bom gestor se descurar as funções do gestor.

10.3.2. TEORIAS DA LIDERANÇA

Apesar dos líderes terem influenciado profundamente a história, só no último século surgiram estudos científicos sobre a liderança. Os primeiros estudos focavam os traços ou caraterísticas pessoais dos líderes. Os estudos mais recentes estão mais preocupados em analisar os comportamentos dos líderes.

10.3.2.1. TEORIA DOS TRAÇOS DE LIDERANÇA

Os primeiros investigadores sobre liderança acreditavam que os líderes têm qualidades únicas ou traços que os distinguem das outras pessoas. Esta abordagem dos traços de liderança induz os investigadores a focarem-se na identificação dos traços essenciais de liderança, incluindo a inteligência, domínio, autoconfiança, energia, dinamismo e conhecimentos sobre o seu trabalho. Com a proliferação dos estudos, a lista de potenciais traços de liderança tornou-se tão extensa que retirou utilidade prática a esta abordagem, para além dos resultados de muitos estudos se revelarem inconsistentes. Por exemplo, alguns autores argumentaram que os grandes líderes eram altos, como Lincoln, mas rapidamente surgiram críticas argumentando que Napoleão Bonaparte ou Hitler eram baixos e, não obstante, cada um à sua maneira, foram grandes líderes.

Dada a inconsistência dos resultados, esta abordagem foi abandonada durante muito tempo, mas recentemente tem sido retomada, mas agora considerando apenas um conjunto limitado de traços de liderança, tais como a inteligência emocional, a inteligência mental, a motivação, honestidade e integridade, autoconfiança, conhecimento do negócio e carisma. Apesar de tudo e não obstante as críticas, hoje acredita-se que fatores físicos e biológicos, como a aparência, a dimensão e a postura, podem ter um papel importante na liderança.

DIREÇÃO

10.3.2.2. ABORDAGEM COMPORTAMENTAL DA LIDERANÇA

A partir de meados do século passado, muitos investigadores começaram a pôr em causa a abordagem dos traços e voltaram-se para a perspetiva comportamental da liderança, procurarando identificar as caraterísticas comportamentais dos líderes eficazes. O objetivo da abordagem comportamental da liderança é determinar os comportamentos tipo dos líderes eficazes. Estes investigadores assumem que os comportamentos dos líderes eficazes diferem dos comportamentos dos líderes menos eficazes e que os comportamentos dos líderes eficazes se mantêm em todas as situações.

Esta corrente de pensamento identificou duas formas básicas de comportamentos dos líderes:

- **Orientação para a tarefa**: ocorre quando um líder está focado na forma como as tarefas devem se executadas com vista a atingir determinados objetivos e determinados níveis de desempenho.
- **Orientação para as pessoas**: ocorre quando um líder está focado na satisfação, motivação e bem estar dos seus colaboradores.

Hoje crê-se que os bons líderes devem procurar combinar doses adequadas de ambos os comportamentos, ou seja, devem procurar aumentar o desempenho sem descurar o aumento da satisfação no trabalho e a motivação dos colaboradores.

Estudos da Universidade de Iowa

Estudos realizados por Kurt Lewin na Universidade de Iowa identificaram três estilos de liderança:

- **Estilo autocrático**: caracteriza-se pela centralização da autoridade e do processo de tomada de decisão, pela determinação autoritária da forma e métodos de trabalho e pela fraca participação dos colaboradores.
- **Estilo democrático:** distingue-se pela participação e envolvimento dos colaboradores no processo de tomada de decisão, pela delegação de poderes e pela decisão em conjunto. Usa o *feedback* para apoiar os colaboradores.
- **Estilo laissez-faire:** evidencia-se por dar ao grupo total liberdade para decidir e executar o trabalho. Não é um verdadeiro líder.

MANUAL DE GESTÃO MODERNA

Os investigadores procuraram compreender qual dos três estilos de liderança era mais eficaz e concluíram que o *laissez-faire* é o mais ineficaz, sendo os resultados dos outros estilos mistos quanto ao desempenho, mas a qualidade e satisfação no trabalho são maiores com um líder democrático.

Estudos da Universidade de Ohio

Os estudos da Universidade de Ohio representam uma importante contribuição para o desenvolvimento das teorias comportamentais da liderança. O objetivo das pesquisas consistia em compreender qual a eficácia dos comportamentos de liderança orientados para a tarefa (estrutura de iniciação) e para as pessoas (consideração).

A estrutura de iniciação corresponde à extensão em que um líder define a estrutura, o trabalho a realizar, as relações entre as pessoas, os canais de comunicação e a forma como o trabalho é realizado pra atingir os objetivos. Um líder caracterizado por alta estrutura de iniciação define as tarefas para cada um dos membros do grupo e especifica metas de desempenho esperadas.

A consideração refere-se à extensão em que um líder propicia relações de trabalho baseadas na confiança mútua e no respeito pelas ideias e sentimentos dos membros do grupo. Um líder com alta consideração é amigável, sensível aos problemas e sentimentos dos colaboradores, acessível e preocupado com o bem-estar e conforto dos colaboradores.

Os estudos demonstram que líderes com alta estrutura de iniciação e elevada consideração pelos subordinados estão associados a um melhor desempenho e a uma maior satisfação. No entanto, os líderes com alto nível de estrutura de iniciação ou alto nível de consideração nem sempre são eficazes.

Estudos da Universidade de Michigan

Os investigadores da Universidade de Michigan chegaram a resultados semelhantes aos da Universidade de Ohio. O objetivo dos seus estudos, tal como os da Universidade de Iowa e Ohio, era também a identificação das caraterísticas comportamentais de liderança que induzem à eficácia do desempenho. As duas dimensões do comportamento da liderança deste modelo são a orientação para os trabalhadores e para a produção. Os líderes voltados para o colaborador enfocam as relações interpessoais, respeitam e consideram o indivíduo na organização, enquanto os líderes orientados para a produção enfatizam aspetos técnicos da tarefa e consideram os membros da organização meros meios para atingir os fins.

Os resultados desta investigação mostram que os líderes voltados para os trabalhadores apresentam maiores índices de desempenho e de satisfação. Os líderes voltados para a produção apresentam menor produtividade e menor satisfação dos trabalhadores.

Grelha de Blake e Mouton

Robert Blake e Jane Mouton (1985) desenvolveram uma grelha de gestão que define cinco estilos de liderança em função de dois fatores, em que no eixo das abcissas se representa a preocupação com a produção e no eixo das ordenadas a preocupação com as pessoas, em escalas de 1 (reduzido) a 9 (elevado) (Figura 10.7):

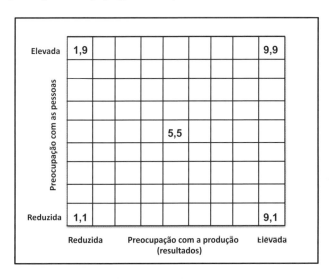

Figura 10.7 Grelha de Gestão de Blake e Mouton

Conjugando os dois fatores, a grelha de Blake e Mouton descreve cinco estilos de liderança:

- **Empobrecimento (1,1)** – estes líderes dedicam o mínimo esforço quer às pessoas quer à produção. São líderes somente de nome e fazem pouco esforço para melhorar o desempenho ou encorajar as pessoas para atingirem elevados níveis de desempenho. São descritos como líderes *laissez-faire*.

MANUAL DE GESTÃO MODERNA

- **Orientação para a Tarefa (9,1)** – a principal preocupação destes líderes é conseguir eficiência e atingir os objetivos. Prestam pouca atenção às necessidades e bem estar dos colaboradores. São descritos como líderes com estilos de liderança autoritários e ditatoriais.
- **Meio Termo (5,5)** – estes líderes mostram alguma atenção quer à satistação dos colaboradores quer aos objetivos, mas apenas o suficiente para as coisas irem andando.
- **Country Club (1,9)** – estes líderes dedicam a sua principal atenção aos aspetos humanos e à criação de um bom ambiente de trabalho. Os objetivos são para se ir atingindo.
- **Orientação para a Equipa (9,9)** – estes líderes envolvem todos os elementos do grupo de trabalho no planeamento e no processo de tomada de decisão. Procuram o empenhamento e participação das pessoas nos objetivos da organização. São descritos como líderes com estilos de liderança democráticos e participativos.

Blake e Mouton acreditavam inicialmente que o estilo de liderança (9,9) era o mais adequado em todas as situações. Acredita-se hoje que, em certas circunstâncias, os líderes orientados para a tarefa obtêm melhores resultados, por exemplo, quando supervisionam trabalhos repetitivos, executados por colaboradores inexperientes e desmotivados. De igual modo, o estilo de liderança (1,9) funciona melhor com quadros altamente qualificados, experientes e motivados. Contudo, será provavelmente acertado afirmar-se que o estilo de liderança (1,1) não funcionará bem em nenhuma situação.

10.3.2.3. ABORDAGEM CONTINGENCIAL DA LIDERANÇA

A abordagem contingencial da liderança assume que o comportamento adequado do líder varia de uma situação para outra. Quer a abordagem dos traços, quer a abordagem contingencial da liderança são universais por natureza, na medida em que procuram prescrever comportamentos do líder que podem conduzir a um conjunto universal de resultados e de consequências. Por exemplo, os defensores da perspetiva universal pensam que pessoas inteligentes ou indivíduos sempre focados nas pessoas serão sempre bons líderes. Na realidade, as investigações mais recentes têm demonstrado que esta abordagem é demasiado simplista e não é verdadeira.

DIREÇÃO

A abordagem contingencial da liderança procura identificar várias formas de comportamento do líder que resultam em resultados contingenciais, ou seja, resultados que dependem de elementos situacionais e de caraterísticas do líder e dos seus seguidores.

As caraterísticas de liderança incluem o sistema de valores dos gestores, a confiança nos subordinados, a estabilidade e os comportamentos atuais. Por sua vez, as caraterísticas dos subordinados incluem as necessidades de independência dos subordinados, capacidade de assumir responsabilidades, tolerância, assunção dos objetivos, conhecimentos, experiência e expectativas. As caraterísticas situacionais que afetam a tomada de decisão incluem o tipo de organização, a eficácia, o problema em causa e as pressões momentâneas.

10.3.2.4. MODELO DE FIEDLER

Fred Fiedler (1967) desenvolveu uma das primeiras teorias contingenciais da liderança. Para Fiedler, o desempenho efetivo do grupo depende da conjugação do estilo do líder e do grau em que a situação permite ao líder o seu controlo e influência, ou seja, da situação organizacional mais favorável para o sucesso. Segundo o autor, o estilo de liderança de uma pessoa não é flexível, sendo ineficiente tentar mudar o estilo de liderança do gestor para se adaptar a uma nova situação.

O modelo de Fiedler procura relacionar dois estilos de liderança – líderes voltados para a tarefa e líderes voltados para as pessoas – com três fatores contingenciais:

- **Relações líder-colaboradores** – grau de confiança, aceitação e respeito que os colaboradores têm em relação ao líder. Se os sentimentos dos colaboradores forem positivos em relação ao líder, então a situação é favorável ao líder, caso contrário é desfavorável.
- **Estrutura das tarefas** – grau de estruturação das tarefas, de especificação dos procedimentos e definição de objetivos. Se as tarefas forem definidas com elevado grau de organização, a situação é de alta estruturação das tarefas e é considerada favorável ao líder.
- **Posição de poder do líder**– o grau de influência do líder nas atividades baseadas no poder. Se o líder tiver poder de promover, recompensar, punir ou demitir qualquer elemento do grupo, a situação é favorável ao líder.

A combinação destas três caraterísticas com os dois estilos de liderança referidos, origina oito situações de liderança (Figura 10.8):

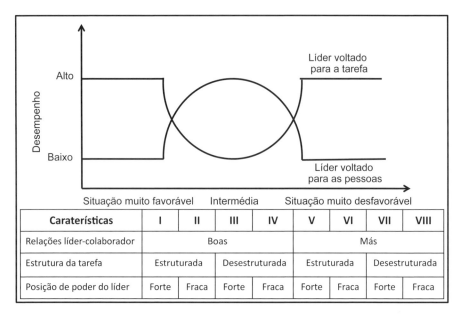

Figura 10.8 Teoria Contingencial de Fiedler

De acordo com o modelo de Fiedler, os líderes mais voltados para a tarefa são mais eficazes em situações favoráveis ou desfavoráveis, ao passo que os líderes mais voltados para as pessoas são mais eficazes em situações intermédias. Dado que, como vimos, não se pode alterar o estilo de liderança do gestor, a melhor solução é escolher um gestor com determinado estilo de liderança para a situação em que se adapta melhor.

10.3.2.5. LIDERANÇA TRANSACIONAL E LIDERANÇA TRANSFORMACIONAL

As teorias clássicas da liderança permitiram avançar no entendimento do que é a liderança. Todavia, trata-se de teorias complexas e difíceis de aplicação na prática. Essa dificuldade tem levado ao aparecimento de novas abordagens que partilham uma visão mais pragmática e mais compreensível do fenómeno da liderança.

DIREÇÃO

As teorias clássicas da liderança baseiam-se no comportamento dos líderes no seu relacionamento com os seus colaboradores. Os novos desenvolvimentos da liderança focalizam-se, não no comportamento dos líderes, mas no tipo de incentivo ou recompensa que o líder oferece, distinguindo-se dois tipos de abordagens: **liderança transacional** e **liderança transformacional.**

Os **líderes transacionais** guiam e motivam os seus colaboradores na direção dos seus próprios objetivos, através de uma motivação extrínseca (Burns, 1978). Os líderes transacionais estão empenhados em envolver os seus colaboradores nos seus próprios objetivos, fazendo-o através da atribuição de benefícios, com vista a defender os seus próprios interesses.

O papel dos líderes transacionais tem sido argumentado como sendo diretamente relacionado com o reforço e refinamento da aprendizagem organizacional (Vera e Crossan, 2004). Estes autores sugerem que este tipo de comportamento de liderança pode ser conducente a perseguir a inovação organizacional, o que pode contribuir para reduzir a complexidade organizacional e a ambiguidade, através do estabelecimento de objetivos claros e incentivos que induzam mudanças nos processos, práticas e estruturas.

A liderança transacional consiste em duas dimensões distintas: incentivo contingente e gestão ativa por exceção (Den Hartog et al., 2011). Incentivo contingente implica a clarificação e especificação do que é esperado dos membros da organização e a avaliação de objetivos e subsequente benefício pela sua realização. Através do incentivo contingente, os líderes constroem o envolvimento para a realização dos seguidores (Avolio et al., 1999; Bass e Avolio, 1993). Enquanto Amabile (1996, 1998) argumenta que o estabelecimento de tais contratos tem sido argumentado para dificultar a criatividade e resulta em menos iniciativas para conduzir a novas formas de trabalhar, Elenkov e Manev (2005) mantêm que o impacto do benefício contingente na inovação de gestão pode ser positivo.

O **líder transformacional** define-se pela sua capacidade de realizar inovações e mudanças no contexto organizacional. Este tipo de líder inspira os seus colaboradores a transcenderem os seus interesses pessoais em favor da organização. Ao contrário do líder transacional, o líder transformacional não depende de incentivos ou recompensas materiais para motivar os seus colaboradores, focalizando-se noutras dimensões, como a visão, os valores e as ideias para desenvolver um relacionamento mais profundo com os seus seguidores. Estimula o crescimento e desenvolvimento dos colabo-

MANUAL DE GESTÃO MODERNA

radores (*empowerment*), faz os colaboradores sentirem-se importantes, a atenderem aos objetivos organizacionais e apela a um elevado nível de necessidades para autoatualização (Bass, 1985; Burns, 1978; Lindebaum e Cartwright, 2010).

A liderança transformacional consiste em quatro dimensões: (1) influência idealizada; (2) motivação inspiracional; (3) estimulação intelectual, e (4) consideração individualizada (Avolio et al., 1999). A influência idealizada representa o grau segundo o qual os líderes são admirados, respeitados e confiáveis. Esta dimensão inclui o comportamento carismático que leva os seguidores a identificarem-se com o líder e a motivarem-se para atingir os objetivos. A motivação inspiracional proporciona o entendimento e desafia os seguidores a criar espírito de equipa. A estimulação intelectual incita os seguidores a questionarem e a serem criativos. Os líderes transformacionais asseguram que a criatividade e a inovação são parte dos processos de resolução de problemas. A consideração individualizada inclui a extenção segundo a qual o potencial dos seguidores é desenvolvido atendendo às suas necessidades individuais, bem como criando oportunidades de aprendizagem e um ambiente propício ao crescimento (Bass et al., 2003).

Através da influência idealizada, os líderes transformacionais podem estimular a inovação de gestão, partilhando o risco de ações inovativas com os seguidores (Bass et al., 2003), incentivando-os a desafiar os processos de gestão, as práticas e as estruturas existentes (Bass, 1994). Através da motivação inspiracional, os líderes transformacionais enfatizam a relevância de procurar novas formas de fazer as coisas e de encorajar sinergias trabalhando em conjunto (Bass et al., 2003). A motivação inspiracional constitui, através da motivação intrínseca dos seguidores, um condutor poderoso para procurar formas criativas de induzir mudanças nos processos de gestão, nas práticas ou estruturas (Amabile, 1996, 1998).

Através da estimulação intelectual, os líderes transformacionais encorajam os seguidores a questionar a eficácia das práticas da gestão corrente da organização (Sosik, 1997). Os líderes transformacionais mostram grandes expectativas e confiança na capacidade dos seguidores para encontrarem soluções progressivas em vez das soluções meramente mais apropriadas (Bass, 1994; Jung et al., 2003). Através da consideração individualizada, os líderes transformacionais manifestam apreciação por cada um dos seguidores e pelas suas ideias (Sosik, 1997). A consideração individualizada também fomenta a atenção e a participação distribuída na mudança das

DIREÇÃO

práticas e processos de gestão (Bass, 1994), fazendo os seguidores saber que os seus trabalhos relevam e são valorizados pelos líderes da organização (Amabile, 1998). A liderança transformacional contribui para o avanço dos processos, das práticas e das estruturas organizacionais.

10.3.2.6. LIDERANÇA CARISMÁTICA E LIDERANÇA VISIONÁRIA

Tal como os líderes transformacionais, os líderes carismáticos também se caracterizam pela capacidade de motivar os colaboradores a transcenderem-se. O líder carismático é um líder entusiasta, autoconfiante, cuja personalidade e ações inspiram os colaboradores a agir de certa maneira e a serem melhores do que seriam normalmente.

Os líderes carismáticos têm normalmente a arte da liderança visionária. Uma visão é um futuro ideal e atrativo que ainda não é uma realidade. É uma componente importante quer da liderança carismática quer da liderança transformacional. Um líder visionário fala ao coração dos colaboradores, fazendo-os sentir que fazem parte de algo muito maior do que eles próprios. Onde os outros veem obstáculos e dificuldades, os líderes carismáticos veem oportunidades e esperança. Os líderes carismáticos têm a capacidade de influenciar os seus colaboradores porque têm as seguintes caraterísticas:

- Têm uma visão.
- São capazes de articular a visão.
- Estão dispostos a assumir riscos para alcançarem a visão.
- São sensíveis ao ambiente e às necessidades dos seus seguidores.
- Têm comportamentos pouco usuais.

O líder visionário tem capacidade para criar e articular uma visão realista, credível e atrativa do futuro, a partir da situação atual. Um líder visionário caracteriza-se por:

- Ter capacidade para explicar a visão aos outros.
- Expressar a visão não verbalmente, mas através do seu comportamento.

Em conclusão, as abordagens contemporâneas de liderança distinguem os líderes dos não líderes pela sua capacidade de transformar, de mudar, de inovar e de exceder os padrões habituais de desempenho.

10.4. COMUNICAÇÃO

Vimos no Capítulo 1 que a direção é uma das quatro principais funções dos gestores e que dirigir é motivar, liderar e comunicar (Figura 10.9). Nos pontos anteriores analisámos a motivação e a liderança e neste ponto vamos estudar a comunicação.

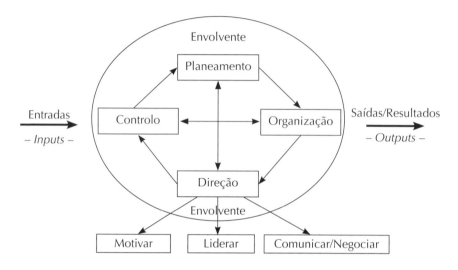

Figura 10.9 **A Comunicação como Função do Gestor**

Comunicar de forma efetiva é o principal desafio que se coloca aos gestores, já que tudo o que os gestores fazem envolve comunicação. A falta de comunicação ou uma comunicação deficiente pode causar problemas significativos à organização, incluindo desmotivação dos colaboradores, falta de inovação, desempenho ineficiente e incapacidade de responder às ameaças e oportunidades do meio envolvente. Dada a sua importância, muitos gestores e políticos procuram melhorar os seus conhecimentos e as suas capacidades em matéria de comunicação.

Comunicação não é só transportar informação, mas persuadir e influenciar as pessoas. É um processo pelo qual a informação é trocada e percebida por duas ou mais pessoas, usualmente com o propósito de motivar ou influenciar o seu comportamento. A comunicação envolve a compreensão do significado da mensagem. Se não há compreensão do significado, há transmissão da informação, mas não há comunicação.

DIREÇÃO

10.4.1. IMPORTÂNCIA DA COMUNICAÇÃO

Os gestores gastam pelo menos 80% do seu dia de trabalho a comunicar com os outros, o que equivale a dizer que 45 minutos de cada hora de trabalho do gestor são gastos ao telefone, em reuniões, a comunicar diretamente ou conversando informalmente com os outros. Os outros 20% do tempo típico do gestor é gasto à secretária de trabalho, muito do qual está também a comunicar a ler ou escrever.

O papel dos gestores no seu trabalho diário é obter informação no interior da organização ou fora dela e distribuir informação apropriada pelas pessoas ou organizações que dela necessitem. A comunicação dos gestores pode ser dirigida a um determinado fim, como aquela que é dirigida aos colaboradores, com o objetivo de os incentivar a cumprir a missão e atingir os objetivos da organização através dos níveis hierárquicos. Os gestores podem usar diversos métodos de comunicação, como a seleção dos canais adequados, facilitar as comunicações verticais de cima para baixo e de baixo para cima e horizontais, usando comunicações não-verbais e construir redes de comunicação informais que atravessem as fronteiras da organização.

A comunicação está presente em todas as funções dos gestores. Por exemplo, quando os gestores desempenham a função planeamento, eles obtêm informação, escrevem cartas, memorandos e relatórios e reúnem com os outros gestores para formular o plano de negócios. Quando os gestores lideram, comunicam para partilhar uma visão do que a organização deve ser e motivam os colaboradores para atingir os objetivos. Quando os gestores organizam, obtêm informação sobre o estado da organização e comunicam uma nova estrutura. A capacidade de comunicação é fundamental em todas as atividades dos gestores.

10.4.2. O PROCESSO DE COMUNICAÇÃO

A comunicação é um processo complexo, sendo inúmeras as possibilidades de enviar ou receber mensagens erradas. Os dois elementos essenciais, sem os quais não há qualquer processo de comunicação, são o **emissor** e o **recetor.** O emissor é alguém que deseja transmitir uma ideia ou expressar um sentimento a outrem. O recetor é a pessoa a quem a mensagem é enviada. O emissor **codifica** a ideia recorrendo a símbolos com os quais compõe uma mensagem. A mensagem é a formulação da ideia que é transmitida ao recetor. A mensagem é enviada através de um **canal** que é o meio utilizado para a comunicação. O canal pode ser um relatório, chamada telefónica, correio eletrónico ou um encontro face a face. O recetor **descodifica** os símbolos para interpretar o significado da mensagem. A codificação e descodificação podem ser fontes potenciais de erros de comunicação, porque os conhecimentos e as atitudes dos intervenientes podem funcionar como filtros e criarem ruído quando se interpreta o significado dos símbolos. Finalmente, o *feedback* ocorre quando o recetor responde à comunicação do emissor com uma mensagem de retorno. O *feedback* é uma preciosa ajuda para uma comunicação efetiva, porque capacita o emissor a determinar se o recetor interpretou corretamente a mensagem. Sem *feedback* não há comunicação (Figura 10.10).

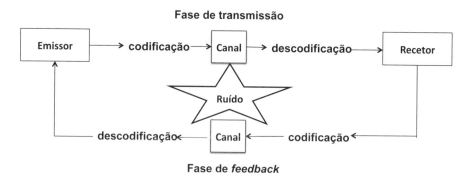

Figura 10.10 Modelo do Processo de Comunicação

10.4.3. FORMAS DE COMUNICAÇÃO

A codificação de mensagens pode ser verbal ou não-verbal. Verbal é a comunicação falada ou escrita, enquanto a comunicação não-verbal refere-se a mensagens enviadas através da linguagem corporal, gestos, postura, entoação verbal, expressões faciais ou comportamentos, em vez de palavras.

As comunicações não-verbais ocorrem predominantemente face a face. Estudos demonstram que durante uma comunicação face a face ocorrem três fontes de comunicação: verbal, que são as palavras faladas, vocal que inclui a linguagem do corpo, o tom e timbre da voz, as pausas e as expressões faciais. De acordo com estes estudos, os pesos destes fatores na interpretação da mensagem são os seguintes: impacto verbal 7%, impacto vocal 38% e impacto facial 55%. As mensagens não-verbais e a linguagem do corpo muitas vezes transmitem melhor os nossos reais pensamentos e sentimentos com maior força do que as palavras, por melhor escolhidas que sejam. Quando as mensagens verbais e não-verbais são contraditórias, o recetor usualmente dará maior importância às ações comportamentais do que às mensagens verbais.

As mensagens não-verbais podem ser um importante meio de comunicação se complementarem e apoiarem as mensagens verbais. Os gestores devem prestar especial atenção aos comportamentos não-verbais quando comunicam. Devem coordenar as mensagens verbais e não-verbais, bem como prestar atenção ao que os seus pares, subordinados ou supervisores estão a dizer não verbalmente.

10.4.4. COMUNICAÇÃO ORGANIZACIONAL

O valor das grandes empresas radica cada vez menos nos seus bens tangíveis e cada vez mais nos bens intangíveis (competências, qualidade dos recursos humanos, imagem, posicionamento dos seus produtos, etc.). Daí a importância crescente que os gestores atribuem à comunicação.

Um outro aspeto da comunicação diz respeito à organização como um todo. A comunicação nas organizações flui tipicamente em três direções – comunicação vertical descendente, em que as mensagens e a informação são enviadas da gestão de topo para os subordinados, comunicação vertical ascendente que inclui as mensagens que fluem dos níveis mais baixos da hierarquia para os níveis mais altos e comunicação horizontal em que as pessoas partilham continuamente informação entre os departamentos e níveis hierárquicos (Figura 10.11).

Os gestores são responsáveis pelo estabelecimento e manutenção de **canais formais de comunicação,** que são os canais que seguem a cadeia de comando oficial ou a comunicação requerida pelo posto de trabalho, mas usam também **canais informais,** que são canais que não são definidos pela hierarquia das organizações.

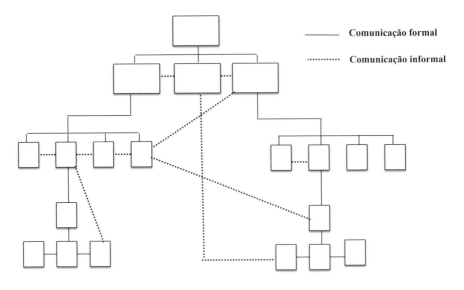

Figura 10.11 Tipos de Comunicação Organizacional

Um tipo especial de comunicação horizontal é a comunicação em rede, que mostra os fluxos de informação numa organização, consoante o grau de centralização ou descentralização adoptado e a natureza das tarefas (Figura 10.12):

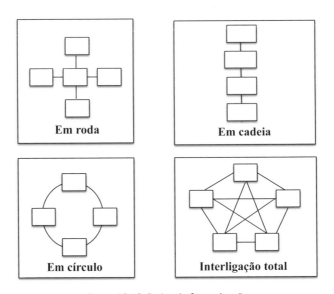

Figura 10.12 Redes de Comunicação

DIREÇÃO

Numa rede centralizada, os membros da equipa devem comunicar com um indivíduo central que resolve os problemas ou toma decisões. São os casos das redes em roda e em cadeia, em que o grau de interação entre os elementos do grupo é muito baixo, mas proporciona soluções rápidas para problemas simples. Numa rede descentralizada, os indivíduos comunicam livremente com outros membros do grupo. Os membros trocam informação entre eles até que estejam de acordo sobre a decisão. São os casos das redes em círculo e em interligação total, que proporcionam soluções mais lentas para problemas simples. Contudo, para problemas mais complexos a comunicação descentralizada é mais adequada e mais rápida, porque a informação necessária para a tomada de decisão não está restrita a uma pessoa. A rede centralizada provoca poucos erros em problemas simples, mas muitos erros em soluções complexas. Redes descentralizadas são menos adequadas para problemas simples, mas mais adequadas para problemas complexos porque há mais discussão e mais troca de informação.

Num ambiente competitivo global, as organizações tipicamente lidam com problemas complexos. Se as atividades do grupo são complexas e difíceis, todos os membros devem trocar informação, numa estrutura descentralizada, para resolver os problemas. Se as equipas desempenham tarefas rotineiras, gastam menos tempo a processar a informação, podendo as comunicações ser centralizadas.

10.4.5. COMUNICAÇÃO EM TEMPO DE CRISE

Durante os períodos de crise, a comunicação empresarial é ainda mais importante. Para criar confiança e resolver os problemas com que as organizações se debatem nestes períodos de grandes desafios e incertezas, os gestores são forçados a desenvolver competências de comunicação, quer com os colaboradores, quer com os clientes e o público em geral. Incorporam ideias como partilha da informação pela organização, através das áreas funcionais e dos níveis hierárquicos, diálogo, *feedback* e aprendizagem organizacional. A comunicação aberta constrói relações de confiança e envolvimento de todos nos objetivos comuns. Outra forma de construir relações de confiança e colaboração é através do diálogo, que é um processo de comunicação em grupo com o objetivo de criar uma cultura baseada na colaboração, confiança e envolvimento nos objetivos comuns. O *feedback* ocorre quando os gestores usam a avaliação e comunicação para ajudar os

MANUAL DE GESTÃO MODERNA

indivíduos e a organização a aprender e a melhorar o desempenho. Apesar de muitas vezes negligenciado, o *feedback* é, como vimos na Figura 10.10, uma parte fundamental do processo de comunicação.

O que acontece quando uma grande empresa enfrenta uma crise que afeta principalmente a sua imagem? Vejamos o caso do Millennium BCP para encontrar resposta à pergunta.

Muitas vezes as empresas afetadas por problemas de reputação mudam de administração, como aconteceu com o Millennium BCP e mesmo a denominação social, como aconteceu com a Arthur Andersen. O objetivo desta reflexão é dar um exemplo claro e recente sobre a importância que têm os bens intangíveis nas empresas de hoje para compreendermos a importância da comunicação em tempos de crise. A função da comunicação é a proteção dos valores intangíveis, dentro dos quais se encontra a imagem da empresa e dos seus produtos e serviços.

Uma crise é um acontecimento extraordinário ou uma série de acontecimentos que afetam, de forma diversa, a integridade do produto, a reputação ou a estabilidade financeira de uma organização, o bem-estar dos colaboradores, da comunidade ou do público em geral (Wilcox, 2002:191).

Nem todas as crises são iguais pelo que a maneira de as abordar também é diferente. Para enfrentar uma crise, uma organização deve constituir um **comité de crise**, no qual se integra a alta direção e os responsáveis das diversas áreas e, obviamente, a direção de comunicação.

São as seguintes as funções do consultor de comunicação numa organização, especialmente em momentos de crise:

- Reunir toda a informação possível.
- Evitar a ausência de informação, comunicando o mais rapidamente possível.
- Não apressar a comunicação por pressão de grupos de pressão (jornalistas ou outros grupos).
- Determinar a forma de comunicação (comunicados, cartas, emails, intranet, conferências de imprensa, etc.).
- Monitorizar e controlar o alcance da crise.
- Determinar a sequência e a coerência da comunicação.
- Aconselhar sobre a política da companhia em relação a boatos e imprecisões difundidos pelos meios de comunicação.
- Propor um plano de ação para relançamento da imagem da organização.

Por sua vez, o que não deve fazer o consultor de comunicação em momentos de crise:

- Informar sem o prévio conhecimento e aprovação do "comité de crise" e da alta direção.
- Permitir que falem os outros membros do comité sem acordo prévio sobre as suas declarações.
- Mentir sobre informação crucial.
- Fazer reservas sobre dados fundamentais para minimizar o acontecimento.
- Mostrar incompetência, falta de controlo e arrogância.
- Ser insensível às implicações emocionais dos afetados pelo acontecimento.
- Dar informação "*off the record*".
- Não considerar todas as implicações possíveis do acontecimento.

Finalmente, as crises podem também ser fontes de oportunidades e não apenas de problemas. Se uma empresa gerir bem uma crise, se tiver a oportunidade de atenuar o sinal negativo e de lançar mensagens positivas acerca da empresa, a exposição pública gratuita a que a empresa é submetida pode transformar a crise numa fonte de grande notoriedade. Por exemplo, substituir prontamente uma peça defeituosa numa determinada série de uma marca automóvel ou retirar do mercado um produto defeituoso ou estragado contribui para aumentar a confiança no produto e na empresa.

Existem muitas situações complexas nas empresas que poderiam ter sido evitadas se fossem tratadas com maior transparência e com uma maior consciência da importância da comunicação. Há mesmo quem sustente que com uma comunicação mais eficiente se poderiam ter evitado muitos conflitos nas empresas e muitos conflitos internacionais.

Nos anos noventa, Clinton ganhou as eleições nos Estados Unidos com o *slogan* "*It's the economy, stupids*". Hoje poder-se-ia adotar, com propriedade, o seguinte *slogan* a propósito do sucesso empresarial – "*It's the communication, stupids*".

10.5. RESUMO DO CAPÍTULO

O objetivo principal deste capítulo consistiu em analisar a função direção, que constitui a essência do trabalho diário do gestor. Uma vez estabelecidos os objetivos, definidas as estratégias e criadas as estruturas organizacionais necessárias para fazer a articulação entre os recursos e as pessoas, o gestor tem a função de liderar a equipa, de motivar os colaboradores e de comunicar a estratégia aos membros da organização. São estas as três dimensões principais da função direção. Trata-se, sem dúvida, de uma função complexa porque lida com pessoas e as pessoas são os recursos organizacionais mais imprevisíveis e mais difíceis de controlar por parte dos gestores, precisamente porque são seres humanos com emoções, sentimentos e padrões diferentes de comportamento organizacional.

Duas outras dimensões importantes da função direção são a motivação e a liderança. A motivação procura compreender os fatores internos (motivacionais) e externos (higiénicos) ao indivíduo que motivam ou desmotivam os colaboradores a alcançar os objetivos organizacionais. A liderança refere-se às capacidades do gestor de influenciar os indivíduos de forma a levá-los a que se esforcem para atingir os objetivos organizacionais.

Finalmente foi realçada a importância e o papel da comunicação, pelo simples facto de que todo o trabalho do gestor envolve comunicação. Um gestor não consegue formular uma estratégia ou tomar uma decisão sem informação e a informação para estar disponível necessita de ser comunicada. Uma vez tomada a decisão, torna-se necessário comunicar essa decisão aos membros da organização. Por melhores que sejam as estratégias e as decisões, não produzirão efeitos práticos se não forem comunicadas aos membros da organização.

QUESTÕES

1. *Descreva o processo de motivação.*
2. *Como a satisfação das necessidades afeta a motivação?*
3. *Diferencie a Teoria X da Teoria Y.*
4. *Explique as relações da teoria das expectativas.*
5. *Descreva como os empresários/gestores motivam os seus colaboradores.*
6. *Defina liderança.*
7. *Quais as diferenças básicas entre liderança e gestão.*
8. *Sumarize as teorias mais recentes da liderança.*
9. *Descreva as perspetivas de liderança transformacional e liderança carismática.*

DIREÇÃO

10. *Estabeleça a relação entre liderança e tomada de decisão.*
11. *Todos os CEO deveriam ser líderes transformacionais? Gostaria de trabalhar para um líder transformacional?*
12. *Entreviste um gestor de uma empresa da sua região. Questione o gestor se ele acredita que a liderança é inata ou pode ser ensinada.*
13. *Identifique três pessoas, nacionais ou estrangeiras, que considera serem excelentes líderes. Justifique porque considera que são excelentes líderes.*
14. *Pensa que a liderança pode ser ensinada? E a gestão? Justifique.*
15. *Defina comunicação interpessoal e comunicação organizacional.*
16. *Explique as componentes do processo de comunicação.*
17. *Descreva os elementos do processo de comunicação. Dê um exemplo de cada um dos elementos do processo de comunicação na sala de aula durante a comunicação entre o professor e os alunos.*

ESTUDO DE CASO 10.1

A comunicação é um importante instrumento de gestão que pode ser usado pelas empresas para criar valor para os seus clientes. Não basta produzir e distribuir um produto. É também necessário informar os consumidores.

1. Concorda com esta afirmação? Justifique.
2. Por que são tão importantes para o gestor as capacidades de comunicação? Justifique.
3. A que mix de comunicação pode uma empresa recorrer para emitir sinais em direção ao seu mercado alvo? Descreva.
4. Que papel desempenha a publicidade, a promoção de vendas e as relações públicas numa estratégia integrada de comunicação de marketing? Justifique.

ESTUDO DE CASO 10.2

Pedro Souto, um jovem empreendedor português, criou em 1990 a Transpor, uma empresa de transportes internacionais. Com os lucros obtidos na indústria transportadora e com a ajuda de empréstimos bancários, Pedro Souto comprou a Norleite, a maior produtora de queijo, com o intuito de consolidar a empresa e melhorar o desempenho. A Transpor tornou-se a holding do grupo e Pedro Souto assumiu as funções de diretor geral.

Na altura da compra, a Norleite tinha uma fraca produtividade quando camparada com empresas internacionais, tal como acontecia com a generalidade

MANUAL DE GESTÃO MODERNA

das empresas do setor devido à crise do mercado e à fraca qualidade da gestão. Os baixos salários e o baixo custo do leite ajudaram a Norleite a manter-se no mercado, mas a reorganização da empresa e a redução dos empregados tornava--se inevitável a curto prazo.

Não obstante a incerteza económica, Pedro Souto decidiu manter todo o pessoal e aumentou os lucros melhorando os processos de transporte, promovendo a tecnologia e fazendo publicidade aos produtos Norleite. Sentiu que o não despedimento de trabalhadores o poderia ajudar a criar um forte sentimento de confiança, manter boas relações com os sindicatos e melhorar a sua imagem pessoal como um empregador que tem preocupações sociais.

Em 1996 a Norleite comprou a Queijo Saloio, o segundo maior produtor de queijo. Aplicou a esta empresa a mesma abordagem organizacional de autonomia e também não despediu pessoas.

Uma revista da especialidade descreveu o estilo de Pedro Souto como um gestor que gere as suas empresas segundo um estilo de liderança e comunicação muito pessoal. Apesar de evitar os meios de comunicação, tem um bom estilo de comunicação interna, muito convincente e persuasivo, convencendo os seus colaboradores sobre o futuro brilhante das suas empresas.

Em 2000 o mercado começou a mudar. Quando Pedro Souto sentiu os efeitos da abertura do mercado à concorrência internacional e a pressão para a subida do preço do leite, consolidou a separação do nome Queijo Saloio do grupo. Uma das primeiras medidas da nova equipa de gestão foi reduzir a força de trabalho em 25%.

A medida mais suave previa a reforma antecipada para mais de 600 empregados que aceitassem voluntariamente a reforma. A gestão envolveu-se diretamente no processo de comunicação junto dos trabalhadores e dos sindicatos. Foi também importante a comunicação da gestão de topo dentro da empresa e para o exterior de que o downsizing não resultou de crise da empresa, mas foi uma preparação deliberada para a próxima fase de crescimento.

De 2000 a 2002 a Queijo Saloio continuou a sua consolidação e começou a diversificar e a investir no desenvolvimento dos produtos. Nestes anos verificou--se também um aumento da insatisfação relativamente ao novo diretor geral e ao estilo de gestão top-down.

Os gestores da Queijo Saloio não lidaram bem com o estilo ditatorial do diretor geral. Os gestores intermédios ainda expressaram mais preocupação do que os empregados. Esta situação teve um efeito negativo na tomada de iniciativas e na resolução de problemas aos níveis mais baixos da hierarquia.

Por volta de 2003 havia um problema real na empresa para manter os bons empregados. Tomou posse um novo diretor geral que anunciou que estava plenamente comprometido com a equipa de trabalho e empenhado em envolver os gestores intermédios no processo de tomada de decisão. Foi nomeada uma equipa de acompanhamento da gestão, formada pelos gestores de topo e alargada a gestores intermédios e gestores de primeira linha e alguns empregados, com o objetivo de supervisionarem a estratégia da empresa num processo altamente

DIREÇÃO

interativo. O novo diretor geral também promoveu reuniões regulares um-a-um com as pessoas chave da empresa.

Hoje a Queijo Saloio é líder na indústria da leitaria e emprega mais de 1.000 trabalhadores.

QUESTÕES

1. *Pensa que Pedro Souto estava interessado/preocupado em comunicar com os empregados da Norleite? Que tipo de mensagens pensa que ele deveria tentar para comunicar com os empregados? Justifique.*
2. *Como pensa que o downsizing foi atenuado de modo a que o despedimento de empregados não criasse desconfiança na empresa? Que formas de comunicação seriam necessárias para convencer os empregados a continuarem a ver a empresa de forma positiva?*
3. *Que tipo de problemas de comunicação pensa que poderão surgir quando os gestores intermédios estão insatisfeitos? Como as decisões ou problemas devem ser comunicados pelos gestores de topo em tempos de falta de confiança ou de insegurança no trabalho? Deve ser mudada a liderança da empresa?*

REFERÊNCIAS

Daft, R. L., Kendrick, M. e Vershinina, N. (2010), *Management*, South-Western, Cengage Learning, United Kingdom.

Deanne, N., Hartog, D., Koopman, P. e Muijen, J. (1995), *Charismtic Learship: A State of the Art*, Journal of Leadership & Organizational Studies, Vol. 2, Nº 4, pp. 35-49.

Hartog, D., Koopman, P. (2011), *Leadership in Organizations*, Handbook of Industrial, Work & Organizational Psychology, Vol. 2: 2001, Sage Publication.

Hartog, D., Muijen, J. e Koopman, P. (1997), *Transactional versus Transformational Leadership: An analysis of the MLQ*, Journal of Occupational and Organizational Psycology, Vol. 70, Issue 1, pp. 19-34.

Jones, G. e George, J. (2011), *Contemporary Management*, 7th edition, McGraw-Hill / Irwin, New York.

Robbins, S. P. e Coulter, M. (2014), *Management*, Twelfth Edition, Pearson Education, Inc. Upper Side River, New Jersey.

Capítulo 11
Gestão de Equipas

Uma das funções mais críticas dos gestores consiste em gerir as suas equipas, de modo a atingir os objetivos definidos e maximizar o desempenho das organizações. Neste novo século muitas tarefas são demasiado complexas para poderem ser desempenhadas por pessoas individualmente, pelo que os gestores, qualquer que seja a dimensão das suas organizações, são forçados a promover a criação de equipas para melhorar a produtividade, aumentar a responsabilidade perante os clientes, fomentar a inovação e motivar os trabalhadores.

Neste capítulo, vamos estudar os tipos de equipas usadas pelos gestores e detalhar como podem contribuir para a eficácia das organizações. Procurar-se-á também descrever as caraterísticas mais importantes dos grupos nas organizações, analisar as causas de conflitos e apresentar soluções para dirimir os conflitos intergrupos ou intragrupos e ainda identificar as principais razões para o aparecimento de grupos informais dentro das organizações.

Finalmente, são também apresentadas as dinâmicas internas, designadamente as principais técnicas de negociação intra e intergrupos e as dinâmicas externas que vão desde o *networking* social às relações dentro da equipa, como a competição e a cooperação.

OBJETIVOS DE APRENDIZAGEM

Depois de ler e refletir sobre este capítulo, o leitor deve ser capaz de:
- Compreender como se formam os grupos e as equipas.
- Identificar os principais tipos de grupos e equipas.
- Explicar como os grupos e as equipas contribuem decisivamente para a eficácia das organizações.
- Identificar os diferentes tipos de grupos e equipas que podem ajudar as organizações a atingir os objetivos.
- Explicar como as diferentes dinâmicas dos elementos do grupo influenciam o funcionamento e eficácia de grupos e equipas.
- Descrever como os gestores podem motivar os membros do grupo a atingir os objetivos da organização.
- Conhecer as diferentes abordagens da resolução de um conflito.
- Gerir os conflitos nas equipas através da comunicação e negociação.

Conceitos chave
Gestão de equipas, gestão de conflitos, motivação, comunicação, negociação.

11.1. CARATERÍSTICAS DO TRABALHO EM EQUIPA

Um **grupo** é um conjunto reduzido de indivíduos interdependentes que se reúnem para alcançar objetivos comuns. Um grupo de trabalho pode definir-se como duas ou mais pessoas que interagem entre si para compartilhar informações, tomar decisões e atingir os objetivos organizacionais. Mas um grupo de trabalho não é a mesma coisa que uma equipa. Uma **equipa** é um grupo de pessoas com capacidades complementares, cujos membros trabalham intensivamente entre si para atingirem um objetivo comum. Desta definição resulta que grupo e equipa não são a mesma coisa. Todas as equipas são grupos, mas nem todos os grupos são equipas. Uma equipa é mais do que um grupo de trabalho. As equipas são mais difíceis de formar do que os grupos e demora tempo a que os seus membros aprendam a trabalhar em equipa.

As equipas partilham objetivos de desempenho. Os indivíduos nas equipas são mutuamente responsáveis pelos resultados finais. Numa equipa todos são responsáveis pelos resultados da equipa. Se um membro da equipa é negligente, todos os membros da equipa são responsáveis e são afetados pelos resultados. Numa equipa ganham todos ou perdem todos. Não há vitoriosos ou perdedores individuais.

Como os membros da equipa têm que trabalhar intensamente uns com os outros, pode, por vezes, ser difícil formar equipas e exigir um período mais ou menos longo de aprendizagem de trabalho em conjunto. Os grupos e as equipas podem ser fonte de vantagem competitiva de uma organização na medida em que:

1. Estimulam o desempenho.
2. Aumentam a responsabilidade, designadamente perante os clientes.
3. Incentivam a inovação.
4. Aumentam a motivação e a satisfação dos trabalhadores.

A principal vantagem do recurso a grupos é a oportunidade de obter sinergias em resultado da complementaridade de capacidades e talentos dos indivíduos do grupo, que permitem produzir um produto ou serviço mais valioso do que a soma das contribuições individuais. As equipas podem motivar os indivíduos a excederem-se e potenciarem ao limite as suas próprias capacidades.

11.2. BENEFÍCIOS DO TRABALHO EM EQUIPA

No século XXI muitas tarefas são tão complexas e exigem uma tal vastidão de conhecimentos e competências multidisciplinares que não podem ser executadas por indivíduos isoladamente. A partir dos finais do século XX, algumas grandes empresas, como a Toyota e a Volvo, sentiram necessidade de introdução de equipas nos seus métodos e processos organizativos. Hoje em dia todas as empresas a nível mundial recorrem ao trabalho de equipas polivalentes a diversos níveis das suas organizações.

As razões do recurso sistemático a grupos ou equipas de trabalho deve-se ao facto de diversos estudos empíricos demonstrarem que as equipas normalmente têm um desempenho superior ao dos indivíduos considerados individualmente, sempre que as tarefas são complexas e exigem múltiplas capacidades e experiências diversificadas. Nos seus processos de reestruturação, com vista a tornarem-se mais eficazes e mais competitivas, as empresas formam equipas com o objectivo de potenciarem os recursos e capacidades dos seus colaboradores. A experiência tem demonstrado que as equipas são mais flexíveis e recetivas a ambientes de mudança do que os tradicionais departamentos funcionais das empresas, altamente hierarquizados. Acresce que numa organização é muito mais simples criar, reorientar, absorver e dissolver equipas do que departamentos formais integrados numa estrutura orgânica.

Os benefícios do trabalho em equipa, comparativamente ao trabalho individual, incluem a redução de custos, o aumento da produtividade, a melhoria da qualidade, a rapidez na tomada de decisão e a inovação.

11.2.1. REDUÇÃO DE CUSTOS E AUMENTO DA PRODUTIVIDADE

Quando uma empresa delega funções numa equipa, os membros da equipa executam muitas tarefas que anteriormente eram levadas a cabo por elementos da estrutura formal, sob a supervisão de chefias a diversos níveis. Com a delegação de tarefas na equipa, existem menos chefias o que tem como efeito a redução de custos. Acresce que a composição transversal da equipa, em termos de competências e capacidades, permite uma redução significativa de custos, na medida em que exige um menor número de trabalhadores.

Aquando da formação da equipa, o gestor deve ter em conta as competências e especializações necessárias dos seus membros e deve incluir mais alguns trabalhadores do que o estritamente necessário para assegurar a rápida substituição em caso de absentismo ou indolência de alguns dos seus membros, de modo a que a equipa não tenha quebras de produtividade. A indolência ou mandriice é a tendência dos indivíduos se esforçarem menos quando trabalham em grupos do que quando trabalham individualmente.

A indolência pode ocorrer em todos os tipos de grupos ou equipas e em quaisquer tipos de organizações. Quando usam equipas, tendo em vista eliminar ou reduzir as possibilidades de mandriice, os gestores devem encontrar formas de identificar as contribuições individuais dos membros da equipa, para efeitos de avaliação do desempenho, enfatizar as contribuições válidas dos membros do grupo e manter a dimensão do grupo a um nível adequado.

11.2.2. MELHORIA DA QUALIDADE

Uma das caraterísticas centrais dos programas de melhoria da qualidade é o recurso a equipas, em vez da existência de inspetores, que julgam a qualidade depois do produto estar concluído. A pergunta que se poderá colocar é porque existem equipas. As equipas são um veículo ideal para que os funcionários troquem impressões e implementem as melhorias julgadas necessárias. A essência da melhoria contínua é a melhoria dos produtos e dos processos e a participação dos colaboradores é a chave para a melhoria da qualidade.

Especialistas da qualidade, como W. Eduards Deming, recomendam o uso de equipas que incluem empregados que lidam diretamente com os clientes. O objetivo é alcançar continuamente melhorias da qualidade. As novas técnicas e métodos de trabalho podem ser disseminados através da empresa por equipas de qualidade que informam os outros membros da organização. Várias empresas multinacionais usam equipas de qualidade para reduzir os defeitos dos produtos e atingir elevados níveis de satisfação dos clientes.

11.2.3. RAPIDEZ NA TOMADA DE DECISÃO

Melhorar a rapidez na tomada de decisão é uma área vital para a prestação de um serviço de qualidade ao cliente. Melhorar a rapidez da decisão consiste em reduzir o tempo de satisfação das encomendas e o tempo necessário para desenvolver um novo produto.

O trabalho em equipa pode reduzir o tempo necessário para dar resposta às necessidades dos clientes e completar os processos comerciais, como desenvolver um novo produto ou completar uma encomenda, pela multidisciplinaridade e transversalidade de funções existente entre os seus membros. As equipas permitem reduzir as barreiras entre os departamentos pelas conexões e inter-relações que estabelecem entre os membros da equipa ou entre equipas.

11.2.4. INOVAÇÃO

A capacidade de criar novos produtos ou novos serviços pode ser melhorada com recurso à criação de equipas. As equipas permitem às empresas inovar mais rapidamente no lançamento de novos produtos, com especial incidência nas indústrias tecnológicas, lançar um novo produto ou melhorar um produto existente mais rapidamente que os concorrentes. Uma equipa transversal, composta por especialistas de marketing, de novas tecnologias e de sistemas e processos produtivos, reduz o ciclo de desenvolvimento de novos produtos. Não é por coincidência que empresas altamente tecnológicas, como a Microsoft ou a Apple, utilizem intensivamente equipas nos processos de desenvolvimento de novos produtos.

Investigação recente revela que equipas polivalentes, compostas por membros com formação e experiências diversificadas, são mais inovadoras e estão mais disponíveis para partilhar a informação do que equipas compostas por pessoas com experiências e conhecimentos similares.

11.3. TIPOS DE GRUPOS E EQUIPAS

Para atingir os objetivos de elevado desempenho, de responsabilização perante os clientes, de inovação e de motivação dos colaboradores, os gestores, por vezes, sentem necessidade de criar grupos de trabalho ou equipas, formais ou informais, designadamente dos seguintes tipos (Figura 11.1):

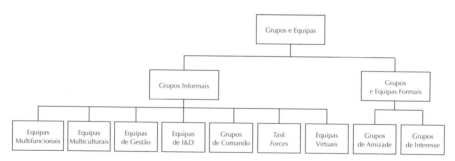

Figura 11.1 Tipos de Grupos e Equipas

Os **grupos formais** são grupos criados pelos gestores com vista a atingir os objetivos organizacionais. Os grupos de trabalho formais são equipas transversais formadas por elementos de diversas áreas funcionais, de diferentes departamentos e formações e culturas diversificadas.

Por vezes, ao contrário dos grupos formais, que são estimulados e formados pelos gestores, os empregados das organizações tendem a consti-

GESTÃO DE EQUIPAS

tuir **grupos informais,** que são associações naturais de indivíduos que se associam em situações de trabalho, por entenderem que em grupo defendem melhor os seus interesses pessoais ou atingem mais facilmente os seus objetivos.

No âmbito da constituição de grupos formais, a principal preocupação do presidente ou CEO de uma organização é formar uma **equipa de gestão** (conselho de administração/conselho diretivo) multifuncional que os ajudem a atingir a missão e os objetivos da organização. A equipa de gestão é responsável pelo desenvolvimento de estratégias que resultem em vantagem competitiva para a organização.

A um nível inferior da hierarquia, as grandes empresas, especialmente as empresas inovadoras ligadas às novas tecnologias, dispõem de **equipas de investigação e desenvolvimento (I&D)**, que têm como principal missão o desenvolvimento de novos produtos ou novos processos de fabrico. Os membros destas equipas são selecionados com base nas suas qualificações, conhecimentos ou experiências em determinadas áreas. Muitas destas equipas têm natureza transversal, incluindo elementos de diversas áreas relacionadas, como engenharia, marketing, produção e especialistas em métodos e técnicas de investigação.

Quando a gestão de topo desenha uma estrutura organizacional e estabelece relações hierárquicas e uma cadeia de comando está a criar **equipas de comando** que têm a responsabilidade do desempenho das funções que lhe são atribuídas. Neste tipo de equipas, os subordinados reportam ao mesmo responsável.

Muitas vezes os gestores criam *"task forces"* para fins específicos ou resolver certos problemas num determinado período de tempo. *Task forces* são grupos de trabalho criados para desenvolver tarefas específicas, podendo ser um instrumento válido quando os gestores estão demasiado ocupados e não têm tempo para analisar e estudar um assunto em profundidade. As *"task forces"* têm por natureza objetivos específicos e duração limitada.

Com o aparecimento da *internet* e o rápido desenvolvimento das tecnologias de informação, tornou-se muito fácil às pessoas de todo o mundo trabalharem em conjunto. **Equipas virtuais** são equipas cujos membros muito raramente, ou mesmo nunca, se encontram mas, não obstante, interagem entre si, usando várias formas de comunicação, tais como e-mails, mensagens em texto, telefone, fax, *skype* e videoconferências. Como as empresas se têm tornado cada vez mais globais, os gestores podem criar equipas virtuais para resolver problemas ou explorar oportunidades de negócio sem necessidade de criar equipas no mesmo local ou de obrigar a deslocações dos seus membros. A principal vantagem das equipas virtuais é possibilitar aos gestores menosprezar as distâncias geográficas, o que permite formar equipas constituídas pelos membros com os melhores conhecimentos e experiência que permitem resolver os problemas.

Ao nível dos grupos informais, merecem especial destaque os grupos de amizade e os grupos de interesses. Os **grupos de amizade** são grupos informais compostos por indivíduos de diferentes organizações que reúnem entre si num ambiente de confraternização. Os membros do grupo reúnem fora do ambiente de trabalho, podendo fazer almoços regulares, ou praticar atividades lúdicas ou culturais, como praticar desportos ou outras. Os **grupos de interesses** são grupos informais, formados por empregados com a finalidade de conseguirem um objetivo comum relacionado com a qualidade de serem membros de uma organização.

Os empregados podem formar grupos de interesse, por exemplo, para conseguirem horários de trabalho flexíveis, criarem uma creche na organização para os seus filhos ou conseguirem outro tipo de regalias, monetárias ou não. Os grupos de interesse podem dar importantes contribuições aos gestores, nomeadamente a introdução de inovações nos processos, nos produtos ou nos métodos de fabrico.

Os próprios gestores muitas vezes criam entre si grupos de amizade, que podem ajudar a resolver problemas das suas empresas, pela troca de impressões e experiências que as conversas informais nesses grupos proporcionam.

11.4. GESTÃO DO DESEMPENHO DAS EQUIPAS

A gestão do desempenho das equipas requer uma vigilância atenta por parte dos gestores. As equipas, por diversas razões, nem sempre têm um bom desempenho, designadamente por falta de espírito de equipa de algum ou alguns dos seus membros, porque existe um elemento que cria entropia no seu seio ou por falta de empenhamento na prossecução dos objetivos da equipa. Os fatores a ter em conta na gestão do desempenho de uma equipa são: (1) fases de desenvolvimento da equipa, (2) papéis do líder e dos membros da equipa e (3) comportamentos dos seus membros.

11.4.1. FASES DE DESENVOLVIMENTO DA EQUIPA

Uma equipa, antes de iniciar os seus trabalhos, deve planear e organizar a sua atividade, a fim de que todos os seus membros compreendam os seus papéis e compreendam a forma como podem contribuir para atingir os objetivos da equipa.

De acordo com o modelo de Bruce Tuckman, há fundamentalmente cinco estádios de desenvolvimento de uma equipa: **formação, discussão, normalização, desempenho e dissolução.** Alguns destes estádios de desenvolvimento de uma equipa podem não ser claramente distintos e coincidirem no tempo.

Quando os membros da equipa se encontram pela primeira vez para obter informação e discutir as expectativas do grupo, estamos na fase de **formação (*forming*).** Nesta fase, basicamente são estabelecidas as regras de funcionamento da equipa, a calendarização das reuniões e a participação exigida a cada membro. É nesta fase que se estabelecem os primeiros contactos e as relações sociais dentro da equipa. Com vista a facilitar a integração dos membros das equipas e a construção de relações interpessoais, os líderes podem promover a realização de iniciativas e atividades sociais, como sessões de apresentação e almoços.

Ultrapassada esta fase de formação da equipa, há que iniciar os trabalhos, sendo natural que surjam os primeiros desentendimentos entre os seus membros, designadamente no que se refere às prioridades dos objetivos, alocação dos recursos, procedimentos, expectativas de cada membro quanto ao seu papel na equipa e seleção do líder da equipa. É a fase que podemos designar por **discussão (*storming*).** O surgimento de conflito é normal nesta fase de desenvolvimento da equipa e pode até ser benéfico. As coligações formam-se muitas vezes durante esta fase, mas tem que ser muito bem gerida, caso contrário pode levar ao fracasso do trabalho da equipa. Os gestores têm aqui um papel importante, minimizando e diluindo os aspetos negativos do conflito e reorientando as energias no sentido da harmonia e coesão do grupo.

A resolução dos conflitos surgidos na fase anterior e o acordo quanto aos objetivos e valores da equipa emergem na fase de **normalização (*norming*).** Os seus membros compreendem finalmente os seus papéis, estabelecem relações de amizade e intensificam a coesão e interdependência da equipa. É a partir desta fase que os membros da equipa começam a adquirir e desenvolver uma identidade própria. Expressões como "os clientes estão primeiro" ou "pugnamos pela qualidade" são próprias desta fase. Os membros da equipa começam a depender menos do líder, embora continuem a necessitar da sua liderança e da confirmação de que estão a ter um bom desempenho.

A fase do **desempenho** (*performance*) caracteriza-se pelo foco no desempenho da equipa, pela criatividade, harmonia entre os seus membros e elevado desempenho nas tarefas que lhe estão delegadas. Os membros da equipa colaboram no sentido de obterem sinergias de tal modo que o desempenho da equipa seja superior à soma dos desempenhos individuais dos seus membros. Quando a situação muda, ou as prioridades se alteram, os membros da equipa ajustam as suas táticas no sentido de se adaptarem à nova situação. Quando a equipa recebe alguma crítica, os seus membros têm a flexibilidade de aprender com os seus erros e de introduzir as melhorias necessárias.

Quando uma equipa conclui o trabalho para que foi constituída entra na fase de **dissolução** (*adjourning*). Os membros da equipa sentem-se satisfeitos por terem atingido os objetivos para que foram designados, mas ao mesmo tempo sentem-se ansiosos sobre as novas tarefas que lhes serão atribuídas e alguma tristeza por terem que se separar das amizades que entretanto criaram ao longo do tempo em que trabalharam em conjunto.

É uma boa prática de gestão, os gestores prepararem uma cerimónia para celebrar o fim do projeto ou da missão cumprida, especialmente se o trabalho em equipa foi bem-sucedido. Os membros da equipa beneficiam dos ensinamentos e do feedback dado pelos gestores, que podem aplicar em tarefas futuras de que venham a ser incumbidos.

11.4.2. PAPÉIS DO LÍDER E DOS MEMBROS DA EQUIPA

Para ser uma verdadeira equipa, os seus membros devem partilhar várias caraterísticas comportamentais comuns, como coesão, partilha de princípios e valores, cooperação, interdependência e confiança uns nos outros. Para funcionarem e terem bom desempenho, as equipas necessitam de estruturas internas que moldem o comportamento dos seus membros e influenciem o desempenho dos grupos. Essas estruturas devem definir a liderança, o papel do líder e dos seus membros, as normas de funcionamento, cooperação, dimensão e coesão da equipa.

GESTÃO DE EQUIPAS

Não são os líderes e os gestores os únicos indivíduos que têm uma missão a cumprir e desempenham determinados papéis numa organização. Todos os seus membros têm os seus papéis a desempenhar, certamente uns mais importantes que outros. Por conseguinte, o conceito de papéis aplica-se a todos os membros de uma organização ou de uma equipa.

Os **papéis** referem-se a padrões de comportamento esperados de alguém que ocupa uma determinada posição numa organização. Numa equipa, são esperados determinados padrões de comportamento dos indivíduos pelo simples facto de pertencerem a essa equipa. Se um indivíduo está integrado num grupo e contribui com ideias para que o grupo esteja focado no seu objetivo e os outros membros do grupo estão satisfeitos com a sua contribuição, então esse indivíduo está a desempenhar bem o seu papel. Quer o papel do líder, quer os papéis dos membros do grupo são importantes para que o grupo desempenhe bem a sua função.

Todos os grupos devem ter **normas** de funcionamento ou padrões de atuação que regulam o comportamento dos seus membros e são partilhados por todos. Representam os valores e as aspirações dos membros do grupo que se formam nas fases iniciais do desenvolvimento das equipas. As normas regulam, por exemplo, os comportamentos dos indivíduos, os horários de funcionamento, as competências dos membros, o absentismo e os resultados esperados.

A disponibilidade para partilhar informação e ajudar os outros membros da equipa reflete o nível de **cooperação**. Os membros da equipa que ajudam os outros a atingir os objetivos revelam elevados comportamentos cooperativos. Estes comportamentos são muitas vezes opostos a comportamentos competitivos, que veem os outros como rivais, focam-se nos objetivos individuais, guardam a informação e não são colaborativos com os colegas. Para promover comportamentos cooperativos, os gestores devem estimular a cooperação e sancionar comportamentos competitivos dentro dos grupos.

Os grupos devem definir qual a sua **dimensão** mais adequada. A dimensão do grupo afeta o seu desempenho e o seu grau de satisfação, mas o seu efeito depende dos objetivos que se propõe alcançar. Estudos demonstram que grupos pequenos – 5 a 7 membros – são mais rápidos a completar as tarefas do que grupos grandes – 10 ou mais pessoas. Todavia, nos grupos envolvidos na resolução de problemas, estudos mostram que os grupos maiores conseguem melhores resultados do que os grupos mais pequenos.

MANUAL DE GESTÃO MODERNA

Uma outra questão relacionada com a dimensão do grupo refere-se à tendência para que os membros de um grupo despendam menos esforço quando trabalham em grupo do que quando trabalham individualmente. Esta indolência ou mandriice pode acontecer porque os indivíduos acreditam que o trabalho não está bem repartido entre os membros do grupo e que os outros trabalham menos, pelo que reduzem os seus esforços na tentativa de melhor repartirem o trabalho por todos os membros da equipa.

Quando formam grupos ou equipas, os gestores, com vista a diminuir a indolência e controlar a produtividade dos seus membros, devem introduzir meios de medir e controlar o desempenho individual dos seus membros, caso contrário a produtividade e a motivação podem diminuir.

Finalmente, um aspeto importante que é preciso preservar é a **coesão** da equipa, porque estudos demonstram que está relacionada com a produtividade do grupo. O grau de coesão é a medida em que os membros de uma equipa revelam um elevado grau de camaradagem, espírito de equipa, sentido de unidade e os seus membros comunicam e cooperam entre si e partilham objetivos comuns. Os grupos em que há fortes desavenças internas e falta de cooperação entre os seus membros, são menos efetivos em concluir as suas tarefas, do que os grupos coesos.

Há diversas formas de influenciar positivamente a coesão da equipa:

1. Proporcionar oportunidades dos membros da equipa interagirem uns com os outros nos primeiros estádios de desenvolvimento da equipa, tais como, organizar convívios ou atividades culturais ou desportivas.
2. Assegurar que todos os membros da equipa têm voz ativa na definição dos objetivos organizacionais.
3. Celebrar os sucessos da equipa ou reconhecer publicamente as contribuições individuais para o sucesso da equipa. Estas celebrações criam espírito de equipa e aumentam a motivação dos seus membros.

11.5. CAPACIDADES DE GESTÃO DE EQUIPAS

O conflito é normal e pode surgir entre os membros de um grupo, com o líder e com outras equipas ou departamentos numa empresa. As pessoas muitas vezes têm diferentes opiniões sobre determinados assuntos que podem induzir situações de conflito. A questão que se coloca é saber

GESTÃO DE EQUIPAS

como o gestor deve gerir um conflito para eliminar ou atenuar os efeitos nefastos no desempenho da equipa. Se os membros da equipa se mantêm irredutíveis nas suas posições, então o conflito agudiza-se e a equipa tem grandes possibilidades de falhar os objetivos para que foi constituída.

Há fundamentalmente duas capacidades de gestão que são críticas para os membros e líderes de equipas – **capacidades de gestão do conflito** e **capacidades de negociação e resolução do conflito**.

11.5.1. CAPACIDADES DE GESTÃO DO CONFLITO

O conflito surge quando os membros de uma equipa discordam das políticas, dos objetivos ou das motivações e dos valores dos outros membros da equipa. O conflito dentro de uma equipa é normal, mas se não for bem gerido, os membros da equipa focalizam a sua atuação mais na disputa entre si do que no desempenho da equipa.

Há fundamentalmente três abordagens sobre a forma de gerir o conflito. A **visão tradicional** entende que todos os conflitos são maus, destrutivos, violentos e irracionais, pelo que devem ser evitados. Nesta abordagem, o fenómeno é entendido como um sintoma de perturbação no seio da equipa, onde impera um clima de tensão, violência e agressividade. A resposta ao conflito segundo esta abordagem é reduzir, suprimir ou eliminá-lo. O gestor é responsável pela eliminação de quaisquer focos de conflito, usando, por vezes, uma abordagem autoritária. Apesar de poder funcionar às vezes, esta abordagem nem sempre é eficaz porque não permite identificar as causas do conflito e não deixa emergir os potenciais aspectos positivos do conflito.

A **visão comportamental**, ou visão sobre o ponto de vista das relações humanas, entende que o conflito é natural e inevitável em qualquer grupo de trabalho e não tem necessariamente que ser negativo, podendo mesmo ter o potencial de se transformar numa força positiva e contribuir para o desempenho do grupo. Esta abordagem advoga a aceitação do conflito e racionaliza a sua existência.

A **abordagem contemporânea**, ou visão interacionista ou recíproca do conflito, propõe não só que o conflito é natural e pode ser uma força positiva num grupo, mas encoraja algum grau de conflitualidade, que é necessário para melhorar o desempenho. Segundo esta abordagem, o conflito é entendido como fazendo parte do processo criador e construtivo.

Enquanto a abordagem comportamental aceita o conflito, a abordagem contemporânea encoraja o conflito, com base na crença de que a harmonia e a tranquilidade tem tendência a tornar-se estática e estagnante, inibidora da resposta à mudança e à inovação. Esta abordagem encoraja os gestores a manterem um adequado nível de conflito, suficiente para tornar os grupos autocríticos, criativos e inovadores.

11.5.1.1. TIPOS DE CONFLITOS

Para ser bem-sucedida, a gestão de um conflito deve seguir determinadas etapas, quando o conflito e as divergências entre os membros da equipa se podem considerar normais. A primeira questão que se coloca aos gestores na gestão do conflito é determinar se o conflito é **funcional** ou **disfuncional**. Os conflitos funcionais são construtivos, estimulam a equipa, ajudam ao alcance dos objetivos do grupo e contribuem para a melhoria do desempenho. Pelo contrário, os conflitos disfuncionais são destrutivos e impedem um grupo de atingir os objetivos. A Figura 11.2 ilustra os desafios que se colocam aos gestores para manter o equilíbrio entre o nível do conflito e o efeito no desempenho da equipa:

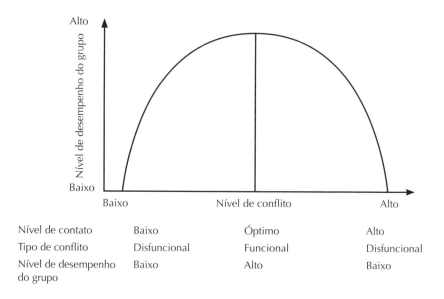

Figura 11.2 **Intensidade do Conflito**

Como mostra a Figura 11.2, o conflito funcional, que é moderado por natureza, pode ter influência positiva no desempenho da equipa e na organização, na medida em que:

1. **Estimula a criatividade** – permite confrontar diversas posições quando os membros da equipa defendem abordagens diferentes para resolver um problema.
2. **Evita soluções pobres** – a discussão entre os membros da equipa sobre posições diferentes dos membros da equipa permite a escolha da solução que melhor satisfaz os interesses da equipa e evita soluções pobres.
3. **Motiva os membros da equipa** – o conflito estimula e excita os membros da equipa. O conflito moderado estimula os membros a esforçarem-se mais no sentido de atingir os objetivos da equipa. Os debates são uma excelente forma de motivar os membros de uma equipa a atingirem os objetivos.

Ao contrário do conflito funcional, o conflito disfuncional tem um efeito negativo sobre o desempenho da equipa e da organização. O conflito disfuncional ocorre quando a intensidade do conflito é alta, que tem um efeito negativo no desempenho da equipa, ou quando é geral, mas baixa, que resulta em falta de motivação da equipa. Quando os membros de uma equipa desenvolvem antipatia pessoal com os outros baseada em choques de personalidade, zangas ou tensões, existe uma relação conflituosa com a equipa. Uma relação conflituosa é disfuncional e prejudica o desempenho porque os membros da equipa estão focados em reduzir as tensões e melhorar a coesão do grupo em vez de consumirem as energias na prossecução dos objetivos. É importante para a equipa descobrir as causas da relação conflituosa por forma a encontrar formas de gerir o conflito.

11.5.1.2. ESTILOS DE GESTÃO DO CONFLITO

Há vários estilos de gerir o conflito consoante a ênfase que se coloca na satisfação das suas próprias necessidades ou na satisfação das necessidades dos outros. Os vários estilos de gestão de conflitos incluem o estilo **cooperação ou resolução de problemas**, o estilo **acomodação**, o estilo **confrontação ou domínio**, o estilo **evitação** e o estilo de **compromisso**, que são adequados às diversas situações que ocorrem nas equipas.

Um estilo **"cooperação"** ou **"resolução de problemas"** existe quando o gestor reconhece a existência de um problema de relacionamento e encoraja as partes a identificar o problema, a analisar as alternativas e a encontrar uma solução satisfatória. A solução depende da capacidade de negociação das partes. O estilo cooperação privilegia soluções de longo prazo e encoraja as partes a encontrarem uma solução de consenso. Leva tempo e não é adequado quando é preciso encontrar rapidamente uma solução para o conflito.

Um estilo **"acomodação"** existe quando a pessoa que gere o conflito está disponível para negligenciar os seus próprios interesses na tentativa de acomodar as reivindicações da outra parte. Este estilo acaba por beneficiar uma parte em desfavor da outra. Funciona quando é preciso encontrar uma solução rápida para o conflito, mas é geradora de ressentimentos que mais tarde podem gerar novos conflitos.

O estilo **"confrontação"** ou **"domínio"** pode ser usado quando o gestor atua de forma assertiva e convence a outra parte a abandonar os seus objetivos. O estilo dominador é uma abordagem autoritária de gestão de conflitos de cima para baixo. É um estilo que produz bons resultados em situações de emergência. Quando um membro de uma equipa, durante uma discussão, usa este estilo para intimidar outro membro da equipa, este estilo revela-se inadequado e intensifica o conflito em vez de o atenuar.

O estilo **"evitação"** é usado quando um indivíduo decide que é melhor evitar o conflito do que enfrentá-lo. Ao não enfrentar o conflito, os membros da equipa esperam que ele se resolva por si. Pode ser um estilo efetivo quando os problemas são triviais e a melhor forma de os resolver é não lhes dar importância.

O estilo **"compromisso"** pode ser usado quando o gestor faz algumas concessões à outra parte e a outra parte está disposta a retribuir. O estilo compromisso requer que as partes estejam dispostas a ceder nalguns pontos de tal modo que o resultado seja vantajoso para ambas as partes. Este estilo pode resultar quando os recursos podem ser partilhados, mas pode revelar-se inadequado quando os valores ou princípios são a fonte do conflito.

As estratégias de abordagem da gestão de conflitos podem ser classificadas de acordo com duas dimensões: **assertividade** e **solidariedade**. Assertividade é o grau em que a parte procura satisfazer os seus interesses próprios e solidariedade é o grau em que uma parte procura satisfazer os interesses da outra parte. Quando os níveis de conflito no grupo são muito elevados, os gestores podem selecionar um estilo de gestão de conflitos de acordo com a matriz constante da Figura 11.3:

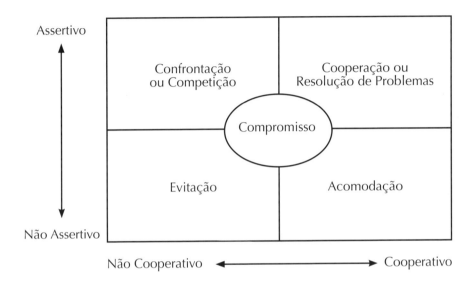

Figura 11.3 **Estilos de Gestão de Conflitos**

A parte que se comporta de forma não cooperativa é provável que seja tratada da mesma maneira pela outra parte. Por conseguinte, os estilos de gestão que dependem da solidariedade ou cooperação, tais como os estilos "cooperação" e "acomodação", não podem ser usados na resolução de conflitos. A não cooperação mútua de ambas as partes resultará quer no uso do estilo "confrontação" ou "competição" quer do estilo "evitação". Uma parte tipo assertivo selecionará o estilo "confrontação" enquanto uma parte menos assertiva selecionará o estilo "evitação".

Quando as partes se esforçam por ser cooperativas podem selecionar os estilos "cooperação" ou "acomodação", mas não os estilos "confrontação" ou "evitação". O estilo "cooperação" ou "resolução de problemas" é o que melhor permite alcançar soluções a longo prazo porque ambas as partes estão empenhadas em alcançar consensos. Porém, se uma parte no conflito não assume uma postura assertiva, o estilo "acomodação" pode ser o escolhido para encontrar uma solução.

MANUAL DE GESTÃO MODERNA

Os estilos "acomodação" podem proporcionar soluções para resolver conflitos a curto prazo para uma parte não assertiva, mas não satisfará essa parte no longo prazo, dado que os resultados não foram satisfatórios. Finalmente, se as partes no conflito não são moderadamente assertivas e cooperativas, deve ser escolhido um estilo "compromisso". No estilo "compromisso" as partes têm resultados moderados para os seus próprios interesses e para os interesses da outra parte. O estilo "compromisso" pode ser efetivo numas situações mas não noutras, uma vez que produz soluções que satisfazem parcialmente as preocupações de ambas as partes, mas não satisfaz completamente as preocupações de nenhuma das partes.

11.5.2. CAPACIDADES DE NEGOCIAÇÃO E RESOLUÇÃO DE CONFLITOS

As capacidades de negociação são necessárias em situações em que as pessoas procuram trocar mercadorias ou serviços a um preço justo ou quando existe uma situação de conflito que as partes pretendem resolver.

Independentemente do nível de conflito, há duas abordagens distintas sobre a forma como lidar com os desentendimentos existentes num grupo ou numa equipa. Consoante o estilo de negociação adotado, a resolução do conflito pode resultar numa **negociação distributiva**, em que uma das partes fica a ganhar e a outra a perder ou numa **negociação criativa**, que pode resultar em soluções satisfatórias para ambas as partes. Por vezes uma solução criativa pode envolver a redistribuição de recursos ou de poder de uma forma mais equilibrada do que existia anteriormente. Resultados criativos são mais prováveis quando as partes são interdependentes, ou seja, quando têm algum grau de independência e autonomia para influenciar a outra parte em vez de uma parte estar dependente da outra.

O método de gestão e resolução de conflitos a adotar baseia-se fortemente nas capacidades de negociação. Em situações de interdependência, têm sido apontadas três estratégias de negociação que as partes podem adotar para lidar com um conflito: *win-win, win-lose e lose-lose*.

A abordagem mais comum e mais útil é o estilo de negociação *win-win* em que um negócio só é bom se ganharem ambas as partes. Um negócio que só é bom para uma das partes faz-se uma vez mas não se repete, logo não é um bom negócio. O estilo de negociação *win-win* implica que as partes sejam capazes de converter um potencial conflito num processo de colaboração, em que cada parte procure identificar e partilhar objetivos comuns. Este espírito de negociação é particularmente importante quando as partes pretendem manter relações de trabalho duradouras.

Para que a negociação seja do estilo *win-win* é necessário tomar as seguintes precauções:

1. Preparar a negociação compreendendo as necessidades e os trunfos e fraquezas próprias e conhecendo o limite abaixo do qual não pode ceder.
2. Procurar compreender as reais necessidades e objetivos da outra parte.
3. Enfatizar os pontos comuns e minimizar as diferenças entre as partes.
4. Procurar soluções que satisfaçam os objetivos de ambas as partes.
5. Foco em construir uma relação numa negociação em vez de fazer um negócio.

Um outro estilo de negociação que pode ser usado nalgumas situações é o *estilo **win-lose**.* Este estilo de negociação é usado tipicamente quando há um bem e uma negociação entre o vendedor e o comprador em que uma parte procura obter o máximo ganho à custa do outro. É um estilo de negociação com pouca aplicação em equipas porque os membros da equipa são interdependentes e cada qual procura atingir o objetivo comum. As partes envolvidas em negociações *win-lose* têm mais tendência em usar o estilo "confrontação" ou "competição" de resolução de conflitos.

O sucesso da negociação *win lose* depende da capacidade de cada parte ter vantagem e explorar as fraquezas da outra parte. Os estilos de negociação *win-lose* devem ser usados apenas em circunstâncias excecionais. A maioria dos processos de negociação requer o desenvolvimento de relações efetivas, colaborativas e duradouras com empregados, clientes e outros parceiros. As negociações *win-lose* são imparciais e a parte prejudicada não está receptiva a encetar novas negociações no futuro. Aparentemente as negociações *win-lose* são vantajosas para a parte vencedora (*win*), mas só aparentemente porque na realidade não são vantajosas porque não se repetem. Comportamentos *win-lose* geram tipicamente descontentamento e deceção à parte perdedora (*lose*).

No estilo ***lose-lose*** o desacordo é visto como inevitável, pelo que o melhor é dividir a diferença ou passar por cima das dificuldades. Às vezes

MANUAL DE GESTÃO MODERNA

é a realidade do processo de negociação e os custos são menores do que na estratégia *win-lose*, pelo menos para o perdedor. Cada parte consegue alguma coisa do que pretendia e fica parcialmente satisfeita. Nenhumas das partes se convence de que, partindo para o confronto, conseguiria uma melhor solução.

Finalmente, há alguns erros que os negociadores inexperientes usualmente cometem e que podem ser evitados se forem adotados os seguintes comportamentos:

- Não assumir que uma negociação tem que resultar num acordo. Quando uma pessoa assume que uma negociação deve resultar sempre num acordo, a outra parte pode tomar vantagem ameaçando com o fim das negociações. É preferível avançar para uma negociação com um limite abaixo do qual não é possível negociar. Se a outra parte recusa chegar, pelo menos, ao mínimo estabelecido, então é preferível acabar com as negociações.
- Evitar ficar agarrado a uma questão particular da negociação. Algumas questões são mais fáceis de resolver do que outras numa negociação. Se as partes emperram numa questão particular, então é melhor avançar para outra.
- Não assumir que a outra parte tem todo o poder dado o maior grau de experiência. Quando uma pessoa assume que está em desvantagem na negociação, há uma grande possibilidade de atuar como se a assunção fosse verdadeira e estará menos apta a conseguir os objetivos. Na verdade, numa negociação ambas as partes têm o mesmo poder, caso contrário a negociação não teria lugar. As pessoas estão dispostas a negociar porque percebem que a outra parte tem algo a dar em troca.

11.6. RESUMO DO CAPÍTULO

Uma equipa é um pequeno número pessoas com capacidades complementares empenhadas na realização de objetivos específicos ou na satisfação de necessidades comuns. Os grupos ou as equipas podem contribuir para a eficácia da organização, melhorando o desempenho, aumentando a responsabilidade perante os clientes, incrementando a inovação e sendo uma fonte de motivação para os seus membros. O objetivo do presente

GESTÃO DE EQUIPAS

capítulo é disponibilizar informação aos gestores e futuros gestores, sobre as capacidades de gestão de equipas.

Uma outra área importante que estudamos neste capítulo é as capacidades de gestão e resolução de conflitos. Muitas pessoas pensam que o conflito é um tópico que não deve ser discutido e que as pessoas não se devem envolver em conflitos. Mas o conflito é um facto inevitável na condição humana. Se for compreendido e bem gerido, o conflito pode contribuir para a melhoria da satisfação no trabalho e para o aumento da produtividade ou para a melhoria do clima social nas organizações. Foram estudadas as várias estratégias de negociação e de resolução de conflitos, bem como alguns erros que podem ser evitados nos processos de negociação.

Finalmente, foram estudadas formas de aumentar a produtividade e de redução da indolência, a que os gestores podem recorrer para motivar os membros das equipas.

QUESTÕES

1. *Porque é que todas as organizações precisam de formar grupos e equipas para atingir os objetivos e ganhar vantagem competitiva?*
2. *Compare grupos de trabalho com equipas.*
3. *Explique porque os grupos de trabalho e as equipas são contributos chave para a eficácia das organizações.*
4. *Descreva as fases de desenvolvimento de equipas.*
5. *Quais as vantagens e desvantagens do trabalho em equipa?*
6. *Que tipos de empregados preferem trabalhar numa equipa virtual?*
7. *Que tipos de empregados preferem trabalhar numa equipa face a face?*
8. *Qual o papel do líder da equipa?*
9. *Como se gere um conflito através da negociação?*

ESTUDO DE CASO 11.1

Pedro Ribeiro é um empresário bem-sucedido. Tem trabalhado arduamente para conseguir o sucesso. É hoje um empresário bem aceite na comunidade e entre os seus pares.

Atualmente emprega 7 pessoas em *full-time* e duas em *part-time*. Quatro dos empregados em *full-time* trabalham em tarefas de *BackOffice*, designadamente na

MANUAL DE GESTÃO MODERNA

faturação, gestão de *stocks* e controlo de gestão. Se há qualquer problema chamam o Pedro Ribeiro que acorre imediatamente para resolver o problema. Todos os trabalhadores trabalham com Pedro Ribeiro desde há três anos e têm-se dado bem.

Os outros trabalhadores, três em *full-time* e dois em *part-time*, lidam diretamente com os clientes e fornecedores.

QUESTÕES

1. **Que equipas tem Pedro Ribeiro na sua empresa? Em que estádio de desenvolvimento está cada uma?**
2. **Que fatores do estilo de liderança de Pedro Ribeiro podem justificar a situação?**
3. **Como pode Pedro Ribeiro melhorar o trabalho em equipa na sua empresa?**
4. **Analise os níveis de motivação dos empregados de Pedro Ribeiro usando a teoria dos dois fatores de Herzberg.**

ESTUDO DE CASO 11.2

João e Maria são membros de uma equipa virtual. Há uns meses atrás, os membros da equipa fizeram a primeira reunião, definiram as regras de funcionamento da equipa e estabeleceram os objetivos, com os quais todos concordaram. Na terceira reunião, há um mês, João fez alguns comentários sobre as prioridades que estabeleceram na primeira reunião. Com base no que aprenderam desde a segunda reunião, João considera que realmente devem ponderar as suas prioridades, pelo menos as prioridades de curto prazo.

QUESTÕES

1. **Qual das seguintes fases representa o período da primeira reunião em que os membros da equipa estabeleceram as regras de funcionamento da equipa?**
   a. *Dissolução*
   b. *Normalização*
   c. *Desempenho*
   d. *Formação*
2. **Em que estádio João pôs em causa as prioridades da equipa?**
   a. *Formação*

b. Normalização
c. Desempenho
d. Discussão

ESTUDO DE CASO 11.3

Este caso utiliza as capacidades de negociação *win-win* numa situação de negócio muito comum entre os gestores, empregados e sindicatos, que é uma negociação para aumento de ordenados.

Muitos gestores são confrontados com uma situação em que um dos empregados pede um aumento de ordenado. A negociação pode ser sensível, dado tratar-se de um empregado que tem uma relação de longo prazo com o chefe e se uma das partes ganhar à custa da perda da outra no contexto da negociação, a relação pode vir a ser prejudicada. Um estilo de negociação *win-win* parece ser o mais adequado para esta situação.

Encontre um colega ou um amigo para simular com ele este exercício. Um assume o papel de empregado, procurando conseguir um ordenado mais elevado e o outro assume o papel de gestor. Procurem explorar formas de tornar o pedido de aumento de ordenado numa negociação *win-win* em que o resultado seja um acordo satisfatório para ambas as partes.

Nesta negociação há os seguintes constrangimentos:

1. O gestor deve seguir a política salarial da empresa e não pode conceder uma exceção especial para este empregado.
2. O empregado já recebeu um aumento este ano, mas acha que é inadequado e não é devido outro aumento até ao próximo ano.
3. O gestor quer preservar a motivação deste empregado, dado que é um bom elemento da organização.

QUESTÕES

1. *Como devia o empregado enquadrar o pedido de aumento do ordenado ao gestor para obter um resultado mais favorável? Em que tipo de informação se deveria focar o empregado?*
2. *Como devia o gestor enquadrar a resposta ao pedido do empregado para obter um resultado mais favorável? Em que tipo de informação se deveria focar o gestor?*
3. *Quais são as áreas de acordo entre as duas partes? Quais são as áreas de desacordo entre as duas partes?*
4. *Indique possíveis soluções que poderiam ser aceitáveis para ambas as partes?*

REFERÊNCIAS

Daft, R. L., Kendrick, M. e Vershinina, N. (2010), *Management*, South-Western, Cengage Learning EMEA, United Kingdom.

Deanne, N., Hartog, D., Koopman, P. e Muijen, J. (1995), *Charismatic Leadership: A State of the Art*, Journal of Leadership & Organizational Studies, Vol. 2, Nº 4, pp. 35-49.

Hartog, D. e Koopman, P. (2011), *Leadership in Organizations*, Handbook of Industrial, Work & Organizational Psychology, Vol. 2: 2001, Sage Publication.

Jones, G. e George, J. (2011), *Contemporary Management*, 7th edition, McGraw-Hill / / Irwin, New York.

Robbins, S. P. e Coulter, M. (2014), *Management*, Twelfth Edition, Pearson Education, Inc. Upper Side River, New Jersey.

Thompson L. (2014), *Making the Team: A Guide for Managers*, Fifth Edition, Upper Saddle River, Prentice Hall, NJ.

Tuckman, B. W. e Jensen, M. C. (1977), *Stages of Small Group Development*, Organizational Studies, 2, 419-27.

Capítulo 12
Orçamentação e Controlo de Gestão

O desempenho de uma organização deve ser avaliado pela eficácia na realização dos objetivos e pela eficiência na utilização dos recursos. Os orçamentos são usados pelas organizações como um método de planeamento financeiro e são preparados para as principais áreas do negócio, como vendas, produção, compras, salários, marketing, investimentos e tesouraria. O principal objetivo do controlo de gestão é medir o desempenho da organização, assegurar que as atividades são executadas conforme planeado e que os resultados obtidos correspondem aos resultados previstos. Dada a diversidade de atividades de uma organização, os gestores só podem avaliar o seu desempenho se usarem instrumentos e métodos adequados de controlo.

Neste capítulo, vamos analisar os principais métodos e instrumentos usados pelos gestores no controlo do desempenho organizacional, destacando-se os métodos tradicionais de controlo financeiro, os sistemas de informação de gestão, os métodos modernos de controlo de gestão e os princípios de governança das empresas. No final do capítulo, são apresentados alguns sistemas e procedimentos de controlo disponíveis para os gestores e vamos compreender porque desenvolver um sistema de controlo apropriado é vital para melhorar o desempenho de uma organização.

MANUAL DE GESTÃO MODERNA

OBJETIVOS DE APRENDIZAGEM

Depois de estudar e refletir sobre este capítulo, o leitor deve ser capaz de:
- Definir a função controlo e explicar a natureza e importância do controlo de gestão.
- Descrever as abordagens do processo de controlo.
- Perceber como pode ser medido o desempenho organizacional.
- Diferenciar os três tipos de controlo e descrever as ferramentas utilizadas para medir o desempenho organizacional.
- Compreender o processo de orçamentação e perceber os benefícios da orçamentação e as vantagens do controlo orçamental.
- Identificar as tendências modernas no controlo das organizações.

Conceitos chave
Controlo de gestão, orçamentação, controlo orçamental, processo de controlo, tipos de controlo, avaliação do desempenho, sistemas de controlo.

12.1. INTRODUÇÃO

O sucesso de uma organização não depende apenas da estratégia e do processo de planeamento responsável pela fixação de objetivos, do desenho organizacional, que permite a execução adequada das tarefas e de uma direção que lidere e motive os trabalhadores, mas depende também de um sistema de controlo eficaz, capaz de detetar os desvios entre o planeado e o executado e tomar as ações corretivas, quando necessárias, para que os planos sejam cumpridos.

O controlo de gestão é o processo pelo qual os gestores monitorizam e avaliam o desempenho de uma organização e o grau com que atingem os objetivos. Em termos simples, o controlo visa garantir o alcance eficaz dos objetivos organizacionais, através da monitorização das atividades, comparando o desempenho real com os objetivos planeados e procedendo às correções que se imponham para que os objetivos sejam atingidos.

As funções de planeamento e controlo estão intimamente ligadas, na medida em que, sem objetivos definidos, não é possível fazer o controlo, por não existirem padrões para avaliar o desempenho da organização. No entanto, a relação entre planeamento e controlo é biunívoca, na medida em que os objetivos são definidos com base em informações recolhidas no processo de controlo.

12.2. IMPORTÂNCIA DO CONTROLO DE GESTÃO

Embora o controlo seja a última função do gestor (as outras são o planeamento, a organização e a direção), está longe de ser a menos importante. Pelo contrário, o controlo assume uma importância crítica no processo de gestão, podendo mesmo dizer-se que sem um controlo eficaz, todas as outras funções do gestor perdem o seu significado e mesmo a sua razão de ser. Acresce que, num mundo globalizado e em constante transformação como o que vivemos, o controlo permite às organizações antecipar as alterações do meio envolvente e lidar mais facilmente com a incerteza e as dinâmicas do contexto em que se inserem.

O controlo é uma função administrativa que envolve a monitorização de todas as atividades da organização e garante que todas sejam executadas conforme planeado, identificando os desvios e permitindo a sua rápida correção. Os gestores só podem saber se as atividades estão a ter um desempenho adequado se for feita uma avaliação do desempenho, comparando os objetivos planeados com os realizados.

O controlo é uma função muito importante dos gestores. Todas as outras funções dos gestores são muito importantes, porque permitem definir a estratégia e a fixação dos objetivos, a criação de uma estrutura organizacional eficiente que facilite o alcance dos objetivos e ter equipas motivadas através de uma liderança forte e efetiva, mas de nada vale ter uma boa estratégia, objetivos ambiciosos, uma organização que funciona e equipas motivadas se não se garantir que a estratégia está a ser implementada conforme foi definida e que os objetivos estão a ser atingidos conforme planeado. O controlo é importante porque é o único meio de que dispõem os gestores para saber se os objetivos organizacionais estão a ser atingidos e, em caso negativo, quais as razões porque não estão a ser cumpridos.

Uma segunda ordem de razões para a existência de um efetivo controlo de gestão prende-se com o facto de proporcionar informação e *feedback* sobre o desempenho dos colaboradores, o que permite antecipar fontes de potenciais problemas. Um controlo de gestão efetivo e eficiente pode também proteger a organização de potenciais problemas e ameaças vindas dos mercados, por permitir alertar antecipadamente para esses problemas logo que surgem no horizonte da empresa.

12.3. O PROCESSO DE CONTROLO

O processo de controlo consiste em três etapas distintas e separadas: (1) **medir o desempenho atual**, (2) **comparar o desempenho com os objetivos** e (3) **tomar medidas para corrigir os eventuais desvios** entre os objetivos planeados e o desempenho real (Figura 12.1):

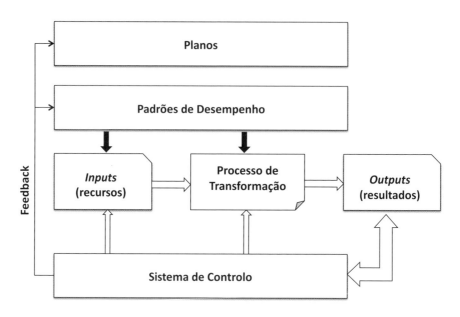

Figura 12.1 Processo de Controlo

Para medir o desempenho atual é necessário que o gestor disponha de informação adequada. Logo, o primeiro passo no processo de controlo é medir. O desempenho atual pode ser medido através de quatro processos: observação pessoal, relatórios estatísticos, relatos orais e relatórios escritos. A observação pessoal pode ser obtida pelos responsáveis aos diversos níveis, questionando diretamente os empregados, permitindo um conhecimento direto da atividade, mas tem a desvantagem da sua impraticabilidade, para além de poder gerar desconfianças e processos obstrutivos. Muitos gestores usam uma combinação destes métodos.

A utilização dos computadores tem levado a que os gestores privilegiem cada vez mais a utilização de relatórios de controlo de gestão para medir o desempenho real das suas organizações, os quais contêm a comparação mensal entre os objetivos propostos e o desempenho real, a análise dos desvios e possíveis causas dos desvios mais significativos.

As informações pertinentes para o controlo de gestão podem também ser obtidas através do relato oral ou escrito, designadamente através de reuniões, conferências ou contacto pessoal com cada um dos responsáveis das áreas funcionais da empresa.

Quando os desvios ultrapassam o limite da amplitude de variação aceitável (Figura 12.2), o gestor pode tomar uma das seguintes atitudes: não fazer nada, tomar medidas para corrigir o desempenho, ou rever os objetivos. A correção do desempenho pode implicar a tomada de medidas de reestruturação nas diferentes funções aos diversos níveis da gestão ou desenvolver programas de formação ou mesmo tomar medidas disciplinares.

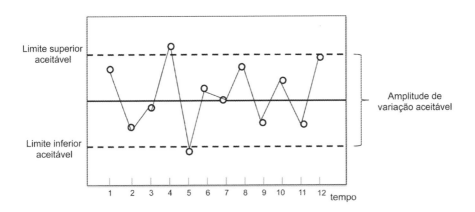

Figura 12.2 **Definição da Amplitude de Variação Aceitável**

A revisão dos objetivos em baixa deve ser muito cautelosa e só deverá ser levada a cabo em último caso e quando se constatar que são manifestamente irrealistas e impossíveis de alcançar, em virtude de terem surgido acontecimentos imprevisíveis que afetam de forma direta a atividade da empresa.

12.4. NÍVEIS DE CONTROLO

O controlo pode e deve ser aplicado a todos os níveis da organização: **nível estratégico, nível tático** e **nível operacional** (Figura 12.3):

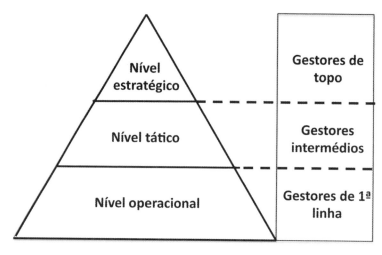

Figura 12.3 Níveis de Controlo

O **controlo estratégico** é feito ao nível da gestão de topo e abarca o desempenho global de toda a organização, medido por rácios de eficiência, de produtividade, de rendibilidade, de competitividade, de inovação, de satisfação dos clientes, de satisfação dos trabalhadores e dos acionistas. Procura também acompanhar as tendências do meio envolvente externo, fazendo os ajustamentos necessários à preservação da estratégia da organização.

O **controlo tático** refere-se ao controlo do desempenho das áreas funcionais da organização, como a gestão financeira, marketing, produção, recursos humanos, entre outras, em função da estrutura organizacional. O controlo ao nível tático permite que os gestores funcionais tomem decisões específicas atempadas, visando resolver problemas das suas áreas de responsabilidade, tais como evolução do volume de vendas, análise dos custos, resultados de uma campanha publicitária, produtividade dos trabalhadores ou de uma nova máquina, etc.

O **controlo operacional** refere-se ao controlo das atividades operacionais ao nível dos gestores de primeira linha, como tempos de paragem

ORÇAMENTAÇÃO E CONTROLO DE GESTÃO

da produção, análise das devoluções, tempo de resposta às reclamações dos clientes, análise dos produtos defeituosos, tempo de realização de um pedido, qualidade do atendimento, etc.

12.5. TIPOS DE CONTROLO

Neste ponto vamos analisar os principais métodos e instrumentos usados pelos gestores no controlo do desempenho organizacional, destacando-se os métodos tradicionais de controlo financeiro, como o *tableau de bord*, a análise do ponto crítico de vendas (*breakeven point*), os sistemas de informação de gestão, a auditoria e métodos modernos de controlo de gestão, como o *balanced scorecard*, o *benchmarking* e as novas tendências do controlo de gestão, como o valor económico acrescentado (*Economic Value Added- -EVA*, o custo baseado na atividade (*Activity-Based Costing-ABC*), o valor de mercado acrescentado (*Market Value-Added-MVA*) e os princípios de governança das empresas (*Corporate Governance*).

12.5.1. MÉTODOS TRADICIONAIS DE CONTROLO DE GESTÃO

O controlo financeiro é a forma mais tradicional de controlo do desempenho organizacional. Em qualquer tipo de organização, os gestores precisam de conhecer o desempenho financeiro da organização. Este tipo de controlo, para além de avaliar a situação económico-financeira da organização e de medir os impactos financeiros das atividades económicas da empresa, pode também fornecer indicações muito úteis sobre outro tipo de problemas, como constatar que o declínio das vendas poder ser um sinal de que existem problemas noutras áreas da organização, como problemas relacionados com os produtos, com os preços, com a qualidade do serviço prestado aos clientes ou a eficácia da força de vendas.

12.5.1.1. DEMONSTRAÇÕES FINANCEIRAS

Os principais documentos de controlo financeiro utilizados pelos gestores são o balanço, a demonstração dos resultados e a demonstração dos fluxos de caixa, os quais são analisados com detalhe no Capítulo 15. O **balanço** mostra a situação financeira da empresa num determinado momento e permite averiguar a situação financeira da organização e os equilíbrios financeiros entre as diversas rubricas do balanço. O balanço proporciona três tipos de informação: **ativo, passivo** e **capital próprio** (Figura 12.4):

Figura 12.4 Balanço Esquemático

Os ativos são o que a organização tem investido e incluem o ativo não corrente, como edifícios e construções, equipamentos e investimentos financeiros e o ativo corrente, ou seja, aqueles ativos que podem ser convertidos em dinheiro a curto prazo, como inventários, créditos sobre clientes e caixa e depósitos bancários. Os passivos são as dívidas da organização, que incluem o passivo corrente (dívidas que se vencem no prazo de um ano, designadamente a fornecedores) e passivo não corrente (dívidas que se vencem a longo prazo, designadamente empréstimos a médio/longo prazo). O capital próprio é a diferença entre o total do ativo e o total do passivo e que pertence à própria organização.

A **demonstração dos resultados** mostra a atividade desenvolvida pela empresa num determinado período de tempo e traduz a sua situação económica. A demonstração dos resultados mostra os rendimentos e gastos da organização durante o período de tempo a que diz respeito, usualmente um ano, mas pode reportar-se a períodos mais curtos, designadamente três meses ou um mês. A diferença entre os rendimentos e os gastos representa o resultado líquido do período (Figura 12.5):

ORÇAMENTAÇÃO E CONTROLO DE GESTÃO

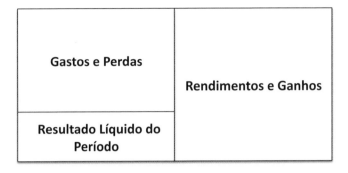

Figura 12.5 Demonstração dos Resultados Esquemática

A situação representada na Figura 12.5 configura um resultado líquido do período positivo, já que os rendimentos e ganhos excedem os gastos e perdas do período.

12.5.1.2. CONTROLO PELO MÉTODO DOS RÁCIOS

As demonstrações financeiras podem ser utilizadas pelos gestores, mas também pelos acionistas, investidores, clientes, instituições financeiras e outros *stakeholders*, para avaliar o desempenho da organização, analisar a sua evolução ao longo do tempo e comparar o seu desempenho com os seus concorrentes (*benchmark*). Estas comparações capacitam o gestor a saber se a organização está a cumprir os objetivos, se o desempenho das suas atividades está a decorrer conforme estimado e se é competitiva relativamente aos concorrentes.

A análise mais comum da evolução da situação económico-financeira de uma organização é feita pelo método dos rácios, que se podem agrupar nas seguintes categorias:

- **Rácios de liquidez**, designadamente rácios de liquidez geral, liquidez reduzida e liquidez imediata, que traduzem a capacidade da organização de solver os seus compromissos de curto prazo.
- **Rácios de estrutura,** designadamente rácios de autonomia e solvabilidade, que traduzem a capacidade da organização de solver os seus compromissos de longo prazo.
- **Rácios de atividade,** designadamente prazos médios de recebimento, de pagamento e de duração média de inventários, que tra-

duzem a capacidade da organização de cumprir a política de crédito definida.

- **Rácios de rendibilidade,** designadamente rendibilidade do capital próprio (*Return on Equity*-ROE), rendibilidade do Ativo (*Return on Assets*-ROA), rendibilidade do Investimento (*Return on Investment*-ROI) e rendibilidade das Vendas (*Return on Sales*-ROS), que permitem avaliar o nível de rendibilidade da organização.

A Figura 12.6 resume alguns dos rácios financeiros mais comuns, que medem a liquidez, a atividade, a rendibilidade, o grau de utilização dos recursos e a estrutura financeira de uma organização:

Rácios de Liquidez	
Liquidez Geral (*Current Ratio*)	Ativo Corrente/Passivo Corrente
Liquidez Reduzida (Acid Test)	Ativo Corrente-Inventários/Passivo Corrente
Liquidez Imediata	Caixa + Depósitos Bancários/Passivo Corrente
Rácios de Atividade	
Prazo médio de Recebimentos (PMR)	Clientes/(Vendas + Prest. de Serviços) × 360 dias
Prazo Médio de Pagamentos (PMP)	Fornecedores/(Compras + FSE) × 360 dias
Duração Média das Existências (DMI)	Inventários MP/Consumo MP × 360 dias
Rácios de Rendibilidade	
Margem de Lucro das Vendas	Resultado Líquido/Vendas
Rendibilidade do Capital Próprio (ROE)	Resultado Líquido Depois Impostos/Capital Próprio
Rendibilidade do Ativo (ROA)	Resultado Líquido Depois Impostos/Ativo Total
Rendibilidade do Investimento (ROI)	Resultado Líquido Depois Impostos/Investimento
Rácios de Rotação	
Rotação do Ativo	Vendas/Ativo Total
Rotação dos Inventários	Vendas/Inventários
Rácios de Estrutura	
Rácio de Autonomia Financeira	Capital Próprio/Ativo Total
Rácio de Solvabilidade	Capital Próprio/Passivo
Rácio de Endividamento	Passivo/ Capital Próprio + Passivo

Figura 12.6 **Rácios de Análise Financeira**

Os **rácios de liquidez** indicam a capacidade de uma organização para solver os seus compromissos de curto prazo. Por exemplo, se uma empresa tem um ativo corrente de €500 000 e um passivo corrente de €200 000, o rácio de liquidez geral é de 2,5, o que significa que os créditos a receber no prazo de um ano são suficientes para liquidar os débitos a pagar também no mesmo período. O valor usual para o rácio de liquidez geral é 2, o que significa que os valores a receber no ano seguinte devem ser o dobro das dívidas a pagar no mesmo período. Para o rácio de liquidez reduzida o valor usual é 1, o que significa que as disponibilidades mais os valores a receber dos clientes são suficientes para acorrer às dívidas a pagar no prazo de um ano.

Os **rácios de atividade** medem o desempenho interno de uma organização relativamente a cada uma das atividades definidas pela gestão, designadamente os prazos médios de recebimento e de pagamento e a duração média dos inventários, quer seja de matérias-primas, de produtos acabados ou de mercadorias.

Os gestores analisam a rendibilidade da empresa através dos **rácios de rendibilidade,** que descrevem a rendibilidade da empresa em termos da fonte de lucros considerada, como a rendibilidade do capital próprio, a rendibilidade do ativo total ou a rendibilidade das vendas. Um rácio de rendibilidade importante é a **margem de lucro nas vendas**, que é dado pelo quociente entre o resultado líquido do período e o volume de vendas. Outro rácio de rendibilidade é a **rendibilidade do ativo total** (*Return on Assets*-ROA), que representa o que a empresa ganha dos seus investimentos totais (ativos), calculado pelo quociente entre o resultado líquido do período e o ativo total. É um rácio importante porque permite comparar o que a empresa ganha investindo na empresa comparativamente a outras oportunidades de investimento. Em termos de racionalidade económica, a empresa deve ser capaz de ganhar mais usando os seus ativos no negócio do que se aplicasse esses fundos em depósitos bancários.

Dos **rácios de estrutura** destacamos os **rácios de solvabilidade total** e de **autonomia financeira** que são muito importantes, uma vez que fornecem indicações sobre a estrutura de financiamento da empresa. O rácio de **autonomia financeira** permite observar qual o peso do capital próprio no financiamento do total das aplicações ou do ativo. Quanto maior for este rácio, maior é a solidez financeira da empresa e maior será a sua capacidade para cumprir os seus compromissos. O valor normal indicativo para este rácio será da ordem dos 33%, ou seja, o capital próprio deve representar, no mínimo, um terço do ativo. A **solvabilidade total** é um rácio que permite igualmente avaliar a estrutura de financiamento da empresa, colocando em evidência a proporção dos capitais investidos pelos acionistas/sócios face aos capitais provenientes de entidades externas (capitais alheios). O valor normal indicativo deste rácio será de 50%.

Para além dos rácios de desempenho de natureza económico-financeira, interessa também considerar rácios para avaliar o desempenho operacional, sendo os mais comuns os seguintes:

1. **Rácio de capacidade** – indica o grau de utilização das horas de trabalho orçamentadas:

$$\text{Rácio de capacidade} = \frac{\text{Horas de produção utilizadas}}{\text{Horas orçamentadas}} \times 100$$

2. **Rácio de atividade** – é usado para medir o nível de atividade alcançado durante o período do orçamento:

$$\text{Rácio de atividade} = \frac{\text{Horas padrão para a produção atual}}{\text{Horas orçamentadas}} \times 100$$

3. **Rácio de eficiência** – mostra o nível de eficiência alcançado durante o período do orçamento:

$$\text{Rácio de eficiência} = \frac{\text{Horas padrão para a produção atual}}{\text{Horas de produção utilizadas}} \times 100$$

4. **Rácio de calendário** – é usado para medir a proporção dos dias atuais de trabalho relativamente aos dias orçamentados num período orçamental:

$$\text{Rácio de calendário} = \frac{\text{Número de dias de trabalho num período}}{\text{Dias de trabalho orçamentados}} \times 100$$

Por exemplo, uma empresa produz dois artigos A e B. Para produzir uma unidade de A são gastas 4 horas e para produzir uma unidade de B são precisas 10 horas. A produção orçamentada é de 400 unidades de A e 800 de B. A produção actual no fim do período do orçamento foi de 320 unidades de A e 850 unidades de B. As horas gastas na produção foram 200. Calcular os rácios de capacidade, de atividade e de eficiência para o período do orçamento. Calcule também o rácio de calendário, sabendo-se que os dias atuais de trabalho foram de 28 correspondentes a 26 dias orçamentados.

Resolução:

Horas padrão orçamentadas:

$$
\begin{array}{lll}
A & - & 400 : 4 = 100 \text{ horas} \\
B & - & 800 : 10 = \underline{\ 80 \ \text{''}} \\
& \text{Total} & 180 \ \text{''}
\end{array}
$$

Horas padrão para a produção atual:

$$
\begin{array}{lll}
A & - & 320 : 4 = \ 80 \text{ horas} \\
B & - & 850 : 10 = \underline{\ 85 \ \text{''}} \\
& \text{Total} & 165 \ \text{''}
\end{array}
$$

$$
\text{Rácio de capacidade} = \frac{200}{180} \times 100 = 111,1\%
$$

$$
\text{Rácio de atividade} = \frac{165}{180} \times 100 = 91,6\%
$$

$$
\text{Rácio de eficiência} = \frac{165}{200} \times 100 = 82,5\%
$$

$$
\text{Rácio de calendário} = \frac{28}{26} \times 100 = 117,7\%
$$

12.5.1.3. ORÇAMENTOS E PREVISÕES

A orçamentação é uma parte importante do planeamento financeiro de curto prazo e do controlo orçamental. Os orçamentos (*budgets*) são planos, usualmente expressos em termos financeiros, que procuram prever os rendimentos e gastos futuros, estabelecer prioridades e assegurar que as despesas não excedem os fundos e rendimentos disponíveis. As previsões (*forecasts*) têm a ver fundamentalmente com a avaliação de acontecimentos futuros. A previsão precede a preparação de um orçamento e é um passo muito importante no processo de orçamentação. Um orçamento é simultaneamente um mecanismo de planeamento dos resultados e uma técnica de controlo dos custos operacionais. Para elaborar um orçamento é essencial prever várias variáveis importantes, como vendas, preços de venda, disponibilidade de materiais, preços dos materiais, produção, salários, meios financeiros, etc. (Figura 12.7):

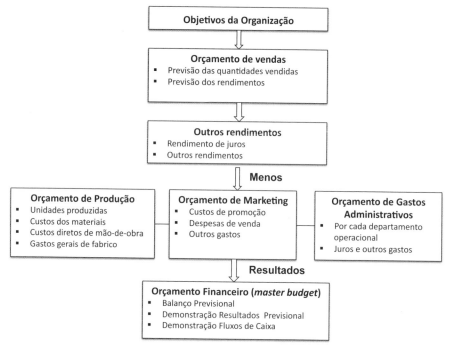

Figura 12.7 Processo de Orçamentação

ORÇAMENTAÇÃO E CONTROLO DE GESTÃO

Apesar do período de orçamentação ser usualmente um ano, muitas empresas preparam orçamentos a três ou cinco anos, especialmente quando contemplam despesas de capital. Orçamentos de publicidade, orçamentos de compras, orçamentos de gastos com o pessoal, orçamentos de vendas e orçamentos de investimentos são tipos comuns de orçamentos que os gestores utilizam, procurando aumentá-los, como é o caso das vendas, ou não os ultrapassar, como é o caso das compras. Todos os orçamentos devem ser elaborados tendo como pano de fundo o planeamento estratégico da organização.

Praticamente todas as organizações modernas necessitam de planear a sua atividade e de exercer algum tipo de controlo orçamental. Ao nível do planeamento estratégico as organizações elaboram planos a médio e longo prazo para fixação dos objetivos e ao nível operacional usam orçamentos para implementar a estratégia e para alocar os recursos necessários ao cumprimento dos objetivos planeados.

Em muitas empresas, os orçamentos são impostos de cima para baixo (*top-down budgeting*), o que significa que os montantes orçamentados para o ano seguinte são impostos aos gestores intermédios e aos gestores de primeira linha. Noutras organizações, com vista a aumentar os níveis de motivação e de envolvimento e responsabilização dos colaboradores, os orçamentos são elaborados de baixo para cima (*bottom-up budgeting*), o que significa que são os gestores de primeira linha quem faz a previsão das receitas e despesas dos seus departamentos e as submetem aos seus superiores para aprovação.

12.5.1.3.1. ORÇAMENTOS FUNCIONAIS

Deve ser elaborado um orçamento para cada divisão ou departamento da organização. Os gestores de cada unidade, divisão ou departamento são responsáveis pela execução do seu orçamento. Os gestores de topo usam o orçamento para a organização como um todo, enquanto os gestores intermédios são responsáveis pelo desempenho orçamental dos seus departamentos ou divisões. Tipicamente, as organizações devem elaborar orçamentos para cada divisão ou função, tais como:

1. **Orçamento de vendas** – é um dos mais importantes orçamentos funcionais e é visto como a chave do processo de orçamentação.

É uma previsão das vendas totais, expressas em quantidades e em termos monetários. O primeiro passo na preparação do orçamento de vendas é prever, tão rigorosamente quanto possível, as vendas para o período do orçamento. As previsões de vendas são influenciadas por fatores externos e internos. Os fatores externos incluem as condições do mercado, a concorrência, a política governamental, etc. Os fatores internos consistem nos preços de venda, na tendência das vendas, novos produtos, ciclo de vida do produto, etc. O orçamento de vendas é baseado na previsão de vendas e é da responsabilidade do gestor de marketing.

Exemplo de um orçamento de vendas:

Uma empresa produz dois artigos A e B. O departamento de marketing tem três divisões: norte, centro e sul. As previsões de vendas para o ano X, com base na avaliação dos responsáveis comerciais, são as seguintes.

Produto A: Norte 40 000 unidades, Centro 100 000 unidades e Sul 20 000 unidades.
Produto B: Norte 60 000 unidades, Centro 80 000 unidades e Sul 0 unidades.
Preço de venda de A €2 e B €3 em todas as regiões.

É feita uma campanha publicitária para os dois produtos e estima-se que as vendas na região Norte vão aumentar 20 000 unidades. Foi também feita uma campanha de publicidade para promover e distribuir o produto B na região Sul no segundo semestre do ano X onde se espera que as vendas atinjam as 100 000 unidades. Dado que as vendas na região Centro são insatisfatórias, ficou acordado aumentar as vendas em 10%.
Prepare um orçamento de vendas para o ano X.

Resolução:

Região	Produto A			Produto B			Total
	Quant.	Preço	Valor	Quant.	Preço	Valor	
Norte	60 000	2	120 000	80 000	3	240 000	**360 000**
Centro	110 000	2	220 000	88 000	3	264 000	**484 000**
Sul	20 000	2	40 000	100 000	3	300 000	**340 000**
Total	**190 000**		**380 000**	**268 000**		**804 000**	**1 184 000**

2. **Orçamento de produção** – como se compreende, o orçamento de produção é usualmente preparado com base no orçamento de vendas. Corresponde à previsão da produção para o período do orçamento. É preparado pelos responsáveis da função produção em duas partes: previsão da produção em valor para as unidades físicas dos produtos a produzir e os custos de produção detalhados.

As principais fases da preparação do orçamento envolvem a planificação da produção, tendo em consideração a capacidade produtiva e a interligação à previsão das vendas, calendário de entregas e níveis de inventários que se pretende manter. Naturalmente que a elaboração do orçamento de produção pressupõe a elaboração de orçamentos de custos, tais como o orçamento de materiais, o orçamento dos custos com o pessoal e o orçamento dos gastos gerais de fabrico.

Exemplo de um orçamento de produção:

Elabore um orçamento de produção para cada mês e um orçamento dos custos de produção para os seis meses que terminam em 31.12/ /Ano X a partir dos seguintes dados:

1. Vendas, em unidades, para os seguintes meses:

julho	1 100
agosto	1 100
setembro	1 700
outubro	1 900
novembro	2 500
dezembro	2 300
janeiro X + 1	2 000

2. Não há produtos em vias de fabrico no final de cada mês.
3. Os *stocks* finais de produtos acabados correspondem a metade das vendas para o mês seguinte e permanecem em stock até final de cada mês (incluindo julho).
4. A produção e os custos orçamentados para o fim de 31.12/Ano X são os seguintes:

Produção (unidades)	22 000
Custos diretos por unidade	10.00€
Mão-de-obra direta por unidade	4.00€
Total de gastos gerais imputáveis ao produto	88 000€

Resolução:

ORÇAMENTO DE PRODUÇÃO

Rubricas	Julho	Agosto	Set.	Out.	Nov.	Dez.	Total
Vendas estimadas	1 100	1 100	1 700	1 900	2 500	2 300	**10 600**
+ Stocks Finais Prod. Acab.	550	850	950	1 250	1 150	1 000	**1 000**
	1 650	1 950	2 650	3 150	3 650	3 300	**11 600**
– Stocks Iniciais Prod. Acab.	550	550	850	950	1 250	1 150	**550**
Orçamento de Produção	1 100	1 400	1 800	2 200	2 400	2 150	**11 050**

Produção Estimada = Vendas Estimadas + *Stock* Final – *Stock* Inicial

ORÇAMENTO DE CUSTOS DE PRODUÇÃO

Rubricas	Orçamento de Produção	Orçamento de Produção (por Unidade)
Custos diretos de materiais	110 500	10
Mão de obra direta	44 200	4
Gastos Gerais		
$\dfrac{88\ 000}{22\ 000} \times 11\ 050$	44 200	4
Total Custos de Produção	**198 900**	**18**

ORÇAMENTAÇÃO E CONTROLO DE GESTÃO

3. **Orçamento de gastos administrativos** – inclui despesas gerais relacionadas com os departamentos operacionais, como a produção, a venda, a distribuição e a investigação e desenvolvimento.

4. **Orçamento financeiro** – inclui o orçamento de tesouraria e o orçamento de investimentos. O orçamento de tesouraria faz a previsão dos rendimentos e gastos dum período futuro e da tesouraria disponível nesse período. O orçamento de investimento diz respeito aos gastos em ativos fixos.

   O orçamento de investimentos lista os investimentos planeados nos principais ativos, como construções, maquinaria ou sistemas de informação, envolvendo muitas vezes despesas para além de um ano. O controlo do orçamento de investimentos envolve não só a monitorização das despesas de capital, mas também a avaliação da viabilidade dos investimentos. Os gestores devem avaliar se é aconselhável continuar a investir num determinado projeto e se são adequados os procedimentos da organização para a tomada de decisão em matéria de investimentos.

5. **O orçamento de tesouraria** deve prever os rendimentos e gastos atuais e futuros da organização. Quando as despesas reais excedem as despesas orçamentadas, a diferença sinaliza a necessidade dos gestores identificarem o problema e tomarem as ações corretivas necessárias. A diferença pode advir de ineficiência, ou as despesas podem ser mais elevadas porque as vendas estão a crescer mais depressa do que previsto. Despesas abaixo do orçamentado pode ser um sinal de eficiência excecional ou de que a empresa se encontra a laborar a um nível inferior ao previsto. No que se refere às receitas, rendimentos abaixo do orçamentado implicam uma investigação no sentido de saber as suas causas e ver como a organização pode aumentar os rendimentos. Exemplo de um orçamento de tesouraria:

MANUAL DE GESTÃO MODERNA

	Jan.	Fev.	Março	Abril	Maio	Junho
Recebimentos						
Capital realizado	20 000					
Recebimento de clientes	–	2 000	3 000	6 000	6 000	10 500
Total de Recebimentos	20 000	2 000	3 000	6 000	6 000	10 500
Pagamentos						
Ativos não correntes	8 000					
Inventários	5 000					
Pagamento a fornecedores	–	2 000	4 000	4 000	7 000	7 000
Ordenados	1 600	1 600	1 600	1 600	1 600	1 600
Outras despesas	1 000	1 000	1 000	1 000	1 000	1 000
Total de Pagamentos	15 600	4 600	6 600	6 600	9 600	9 600
Saldo do mês	4 400	(2 600)	(3 600)	(600)	(3 600)	900
Saldo acumulado	–	1 800	(1 800)	(2 400)	(6 000)	(5 100)

O orçamento de tesouraria mostra que há um défice de tesouraria no final do semestre de 5 100€ e que há necessidade de recorrer a fundos externos à empresa para solver os seus compromissos de curto prazo.

6. **Demonstração de resultados previsionais, na demonstração de fluxos de caixa previsionais e balanço previsional (*master budget*)** – é o culminar do processo de orçamentação, onde convergem todos os orçamentos funcionais aprovados, adotados e executados pela organização, como o orçamento de vendas, o orçamento de produção, o orçamento de compras, o orçamento de marketing e vendas, orçamento dos gastos com pessoal e orçamento de gastos gerais.
O *master budget* consiste na elaboração da demonstração de resultados previsional, na demonstração de fluxos de caixa previsional e no balanço previsional, que vão guiar a organização no período de orçamentação.

12.5.1.3.2. ORÇAMENTOS FIXOS E ORÇAMENTOS FLEXÍVEIS

Um orçamento fixo é um orçamento que é elaborado para um determinado nível de atividade. Trata-se de um orçamento que se mantém inalterado ao longo do período a que respeita, independentemente do nível de atividade atingido. Um orçamento fixo é usualmente preparado antes do início do

ORÇAMENTAÇÃO E CONTROLO DE GESTÃO

período a que respeita, usualmente um ano e é elaborado com base nos níveis de atividade expectáveis para esse período. São orçamentos adequados em períodos de estabilidade económica.

Mas é difícil avaliar o desempenho de uma organização quando o nível de atividade atual difere da atividade projetada inicialmente. Comparar custos para diferentes níveis de atividade é como comparar alhos com bugalhos.

Com orçamentos fixos, não há possibilidades de saber se os desvios favoráveis nos custos, por exemplo no consumo de matérias-primas, se devem a maior eficiência no controlo dos custos ou a um menor nível de atividade ou se os desvios positivos nos rendimentos se devem a um maior volume de vendas ou a uma melhor política de preços. Para poder responder a esta questão, devemos flexibilizar os orçamentos para o nível atual de atividade.

Os orçamentos flexíveis, também chamados orçamentos variáveis, são ajustados às mudanças do volume de atividade e têm em conta tanto os custos fixos como os custos de fabricação. Um orçamento flexível é um orçamento que é elaborado com o objetivo de se adaptar às condições do mercado e ao nível de atividade atingido em cada momento. Com orçamentos flexíveis temos possibilidades de saber se os desvios favoráveis ou desfavoráveis se devem a maior ou menor eficiência na utilização dos recursos e maior ou menor rigor no controlo dos custos. São orçamentos ajustados em períodos de instabilidade económica.

12.5.1.4. O PROCESSO DE CONTROLO ORÇAMENTAL

Enquanto os orçamentos são instrumentos de planeamento, o **controlo orçamental (*budgetary control*)** é simultaneamente um mecanismo de planeamento e de controlo. Controlo orçamental é o processo de fixar objetivos para uma organização, monitorizar os resultados, comparar os resultados com o orçamento e tomar as ações corretivas quando necessárias. Não pode haver controlo orçamental sem orçamentos. Controlo orçamental é um sistema que usa orçamentos como um meio de planeamento e controlo.

Para efeitos do controlo orçamental, deve ser elaborado um orçamento para cada divisão ou departamento da organização, sendo os gestores de cada unidade, divisão ou departamento responsáveis pela boa execução dos

MANUAL DE GESTÃO MODERNA

seus orçamentos. Os gestores de topo usam o orçamento para a organização como um todo, enquanto os gestores intermédios são responsáveis pelo desempenho orçamental dos seus departamentos ou divisões.

São os seguintes os principais objetivos de um sistema de controlo orçamental:

1. Possibilitar estabelecer planos a curto prazo.
2. Possibilitar o acompanhamento dos negócios, através do cumprimento dos planos.
3. Assegurar a coordenação entre as diversas áreas da organização.
4. Delegar responsabilidades nos gestores intermédios, sem perda de controlo.
5. Detetar necessidades de correções e possibilidades de adaptação periódica dos orçamentos em função das alterações das circunstâncias. A capacidade de adaptação dos orçamentos, bem como a possibilidade de tomar as medidas corretivas necessárias, constitui a essência do controlo orçamental.

Quando os resultados são conhecidos, comparam-se os custos atuais com os custos orçamentados. As diferenças entre os custos atuais e os custos orçamentados designam-se por **desvios**. Os desvios podem ser favoráveis ou desfavoráveis. Se o custo atual é maior do que o custo orçamentado temos um desvio negativo e se o custo atual é menor que o custo orçamentado temos um desvio positivo. Os desvios negativos devem ser investigados e saber-se quais as suas causas. Os desvios positivos são boas notícias, mas não devem ser ignorados, podendo implicar a revisão ou flexibilização do orçamento.

Os desvios negativos podem resultar de:

- Orçamentos irrealistas – neste caso o orçamento deve ser revisto ou flexibilizado.
- Má orçamentação – esta situação necessita de atuação imediata.
- Mudanças do meio envolvente – por exemplo entrada de um novo concorrente ou perda de um cliente importante. Esta situação requer um contra ataque imediato, por exemplo reforçando o orçamento de marketing.

Quando os gestores discutem os rendimentos ou os gastos em confronto com o orçamento, usualmente dispõem de relatórios elaborados pelo *controller*, que é uma figura muito importante na estrutura de uma organização e que normalmente depende hierarquicamente do CEO ou do presidente do conselho de administração. Este relatório permite à gestão fazer uma análise rápida sobre se os objetivos estão ou não a ser cumpridos e se os desvios se encontram dentro dos limites de variação aceitáveis ou excedem aqueles limites, o que possibilita a tomada atempada de medidas corretivas necessárias para que os objetivos sejam atingidos.

Um sistema de controlo orçamental deve ter por base os objetivos definidos no plano estratégico e seguir as seguintes etapas:

1. Preparar um orçamento de vendas (*forecasting*) com base na análise das vendas do passado e na previsão de vendas futuras tendo em conta as tendências do mercado. O orçamento de vendas é uma estimativa das vendas para o período em análise.
2. Preparar um orçamento de produção com base no orçamento de vendas. Envolve a avaliação da capacidade produtiva da empresa de modo a estabelecer um balanceamento entre a capacidade produtiva e as potencialidades do mercado. O orçamento de produção inclui os *outputs* e os custos estimados em matérias-primas e gastos com o pessoal.
3. Preparar um orçamento de investimentos.
4. Preparar um orçamento de gastos gerais.
5. Preparar um orçamento de tesouraria para assegurar que a organização dispõe dos meios necessários para implementar a estratégia e determinar as necessidades ou excessos de tesouraria em determinados períodos de tempo.
6. Todos estes orçamentos funcionais são integrados no orçamento da organização e culminam na elaboração das demonstrações financeiras previsionais, designadamente a demonstração de resultados previsional, a demonstração dos fluxos de caixa previsional e o balanço previsional.

Quando uma empresa desenvolve um plano de produção de bens ou serviços, deve saber se dispõe dos meios financeiros necessários para fazer face aos gastos operacionais imediatos, como matérias-primas, salários, rendas, seguros e gastos gerais de fabrico. Se não dispuser de meios financeiros próprios suficientes, deverá recorrer a fontes de financiamento externas, designadamente financiamentos bancários de curto ou médio e

MANUAL DE GESTÃO MODERNA

longo prazo, em função da natureza das aplicações. Para o efeito, deverá preparar uma conta de exploração previsional para determinação dos *cash flows* previsionais e um orçamento financeiro para determinação das necessidades de financiamento de médio/longo prazo (Figura 12.8):

Rubricas	Janeiro		Fevereiro		Março	
	Orçamento	Realizado	Orçamento	Realizado	Orçamento	Realizado
Cash Flows						
Venda de Ativos						
Financiamentos a ML Prazo						
Total Recebimentos (a)						
Investimentos						
Reembolso Finan. MLP						
Necessidades Fundo de Maneio						
Outros Pagamentos						
Total de Pagamentos (b)						
Saldo (a - b)						
Saldo Acumulado						

Figura 12.8 **Orçamento Financeiro**

Através da análise do orçamento financeiro é fácil determinar as necessidades de financiamento e o momento em que se tornam necessárias para financiar o plano de investimentos ou os custos operacionais.

A existência de um sistema de controlo orçamental tem vantagens e algumas limitações. As principais vantagens podem sintetizar-se como segue:

1. Proporciona um método de alocação dos recursos.
2. Facilita e promove a redução de custos.
3. Orienta a gestão no planeamento e na formulação de políticas.
4. Facilita a coordenação das atividades dos vários departamentos.
5. Assegura a maximização dos resultados através do controlo dos custos e otimização dos recursos.
6. Avalia o desempenho dos diferentes centros de custos.
7. Ajuda o gestor a controlar as operações.

8. Facilita a tomada de medidas corretivas sempre que há ineficiências e fraquezas comparando o desempenho actual com o orçamento.
9. Orienta a gestão na investigação e desenvolvimento.
10. Promove um pensamento orientado para o futuro e a adoção de princípios de custos padrões.

Mas um sistema de controlo orçamental tem também algumas limitações, tais como:

1. Há sempre erros porque é impossível prever o futuro. O orçamento baseia-se em estimativas e previsões e se as previsões forem incorretas, então o programa orçamental não pode ser ajustado e torna-se ineficaz.
2. A efetiva implementação do controlo orçamental depende do empenho, cooperação e motivação das pessoas. A falta de cooperação leva a um desempenho ineficiente.
3. O sistema de controlo orçamental não substitui a gestão. É uma mera ferramenta de gestão.
4. Pode gerar conflitos no que se refere à afectação de recursos.
5. Tem custos e demora tempo.

12.5.1.5. ANÁLISE DO PONTO CRÍTICO DE VENDAS (*BREAKEVEN POINT*)

O **ponto crítico de vendas** ou **ponto de equilíbrio** (*breakeven point*) corresponde ao nível de atividade em que os gastos totais (gastos fixos mais gastos variáveis) são iguais ao volume de vendas, ou seja, é o nível de atividade que permite igualar os resultados de exploração a zero. Esta medida é fundamental, uma vez que indica qual o nível de atividade correspondente ao limiar da viabilidade económica – capacidade de gerar fundos de exploração suficientes para satisfazer os interesses dos credores externos e dos acionistas (Figura 12.9):

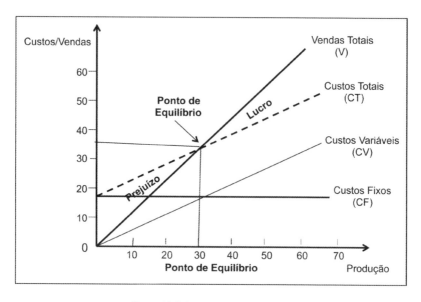

Figura 12.9 **Ponto Crítico de Vendas**

Podemos calcular a quantidade relativa ao ponto crítico económico, que corresponde à quantidade mínima que é preciso vender para que a margem sobre os gastos variáveis cubra os gastos fixos. Neste caso, temos o ponto crítico de vendas em quantidades (ponto crítico económico):

$$P \times PCE = CVu \times PCE + CF, \quad \text{então}$$

$$PCE (P - CVu) = CF$$

logo

$$\text{Ponto Crítico Económico} = \frac{CF}{(P - CVu)}$$

O montante do volume de vendas que excede os gastos variáveis totais representa a margem de contribuição (MC). Logo, a diferença entre o preço de venda unitário e o custo variável por unidade (P-CVu) representa a margem de contribuição por unidade de produto. Conhecendo-se a margem de contribuição unitária, basta dividir os gastos fixos totais pela margem de contribuição unitária para se obter o ponto crítico de vendas.

O ponto crítico de vendas pode também ser calculado em valor:

$$V \times PCV = CV \times PCV + CE, \quad \text{então}$$

$$V \times PCV - CV \times PCV = CF, \quad \text{donde}$$

$$PCV \, (V - CV) = CF$$

$$\text{Ponto Crítico Valor} = \frac{Cf}{(V - CV)}$$

$$\text{Ponto Crítico Valor} = \frac{CF}{1 - \dfrac{CV}{V}}$$

Em que:

CF = Gastos fixos
V = Vendas
P = Preço de venda
CV = Gastos variáveis
Cvu = Gasto variável unitário

Para se determinar o volume de vendas necessário para cobrir os gastos fixos é necessário conhecer o preço de venda por unidade, os custos variáveis por unidade e o total dos custos fixos. Por exemplo, para os seguintes dados, calcula-se o ponto crítico do seguinte modo:

Preço de venda	8	euros
Gastos variáveis unitários	3	"
Gastos fixos totais	3 000	"

A margem de contribuição por unidade é 5 euros (8 euros-3 euros), logo, para se encontrar o ponto de equilíbrio em quantidades basta dividir os custos fixos pela margem de contribuição unitária:

$$\text{Ponto crítico de vendas} = \frac{3\,000}{5} = 600 \text{ unidades}$$

Se a empresa tiver gastos fixos de 3 000 euros e pretender obter um lucro de 4 000 euros, qual o volume de vendas necessário? Com esta estrutura de custos, para atingir esse lucro, a margem de contribuição terá que ser 700 euros (300 euros + 400 euros). Para atingir esse lucro terá que vender 1 400 unidades:

$$\text{Volume de vendas necessário} = \frac{7\,000}{5} = 1\,400 \text{ unidades}$$

12.5.2. MÉTODOS MODERNOS DE CONTROLO DE GESTÃO

A partir de meados da década de oitenta deu-se o início da era da informação, com o aparecimento dos primeiros computadores pessoais e da internet, que permitiu aceder a outros computadores e partilhar a informação. As economias dos países desenvolvidos estavam em crescimento, as organizações expandiam-se, aumentando os seus mercados. Enfim, entrava-se na era da globalização.

Medir o valor de uma empresa já não podia ser feito apenas através do somatório dos seus ativos, ou através dos indicadores tradicionais da era industrial, como o ROI (*Return on Investment*), ROA (*Return on Assets*), ROE (*Return on Equity*) ou EPS (*Earnings Per Share* – rácio de rendibilidade que mede o lucro líquido por ação). Os valores intangíveis, como as marcas, a quota de mercado, o nível tecnológico, a qualidade da gestão e dos recursos humanos e a fidelização dos clientes, começavam a ter uma importância crescente na quantificação do valor de uma empresa.

Paralelamente, gerir uma empresa com várias unidades de negócio, centenas ou milhares de trabalhadores e inúmeros produtos produzidos e colocados no mercado, constituía uma tarefa difícil e complexa, que era absolutamente necessário simplificar, de modo a que, com uma rápida análise, se verificasse o nível de desempenho e o grau de cumprimento dos objetivos. Como consequência, surgiram novos métodos de controlo de gestão que fazem recurso a novos indicadores que visam suprir as deficiências dos tradicionais indicadores financeiros, tais como *balanced scorecard*, auditoria interna (*due dilligence*), *benchmarking* ou *corporate governance*.

ORÇAMENTAÇÃO E CONTROLO DE GESTÃO

12.5.2.1. BALANCED SCORECARD (BSC)

Depois de analisarem algumas empresas e de verificarem que os indicadores financeiros, se bem que essenciais, não eram suficientes para medir o desempenho das organizações, Robert Kaplan e David Norton, o primeiro professor da *Universidade de Harvard* e o segundo consultor de empresas em Boston, desenvolveram em 1992 uma metodologia estratégica que juntava não só indicadores financeiros, mas também indicadores sobre clientes, processos internos e capacidade de aprendizagem e crescimento, todos ligados à missão da empresa e trabalhando coordenadamente para atingir os objetivos estratégicos previamente definidos (Kaplan e Norton, 1992). Esta nova abordagem ficou conhecida como *balanced scorecard.*

Esta nova abordagem é uma forma de avaliar o desempenho organizacional, que procura integrar quatro perspetivas que contribuem para o desempenho da organização e são a base do sistema de gestão estratégica do *balanced scorecard*:

1. Como os acionistas veem a organização (perspetiva financeira).
2. Como os clientes veem a organização (perspetiva dos clientes).
3. Como a organização se vê a ela própria (perspetiva dos processos internos).
4. A organização pode aprender e crescer para melhorar e criar valor (perspetiva da capacidade de inovação, de aprendizagem e de crescimento).

Kaplan e Norton apontam quatro caraterísticas do *balanced scorecard* que o diferenciam dos outros instrumentos de controlo de gestão e o tornam mais apropriado para os gestores:

a. Trata-se de uma reflexão sobre a missão e a estratégia da empresa. A maioria das empresas controla o desempenho das atividades e processos sem olhar para a estratégia que foi definida.
b. Está voltado para o sucesso futuro. Os indicadores financeiros tradicionalmente analisam o comportamento passado da empresa, mas dão poucas indicações sobre como irá evoluir no futuro.
c. Integra indicadores externos e internos.
d. Auxilia a organização a focar-se na sua estratégia e a atingir os objetivos considerados críticos.

De acordo com esta abordagem, se a organização é capaz de descrever, de forma compreensiva, a sua estratégia e de a comunicar através dos diversos níveis organizacionais, então as possibilidades de a implementar com sucesso aumentam consideravelmente. De acordo com Kaplan e Norton (2001), quando uma organização define a sua visão estratégica deve traduzi-la num mapa estratégico, que inclui relações quantificadas com indicadores escolhidos de acordo com as quatro perspetivas organizacionais referidas. É uma perspetiva mais alargada do que a perspetiva tradicional, traduzida no *tableau de bord*, que contempla apenas a avaliação do desempenho económico-financeiro da organização, mais vocacionado para proporcionar uma visão histórica do desempenho organizacional.

O *balanced scorecard* procura alinhar a estratégia e as atividades operacionais da empresa de forma a garantir que os objetivos estratégicos definidos para cada uma das quatro perspetivas sejam atingidos. Para isso desenvolve um conjunto de medidas de desempenho e coloca quatro questões relativas às quatro perspetivas do negócio (Figura 12.10):

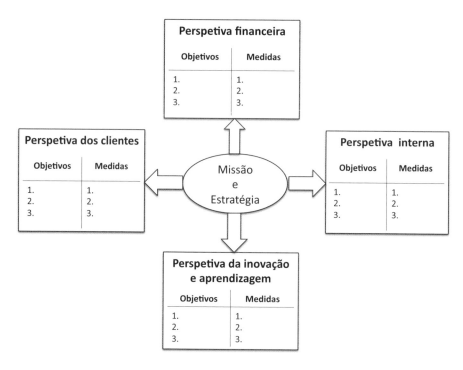

Figura 12.10 Balanced Scorecard

ORÇAMENTAÇÃO E CONTROLO DE GESTÃO

As quatro perspetivas procuram encontrar respostas para as seguintes questões:

- **Perspetiva financeira** – qual a imagem da empresa perante os investidores?
- **Perspetiva dos clientes** – como os clientes veem a empresa?
- **Perspetiva interna** – em que áreas ou processos a empresa deve ser excelente?
- **Perspetiva de inovação, aprendizagem e crescimento** – como a empresa pode desenvolver a capacidade de aprendizagem, inovação e crescimento?

Com base nestas questões, a empresa deve fixar os seus objetivos, definir metas e criar indicadores que, de forma integrada, criem relações de causa--efeito que permitam desenvolver a sua missão. Os indicadores financeiros são importantes, mas devem ser complementados com outros indicadores que consigam prever o sucesso no futuro (Niven, 2006).

A partir de uma visão integrada de uma organização, o *balanced scorecard* avalia o desempenho nas diversas perspetivas em que pode ser encarada a atividade da organização. Cada uma das perspetivas deve ter os seus objetivos previamente definidos, bem como os indicadores que vão aferir a evolução da organização, comparando com os resultados obtidos.

A **perspetiva financeira** foca o impacto das atividades da organização no seu desempenho financeiro, utilizando, para além dos indicadores tradicionais, como o lucro operacional ou a margem de contribuição, as seguintes medidas de rendibilidade:

- *Economic value-added* (EVA), que é uma estimativa de resultados depois de feitos ajustamentos, como o custo de oportunidade do capital.
- *Return on Assets* (ROA), *Return on Equity* (ROE), *Return on Investment* (ROI), que indicam a capacidade da empresa em criar valor, designadamente para os acionistas.
- *Valor atual líquido* (VAL), que analisa a viabilidade do investimento feito pela empresa.
- Taxa interna de rendibilidade (TIR), que analisa a rendibilidade do investimento feito pela empresa.

A **perspetiva dos clientes** procura avaliar como os clientes percebem a organização, utilizando indicadores como o grau de satisfação dos clientes, retenção de clientes, rendibilidade dos clientes, quota de mercado e imagem da organização. Como princípio geral, podemos dizer que clientes rendíveis em segmentos de mercado alvo são de manter, clientes que estão em segmentos não prioritários há que monitorizar e clientes não rendíveis em segmentos não prioritários são de eliminar.

A **perspetiva dos processos internos** foca os processos operacionais da organização, como a eficiência dos processos de fabrico, a redução do ciclo de produção, a produtividade, a redução dos custos, a redução do tempo de execução das encomendas, indicadores de rotação de ativos, qualidade dos produtos fabricados e serviço pós venda. De uma forma geral, os sistemas tradicionais preocupam-se fundamentalmente em controlar os procedimentos existentes. Kaplan e Norton (1996) referem a possibilidade de se considerar novos processos internos que satisfaçam necessidades futuras dos clientes, desenvolvendo novas soluções. Desde a fase de desenvolvimento de novos produtos atá à fase pós-venda, as empresas desenvolvem inúmeros processos internos, como a seleção dos fornecedores de matérias-primas (*procurement*), o processo produtivo, a efetivação das encomendas e a distribuição dos produtos. Todos estes processos internos devem obedecer a critérios de eficácia e eficiência de modo a que a empresa seja competitiva.

Por último, a **perspetiva de inovação, aprendizagem e crescimento** procura avaliar como os recursos e o capital humano são utilizados para que a organização consiga inovar e crescer de forma sustentável, utilizando indicadores como o grau de satisfação dos colaboradores, retenção dos colaboradores, motivação, clima organizacional e produtividade dos empregados. Um trabalhador motivado e que tenha bom ambiente de trabalho tem maior produtividade. Um bom indicador para este aspeto é o número de sugestões dadas e implementadas por empregado.

Kaplan e Norton (1996) sugerem que estas quatro perspetivas devem ser abordadas sequencialmente. A empresa deve começar por apurar qual é a sua imagem perante os acionistas e qual a imagem que gostaria de ter (perspetiva financeira). Depois é possível começar a explorar o que a empresa deveria oferecer ao mercado de modo a atingir os objetivos estratégicos definidos (perspetiva dos clientes). De seguida, temos a perspetiva interna que visa averiguar onde a empresa se deve distinguir de modo a atingir a estratégia e criar valor (perspetiva dos processos internos). Esta fase tem a ver com a necessidade de encontrar respostas para questões como: como deve ser a estrutura da empresa, que métodos e processos devem ser implementados, que competências nucleares tem a empresa e quais as que têm que ser desenvolvidas. Finalmente, a quarta questão refere-se à perspetiva da inovação e aprendizagem, que é a mais difícil de programar porque está voltada para o futuro. Esta perspetiva exige que a empresa especifique a forma como vai continuar a inovar e a criar valor.

Kaplan e Norton (1996) sugerem que o *balanced scorecard* não foi concebido para fazer o controlo do dia-a-dia da organização, pelo que deve conter um número limitado de indicadores, sendo o número ideal por perspetiva entre 4 e 7 indicadores, totalizando não mais de 25 indicadores. Esta abordagem permite que, numa simples folha, que Kapan e Norton chamam **mapa estratégico**, seja possível condensar a informação pertinente relativa aos impactos financeiros da estratégia da empresa, a informação sobre os clientes, o desempenho e eficiência da empresa, a qualidade dos produtos oferecidos e a capacidade de trabalhar em grupo e de motivar os trabalhadores (Figura 12.11):

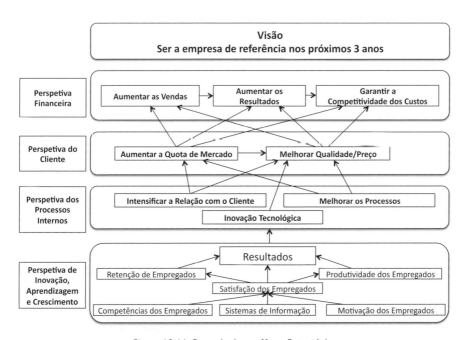

Figura 12.11 **Exemplo de um Mapa Estratégico**

O *balanced scorecard* oferece aos gestores informação rapidamente apreensível, que traduz a visão e a estratégia da empresa num conjunto coerente de indicadores interligados de desempenho organizacional (Kaplan e Norton, 1996). Os indicadores devem ser criteriosamente escolhidos e ser os mais adequados à estratégia da empresa.

A construção dos indicadores é muito importante, devendo haver a preocupação de construir um mix de vários tipos de indicadores (Kaplan e Norton, 1998). Para auxiliar na escolha das melhores medidas para o *balanced scorecard*, Niven (2008) criou uma folha onde as medidas podem ser avaliadas de acordo com critérios criteriosamente escolhidos em função dos objetivos pretendidos (Figura 12.12):

Balanced Scorecard Seleção dos Indicadores de Desempenho									
Perspectiva	Ligação à Estratégia	Fácil	Causa e Efeito	Frequência de atualização	Acessível	Fiável	Quantitativa	Funcional	Comentários
Clientes									
Medida 1 Medida 2...									
Processos Internos									
Medida 1 Medida 2...									
Inovação, Aprendizagem e Crescimento									
Medida 1 Medida 2...									
Financeira									
Medida 1 Medida 2...									

Figura 12.12 Folha para Selecionar Medidas do *Balanced Scorecard*

A implementação de um sistema de *balanced scorecard* obedece às seguintes etapas:

Etapa 1 – Definição dos objetivos e arquitetura do sistema

O objetivo desta etapa é compreender o negócio e a visão do futuro, bem como definir as orientações estratégicas e analisar a coerência da estratégia com os objetivos e com a visão do negócio.

Etapa 2 – Definição das interrelações dos objetivos estratégicos
Esta etapa visa alocar os objetivos estratégicos nas quatro perspetivas do *balanced scorecard*, correlacionando-os entre si.

Etapa 3 – Definição dos indicadores que refletem os fatores críticos de sucesso
O objetivo desta etapa é identificar os indicadores que melhor traduzam a estratégia e melhor servem para controlar a execução das perspetivas de negócio.

Etapa 4 – Elaboração de um plano de implementação
Uma vez definidos os indicadores associados a cada perspetiva, definir as metas, os planos de ação e a identificação dos responsáveis pela sua implementação.

12.5.2.2. AUDITORIA

Auditoria é um processo que consiste no exame cuidadoso, sistemático e independente das atividades desenvolvidas por uma organização e que tem como objetivo avaliar a eficiência e a eficácia dos vários sistemas da organização. É uma ferramenta que pode ser utilizada para controlar e avaliar qualquer atividade ou processo organizacional, fornecendo informação para a tomada de decisões estratégicas e operacionais.

Nas transações comerciais, o processo de auditoria pode avaliar diversas atividades em todas as áreas funcionais, como a fiabilidade da informação financeira, a eficiência dos processos produtivos, a qualidade dos produtos ou serviços, o desenvolvimento de recursos humanos, a situação comercial e de marketing, o património, entre muitas outras áreas organizacionais.

A auditoria pode ser realizada pela própria organização ou por auditores externos. Quando realizada pela própria organização chama-se auditoria interna (*due dilligence*) e quando realizada por uma entidade externa à organização chama-se auditoria externa.

A **auditoria interna** consiste num processo de verificação e avaliação dos sistemas e procedimentos realizada pela própria organização.

O seu objetivo é examinar e avaliar a adequação e a eficácia dos controlos internos, a fim de minimizar as possibilidades de fraudes, erros ou práticas ineficazes. A auditoria interna deve ser independente na organização e reportar diretamente ao presidente do conselho de administração. A auditoria interna tem como objetivos:

- Avaliar a eficácia dos sistemas de controlo interno, bem como contribuir para o seu aperfeiçoamento.
- Verificar se as normas internas estão a ser cumpridas e se existe necessidade do seu melhoramento.
- Garantir que os ativos da organização estão a ser utilizados adequadamente e protegidos de qualquer uso indevido.
- Garantir a fiabilidade da informação financeira.

A **auditoria externa** é realizada por auditores externos à organização, o que lhe confere uma maior credibilidade, isenção e independência, na medida em que os auditores são independentes por não fazerem parte da organização. Atualmente, a auditoria externa abrange várias áreas da gestão, como auditoria de sistemas, auditoria de recursos humanos, auditoria de qualidade, auditoria contabilística, auditoria financeira, auditoria fiscal e auditoria jurídica.

12.5.2.3. BENCHMARKING

Benchmarking é o processo contínuo de medir e comparar as práticas e métodos de trabalho de uma organização com as de outras organizações reconhecidas como líderes do setor, de forma a identificar fatores que conduzem a um desempenho superior. A ideia básica em que se baseia o *benchmarking* é que os gestores podem melhorar o desempenho das suas organizações analisando e copiando os métodos das organizações líderes em vários domínios. No fundo, a ideia de *benchmarking* baseia-se no conceito popular de que não vale a pena inventar o que já foi inventado. Implica uma mente aberta no sentido de aprender o que os concorrentes e não concorrentes fazem melhor do que a nossa organização, com o objetivo não só de imitar, mas de fazer ainda melhor.

Existem três modalidades de *benchmarking*:

- **Benchmarking organizacional** – compara uma organização com outras similares com vista a identificar as melhores práticas de gestão.
- **Benchmarking de desempenho** – compara o desempenho da organização com outras similares, utilizando indicadores de desempenho.
- **Benchmarking de processo** – compara os processos e atividades organizacionais, interna e externamente, utilizando indicadores qualitativos e quantitativos.

O processo de *benchmarking* envolve as seguintes etapas:

1. Identificar a área ou o processo que pretendemos copiar (*benchmark*) e obter dados internos e externos.
2. Analisar os dados para identificar áreas de melhoria dos resultados ou dos processos.
3. Selecionar um conjunto dos melhores concorrentes contra os quais a nossa empresa se pretende comparar.
4. Calcular as diferenças entre as medidas de desempenho da nossa empresa com o desempenho dos melhores e determinar porque existem as diferenças.
5. Desenvolver programas para eliminar as diferenças.
6. Implementar os programas e depois comparar os resultados da empresa com os resultados dos melhores.

Em suma, o *benchmarking* pode servir tanto como um método de diagnóstico, permitindo identificar áreas e processo que carecem de melhoria, como uma ferramenta de aperfeiçoamento contínuo dos produtos, dos serviços ou dos processos organizativos, por meio da comparação com organizações consideradas excelentes.

12.6. NOVAS TENDÊNCIAS DO CONTROLO DE GESTÃO

Muitas empresas estão a reagir às mudanças do meio envolvente global e à crescente concorrência internacional, através da introdução de novos mecanismos de controlo de gestão, como o **Valor Económico Acrescentado** (*Economic Value Added-EVA*), o **Custo Baseado na Atividade** (*Activity-Based Costing-ABC*), o **Valor de Mercado Acrescentado** (*Market Value-Added-MVA*) e princípios de **Governança das Empresas** (*Corporate Governance*).

12.6.1. ECONOMIC VALUE-ADDED (EVA)

O **Valor Económico Acrescentado (*Economic Value-Added*-EVA)** pode definir-se como o resultado operacional líquido depois de impostos, menos o custo do capital investido nos ativos tangíveis não correntes. Com o cálculo do EVA, pretende-se saber que valor é criado para a organização pelos ativos tangíveis não correntes que lhe são colocados à disposição, o que significa que se pretende averiguar se a taxa de rendibilidade dos investimentos é superior ou inferior ao custo do capital.

A fórmula para o cálculo de EVA é a seguinte:

EVA = Resultado Operacional Após Impostos – (Capital × Custo Capital Investido)

Ao medir o desempenho de uma organização em termos de EVA, pretende-se averiguar o que a empresa pode fazer para acrescentar valor às suas atividades, tais como gerir o negócio de uma maneira mais eficiente, satisfazer melhor os clientes e remunerar melhor os acionistas. Cada departamento, cada processo ou cada projeto é avaliado pelo valor acrescentado para a organização. O cálculo de EVA pode ajudar os gestores a tomar decisões mais eficientes. Quando um projeto não é rendível, a escolha é investir menos capital nesse projeto ou investir em projetos com rendibilidade mais elevada.

12.6.2. CUSTEIO BASEADO NA ATIVIDADE (*ACTIVITY-BASED COSTING-ABC*)

Os gestores só devem produzir produtos e serviços se estiverem convictos de que podem vender esses produtos ou serviços por um preço superior ao custo. Tradicionalmente os métodos de custeio imputam custos aos vários departamentos ou funções, tais como, compras, produção, serviços financeiros, *marketing* e recursos humanos.

Recentemente, em organizações mais flexíveis, tem surgido uma nova abordagem de custeio, designada por **Custeio Baseado na Atividade (*Activity-Based Costing*),** que é um método de custeio que consiste na identificação das várias atividades necessárias para obter um produto ou serviço e na alocação de custos indiretos (*overheads*) e custos diretos aos produtos ou linhas de produtos, baseado nas atividades de valor acrescentado incorporadas no produto. Um sistema de custeio baseado na atividade reconhece a relação entre custos, atividades e produtos e através desta relação atribui os custos indiretos aos produtos menos arbitrariamente do que os métodos tradicionais.

Ao alocar os custos por atividades de negócio, a abordagem ABC dá uma imagem mais realista dos custos dos vários produtos ou serviços. Adicionalmente permite aos gestores avaliar se os principais custos são imputáveis a atividades que acrescentam valor ou a atividades que não criam valor, podendo incidir os seus esforços na redução de custos associados a atividades que não acrescentam valor (Figura 12.13):

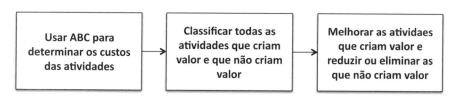

Figura 12.13 Gestão Baseada na Atividade e Cadeia de Valor

O método ABC permite imputar os custos mais adequadamente do que o método tradicional, porque faz uma alocação de custos mais precisa do que o método tradicional de custeio, que incide na avaliação dos inventários para efeitos de reporte financeiro.

12.6.3. MARKET VALUE-ADDED (MVA)

O **Valor de Mercado Acrescentado** (*Market Value-Added (MVA)* é a diferença entre o valor de mercado de uma empresa e o valor do capital investido e dos investimentos projetados pelos investidores. O MVA mede o valor de mercado estimado do valor atualizado líquido dos investimentos efetuados e dos projetos de investimento esperados.

A fórmula para medir o MVA é:

MVA = Valor de Mercado da Empresa − Capital Investido

Na Figura 12.14 é apresentada a composição do MVA:

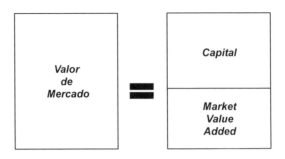

Figura 12.14 Decomposição do MVA

Para calcular o MVA procede-se do seguinte modo:

1. Soma-se todo o capital investido na empresa, quer provenha de acionistas, de entidades financiadoras ou de lucros retidos.
2. Reclassifica-se alguns gastos, como o I&D e a formação, para refletir que se trata de investimentos e não despesas.
3. Soma-se ao valor atual de mercado o total das dívidas da empresa e obtém-se o valor de mercado da empresa.

Se o valor de mercado é superior ao capital investido, significa que a empresa tem um MVA positivo. Se o MVA é positivo, significa que a empresa acrescenta valor; se for negativo, a empresa destrói valor, o que significa que os gestores não rendibilizaram os capitais que lhes foram disponibilizados pelos investidores. Quanto maior for o MVA, melhor será o desempenho esperado da empresa no que diz respeito ao aumento do valor do investimento feito pelos acionistas.

12.6.4. GESTÃO DE RISCO (*RISK MANAGEMENT*)

Um dos aspetos importantes das obrigações dos gestores e dos empregados é a **gestão de risco**. O princípio básico é que a gestão é responsável por determinar a natureza e extensão dos riscos que está disposta a assumir para atingir os objetivos estratégicos. A gestão é responsável pela gestão do risco e pela instituição de sistemas de controlo de risco.

ORÇAMENTAÇÃO E CONTROLO DE GESTÃO

Pode definir-se **gestão de risco (*Enterprise Risk Management*)** como o processo integrado de uma empresa manter os seus ativos e a capacidade de gerar rendimentos, reduzindo as ameaças de perdas devido a acontecimentos não controláveis, que podem afetar negativa ou positivamente os objetivos da empresa. No passado, a gestão de risco era vista de uma maneira fragmentada em que cada responsável funcional geria o seu processo de risco, designadamente o risco operacional, o risco financeiro e outros. Como resultado desta fragmentação, as empresas poderiam estar a descurar grandes riscos nalgumas áreas de negócio, enquanto sobre acautelavam pequenos riscos noutras áreas. A gestão integrada de risco tem vindo a ser adotada, em virtude da crescente incerteza do meio envolvente, que pode afetar toda a empresa. Como resultado desta nova abordagem mais abrangente, o papel do CRO (*Chief Risk Officer*) tem vindo a assumir uma importância crescente nas empresas.

Os negócios normalmente fazem face a dois tipos de riscos, resultantes da incerteza sobre acontecimentos futuros, que a empresa deve gerir cuidadosamente para sobrevier e ter sucesso a longo prazo:

1. **Riscos especulativos** – envolvem a possibilidade de ganho ou perda. Por exemplo, um investimento financeiro em ações ou o desenvolvimento de um novo produto são riscos especulativos, uma vez que podem falhar e gerar prejuízos incalculáveis ou ter sucesso e gerar lucros avultados.
2. **Riscos puros** – envolvem apenas a possibilidade de perda ou não perda. Por exemplo, a possibilidade de haver um incêndio nas instalações é um risco puro que pode ser facilmente acautelado, com custos conhecidos.

Normalmente, o processo avaliação de riscos envolve cinco etapas:

1. Identificar os riscos e perdas potenciais, usando técnicas de análise de cenários ou de *brainstorming* ou a auto-avaliação dos riscos pelos responsáveis diretos.
2. Seriar os riscos pela sua importância ou impacto e probabilidade de ocorrência.
3. Avaliar os riscos, usando alguns padrões de medida que mereçam o acordo da organização e escolher as melhores técnicas para os evitar, controlar, limitar as perdas ou transferir para outra entidade, como é o caso dos seguros.

4. Implementar um programa de gestão de risco, que pode implicar a compra de atividades a terceiros, treino do pessoal, novos métodos ou novos equipamentos, criar provisões ou contratar seguros com companhias de seguro.
5. Monitorizar os resultados. Os gestores devem continuamente monitorizar os riscos da empresa, reavaliar os métodos e técnicas utilizadas e rever os métodos e processos, se se revelar necessário.

Algumas empresas usam a técnica de análise de cenários para identificar os riscos chave do negócio. Os cenários são uma previsão do que poderá acontecer se se verificar determinada ocorrência, como, por exemplo, um terramoto ou uma crise nos mercados financeiros, ou uma revolução num país muito importante para as nossas exportações. Outras empresas usam metodologias para medir o impacto potencial de riscos financeiros que possam vir a ter que enfrentar, como o **VAR (*Value At Risk*)** ou **testes de *stress*.**

O VAR é um método para avaliar o risco financeiro associado a perdas monetárias derivadas de variações de preços, taxas de juro e taxas de câmbio. O seu cálculo faz uso de técnicas de simulação e de inferência estatística paramétrica e não paramétrica. Por sua vez, os testes de *stress* visam avaliar se os resultados das instituições resistem a cenários adversos e imprevisíveis, com impacto negativo nos fundos próprios da instituição. Veja-se o caso dos bancos que têm sido submetidos a testes de *stress* para medir o efeito nas suas contas de riscos potenciais nos mercados financeiros.

A experiência e a investigação têm vindo a demonstrar que as empresas que fazem análise sistemática e integrada do risco conseguem melhor desempenho económico.

12.6.5. GOVERNANÇA DA EMPRESA (*CORPORATE GOVERNANCE*)

Uma empresa é uma organização formada por diferentes parceiros que contribuem com capital, conhecimentos, competências (*know how*) e trabalho para benefício comum. Muitas vezes, e especialmente nas grandes empresas, o investidor ou acionista participa nos resultados da empresa sem ter responsabilidade na gestão corrente. A gestão é feita pelo conselho de administração (*board of directors*) que, muitas vezes, é constituído por pessoas que não têm qualquer participação no capital da empresa, mas devem compreender as regras ou princípios orientadores da política de governo da organização. O governo da empresa é estabelecido nos estatutos da organização, que definem geralmente a composição e condições de elegibilidade, as principais competências e as regras de funcionamento dos órgãos sociais.

Governança da empresa é a relação entre o conselho de administração, a gestão de topo e os *stakeholders* na determinação da direção e desempenho da empresa. A responsabilidade máxima pelo governo das empresas compete ao conselho de administração, eleito pela assembleia geral, onde se incluem o presidente do conselho de administração (*chairman*), que pode exercer as funções em *full* ou *part-time* e normalmente não tem funções executivas, o CEO (*chief executive officer*), que é nomeado pelos acionistas e é responsável pela formulação e implementação das políticas e estratégia da organização e tem a obrigação de aprovar todas as decisões que contribuam para a melhoria do desempenho da empresa a longo prazo e pelos respetivos vogais do conselho de administração. O governo da empresa refere-se precisamente às relações entre os acionistas e o conselho de administração.

A um segundo nível da hierarquia da empresa, situam-se os diretores que são responsáveis pela implementação e monitorização dos objetivos estratégicos das suas áreas de responsabilidade e das políticas definidas pelo conselho de administração.

As empresas e os países em todo o mundo precisam de atrair fundos de investidores para crescerem e desenvolverem os seus negócios. Antes de aplicarem os seus fundos num negócio ou num país, os investidores têm que ter confiança de que o negócio está bem gerido e que continuará a ser rendível no futuro.

A crise financeira de 2008/09 veio agudizar a necessidade das empresas e dos países disporem de sistemas de governança que assegurem a transparência e correção das decisões. O objetivo da existência de sistemas de *corporate governance* é assegurar uma gestão efetiva, empresarial e prudente, que possa assegurar o sucesso da organização a longo prazo. Em suma, podemos dizer que *corporate governance* é o sistema pelo qual as organizações são dirigidas e controladas.

As empresas modernas dispõem de um código deontológico que garante que os quadros da empresa desempenham as suas funções na defesa do interesse das suas empresas ou organizações. O código consiste num conjunto de princípios de boas práticas de gestão e de precauções que visam assegurar a transparência e eficácia da gestão.

12.7. RESUMO DO CAPÍTULO

Por mais eficazes que sejam, o planeamento, a organização e a direção não asseguram que os objetivos da organização sejam atingidos. O controlo é a função de gestão que assegura que a estratégia é executada conforme planeado e que os objetivos definidos são atingidos ou que os planos e objetivos irrealistas são revistos, se necessário.

São vários os objetivos do controlo de gestão, desde assegurar que a organização funciona conforme planeado, que os objetivos são atingidos e que os recursos da organização são acautelados, a minimizar os fatores disruptivos, a permitir uma melhor coordenação das várias atividades e a ajudar a organização a adaptar-se ao meio envolvente.

O controlo de gestão é uma das funções mais difíceis do planeamento estratégico. Não há uma medida única capaz de transmitir toda a informação de que o gestor necessita para acompanhar o desempenho da sua organização, pelo que precisamos de outras medidas, tais como o EVA ou o MVA e o *balanced scorecard*, entre outras, para além das medidas tradicionais de desempenho financeiro, como o ROI, ROE ou rendimento por ação.

Se forem adotadas as medidas de desempenho adequadas, é possível saber se a estratégia está a ser bem-sucedida e se os objetivos definidos estão a ser alcançados, ou se é necessário tomar medidas corretivas, como reformular a estratégia, melhorar a sua implementação ou obter informação adicional sobre o mercado e sobre a concorrência.

QUESTÕES

1. *O que é um orçamento?*
2. *Quais são os elementos essenciais de um orçamento?*
3. *Quais as diferenças entre orçamentos e previsões (forecasts)?*
4. *Quais as vantagens e limitações do controlo orçamental?*
5. *O que se entende e quais os objetivos do controlo orçamental?*
6. *Qual o papel do controlo na gestão e identifique o que deve ou pode ser controlado?*
7. *Como o planeamento e o controlo estão relacionados? A função controlo está ligada às funções organização e liderança?*
8. *Descreva as vantagens de usar o* balanced scorecard *para medir e controlar o desempenho organizacional.*

ORÇAMENTAÇÃO E CONTROLO DE GESTÃO

9. *Porque o* benchmarking *é um importante componente da gestão da qualidade total (TQM)?*

10. *A análise do* breakeven *ou ponto de equilíbrio é um instrumento de planeamento e de tomada de decisão. Concorda? Em que consiste? Justifique.*

11. *Uma empresa vende cada peça a 175 Euros. Os custos fixos (salários, seguros, etc.) são de 450 000 Euros/ano e os custos variáveis para cada peça são de 25 Euros. Calcule e interprete o ponto de equilíbrio e faça a respetiva representação gráfica.*

12. *Em que consiste o controlo orçamental? Quais os cuidados a ter na adoção de um sistema de controlo?*

13. *Quais as principais componentes de um sistema de controlo orçamental?*

14. *Mobiliário Clássico é um fabricante de móveis antigos. Tem 4 empregados e vende anualmente cerca de 200 000 Euros.*
    Pede-se:
    a. *Indique dois benefícios do controlo orçamental.*
    b. *Sugira três orçamentos que a empresa deve usar para dispor de um adequado sistema de controlo orçamental.*
    c. *Alerte os responsáveis da empresa sobre os fatores relevantes a considerar quando pretender implementar um sistema de controlo orçamental.*

ESTUDO DE CASO 12.1

Uma empresa produz dois artigos A e B. Para produzir cada unidade de A gasta 4 horas e cada unidade de B gasta 10 horas. O orçamento de produção para o mês X é de 400 unidades de A e 800 unidades de B. A produção atual no fim por mês é de 320 unidades de A e 850 unidades de B. O número de horas atuais gastas na produção foi de 200.

QUESTÕES

1. *Determine os rácios de capacidade, de atividade e eficiência para o mês X.*

2. *Determine também o rácio de calendário se o número de dias de trabalho no mês foi de 28 correspondendo a 26 dias no orçamento.*

ESTUDO DE CASO 12.2

A empresa ABC Lda. produz e vende um só produto. O orçamento de vendas para o ano X+1 por cada trimestre é como segue:

Trimestres	Número de unidades para vender
I	12 000
II	15 000
III	16 500
IV	18 000

O ano X + 1 é esperado iniciar-se com um inventário de produtos acabados de 4 000 e encerar com um inventário de 6 500 unidades. A produção é costume estar calendarizada para satisfazer dois terços do trimestre corrente e um terço da procura do trimestre seguinte. Por conseguinte, a produção antecipa o volume de vendas em cerca de um mês. Os custos padrões detalhados por unidade de produção são como segue:

- Materiais diretos: 10 Kgs a €0,50 por kg.
- Mão-de-obra direta: 1 hora e 30 minutos a €4 por hora
- Gastos gerais variáveis: 1 hora e 30 minutos a €1 por hora
- Gastos gerais fixos: 1 hora e 30 minutos a €2 por hora, com base num volume de produção orçamentado de 90 000 horas diretas de trabalho por ano.

QUESTÕES

1. **Prepare um orçamento de produção para o ano X + 1 por trimestre, mostrando o número de unidades a produzir.**
2. **Se o preço de venda orçamentado por unidade for de €17, qual deverá ser o lucro projetado para o ano?**
3. **Em que trimestre do ano é esperado que a empresa atinja o breakeven?**

ESTUDO DE CASO 12.3

Abaixo apresenta-se o orçamento de vendas para os primeiros seis meses do ano X da empresa ABC, Lda:

Mês	Jan.	Fev.	Março	Abril	Maio	Junho
Vendas (unidades	10 000	12 000	14 000	15 000	15 000	16 000

ORÇAMENTAÇÃO E CONTROLO DE GESTÃO

O inventário de produtos acabados no final de cada mês é esperado que seja 20% do orçamento de vendas em quantidades para o mês seguinte. O inventário de produtos acabados era de 2 700 unidades em 01 de janeiro do ano X. Não havia produtos em vias de fabrico no final de cada mês.

Cada unidade de produto acabado requer dois tipos de materiais como indicado abaixo:

Material A:	4 Kgs a €10/kg
Material B:	6 Kgs a €15/kg

O material em *stock* em 01 de janeiro era de 19 000 kgs do material A e 29 000 kgs do material B. No final de cada mês o stock de material é orçamentado para ser igual a metade das necessidades de produção do mês seguinte.

A mão-de-obra direta orçamentada por unidade de produto acabado é ¾ hora.

O custo orçamentado de mão-de-obra direta para o primeiro trimestre do ano é € 1 089 000.

Os dados atuais para o primeiro trimestre que termina em março é como segue:

Produção atual em quantidade:	40 000 unidades
Custos diretos:	
Material A:	165 000 Kgs a €10,20/Kg
Material B:	238 000 Kgs a €15,00/Kg
Horas de mão-de-obra direta de trabalho:	32 000 horas
Custos diretos de mão-de-obra:	€1 312 000

Pede-se:

a. Prepare os seguintes orçamentos:
   i. Quantidade de produção mensal para o primeiro trimestre.
   ii. Orçamento da quantidade mensal de consumo de matérias-primas de janeiro a abril do ano X.
   iii. Orçamento da quantidade de materiais comprados para o primeiro trimestre.
b. Calcule os seguintes desvios.
   i. Custo dos materiais
   ii. Preço dos materiais
   iii. Utilização de materiais
   iv. Custos diretos de mão-de-obra

ESTUDO DE CASO 12.4

A empresa ABC, Lda adquire peças em bruto e modifica-as de acordo com os gostos específicos dos consumidores. Para iniciar o negócio comprou equi-

MANUAL DE GESTÃO MODERNA

pamentos no valor de €200 000 e um *stock* de 1 000 peças em bruto. Espera-se que os ativos fixos tenham uma vida útil de 5 anos, sem qualquer valor residual.

As vendas previstas são as seguintes:

	Ano 1				Ano 2
	1º Trimestre	2º Trimestre	3º Trimestre	4º Trimestre	1º Trimestre
T-shirts modificadas	8 100	8 400	8 700	7 800	8 100

O preço de venda de cada unidade é de €90.

O custo de produção de cada unidade é o seguinte:

Custo de cada unidade padrão comprada	€30
Gastos com o pessoal	€33
Gastos fixos	€12
	€75

Os fornecedores das peças concedem um prazo de pagamento de 30 dias.

A empresa concede aos seus clientes um prazo de pagamento de 30 dias.

Os salários são pagos no mês a que respeita a produção.

Os gastos fixos são pagos quando ocorrem.

O *stock* de produtos acabados no final de cada trimestre é suficiente para satisfazer 20% das vendas planeadas para o trimestre seguinte. O *stock* de peças em bruto deve ser constante de 1 000 unidades.

Assume-se que o ano está dividido em quatro trimestres com o mesmo número de dias e que as vendas, a produção e as compras se distribuem uniformemente ao longo de cada trimestre.

Pede-se:

1. O orçamento de vendas
2. O orçamento de produção
3. O orçamento de tesouraria.

ESTUDO DE CASO 12.5

Prepare um orçamento flexível com base nas seguintes despesas, para um nível de atividade de 50%, 60% e 70%.

	A 60% da capacidade
Gastos variáveis	(Euros)
Material indireto	3 000
Mão-de-obra indireta	9 000
Gastos	
Energia (40% fixo e 60% variável)	15 000
Reparações (80% fixo e 20% variável)	1 500
Gastos fixos	
Depreciações	8 250
Seguros	2 250
Salários	7 500
Total de gastos	46 500
Horas de trabalho direto estimadas	90 000

ESTUDO DE CASO 12.6

Nos quadros abaixo são apresentados os detalhes do orçamento para o Ano n+1 da empresa Moda XXI. Trata-se de pequena empresa bem-sucedida, que fabrica roupa de moda para homem, senhora e criança que vende para *boutiques* e lojas selecionadas.

A informação apresentada nos Quadros 1 a 4 foi acordada pelos gestores de linha como base para a preparação do orçamento global (*master budget*) e seus componentes para o Ano n+1, com base no Balanço do Ano n.

Quadro 1: **Volumes de Vendas e Custos Diretos**

	Homem	Senhora	Criança
Vendas por ano (unidades)	1 905	1 200	1 005
Preço de venda unitário	€250	€180	€120
Custo unitário variável			
Matérias-primas	€100	€80	€70
Mão-de-obra direta	€80	€70	€60

MANUAL DE GESTÃO MODERNA

Quadro 2: **Outros Custos**

Gastos de energia	€7 000 por ano
Impostos	€5 000 por ano
Ordenados dos sócios	€60 000 por ano
Renda das instalações	€10 000 por ano
Salários dos trabalhadores administrativos e comerciais	€56 250 por ano
Marketing e distribuição	10% das vendas

Quadro 3: **Condições de Exploração**

Débitos de clientes no final do ano	Um mês e meio de vendas
Crédito de fornecedores	Um mês de compras
Stock de matérias-primas	Suficiente para 80% da produção de um mês
Stock de produtos acabados	Não há stock, dado que os produtos são produzidos por encomenda

As vendas e as compras são planeadas para ser distribuídas regularmente ao longo do ano.

Quadro 4: **Balanço em 31.12. Ano n (em euros)**

Ativo não corrente		Capital próprio	
Imobilizado líquido	70 000	Capital realizado	151 000
Ativo corrente			
Inventário de matérias-primas		Passivo corrente	
Para 56 peças de homem a €100 cada	5 600	Fornecedores	23 000
Para 85 peças senhora a € 80 cada	6 800		
Para 80 peças criançal a €70 cada	5 600		
Clientes	83 000		
Disponibilidades	3 000		
Total Ativo	**174 000**	**Total Cap. Próprio + Passivo**	**174 000**

Pede-se:

1. Demonstração dos Resultados Previsionais para o Ano n+1.
2. Demonstração de Fluxos de Caixa Previsionais para o Ano n+1.
3. Balanço Previsional para o Ano n+1.
4. Interprete e comente o processo de orçamentação apresentado.

REFERÊNCIAS

Caiado, A. C. P. (2003), *Contabilidade de Gestão*, 3ª Edição, Áreas Editora, Lisboa.

Daft, R. L., Kendrick, M. e Vershinina, N. (2010), *Management*, South-Western, Cengage Learning, United Kingdom.

Jones, G. e George, J. (2011), *Contemporary Management*, 7th edition, McGraw--Hill/Irwin, New York.

Jordan, H., Neves, J. C. e Rodrigues, J. A. (2011), *O Controlo de Gestão – Ao Serviço da Estratégia e dos Gestores*, 9ª Edição, Áreas Editora, Lisboa.

Kaplan, R. e Norton, D. (1992), *The Balanced scorecard – Measures that Drive Performance*, Harvard Business Review 70, pp. 71-79.

Kaplan, R. e Norton, D. (1996), *Using Balanced Scorecard as a Strategic Management System*, Harvard Business Review 74, pp. 75-85.

Kaplan, R. e Norton, D. (2001), *Transforming the balanced scorecard from performance measurement strategic management*, Accounting Horizons (march), pp. 87-104.

Kaplan, R. e Norton, D. (2004), *Strategic Maps converting intangible assets into tangible outcomes*, Harvard Business School Press, Harvard.

Merchant, K. e Stede, W. (2012), *Management Control Systems*, Third Edition, Pearson Education Limited, England.

Niven, P. R. (2006), *Balanced Scorecard Step-by-Step: Maximizing Performance and Maintaining Results*, Second Edition, John Wiley & Sons, Inc. New Jersey.

Niven, P. R. (2008), *Balanced Scorecard for Government and Nonprofit Agencies*, 2nd edition, John Wiley & Sons, Inc. New Jersey.

Person, R. (2013), *Balanced Scorecards & Operational Dashboards with Microsoft Excel*, 2nd edition, John Wiley & Sons, Inc., Indianapolis.

Robbins, S. P. e Coulter, M. (2014), *Management*, Twelfth Edition, Pearson Education, Inc. Upper Side River, New Jersey.

Weetman, P. (2010), *Management Accounting*, 2nd edition, Prentice Hall, Pearson Education Limited, England.

PARTE III
FUNÇÕES DA EMPRESA

Capítulo 13
Gestão de Operações

A função central de qualquer organização é a gestão de operações, responsável pela transformação dos recursos (*inputs*) em bens e serviços (*outputs*). Através da boa gestão do processo de transformação, as empresas tornam-se mais eficientes, mais produtivas e capazes de oferecer bens e serviços que satisfaçam as necessidades dos clientes. Desta forma, a gestão das operações contribui significativamente para o alcance dos objetivos da organização e para a manutenção das vantagens competitivas.

Neste capítulo, será dado destaque ao planeamento do sistema de operações, à gestão da cadeia de valor e à gestão e certificação da qualidade, pela sua relevância estratégica para as organizações modernas. Por fim, são apresentadas algumas tendências contemporâneas da gestão de operações, como gestão da cadeia de abastecimento, o sistema *just-in-time*, logística, *enterprise resource planning* (ERP), automação e CAD/CAM/CIM.

OBJETIVOS DE APRENDIZAGEM

Depois de ler e refletir sobre este capítulo, o leitor deve ser capaz de:
- Explicar o significado de produção e operações.
- Compreender a gestão de operações a partir de uma visão sistémica das organizações.
- Identificar os principais fatores a considerar no planeamento das operações.

MANUAL DE GESTÃO MODERNA

- Explicar como uma estratégia de gestão da cadeia de abastecimento difere das tradicionais estratégias de coordenação de operações entre as empresas.
- Descrever o enfoque da qualidade na gestão de operações.
- Descrever como uma estratégia de cadeia de valor difere das estratégias tradicionais para coordenação das operações entre as empresas.
- Compreender os princípios de funcionamento do sistema *just-in-time*.

Conceitos chave
Recursos, produtividade, sistemas de operações, planeamento de operações, valor acrescentado, gestão económica de inventários, controlo de qualidade, gestão da qualidade total, certificação da qualidade, gestão da cadeia de valor, logística, automação, CAD/CAM/CIM, ERP.

13.1. A ORGANIZAÇÃO COMO UM SISTEMA DE VALOR

No capítulo 2 descrevemos a organização como um sistema que transforma os *inputs* em *outputs,* com o objetivo de criar valor para a organização e para os seus *stakeholders*. No centro deste processo de transformação está o coração da produção dos produtos e serviços da organização. Pode definir-se gestão de operações como o processo de transformação pelo qual uma organização reúne os recursos necessários à sua atividade (*inputs*) – humanos, materiais, capital e informação –, transforma esses recursos em produtos e serviços (*outputs*) e faz chegar os produtos ou serviços ao utilizador.

Nesta perspetiva, a organização pode ser vista como uma cadeia de valor que recebe os *inputs* do meio envolvente, tais como matérias-primas, recursos humanos, recursos financeiros, entre outros e acrescenta valor, transformando esses recursos em produtos e serviços para os clientes (Figura 13.1):

GESTÃO DE OPERAÇÕES

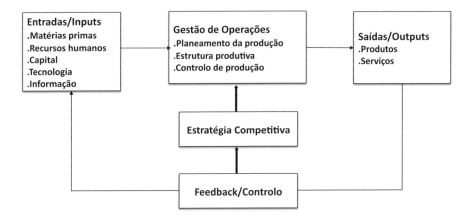

Figura 13.1 Sistema de Operações

A gestão de operações consta de três etapas (Figura 13.1):

1. Aquisição de imputs materiais ou informação.
2. Controlo do processo de transformação das matérias ou das ideias nos produtos ou serviços da organização.
3. Distribuir o output ao utilizador.

São objetivos da gestão de operações contribuir para:

- Fazer uma correta utilização dos equipamentos.
- Obter uma elevada produtividade da mão-de-obra.
- Minimizar o consumo de materiais e dos outros fatores produtivos.
- Escolher as tecnologias a utilizar e os processos de fabrico a implementar.
- Minimizar as rejeições, os desperdícios ou as operações adicionais devido a problemas de qualidade.

Dito de outra maneira, a gestão de operações vem dar solução ao seguinte conjunto de problemas:

- É frequente ter os equipamentos umas vezes com carga exagerada e outras com forte utilização.
- Verifica-se com frequência a interrupção de fabricos devido a avarias nos equipamentos.
- Os custos de reparação dos meios de produção são muito elevados e provocam frequentemente atrasos na satisfação das encomendas e perturbações na atividade dos postos seguintes.

- Verificam-se muitos tempos de mão-de-obra improdutiva ou com fraca utilização.
- É exagerado o consumo de materiais e energia.
- É elevado o número de produtos que apresentam problemas de qualidade.
- Os inventários de materiais, componentes e produtos em vias de fabrico são normalmente exagerados.

13.2. O CONCEITO DE PRODUTIVIDADE

Um terceiro objetivo da gestão de operações é aumentar a eficiência do sistema de produção de uma organização. Quanto menor for o *input* requerido para produzir um determinado output, maior será a eficiência do sistema de produção. A eficiência dos fatores de produção no processo de transformação é normalmente denominada por produtividade, que, de forma simplista, corresponde ao *output* de produtos e serviços da organização a dividir pelos seus *inputs* (trabalho + capital + materiais + energia):

$$Produtividade = \frac{Valor\ do\ Output}{Custo\ do\ Output}$$

A produtividade pode ser melhorada, quer aumentando o *output*, usando o mesmo nível de *inputs*, quer reduzindo o número de *inputs* requeridos para produzir o *output*, ou atuando sobre ambos.

A produtividade total dos fatores é, sem dúvida, a melhor medida de produtividade de uma organização. No entanto, por vezes, os gestores têm necessidade de conhecer a produtividade de alguns *inputs*, designadamente a produtividade do trabalho, que pode ser medida como segue:

$$Produtividade\ do\ trabalho = \frac{Valor\ do\ Output}{Custo\ do\ Trabalho}$$

São vários os fatores que afetam a produtividade sobre os quais os gestores devem prestar a melhor atenção, tais como:

- Rácio capital/trabalho
- Escassez de recursos

- Mudanças na força de trabalho
- Inovação e tecnologia
- Efeitos de regulamentação
- Poder de negociação
- Fatores de gestão

Quando uma organização decide aumentar a produtividade, os gestores podem atuar sobre duas áreas, separadamente ou em simultâneo: **produtividade do trabalho** e **produtividade da gestão**. Aumentar a produtividade do trabalho significa ter trabalhadores a produzir mais *outputs* no mesmo período de tempo. As empresas podem aumentar a produtividade do trabalho facultando meios para que os trabalhadores existentes produzam mais, como adquirindo tecnologia mais eficiente, melhorarando os processos de trabalho, dando formação e treino para que os trabalhadores sejam mais eficientes. A empresa pode também decidir contratar trabalhadores com mais conhecimentos e preparação ou contratar em *outsourcing* certas operações a empresas com *know how* nesse domínio.

Melhorar a produtividade da gestão significa que os gestores desempenhem melhor a sua função, que é desenvolver o negócio. Cremos que em Portugal os principais problemas de produtividade das nossas empresas situam-se precisamente ao nível da gestão. A produtividade da gestão melhora quando os gestores enfatizam a qualidade sobre a quantidade e valorizam os seus colaboradores. Para melhorar a produtividade, os gestores podem motivar os seus colaboradores, através da valorização do trabalho, delegando poderes e responsabilidades, envolvendo os trabalhadores nas decisões e recorrendo a sistemas de incentivos. Para serem eficazes, todos estes incentivos à melhoria da produtividade devem ser enquadrados na estratégia competitiva da empresa e não constituir um repositório de medidas desconexas e desgarradas, cujos efeitos serão certamente muito duvidosos.

13.3. PLANEAMENTO ESTRATÉGICO DO SISTEMA DE OPERAÇÕES

O processo de planeamento estratégico do sistema de operações implica um conjunto de decisões de natureza estratégica, que engloba o planeamento do produto, da capacidade produtiva, da localização fabril, do processo de fabrico e do *layout* das instalações (Figura 13.2).

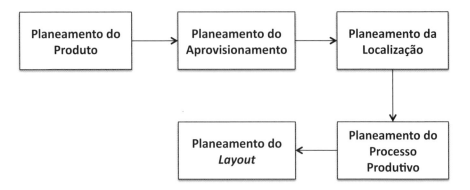

Figura 13.2 Planeamento do Sistema de Operações

O processo de planeamento estratégico das operações começa com a definição dos produtos ou serviços a produzir, da capacidade máxima a instalar, da localização das instalações fabris, dos métodos de fabrico mais adequados para transformar as matérias-primas em produtos acabados e do *layout* mais adequado para a instalação dos equipamentos e para os fluxos de pessoas, de materiais e de informações.

13.3.1. PLANEAMENTO DO PRODUTO OU SERVIÇO

A forma como um produto ou serviço é desenhado afeta a sua atração pelos clientes e afeta também o custo para a sua produção. A produção para ser eficaz deve otimizar os seus processos de fabrico e produzir bens e serviços capazes de satisfazer as necessidades dos seus clientes. Para além disso, a produção deve ser criativa e inovadora para introduzir formas novas e melhoradas de produzir bens e serviços, com vista a ganhar e manter vantagem competitiva sustentável sobre os concorrentes.

O *design* do produto é um aspeto crítico no desenvolvimento do produto para muitas empresas, mesmo empresas produtoras de produtos tradicionais, como máquinas e ferramentas. No passado, os produtos eram desenhados pelos engenheiros sem se preocuparem para que eram produzidos, mas hoje em dia o design do produto ou serviço deve refletir sobre problemas de custo, qualidade, fiabilidade e disponibilidade, o que, por vezes, implica a reestruturação da produção, a criação de equipas de *designers*, empregados fabris e embaladores.

GESTÃO DE OPERAÇÕES

O ambiente instável em que a maioria das organizações opera, obriga a que a produção tenha de se ajustar continuamente às condições do mercado. Neste sentido, os tipos de produção são de grande importância no sistema fabril, porque relacionam os *inputs* do meio ambiente e a própria base tecnológica da empresa numa atividade produtiva economicamente eficiente.

13.3.2. PLANEAMENTO DO APROVISIONAMENTO (*PROCUREMENT*)

O aprovisionamento (*procurement*) é um processo que abrange a aquisição de mercadorias, serviços e matérias-primas no exterior para uso no processo produtivo próprio. O papel do planeamento do aprovisionamento é encontrar os melhores materiais e serviços, escolher os fornecedores, negociar os preços e firmar contratos que assegurem as quantidades adequados dos produtos ou serviços onde são necessários, de maneira a que não haja atrasos ou ruturas na produção.

O aprovisionamento tem vindo a ganhar uma importância crescente nos sistemas produtivos. Em média, uma fábrica gasta 50 a 60% dos seus rendimentos na compra de materiais e fornecimentos. Nas empresas de serviços, as despesas com materiais, fornecimentos e serviços também representam uma parcela muito significativa das despesas. Dispor dos materiais adequados, no momento certo e com a qualidade requerida, é essencial para o bom funcionamento do processo de produção.

O desenvolvimento da *internet* e do *business-to-business* (B2B) tiveram um grande impacto no *procurement*. Os colaboradores do departamento de compras podem usar sistemas online, através da *internet*, para pesquisar novas fontes de materiais, colocar encomendas, pedir condições de compra, via mercados B2B, obter informações e discutir custos e disponibilidade dos materiais. Podem muitas vezes emitir ordens de compra e acompanhar a situação de cada encomenta com muita rapidez e economia de custos.

O processo de aprovisionamento consiste em, pelo menos, cinco etapas:

1. **Identificação das necessidades** – consiste no planeamento das necessidades de abastecimentos a médio prazo em função da estratégia definida pela gestão.
2. **Identificação dos fornecedores** – consiste na identificação de fornecedores alternativos que podem fornecer o produto ou serviço requerido.

MANUAL DE GESTÃO MODERNA

3. **Comunicação com os fornecedores** – consiste em contactar os possíveis fornecedores para saber condições de fornecimento e garantias oferecidas.

4. **Negociação** – consiste no estabelecimento de negociações sobre o preço, disponibilidade, possibilidades de customização, calendários de fornecimento e contratos.

5. **Gestão da logística** – preparação do fornecimento, expedição, embarque e pagamento com base nos contratos, quando todas as condições estiverem satisfeitas.

O processo de aprovisionamento feito com recurso a sistemas online para a automatização dos processos de compra designa-se por *e-procurement*. O *e-procurement* representa uma parte fundamental da gestão da cadeia de abastecimento, visto que a compra atempada, e em boas condições, de matérias-primas e materiais é vital para as empresas produtivas. Sem um fluxo regular e fiável de abastecimento de matéria-prima, o processo produtivo corre o risco de paragem, com os inevitáveis atrasos na entrega do produto, devolução de mercadorias ou reclamações.

O *e-procurement*, através da automação dos processos de compras, tem grandes vantagens para as empresas, ao assegurar que as ordens de compra são feitas atempadamente, segundo o calendário da produção e por permitir a pesquisa de novos fornecedores.

13.3.3. PLANEAMENTO DA LOCALIZAÇÃO E IMPLANTAÇÃO FABRIL

As decisões de localização são cruciais, porque comprometem as organizações a padrões financeiros, de emprego e de distribuição. Como tal, devem merecer uma atenção cuidada dos gestores das áreas financeiras, de pessoal, de *marketing*, bem como dos gestores de produção, os quais otimizam as instalações e os equipamentos.

As decisões de localização só necessitam de ser tomadas em situações pontuais. As oportunidades de relocalização surgem quando as empresas alteram a sua linha de produção, mudam os requisitos de trabalho (mão-de-obra) e de materiais ou as condições de mercado se alteram. A gestão deve ter em atenção as vantagens de expandir ou fechar instalações existentes, ou desenvolver novas instalações, sempre que as situações concretas o justifiquem. A localização das instalações não é uma decisão estática e

GESTÃO DE OPERAÇÕES

definitiva, porque são muitos os fatores que condicionam permanentemente esta decisão.

Baranger et al. (1995) destacam os principais fatores que condicionam a localização das unidades industriais:

- Despesas de transporte de matérias-primas e dos produtos semi-acabados.
- Custos de mão-de-obra.
- Fator de aglomeração, devido às vantagens que daí se podem obter, sobretudo nas zonas industriais.
- Situação dos mercados.
- Situação dos concorrentes e a sua política de preço.

Nenhum método de análise assegura à empresa a seleção de uma localização ótima, pois, para a maioria das empresas, há muitas localizações potencialmente satisfatórias. Na análise da localização, evitar uma localização desastrosa pode ser mais importante do que tentar encontrar a localização ótima. Para se evitar erros, os principais passos do processo de decisão de localização de uma unidade de produção são os seguintes:

1. Definir os objetivos da localização e os constrangimentos associados.
2. Identificar os critérios de decisão relevantes: quantitativos e qualitativos.
3. Relacionar os objetivos com os critérios, usando modelos apropriados (análise do ponto crítico, programação linear).
4. Efetuar pesquisa de campo, para gerar dados relevantes e usar os modelos para analisar as alternativas.
5. Selecionar a localização que melhor satisfaça os objetivos definidos.

A decisão sobre a seleção da localização mais adequada deve dar resposta aos objetivos da organização, com salvaguarda do meio envolvente, nomeadamente, em relação à malha urbana, transportes, escolas, centros de investigação, aspetos de natureza económica e considerações ambientais. Estes últimos aspetos tornam-se, nos nossos dias, dos elementos mais complexos da localização das instalações industriais.

13.3.3.1. PLANEAMENTO DO PROCESSO PRODUTIVO

O planeamento do processo produtivo tem a ver com a determinação dos métodos ou técnicas de produção mais adequadas para as operações da organização. O processo produtivo depende fundamentalmente do volume e da variedade dos produtos ou serviços produzidos.

A implantação interna das unidades de produção está relacionada com o tipo de produção, porque cada forma de produção coloca problemas distintos. Nas organizações é possível distinguir os seguintes tipos de produção (Baranger *et al.* 1995):

a. **Classificação segundo o processo de produção**

- **Produção descontínua** – são combinações que agrupam equipamentos por funções, ou pessoas por especializações e por produtos. Os problemas de equilíbrio entre os diferentes postos de trabalho são resolvidos por recurso à investigação operacional.
- **Produção contínua** – estes *layouts* são combinações de pessoas e equipamentos de acordo com a sequência das operações realizadas no produto. Sendo o fluxo de produção constante, deve-se quantificar o tempo máximo de cada tarefa executada e classificar as operações segundo as antecedentes. Utiliza linhas de produção e exige um equilíbrio das potencialidades das máquinas de modo a evitar estrangulamentos ou paragens de produção.
- **Produção por projeto** – é o tipo mais simples de implantação. Diz respeito a um só produto, uma obra de arte ou um imóvel. O processo de produção é representado por uma série de operações que só acontecem uma vez. As questões de disposição interna estão ligadas a condicionalismos tecnológicos ou a problemas de planeamento.

b. **Classificação segundo o cliente**

- **Produção para inventário** – caracteriza-se por um risco financeiro elevado e um ciclo de gestão descontínuo. Dado o ambiente competitivo, a incerteza do mercado, as rápidas alterações dos gostos dos consumidores e os custos financeiros que implica, este tipo de produção tem hoje muito pouco significado, produzindo as empresas para satisfação de encomendas em carteira.

GESTÃO DE OPERAÇÕES

- **Produção por encomenda** – caracteriza-se por um ordenamento e um ciclo de gestão único da produção à comercialização.

13.3.3.2. PLANEAMENTO DO *LAYOUT* DAS INSTALAÇÕES FABRIS

O processo de planeamento do *layout* envolve decisões sobre como organizar as instalações fabris, designadamente a localização das máquinas e equipamentos, a disposição das instalações de produção, manutenção, serviços de apoio a clientes e outras instalações de apoio à produção, como a armazenagem de materiais, refeitórios, escritórios, salas de reuniões, instalações sanitárias e outras.

A implantação (*layout*) afeta um conjunto de elementos dentro da unidade produtiva, nomeadamente:

- Eficiência do manuseamento de materiais.
- Utilização dos equipamentos.
- Níveis de stock em armazém.
- Número e produtividade dos trabalhadores.
- Caraterísticas comportamentais, tais como comunicação de grupo e comportamento dos empregados.

O objetivo do planeamento do *layout* é permitir uma circulação eficiente dos trabalhadores e materiais, minimizando desperdícios de tempo e de materiais. Com o planeamento do *layout* pretende-se simplificar os fluxos de informação, de pessoas e de materiais, procurando melhorar a produtividade e facilitando o processo de coordenação das atividades desenvolvidas. O planeamento do *layout* deve ter em conta o planeamento do processo de produção, mas não depende exclusivamente do tipo de processo, mas também dos objetivos de desempenho das operações, como os custos e a flexibilidade de produção.

13.4. CONTROLO DE OPERAÇÕES

Depois de planeado e posto em execução o sistema de operações, os gestores devem tomar um conjunto de decisões para operacionalizar o sistema e monitorizar o desempenho, comparando os resultados com os planos e

MANUAL DE GESTÃO MODERNA

com os calendários de execução. O controlo de operações inclui a gestão de materiais, o controlo da qualidade e logística. Estas atividades asseguram que os calendários são cumpridos e que os produtos são produzidos e expedidos para os clientes, quer em quantidade quer em qualidade.

Para os gestores, o dilema na gestão de materiais é encontrar o equilíbrio entre os níveis de inventário e as necessidades de produção, ou seja, determinar a quantidade que deve estar disponível num determinado momento para que a capacidade de produção não seja afetada. Neste sentido, a gestão de materiais tem como objetivos:

1) Estudar a localização dos materiais e dos equipamentos de apoio, tendo em vista:

   - Minimizar os custos de movimentação em armazém.
   - Evitar a deterioração dos produtos em armazém.
   - Identificar corretamente cada item em inventário.

2) Implementar um sistema de informação que permita:

   - Registar as movimentações dos materiais.
   - Controlar as quantidades e o valor dos produtos em inventário.
   - Fornecer informação sobre entradas, reservas, materiais obsoletos e ruturas de produtos.

Para atingir estes objetivos, a gestão de inventários divide-se em três funções:

- **Gestão de materiais** – localização, *layout*, equipamentos de arrumação e de movimentação nos armazéns.
- **Gestão administrativa** – implementar e gerir o sistema administrativo.
- **Gestão económica de inventários** – estudar as quantidades a manter em inventário.

13.4.1. GESTÃO DE MATERIAIS

A gestão de materiais é o processo pelo qual os gestores planeiam, organizam e controlam o fluxo de materiais, desde a compra aos fornecedores até à distribuição dos produtos acabados aos clientes.

GESTÃO DE OPERAÇÕES

São cinco as principais atividades da gestão de materiais:

- **Seleção dos fornecedores** – encontrar os fornecedores de serviços e de materiais. Inclui a avaliação de potenciais fornecedores, a negociação das condições de compra e a manutenção de uma boa relação comprador-fornecedor.
- **Compra** – é a aquisição de todos os materiais e serviços de que a empresa precisa para produzir os seus produtos.
- **Transporte** – inclui a forma de transportar os recursos desde o produtor até à empresa e os produtos acabados da empresa até ao cliente.
- **Armazenagem e distribuição** – inclui a armazenagem de materiais para produção e de produtos acabados para distribuição aos clientes.
- **Controlo dos inventários** – inclui a receção, armazenagem, movimentação e controlo de todas as matérias-primas, produtos em vias de fabrico e produtos acabados. Assegura que as materiais armazenados são suficientes para cumprir os calendários de produção, ao mesmo tempo que evita stocks excessivos.

A compra é feita por compradores profissionais que têm conhecimentos especializados sobre os diferentes fatores, como as linhas de produto selecionadas, as especificações de engenharia, os contratos e as normas de embarque. Fazem parte das responsabilidades do departamento de compras as seguintes tarefas:

1. Identificar e criar fontes de abastecimento.
2. Escolher fornecedores e negociar contratos.
3. Avaliar a economia da oferta e da procura e desenvolver estudos de custos de produção versus compra.
4. Manter bases de dados do sistema de fornecimento.

A existência de fontes alternativas de fornecedores pode ajudar a assegurar preços mais competitivos e a reduzir o risco rutura de abastecimento por falta de material.

13.4.2. GESTÃO ADMINISTRATIVA

Relaciona-se com os aspetos burocráticos do aprovisionamento de materiais, dos produtos em vias de fabrico e dos produtos acabados e desenvolve-se a dois níveis: no armazém, através do registo nas guias de entrada e saída, assim como nas fichas de armazém e no departamento administrativo, controlando as existências reais com os saldos das fichas e analisando os desvios apurados.

A gestão de inventários faz-se item a item, ainda que a sua análise possa ser feita globalmente ou por grupos de itens análogos. Cada produto deve ter uma nomenclatura que consiste numa designação e na atribuição de um código. Os códigos devem ser simples e pequenos. Dois a três níveis hierárquicos são suficientes para codificar qualquer produto. A utilização de novas tecnologias de informação (códigos de barras e leitura magnética) podem facilitar a identificação do artigo e reduzir os erros de leitura.

13.4.3. GESTÃO ECONÓMICA DE INVENTÁRIOS

A gestão económica de inventários tem por objetivo a determinação da quantidade ótima de compra de materiais, de modo a satisfazer as necessidades futuras da produção, evitar ruturas de inventários e minimizar os custos dos inventários.

13.4.3.1. PRINCIPAIS CUSTOS DE INVENTÁRIOS

Os custos de manutenção de inventários repartem-se em três grupos:

- **Custo de aquisição de materiais (C1)** – preço pago pela mão-de-
-obra, materiais e despesas diversas necessárias para produzir o produto (aluguer, telefone, etc.).
- **Custo de efetivação da encomenda (C2)** – representa as despesas da colocação das encomendas, expedição, etc.
- **Custo de posse dos inventários (C3)** – é o custo do capital investido, custos com pessoal, aluguer de armazéns, seguros, manutenção, deterioração, obsolescência e quebras em armazém.

O custo total anual de aquisição e posse de inventários pode ser apurado através do somatório dos três custos identificados anteriormente. Para a otimização dos custos de inventário deve determinar-se a **quantidade económica de encomenda (QEE)**, que é a quantidade a encomendar que minimiza o custo total da encomenda (Figura 13.3):

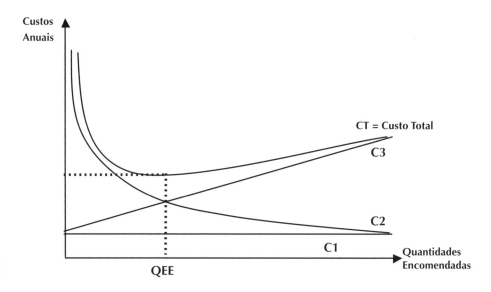

Figura 13.3 Quantidade Económica da Encomenda

Pode observar-se na Figura 13.3 que a função custo não varia muito em torno da QEE, pelo que pequenas alterações das quantidades encomendadas, em torno de CEE, não têm grandes repercussões em termos de custos. No entanto, observando-se a mesma figura, conclui-se que é melhor aumentar as quantidades encomendadas do que diminuir, dado que a alteração nos custos é menor.

13.4.3.2. DETERMINAÇÃO DA QUANTIDADE ECONÓMICA DE ENCOMENDA

A determinação da quantidade económica de encomenda, calculada pelo método de Wilson, exige que sejam identificados os custos relacionados com a gestão económica dos inventários, nomeadamente o apuramento do custo total que representa o somatório dos seguintes elementos:

(i) Custo de aquisição de materiais

- Preço de compra.
- Despesas dependentes da quantidade encomendada, que engloba os custos de transporte, receção e inspeção do produto, entre outros.

(ii) Custo de efetivação da encomenda

- Despesas independentemente da quantidade encomendada.

(iii) Custos de posse ou armazenagem do material

- Encargos financeiros.
- Encargos de armazenagem.
- Quebras em armazém.
- Seguros.

Para além dos custos enunciados anteriormente, a aplicação desta metodologia tem subjacente as seguintes condições:

a) Que a procura seja regular durante o ano.
b) Que o prazo de entrega do artigo seja conhecido e independente da quantidade encomendada.
c) Que o preço do artigo seja conhecido e independente da quantidade encomendada.
d) Que o custo de realização da encomenda seja conhecido e fixo.
e) Inexistência de rutura de produtos.
f) Que o custo de armazenagem seja proporcional ao valor do inventário e constante por unidade.

Considerando que o custo médio anual de posse de inventários será composto pelo custo de aquisição médio anual (C1), o custo de compra médio anual (C2) e pelo custo de posse ou armazenagem médio anual (C3), temos que, quando a quantidade sobe, o C2 desce e o C3 sobe e há um valor em que o custo total (CT) é mínimo.

Essa quantidade de encomenda em que o custo total é mínimo representa a **Quantidade Económica da Encomenda (QEE)**, em que o custo de efetivação da encomenda (C2) é precisamente igual ao custo de posse (C3) (Figura 13.3).

Sendo o custo de posse (C2) e o custo de efetivação da encomenda (C3) funções representadas pelas expressões abaixo indicadas e sendo C2 = C3 em QEE, então temos:

$$C2 = \frac{QEE}{2} * CPA * PU \quad e \quad C3 = \frac{CA}{QEE} * CC$$

$$\frac{QEE}{2} * CPA * PU = \frac{CA}{QEE} * CC$$

$$QEE * CPA * PU = 2 * \frac{CA}{QEE} * CC$$

$$QEE^2 * CPA * PU = 2 * CA * CC$$

$$QEE^2 = \frac{2.CA.CC}{CPA.PU}$$

$$QEE = \sqrt{\frac{2\ CA.CC}{CPA.PU}}$$

em que:

CA – consumo anual do produto
CC – custo unitário de compra
CPA – custo do produto armazenado
PU – preço unitário

Por exemplo, uma organização compra materiais a um fornecedor externo ao custo de €10 cada unidade. Todos os itens são idênticos. O montante anual da encomenda deste item é de 30 000 unidades. A organização exige 6% de rendibilidade do investimento dos ativos, o que significa que espera uma rendibilidade de 60 cêntimos em cada item que custa €10. Outros custos de posse de inventários são 12 cêntimos por item. O custo de cada ordem de compra é de 80 cêntimos.

A quantidade económica da encomenda será:

$$QEE = \sqrt{\frac{2 \times 30000 \times .80}{.72}}$$

QEE = 258 unidades

13.5. CONTROLO DE QUALIDADE

O controlo de qualidade significa a tomada de ações que assegurem que as operações produzem produtos ou serviços de acordo com os padrões de qualidade requeridos. A qualidade de um produto é analisada considerando diversos elementos, como as caraterísticas técnicas, o design, a fiabilidade, a segurança, a informação sobre os produtos, entre outros.

O conceito de qualidade muda de acordo com o ponto de vista onde ela é requerida. De acordo com Marques (1998) "a qualidade consiste num conjunto de padrões que têm de ser estabelecidos, mantidos e controlados", sendo estes padrões, que podem ser objetivos ou subjetivos, avaliados ao nível da conceção do produto, pela quantificação das especificações técnicas do produto, ao nível da produção, onde se faz o controlo da produção e ao nível do mercado, onde se sentem as necessidades.

13.5.1. ABORDAGEM TRADICIONAL DO CONTROLO DE QUALIDADE

Inicialmente, o controlo da qualidade limitava-se a inspeções visuais baseadas na experiência do responsável. Com o passar do tempo, o aparecimeto de instrumentos de medida e o aumento do grau de exigência dos consumidores, o controlo de qualidade foi sistematizado com base numa conceção de controlo voltada para a identificação de erros e desvios em relação aos padrões estabelecidos, em vez da sua prevenção. É a este sistema de controlo que designamos por **abordagem tradicional de qualidade.**

Segundo a abordagem tradicional, o controlo de qualidade faz-se por meio de técnicas estatísticas de amostragem, que testam o desempenho do processo e o resultado de uma operação. O teste do desempenho do processo visa testar a qualidade do processo de produção de um produto ou da prestação de um serviço. Consiste, numa base de amostragem, em

GESTÃO DE OPERAÇÕES

verificar se o processo de transformação apresenta níveis adequados de qualidade. É usado por empresas cujo produto final depende da qualidade dos processos, como é o caso da produção de bens alimentares, em que a composição dos ingredientes e as condições ambientais de higiene e temperatura, por exemplo, desempenham um papel fundamental.

O segundo teste sobre o resultado da operação visa averiguar se o produto final satisfaz as especificações de qualidade estabelecidas. Este controlo, feito por amostragem, é usado para medir a qualidade dos produtos acabados e refere-se à decisão de aceitar ou rejeitar completamente o lote do produto. O produto é aceite apenas se satisfaz determinado nível de qualidade, caso contrário será rejeitado. Por exemplo, determinadas peças a incorporar num equipamento, escolhidas aleatoriamente, são sujeitas a testes de resistência para verificar se suportam as cargas estabelecidas nas especificações técnicas do produto.

As abordagens clássicas, apesar dos seus méritos, estão sujeitas a diversas críticas, como a ideia de que a melhoria da qualidade implica aumento dos custos e diminuição da produtividade, o que parece significar, segundo esta teoria, que a produtividade e a qualidade são objetivos antagónicos. As novas abordagens de qualidade desmistificam essa ideia e baseiam-se numa perspetiva preventiva de qualidade.

13.5.2. GESTÃO DA QUALIDADE TOTAL

A **gestão da qualidade total** (*Total Quality Management*-**TQM**) inclui todas as atividades necessárias para assegurar alta qualidade dos produtos e serviços no mercado. A TQM começa com a interiorização, por parte das empresas, dos gestores e de todos os trabalhadores, do desejo de melhorar continuamente os processos e os produtos e serviços. A qualidade deve considerar todos os aspetos do negócio, incluindo os clientes, fornecedores e empregados. Para muitas empresas, a melhoria da qualidade tem-se tornado uma filosofia e um modo de estar nos negócios.

A gestão da qualidade total é uma filosofia de gestão que inclui todas as atividades necessárias para obter e colocar no mercado produtos e serviços de elevada qualidade ou produtos e serviços de excelência. Procura a satisfação do cliente e a melhoria contínua da qualidade de todas as atividades internas e externas da organização. Como visa reduzir os custos e melhorar a qualidade, a TQM pode ser usada como um programa para implementar uma estratégia de redução dos custos ou como uma estratégia de diferenciação.

O conceito de TQM tornou-se especialmente atrativo para os gestores europeus e americanos nos anos 1980/90, dado o sucesso que a sua implementação implicou nas empresas Japonesas, como a Toyota, Canon e Honda, que ganharam quota de mercado e reputação internacional pela qualidade dos seus produtos. O conceito de TQM foi inspirado nos trabalhos desenvolvidos por dois norte-americanos William Eduards Deming (1900-1993) e Joseph Moses Juran (1904-2008) nos anos 50, mas as ideias e técnicas que defendiam não tiveram grande eco nos Estados Unidos, mas foram entusiasticamente abraçadas pelas empresas e organizações japonesas. Engloba todas as áreas do negócio, incluindo clientes, fornecedores e empregados.

A gestão da qualidade total tem quatro objetivos fundamentais:

1. Melhorar a qualidade dos produtos e serviços.
2. Responder mais rapidamente às necessidades e desejos dos clientes.
3. Ser mais flexível em ajustar às exigências dos clientes.
4. Ter custos mais baixos, através da melhoria da qualidade e eliminação de tarefas que não acrescentam valor.

De acordo com esta teoria, processos defeituosos e empregados desmotivados são a causa de deficiências na qualidade. A TQM envolve uma mudança significativa na cultura da empresa, requer uma liderança forte da gestão de topo, treino dos empregados, valorização das tarefas dos empregados de primeira linha e trabalho de equipa. A inspeção da qualidade é necessária, mas a ênfase deve ser colocada na melhoria dos processos para prevenir erros e deficiências.

São vários os métodos e ferramentas que têm sido usados para melhorar a qualidade, desde a análise estatística, à análise da competitividade do produto face aos produtos concorrentes. Neste capítulo, apresentamos quatro métodos fundamentais para o sucesso da gestão da qualidade: **trabalho em equipa (círculos de qualidade)**, **envolvimento dos trabalhadores**, *benchmarking* e **melhoria contínua**.

As empresas em todo o mundo têm adotado equipas para melhoria da qualidade, depois do sucesso dos círculos de qualidade no Japão, que são grupos de empregados de várias áreas que reúnem regularmente para definir, analisar e resolver problemas comuns que afetam a produção.

O seu objetivo é melhorar os seus próprios métodos de trabalho e os produtos que fabricam. O envolvimento dos trabalhadores significa que a gestão da qualidade total implica a participação de toda a organização no controlo da qualidade. As empresas orientadas para a gestão da qualidade total estão orientadas para o cliente, sabem o que os clientes querem e vão de encontro à satisfação das suas necessidades.

Introduzido pela Xerox em 1979, o conceito de *benchmarking* é hoje o principal componente da TQM. Define-se como o processo contínuo de medir os produtos, os serviços e as melhores práticas de gestão entre concorrentes e não concorrentes que têm desempenhos superiores e procurar imitar e fazer melhor do que eles. É uma ferramenta de controlo para identificar e medir diferenças de performance e áreas para melhorar.

A abordagem da melhoria contínua, ou *Kaizen,* consiste na implementação de um grande número de pequenas melhorias incrementais em todas as áreas da organização.

13.5.3. CERTIFICAÇÃO DA QUALIDADE

As empresas hoje, em todo o mundo, têm objetivos de qualidade dos seus produtos ou serviços. Para o demonstrarem e publicitarem, recorrem a sistemas de certificação de qualidade. Os sistemas de certificação mais conhecidos são as normas ISO 9000, ISO 14000 e ISO 19000, que são séries de normas desenvolvidas pela *International Organization Standardization (ISO),* que estabelecem diretrizes sobre padrões de qualidade nas empresas.

A série ISO 9000 é um programa de certificação que atesta que uma organização cumpre as normas rigorosas definidas pela *International Organization Standardization* sobre a qualidade de gestão. O processo de certificação é realizado por auditorias externas independentes que procuram verificar os padrões e procedimentos de qualidade de determinada empresa, identificando se a produção está ou não em conformidade com as exigências dos clientes. Hoje a maioria dos países adota as normas ISO 9000 como padrão nacional.

Os padrões ISO 9000 asseguram que as empresas seguem os procedimentos para testes dos produtos, treino dos trabalhadores, arquivo de relatórios e que apontam os defeitos detetados. A certificação permite às empresas assegurar a qualidade dos produtos, desde a aquisição aos fornecedores até à distribuição aos clientes. As empresas certificadas devem documentar os procedimentos seguidos pelos seus trabalhadores durante cada fase do processo produtivo.

As séries ISO 14015 e ISO 19011, que substituíram as séries ISO 14010, 14011 e 14012, estabelecem um conjunto de normas e diretrizes sobre a gestão ambiental dentro das empresas. Certifica melhorias na preservação do ambiente por parte das empresas, através do desenvolvimento de um sistema de gestão ambiental e auditorias da qualidade e do meio ambiente. Uma empresa deve não só identificar os resíduos perigosos que pode libertar no seu processo produtivo, mas também indicar os planos que tem para o seu tratamento e aterro.

Os benefícios da certificação externa são muitos. Por um lado, os requisitos impostos pela certificação obrigam a um processo de melhoria voltado para a qualidade. Por outro, a existência de um certificado de qualidade confere maior credibilidade e reputação à organização. A principal vantagem da certificação é conferir garantia aos clientes da qualidade do produto oferecido ou do serviço prestado.

13.6. TENDÊNCIAS MODERNAS DA GESTÃO DE OPERAÇÕES

Atualmente destacam-se seis tendências contemporâneas da gestão de operações: **Gestão da Cadeia de Valor (*Value Chain Management*), Sistema *Just-in-Time*, Logistica e Gestão da Distribuição, *Enterprise Resource Planning* (ERP), Automação e CAD/CAM/CIM.** Estas novas tendências da gestão são consideradas, pelos gestores, como essenciais à produção de bens e serviços num ambiente de negócios competitivo, como o que vivemos atualmente.

13.6.1. GESTÃO DA CADEIA DE VALOR (*VALUE CHAIN MANAGEMENT*)

O termo cadeia de valor (*value chain ou supply chain*) refere-se ao conjunto de empresas e cadeia de atividades que atuam em conjunto para criar um produto ou prestar um serviço. Uma cadeia de valor para um produto ou serviço é uma sequência de atividades ou fluxo de informação, materiais e serviços interrelacionados, que começa com os fornecedores de matérias-primas e continua a acrescentar valor através de outros estádios na cadeia de empresas que contribuem para a transformação de recursos em produtos e serviços e para que esses produtos e serviços cheguem ao consumidor final.

A estratégia da cadeia de valor baseia-se na ideia de que os membros de uma cadeia ganham vantagem competitiva se trabalharem em conjunto e de forma coordenada, desde os fornecedores até aos clientes. Cada membro da cadeia foca-se em toda a cadeia de relações, em vez de se focar unicamente na etapa seguinte da cadeia. Para manter vantagem competitiva, as organizações devem ser capazes de oferecer, de forma sustentável, mais valor para os clientes do que os seus concorrentes.

O conceito de cadeia de valor deve-se a Michael Porter, da *Harvard Business School*, para defender que os gestores se deveriam focar na sequência de atividades que agregam valor aos produtos e serviços e não apenas nas atividades da sua empresa. A gestão da cadeia de valor refere-se ao processo integrado das atividades ao longo de toda a cadeia de valor de um produto ou serviço, desde as atividades de compra aos fornecedores até ao serviço pós-venda. Para atingir os seus objetivos, a cadeia de valor deve integrar todos os membros do processo e requer o envolvimento de todas as empresas que compõem a cadeia.

A gestão da cadeia de valor inclui o planeamento e coordenação de parcerias de canais de distribuição, obtenção dos recursos necessários, produtos e serviços para apoiar a cadeia, facilidades de expedição e construção de relações com clientes. A sua gestão é hoje muito facilitada pelas novas tecnologias de comunicação e informação, que processam, organizam e armazenam as informações, relacionando as atividades da organização com a rede de parcerias. Sistemas de informação como CRM (*Customer Relationship Management*) e ERP (*Enterprise Resource Planning*) permitem reestruturar a cadeia de forma a servir cada vez melhor os clientes e os consumidores finais (Figura 13.4):

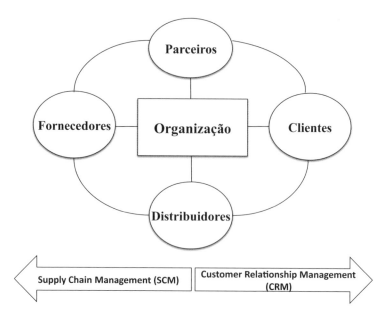

Figura 13.4 **Gestão da Cadeia de Valor**

13.6.2. SISTEMA *JUST-IN-TIME* (JIT)

A qualidade de um produto mede-se, entre outros fatores, pela resposta que dá às necessidades do consumidor, pelo preço praticado e pelo prazo de entrega. O objetivo do sistema *just-in-time* é reduzir os custos e simultaneamente aumentar a qualidade, trabalhando com prazos rigorosos, tendo em vista:

- Dar resposta às necessidades dos clientes.
- Garantir maior eficácia, flexibilidade, rapidez e produtividade.
- Proporcionar o enriquecimento do trabalho fabril.
- Não produzir para aumentar os inventários.
- Trabalhar com prazos curtos de produção.
- Suprimir o desperdício de recursos.
- Eliminar os tempos de espera ou perdas de tempo.
- Suprir a armazenagem.
- Garantir a fiabilidade dos equipamentos para a produção.

O sistema *just-in-time* é uma filosofia de gestão da produção, desenvolvida no Japão nos anos 60 pela Toyota Motor Company, para volumes de produção elevados de unidades discretas de produtos, como é o caso dos automóveis. Esta técnica tem como objetivo o prazo zero, ou seja, a situação ideal a atingir é a inexistência de inventários. Quando se inicia a produção, os diversos elementos de fabrico estão, nesse preciso momento, a chegar à unidade de produção. Por outro lado, findo o processo produtivo, o artigo segue imediatamente para o ponto de venda.

Para poder funcionar, este sistema requer que o fornecedor assegure a entrega e a qualidade dos materiais para não causar anomalias nos produtos ou sistemas de produção. Este sistema tem igualmente vantagens para os produtores e fornecedores, dado que obriga a fornecer informações de encomendas com certa antecedência, o que permite ao produtor programar a sua produção de acordo com as previsões (Figura 13.5):

Figura 13.5 Sistema *Just-In-Time*

A aplicação deste sistema na produção, tem subjacente um conjunto de ações que visam adaptar a organização a esta filosofia de gestão, que também é conhecida pela técnica dos cinco zeros: **zero inventários, zero não conformidades, zero ruturas, zero papéis e zero prazos**. Estas metas são possíveis de atingir com:

- Redução de trajetos, simplificação de fluxos e descentralização de tarefas.
- Manutenção produtiva total.
- Controlo de qualidade na fonte.
- Formação do pessoal.
- Colaboração com os clientes.
- Parcerias com os fornecedores.
- Encorajar as melhorias progressivas.

Com este sistema ganha-se:

- Redução de inventários e prazos.

- Melhoria da produtividade.
- Custos reduzidos e menores necessidades de investimento.
- Eficiência e flexibilidade.
- Reforço da competitividade.

13.6.3. LOGÍSTICA E GESTÃO DA DISTRIBUIÇÃO

Uma questão crítica na gestão dos inventários é a movimentação eficiente de matérias-primas na empresa e o envio dos produtos acabados aos clientes. A logística refere-se à gestão da movimentação de materiais na empresa, o recebimento de matérias-primas dos fornecedores e o despacho de produtos para os clientes (Figura 13.6).

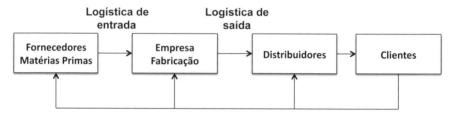

Figura 13.6 Logística e Cadeia de Abastecimento

Algumas empresas desenvolvem os seus próprios sistemas logísticos internos, enquanto outras recorrem a *outsourcing*, como plataformas logísticas que estão em desenvolvimento em todo o mundo.

O envio dos produtos acabados para os clientes designa-se por distribuição. Quando mais eficiente e mais rápida for a distribuição dos produtos, menos custos implica para a empresa e mais satisfação e lealdade criará no cliente, aumentando as probabilidades de efetuar novas compras.

Muitas empresas estão a deslocalizar os seus centros de distribuição para países importadores dos seus produtos, com vista a aumentar a rapidez de fornecimento e reduzir os custos, como é o caso da McDonald's, enquanto outras utilizam meios mais rápidos e mais baratos para despachar os seus produtos, como a internet. Outras ainda, fazem parcerias com empresas relacionadas ou mesmo concorrentes, como são os casos das indústrias automóvel e têxtil que partilham fornecedores, fabricantes de peças ou transportadores.

13.6.4. ENTERPRISE RESOURCE PLANNING (ERP)

Enterprise Resource Planning (ERP) é um sistema centralizado de informação, que integra a cadeia de valor de uma organização, desde o processamento de encomendas à produção, gestão de inventários, contabilidade e logística. É um software estandardizado, desenhado para integrar a cadeia de valor interna de uma empresa, que é composto por vários módulos para funções específicas do negócio, como planeamento e controlo da produção, gestão de materiais, vendas e distribuição, finanças, controlo e gestão dos recursos humanos, permitindo o acesso imediato a informação relevante a todos os elementos da organização (Figura 13.7):

Figura 13.7 **Áreas Funcionais do ERP**

Há várias sistemas ERP, mas as aplicações mais usadas pelas empresas são SAP, Microsoft Dynamics, NAV, Oracle, Baan e SAGE, entre outras, mas todas têm funcionalidades semelhantes.

São várias as vantagens dos sistemas centralizados ERP, designadamente:

1. Como o sistema comunica com todas as funções, há absoluta visibilidade sobre o que está a acontecer em todas as áreas do negócio.

2. Proporciona informação imediata a todos os departamentos.
3. Permite o controlo dos processos do negócio.
4. Aumenta a produtividade, melhora a gestão dos inventários, promove a qualidade, reduz os custos dos materiais e permite uma efetiva gestão dos recursos humanos.
5. Permite uma melhor interação com os clientes e a melhoria do serviço ao cliente.

Como desvantagens, podem apontar-se os custos elevados e o tempo que leva a sua implementação. Trata-se de um sistema complexo que pode, nalguns casos, não se ajustar às necessidades de cada empresa, obrigando as empresas a mudar a sua maneira de estar nos negócios. Há várias razões para o sistema falhar, designadamente:

1. Insuficiente adaptação do software à empresa.
2. Falta de formação e treino dos utilizadores.
3. Insuficiente implementação e apoio do fornecedor.

Pelas suas funcionalidades e utilidade, o sistema ERP é um ingrediente chave para ganhar vantagem competitiva, pelas melhorias que introduz no controlo de gestão e pela redução de custos que proporciona.

13.6.5. AUTOMAÇÃO DOS PROCESSOS PRODUTIVOS

Um fator chave da fabricação é a automação e controlo dos processos produtivos, substituindo ou limitando o trabalho manual. A automação, recorrendo ao uso de computador para aumentar a produtividade das tarefas, tem sido implementada de forma crescente nos processos de fabrico, no manuseamento de materiais, no controlo de qualidade e embalagem (Kalpakjian e Schmid, 2013). A automação visa reduzir os custos, aumentar a flexibilidade e facilitar as tarefas com menos intervenção dos operadores. As operações podem ser continuamente monitorizadas e os movimentos dos materiais podem ser substancialmente melhorados com o uso de *robots* e veículos autocomandados. Os níveis de automação dependem dos processos usados, dos produtos e dos volumes de produção.

13.6.6. CAD/CAM/CIM

O desenho assistido por computador (*Computer-Aided Design*-CAD) é um *software* usado em computador que permite desenhar e construir protótipos, de acordo com os dados e os parâmetros estabelecidos, em representações tridimensionais e em diferentes perspetivas. Nas versões mais avançadas, o sistema CAD permite transferir eletronicamente as instruções para uma máquina controlada por computador, que rapidamente constrói um protótipo do produto acabado de desenhar. Este processo de modelação é extremamente útil no processo de desenho do produto, porque permite detetar atempadamente as mudanças que forem necessárias e medir os seus efeitos e consequências, com rapidez e exatidão.

Por sua vez, a fabricação assistida por computador (*Computer-Aided Manufacturing*-CAM) é um sistema computorizado integrado, que monitoriza e controla o processo de fabricação e os equipamentos necessários num processo de fabrico. Por exemplo, um sistema CAM pode produzir instruções digitais para controlar todas as máquinas e robots numa linha de produção. Os sistemas CAD e CAM acoplados (CAD/CAM) são úteis num processo de fabrico para desenhar e testar novos produtos e desenhar as máquinas e ferramentas para produzir um novo produto.

Finalmente, a fabricação integrada por computador (*Computer-Integrated Manufactoring*-CIM) é um conceito que combina várias tecnologias para definir uma organização completamente integrada. Integra áreas como o CAD/CAM, a robótica, redes de comunicação e áreas complementares, como o marketing e o planeamento estratégico. Esta integração permite que os vários processos partilhem informação entre eles, tornando a fabricação mais rápida e com menos erros, para além de possibilitar a criação de processos automáticos de fabricação. O sistema CIM permite que as áreas funcionais, como o planeamento, as compras, a contabilidade, o controlo de inventários e a distribuição, estejam articuladas com a função produção e operações. CIM é um exemplo da implementação das novas tecnologias de informação e comunicação (TIC's) na fabricação.

13.7. RESUMO DO CAPÍTULO

A gestão de operações é uma das áreas funcionais mais importantes de uma organização, uma vez que é responsável pela transformação de recursos em bens e serviços, com vista a satisfazer as necessidades e desejos dos clientes.

A função operações existe numa organização para disponibilizar produtos e serviços aos clientes, pelo que há uma relação muito próxima entre a gestão de operações e a gestão de marketing. O processo de transformação implica uma boa comunicação com outras áreas, como as compras, o marketing, a distribuição e a gestão das relações com os fornecedores.

Mas o enfoque e a orientação da gestão de operações tem vindo a mudar rapidamente. Nos últimos anos tem-se verificado uma mudança na orientação da gestão de operações, com o surgimento de novas abordagens, como o conceito de qualidade, de qualidade total, de gestão da cadeia de valor, sistemas *just-in-time* ou sistemas relacionados com a produção e a distribuição, que têm em comum o foco na gestão de relações de interdependência desde os fornecedores de matérias-primas até ao cliente final.

QUESTÕES

1. *Explique o significado do termo produção ou operações.*
2. *Por que a gestão de operações é tão importante nas organizações? Justifique.*
3. *Identifique os principais fatores a considerar no processo de planeamento de operações.*
4. *Descreva o sistema de operações que uma organização usa para produzir os seus* outputs.
5. *Descreva em que consiste produzir para inventário e produzir por encomenda. Quais as vantagens e desvantagens de cada modalidade.*
6. *Em que consiste a gestão da qualidade total? Em que se diferencia da abordagem tradicional de qualidade?*
7. *O que é a gestão da cadeia de valor? Quais são as principais dificuldades da sua adoção na prática?*
8. *Identifique as atividades e objetivos envolvidos na gestão da qualidade total.*
9. *Explique como a estratégia da cadeia de valor difere das estratégias tradicionais para coordenação das operações entre as empresas.*
10. *Explique porque as compras são um importante aspeto da gestão de operações.*
11. *Realce a importância da logística e da distribuição na gestão de inventários. Porque pensa que muitas empresas hoje recorrem a* outsourcing *para esta função?*
12. *O que são sistemas just-in-time?*

GESTÃO DE OPERAÇÕES

ESTUDO DE CASO 13.1

A Fábrica Portuguesa de Bombas, S. A. é uma empresa de média dimensão que se dedica à produção e distribuição de bombas para fins industriais e para incorporação nos produtos de outras indústrias. A empresa estabeleceu-se há 10 anos e está neste momento a operar a 95% da sua capacidade produtiva. As vendas no último exercício económico atingiram €80 milhões e aumentaram 10% relativamente ao ano anterior. Os custos de produção, contudo, subiram 20% relativamente ao ano anterior.

Quando o CEO começou a investigar as causas do aumento dos custos de produção, verificou que os principais aumentos se devem aos gastos com pessoal e aos custos dos materiais. Durante a sua investigação descobriu também os seguintes problemas:

- Atrasos na distribuição dos produtos, não se cumprindo os respetivos calendários de expedição.
- Muitas vezes o diretor de produção desloca pessoal de uma linha de produto para outra que tem um calendário de entrega mais longo.
- Os desperdícios estão a aumentar porque os trabalhadores são deslocados para outras encomendas que estão em curso.
- Os inventários estão baixos, o que origina frequentes paragens de produção enquanto os trabalhadores esperam entregas dos fornecedores.

Na reunião de acompanhamernto e controlo de gestão, o CEO apresentou o problema do aumento dos custos e pediu sugestões sobre como reverter a situação. O diretor de marketing e vendas culpabilizou a produção pelos atrasos na entrega e pela má qualidade dos produtos, enquanto o diretor de produção expressou a ideia de que o pessoal de vendas tinha que mudar as suas mentalidades sobre que encomendas eram as mais importantes e criticou o diretor de compras por não ter as matérias-primas disponíveis quando eram necessárias. O CEO saiu da reunião com a sensação de que pouco havia sido resolvido e questionava-se se um sistema de produção formalizado e um planeamento e monitorização dos inventários não seria a solução para os problemas da empresa.

QUESTÕES

1. *Que tipo de planeamento e monitorização da produção deve o CEO ponderar?*
2. *A que aspetos deve ser dada especial atenção no processo de planeamento?*
3. *Quais são as principais diferenças entre operações de produção de mercadorias e operações de serviços.*

MANUAL DE GESTÃO MODERNA

4. Como pode o CEO alinhar os objetivos dos departamentos de vendas, de produção e de compras no planeamento dos mesmos objetivos?

5. Enquanto não for implementado um novo sistema de planeamento das atividades dos departamentos de compras, produção e vendas, que medidas acha que o CEO deveria implementar?

ESTUDO DE CASO 13.2

A moda do vestuário está a mudar. Longe vão os tempos em que os retalhistas se abasteciam para toda a estação. A moda hoje muda muito rapidamente e o que está em armazém pode rapidamente deixar de se vender. Muitos retalhistas com as suas próprias marcas, como H&M e Zara, mudam muito rapidamente os seus produtos e os preços nas suas lojas em determinados mercados. No mundo da moda rápida (*fast fashion*) os modelos e os preços mudam muito rapidamente como nunca antes. A qualidade das peças de vestuário pode durar mais do que uma estação, mas os clientes da moda rápida não querem tendências do passado. A mudança constante dos produtos é o que faz o sucesso da H&M e da Zara. A venda a retalho nas lojas é o que os clientes veem, mas é apenas a parte final da cadeia de valor e esta também está a mudar.

A forma mais simples da cadeia de valor da moda rápida tem quatro etapas. Primeiro, as peças são desenhadas e depois confecionadas; depois são distribuídas e expostas nas lojas de retalho onde são vendidas. Neste caso vamos estudar três marcas de moda rápida – H&M, Zara e Benetton – com cadeias de valor semelhantes, mas diferentes posicionamentos no mercado.

História

Benetton – há quase 50 anos, Luciano Benetton lançou-se no mundo da moda com modelos desenhados pela sua irmã e apoiado numa publicidade controversa. Em 2005 o Grupo Benetton estava presente em cerca de 120 países espalhados pelo mundo. Vendia peças de vestuário muito baseadas nas suas cores (United Colours of Benetton) e muito orientada para a moda com a marca Sisley. Produzia 110 milhões de peças por ano, 90% das quais na Europa. A sua rede de retalho, de mais de 5 000 lojas, produzia um rendimento de cerca de 2 mil milhões de Euros. Os produtos Benetton eram vistos menos como "alta moda" e mais como elevada qualidade e durabilidade, com preços mais altos do que a H&M e Zara.

H&M – estabeleceu-se na Suécia em 1947 e vende roupas e cosméticos em mais de 1000 lojas em 20 países em todo o mundo. O conceito de negócio é "moda e qualidade ao melhor preço". Com mais de 40 000 empregados e rendimentos que rondam os 60 000 milhões de coroas suecas, o seu melhor mercado é a Alemanha, seguida da Suécia e do Reino Unido. A H&M é vista como a criadora do conceito de moda rápida.

GESTÃO DE OPERAÇÕES

Zara – O Grupo Inditex, que inclui a marca Zara, tem mais de 1 300 lojas em 39 países e vende mais de 3 mil milhões de Euros. A marca Zara representa 75% das vendas a retalho do grupo e tem a sua sede na Corunha. Em 2003 tornou--se a marca com maior crescimento do volume de vendas a retalho de vestuário. O Grupo Inditex tem ainda outras marcas, como a Pull e Bear e a Massimo Dutti. Emprega 40 000 pessoas num negócio que é conhecido pelo elevado grau de integração vertical, comparada com a maioria das empresas de moda rápida. A empresa acredita que é a sua integração ao longo da cadeia de abastecimento que lhe permite responder à procura rápida e flexível dos clientes, mantendo *stocks* mínimos.

Design

Todas estas três marcas enfatizam a importância do *design* no mercado. Em 2004 H&M recrutou o *designer* de alta-costura Karl Lagerfeld, que havia sido notado pelo seu trabalho com marcas exclusivas. Na H&M os seus *designs* foram apreciados pelo valor em vez da exclusividade. Muitos dos produtos da H&M foram desenhados por mais de uma centena de *designers* em Estocolmo, que trabalhavam com uma equipa de 50 padrões de *designers*. O trabalho do departamento consistia em encontrar um equilíbrio entre as três componentes do conceito de negócio da H&M – moda, preço e qualidade. Só depois se decidiam os volumes e as datas de fabrico.

As funções de *design* da Zara estão organizadas de maneira diferente. O *design* resulta de três funções separadas: os próprios *designers*, os especialistas do mercado e os compradores que colocam as encomendas nos fornecedores. Na Zara o *design* é dividido em três áreas de produto: vestuário para senhoras, para homens e para crianças. Os especialistas de marketing nas três áreas de *design* estão em contacto permanente com as lojas de retalho, discutindo a reação dos clientes aos novos modelos. Desta forma, os retalhistas não são o fim da cadeia de valor mas o começo da cadeia. Os cerca de 300 *designers* da Zara, com idade média de 26 anos, produzem aproximadamente 40 000 peças por ano, das quais cerca de 10 000 seguem para produção.

A Benetton tem também cerca de 300 *designers,* que não só desenham para todas as suas marcas, mas também estão empenhados na pesquisa de novos materiais e conceitos de roupas. Desde 2000, a empresa tem procurado estandardizar a sua gama de produtos a nível global. Até determinada altura, mais de 20% da sua gama foi customizada para necessidades específicas de cada país, mas agora só 5 a 10% das peças de vestuário são customizadas. Isto reduz o número de *designers,* fortalece a imagem de marca global e reduz os custos de produção.

Tanto a H&M como a Zara, têm-se deslocado da prática tradicional da indústria de oferecer duas coleções por ano para Primavera/Verão e Outono/Inverno. Esta prática de menos estações envolve a contínua introdução de novos produtos, o que permite aos *designers* aprender as reações dos clientes aos novos produtos e incorporar rapidamente as sugestões nos novos produtos. A Zara leva esta prática

MANUAL DE GESTÃO MODERNA

ao extremo. Também a Benetton tem aumentado a proporção do que chama coleções *"flash"*, pequenas coleções que são colocadas nas lojas durante a estação.

Fabricação

Durante um determinado período de tempo, a Benetton focou a sua produção nos desenhos italianos. Depois aumentou significativamente a sua produção para fora de Itália, com vista a tirar vantagem dos custos de produção mais baixos. As operações fora de Itália incluem fábricas no norte de África, Europa de Leste e Ásia. Não obstante a localização, todas as fábricas trabalham de maneira similar. A sede desempenha determinadas operações que exigem tecnologia mais avançada e coordena as atividades de produção de mão-de-obra intensiva que são desenvolvidas por uma rede de pequenos fabricantes, muitas deles propriedade de antigos empregados da Benetton. Estes fabricantes, por sua vez, subcontratam algumas das suas atividades. A central em Itália aloca a produção a cada um dos fabricantes não italianos, decidindo o que e quanto cada um deve produzir. Há alguma especialização, por exemplo, os blusões são feitos na Europa de Leste, enquanto as camisas são feitas em Espanha. A Benetton também exerce controlo sobre os principais fornecedores de matéria-prima para assegurar um abastecimento mais rápido das suas fábricas. A Benetton faz também um controlo rigoroso das cores até à fase final da cadeia de valor para assegurar que os produtos satisfazem o que o mercado pretende.

A H&M não tem fábricas próprias e trabalha com cerca de 750 fornecedores. Cerca de metade da produção é feita na Europa e o resto principalmente na Ásia. Tem 21 escritórios de produção em todo o mundo, que são responsáveis por coordenar os fornecedores que produzem mais de 1 bilião de artigos por ano para a H&M. A relação entre os escritórios de produção e os fornecedores é vital porque permite uma fabricação mais rápida. Quanto mais tarde for colocada uma encomenda nos fornecedores, menor é o risco de comprar uma coisa errada. Em média, a entrega de uma encomenda demora de três semanas a seis meses, dependendo da natureza das mercadorias. Dizem que a coisa mais importante "é encontrar o tempo certo para encomendar cada item".

Na Zara, o prazo de entrega das encomendas é o mais rápido da indústria, sendo normalmente inferior a 15 dias. Isto é assim porque são donos da maior parte da capacidade de produção dos seus artigos. Cerca de metade dos seus produtos é produzida na sua rede de 20 fábricas em Espanha, nas quais, tal como a Benetton, tende a concentrar as operações de mais capital intensivo, como o corte e tinturaria. Os subcontratos são usados para operações de mais trabalho intensivo, como costura. A Zara compra cerca de 40% da sua produção nas suas próprias subsidiárias. Muitas fábricas da Zara e as suas subcontratantes trabalham no mesmo sistema para manter alguma flexibilidade na produção.

Distribuição

Tanto a Benetton como a Zara têm investido em armazéns altamente automatizados perto dos principais centros de produção, que armazenam, embalam e

GESTÃO DE OPERAÇÕES

executam as encomendas para as suas redes de retalho. Estes armazéns automatizados representam o principal investimento de ambas as empresas. Em 2001, a Zara provocou alguns comentários na imprensa ao anunciar que iria abrir um segundo armazém automatizado, mesmo sabendo que, segundo os seus próprios cálculos, estava apenas a usar metade da sua capacidade de armazenagem.

Na H&M, enquanto a gestão dos *stocks* é feita internamente, a distribuição física é subcontratada. Uma grande parte do fluxo de mercadorias é transportada da produção para o país de retalho, via terminal da H&M, em Hamburgo. Após a chegada, as mercadorias são inspecionadas e alocadas aos armazéns.

Retalho

Todos os armazéns da H&M, em média com 1 300 metros quadrados de área, são propriedade e exclusivos da H&M. O objetivo é criar um ambiente confortável para os clientes de modo a encontrarem o que pretendem e se sintam em casa. Isto é similar ao que se passa com os armazéns da Zara, embora, por norma, sejam mais pequenos (cerca de 800 metros quadrados).

A nota mais caraterística dos armazéns da Zara é que os artigos raramente permanecem mais de duas semanas em armazém, porque o *design* dos produtos não é repetido e são produzidas séries relativamente pequenas, podendo a gama de artigos disponíveis no armazém mudar radicalmente cada duas ou três semanas. Isto encoraja os clientes a não adiarem as suas compras e a revisitar as lojas mais frequentemente.

Desde 2000, a Benetton tem vindo a redesenhar as suas operações de retalho. Até determinada altura, a grande maioria dos estabelecimentos de retalho da Benetton era constituída por pequenas lojas geridas por terceiros, mas agora várias dessas lojas têm vindo a ser adquiridas pelas suas próprias lojas e têm criado grandes armazéns com áreas entre 1 500 e 3 000 metros quadrados. Estes mega armazéns permitem disponibilizar a vasta gama de artigos da Benetton e reforçar a sua capacidade de oferta.

QUESTÃO

Compare e distinga as abordagens da H&M, da Benetton e da Zara para gerir as suas cadeias de valor.

REFERÊNCIAS

Baranger, P., Helfer, H., Bruslerie, H., Orsoni, J. e Peretti, J. M. (1995), *Gestão: As funções da Empresa*, 2ª Edição, Edições Sílabo, Lisboa.

Barnes, D. (2008), *Operations Management: An International Perspective*, Cengage Learning EMEA.

Benton, W. (2009), *Purchasing and Supply Chain Management*, 2nd edition, McGraw-Hill/Irwin.

Carvalho, J. M. (2002), *Logística*, Edições Sílabo, Lisboa.

Courtois, A., Pillet, M. e Martin-Bennefous, C. (1997), *Gestão da Produção*, Lidel – Edições Técnicas, Lisboa.

Dias, J. (2005), *Logística Global e Macrologística*, Edições Sílabo, Lisboa.

Donnely, Gibson e Ivancevich (2000), *Administração: Princípios de Gestão Empresarial*, 10ª Edição, McGraw-Hill, Lisboa.

Finney, S. and Corbett, M. (2007), *ERP implementation: a compilation and analysis of critical success factors*, Business Process Management Journal, vol. 13, no. 3, 329-47.

Green, K.W. Jr, Whitten, D. and Inman, R.A. (2008), *The impact of logistics performance on organizational performance in a supply chain context*, Supply Chain Management: An International Journal, vol. 13, issue 4, 317-27.

Kalpakjian, S. e Schmid, S. (2013), *Manufacturing, Engineering & Technology*, 7th Ed., Prentice Hall.

Marques, A. P. (1998), *Gestão da Produção: Diagnóstico, Planeamento e Controlo*, Texto Editores, Lisboa.

Radhakrishnam, P., Subramanyan, S. e Raju, V., (2004), *CAD/CAM/CIM*, Second Edition, New Age International Publishers.

Reis, A. P. L. (2008), *Manual de Gestão de Stocks*, 1ª Edição, Editorial Presença, Lisboa.

Robbins, S. P. e Coulter, M. (2014), *Management*, Twelfth Edition, Pearson Education, Inc. Upper Side River, New Jersey.

Slack, N., Chambers, S. e Johnston, R. (2010), *Operations Management*, Sixth Edition, Pearson Education Limited, Edinburgh Gate, Harlow, England.

Sumner, M. (2005), *Enterprise Resource Planning*, Pearson, Prentice-Hall.

Capítulo 14
Gestão de Marketing

Este capítulo tem como objetivo apresentar o marketing como uma disciplina de gestão e como uma prática empresarial. O marketing tem vindo a assumir um papel crescente na gestão empresarial porque, ao contrário do que acontecia até meados do século passado, em que a dificuldade era produzir e não vender, nos nossos dias a dificuldade é vender e conseguir e manter os bons clientes. Daí a importância do marketing como disciplina de gestão, que interessa a todos os gestores e não apenas ao gestor de marketing.

Na primeira parte deste capítulo, vamos apresentar a contextualização e evolução do conceito de marketing. Em seguida, estudamos o comportamento do consumidor e as políticas de marketing-mix, que engloba as políticas de produto, de preço, de distribuição e de promoção e destacamos a importância da segmentação, do *targeting* e do posicionamento do produto e da marca.

Finalmente discutem-se os sistemas de informação e pesquisa de marketing e são analisadas as novas tendências do marketing, como a gestão da relação com o cliente, o marketing relacional e o marketing digital.

MANUAL DE GESTÃO MODERNA

OBJETIVOS DE APRENDIZAGEM

Depois de ler e refletir sobre o capítulo, o leitor deve ser capaz de:
- Explicar o conceito de marketing.
- Descrever a evolução do conceito de marketing.
- Compreender a gestão de *marketing* como um conjunto de atividades interligadas.
- Explicar a importância da segmentação, do *targeting* e do posicionamento.
- Explicar o objetivo do marketing e identificar os quatro componentes do *marketing-mix*.
- Descrever as considerações chave no desenvolvimento de novos produtos.
- Entender as novas tendências de *marketing* na era da informação.

Conceitos chave
Conceito de marketing, micromarketing, macromarketing, processo de marketing, pesquisa de marketing, segmentação, marketing mix, gestão da relação com o cliente (CRM), marketing relacional, marketing digital, marketing social.

14.1. CONCEITO DE *MARKETING*

Ao contrário do que acontece com outras áreas da gestão, o marketing é uma função de gestão em que as suas atividades se desenvolvem fundamentalmente fora das fronteiras da organização e diz respeito aos gestores de todas as áreas funcionais e não apenas ao gestor de marketing. Num mundo globalizado em constante alteração, como o que acontece atualmente, em que vender é cada vez uma tarefa mais difícil, a função marketing assume uma importância crescente nas organizações, pelo que deve ser assumida pelos gestores de todas as áreas funcionais e não apenas pelos especialistas de marketing.

O conceito de marketing tem vindo a evoluir ao longo do tempo. Marketing é uma filosofia de gestão, segundo a qual uma organização deve procurar desenvolver e obter produtos que satisfaçam as necessidades dos clientes, através de um conjunto de atividades que permitam à organização atingir os seus objetivos. Esta filosofia de gestão assume que os clientes são o principal ativo de uma organização e que devem ser o ponto de partida para qualquer estratégia empresarial. Marketing é o processo de gestão responsável pela identificação, antecipação e satisfação das necessidades dos clientes.

GESTÃO DE MARKETING

Aos gestores de marketing colocam-se frequentemente questões do tipo:

1. Como comunicar com os clientes?
2. Qual a importância e o papel da marca?
3. Como identificar formas de entrada em novos mercados?
4. Que produtos oferecer ao mercado?
5. Que preços praticar no mercado?

O objetivo deste capítulo é encontrar resposta para estas questões, bem como analisar outros aspetos do marketing, como as políticas de marketing mix, a pesquisa dos mercados, o comportamento do consumidor e a organização do departamento de marketing.

O conceito de *marketing* tem sido enunciado de várias formas, mas todas elas têm um denominador comum – o **mercado** e o **cliente**. Para muitos autores, o conceito de marketing refere-se ao conjunto de atividades desenvolvidas por uma organização para criar e trocar valor com os clientes e atingir os objetivos da organização (Figura 14.1):

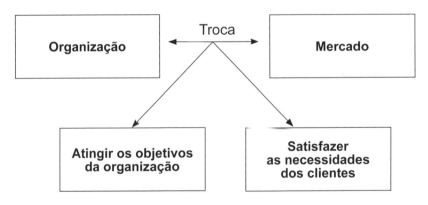

Figura 14.1 Conceito de Marketing

A *American Marketing Association* (AMA) define marketing como "uma função organizacional e um conjunto de processos para criar, comunicar e distribuir valor aos clientes e para gerir as relações com os clientes de forma a beneficiar a organização e os seus *stakeholders*". Há várias definições de marketing, mas para todas elas é o processo pelo qual as empresas criam, distribuem, promovem e fixam os preços dos produtos ou serviços e constroem relações fortes e duradouras com os clientes, num ambiente dinâmico e competitivo (Figura 14.2):

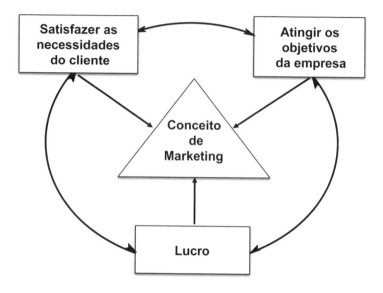

Figura 14.2 Objetivos do Marketing

Qualquer negócio ou organização pública ou instituição de caráter social tem o seu mercado, constituído pelo grupo de compradores atuais ou potenciais ou utilizadores dos seus produtos ou serviços. A gestão das relações com o mercado é um importante ingrediente da gestão estratégica, porque poucas organizações têm controlo sobre os seus mercados. Pelo contrário, muitos negócios estão sujeitos a forte concorrência em que as organizações disputam o mesmo grupo de compradores.

14.2. O PROCESSO DE MARKETING

Para se perceber bem o conceito de *marketing* é necessário compreender que opera a três níveis:

- **A nível filosófico** – significa que, se o gestor não acreditar que esforçar-se por criar valor superior para o cliente é crítico para a sua

fidelização e retenção a longo prazo, então o marketing nunca será mais do que uma função trivial como qualquer outra. O marketing deve ser uma cultura que apoia uma efetiva orientação para o cliente.
- **A nível estratégico** – significa que muitas das disciplinas de *marketing*, como a análise do mercado, a segmentação do mercado, o posicionamento, o desenvolvimento de novos produtos e a gestão das relações com os clientes, são fatores determinantes do sucesso do negócio.
- **A nível tático** ou de **implementação de *marketing*** – está relacionado com a oferta de produtos ou serviços e a satisfação das necessidades do cliente.

O marketing é um processo que cobre uma grande variedade de tópicos, que vão desde a compreensão dos clientes, dos mercados e dos concorrentes, à escolha do mercado alvo, à definição da estratégia de marketing e à implementação das políticas de marketing mix, com o objetivo de criar valor para o cliente e manter clientes satisfeitos (Figura 14.3):

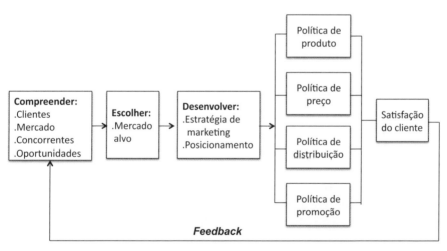

Figura 14.3 O Marketing como um Processo

De uma forma genérica, pode dizer-se que o *marketing* é um processo de gestão pelo qual as empresas criam valor para os clientes e constroem relações fortes e duradouras com os clientes, tendo em vista atingir os objetivos organizacionais.

14.3. EVOLUÇÃO DO CONCEITO DE MARKETING

Inicialmente, o conceito de marketing enquadrava-se basicamente na ótica da produção, tendo posteriormente evoluido para outras óticas mais alargadas, de acordo com outras visões (Figura 14.4):

- **Ótica de produção** (da revolução industrial aos anos 20) – o importante era produzir e tornar disponíveis bens, de modo a satisfazer a procura de produtos básicos, geralmente superior à oferta. A prioridade estava na eficiência de produção e na distribuição, de forma a atingir os resultados organizacionais.
- **Ótica de vendas** (dos anos 20 aos anos 50) – o mais importante era vender para continuar a produzir. A prioridade estava no esforço da força comercial (vendedores, publicidade, promoções) para atingir os resultados. Esta prioridade leva ao nascimento dos departamentos de vendas e ao desenvolvimento das técnicas de vendas.
- **Ótica de marketing** (dos anos 50 aos anos 90) – o mais importante era satisfazer as necessidades do mercado e atingir os objetivos da empresa. A prioridade estava na identificação das necessidades dos consumidores, o que exigia um maior esforço de marketing (vendedores, promoções, publicidade, análise e estudo de mercado, conceção do produto e escolha dos mercados) para atingir os resultados e satisfazer o mercado. Esta prioridade leva ao aparecimento dos departamentos de marketing nas organizações.
- **Ótica de orientação para o mercado** (visão moderna do marketing a partir dos anos 90) – uma organização orientada para o mercado está focada na identificação das necessidades e desejos dos clientes, com vista a obter o mais elevado grau de satisfação do cliente. Nesta situação, a produção procura responder às necessidades do mercado. Esta abordagem é radicalmente diferente das abordagens anteriores, na medida em que o marketing envolve todas as atividades relacionadas com o processo de planeamento e execução das atividades de uma organização, desde a conceção dos produtos e serviços, à quantificação da procura, à análise dos concorrentes, à determinação do preço e à promoção e distribuição dos produtos e serviços, sempre com a finalidade de obter trocas que satisfaçam as necessidades do cliente e atinjam os objetivos da organização.

- **Ótica do marketing relacional** (visão contemporânea do marketing) – a atenção das empresas volta-se para a retenção dos clientes atuais, com vista à construção de um relacionamento de longo prazo. As empresas perceberam que é mais fácil e lucrativo reter os clientes atuais do que angariar novos clientes. O marketing relacional consiste no processo de identificar, estabelecer e manter relações duradouras e lucrativas com os clientes.

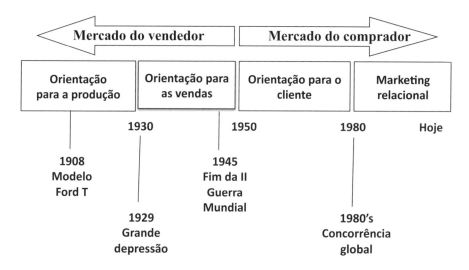

Figura 14.4 Evolução do Conceito de Marketing

14.4. AMBIENTE DE MARKETING

O papel do gestor de marketing é construir relações fortes com os clientes para criar valor superior para o cliente. Mas as empresas não operam sozinhas no mercado. Atuam num ambiente hostil e altamente competitivo, onde só os melhores conseguem prosperar ou mesmo sobreviver. As estratégias de marketing não são determinadas unilateralmente por qualquer negócio; são fortemente influenciadas pelos fatores externos que, apesar de serem exteriores à organização, a podem afetar.

O ambiente de marketing é um conjunto de atores e forças, algumas controláveis e outras não controláveis, que afetam a capacidade de um negócio criar valor e atrair e manter relações fortes com os clientes alvo. Conhecer o ambiente de marketing permite aos responsáveis de marketing aproveitar as oportunidades que o mercado oferece e combater as ameaças.

No mundo dos negócios há dois tipos de fatores do ambiente externo e de atores, relativamente aos quais a capacidade de atuação da organização é diferente. Por um lado, há os atores próximos da organização que afetam a sua capacidade de servir os seus clientes, relativamente aos quais a organização tem algum controlo, como os fornecedores, os clientes mais importantes, os concorrentes, os intermediários de marketing, os serviços públicos e outros grupos de pressão, que constituem os atores do **micromarketing**. Por outro lado, existem os fatores da envolvente externa mais distante da organização, que afetam não apenas a organização, mas todo o setor ou indústria, como os fatores políticos, sociais, legais, económicos e tecnológicos, sobre os quais a organização não tem qualquer poder de controlo, que são os fatores do **macromarketing** (Figura 14.5):

Figura 14.5 Ambiente de Marketing

14.4.1. MICROAMBIENTE DE MARKETING

O sucesso de qualquer programa de marketing requer a construção de relações com os outros departamentos da empresa, com os fornecedores, os clientes, os intermediários de marketing, os concorrentes e os grupos de pressão, como sindicatos, confederações patronais, organismos públicos e comunicação social.

Fornecedores

Os fornecedores são um importante elo da cadeia de valor da empresa. Eles proporcionam os recursos de que a empresa necessita para produzir os seus produtos e serviços. Os gestores de marketing devem estar atentos à disponibilidade da oferta, como falhas de abastecimento, atrasos, greves ou outros eventos que possam prejudicar as vendas no curto prazo e provocar insatisfação nos clientes a longo prazo. Os gestores de marketing devem também monitorizar as tendências dos preços dos principais recursos. Cada vez mais os responsáveis de marketing tratam os seus fornecedores como parceiros com vista a criar valor para os clientes.

Clientes

As empresas devem estudar muito bem os seus mercados. Os mercados de consumo são constituídos pelos indivíduos e famílias que compram produtos e serviços para consumo próprio. Os mercados industriais compram produtos e serviços para posteriormente incorporarem na sua própria produção, enquanto os mercados dos revendedores compram produtos e serviços para revenderem com uma margem de lucro. Os mercados internacionais são constituídos por compradores que se situam noutros países, incluindo consumidores, produtores, revendedores e governo. Cada mercado tem as suas caraterísticas próprias que requerem especial atenção por parte do responsável de marketing.

Intermediários de marketing

Os intermediários de marketing são organizações que ajudam a empresa a promover, vender e distribuir os seus produtos até aos consumidores finais. Incluem os revendedores, os distribuidores, as agências e os intermediários financeiros. Os revendedores são empresas de distribuição que ajudam a empresa a encontrar os clientes e a vender a esses clientes. Incluem grossistas e retalhistas que compram e revendem mercadorias. A escolha e seleção e o estabelecimento de parcerias com revendedores não é tarefa fácil, que requer cuidados especiais.

Os distribuidores ajudam a empresa a armazenar e movimentar mercadorias, desde os pontos de origem até aos seus destinos finais. Ao trabalhar com armazenistas e empresas transportadoras, a empresa deve determinar a melhor forma de armazenar e transportar, tendo em conta fatores como o custo, expedição, rapidez e segurança.

Agências de serviços de marketing são empresas de pesquisa de marketing, agências de publicidade, empresas de comunicação e consultores de marketing que ajudam a empresa a escolher o mercado alvo e promovem os seus produtos nos mercados certos. Quando uma empresa decide contratar estas agências deve escolher cuidadosamente, porque estas empresas variam muito em criatividade, qualidade do serviço e preço.

Os intermediários financeiros incluem os bancos, as companhias de seguros e outras instituições financeiras que ajudam as empresas a protegerem-se dos riscos associados à compra e venda de produtos. Muitas empresas e clientes dependem dos intermediários financeiros para financiar as suas atividades.

Tal como os fornecedores, os intermediários de marketing constituem importantes componentes do sistema de criação de valor para o cliente. Hoje em dia os responsáveis de marketing reconhecem a importância de considerarem os seus intermediários como parceiros, em vez de simples canais através dos quais vendem os seus produtos.

Concorrentes

O conceito de marketing estipula que, para ter sucesso, uma empresa deve criar valor superior e um maior grau de satisfação para o cliente do que os concorrentes. Isto implica que os responsáveis de marketing devem fazer mais do que simplesmente adaptar-se às necessidades dos clientes alvo. Devem também ganhar vantagem estratégica, posicionando os seus produtos mais fortemente na mente dos clientes do que os concorrentes.

Nenhuma estratégia de marketing é a melhor para todas as empresas. Cada empresa deve considerar a sua posição na indústria comparada com os seus concorrentes e escolher a estratégia que melhor poderá atingir os seus objetivos. As grandes empresas podem usar estratégias que as pequenas empresas não podem, mas ser grande não é suficiente. Há estratégias vencedoras para grandes empresas, mas também há estratégias perdedoras. As pequenas empresas podem mais facilmente diversificar os seus produtos e desenvolver estratégias que proporcionam melhores taxas de rendibilidade do que as grandes empresas. Compete aos gestores de marketing escolher as melhores estratégias, em função das condições do meio envolvente.

14.4.2. MACROAMBIENTE DE MARKETING

Ambiente político-legal

O ambiente politico-legal é constituído pelas leis, agências governamentais e grupos de pressão que influenciam e limitam as organizações e os indivíduos numa sociedade. O desenvolvimento das variáveis politico-legais, como a estabilidade política, as políticas económicas e a legislação governamental, que visam proteger as empresas, os consumidores e a sociedade, afeta profundamente a estratégia e as decisões de marketing. Por exemplo, as limitações à libertação de CO_2 ou a imposição de utilização de determinado tipo de energias, ou as convulsões sociais no país ou no exterior para onde as empresas exportam uma parte significativa das suas exportações, têm profundas implicações na atividade das organizações. Veja-se o caso do encerramento das centrais nucleares na Alemanha ou a dificuldade de abastecimento de gás, provocada pelos problemas na Ucrânia, com possível encarecimento da energia, que certamente terá grandes implicações na indústria alemã e europeia ou as mudanças de regime nalguns países que afetam as transações comerciais com esses países.

O ambiente legal refere-se a todo o conjunto de leis e regulamentos que condicionam, incentivam ou limitam a atividade empresarial. Os governos intervêm direta ou indiretamente na vida económica e social das populações e das empresas, influenciando e condicionando o rumo das empresas por meio de leis, licenciamentos, incentivos e impostos.

São vários os fatores político-legais que constituem obstáculos ao investimento e ao desenvolvimento das empresas e dos negócios, como a carga fiscal que incide sobre os indivíduos e as empresas, a falta de investimentos públicos em infraestruturas e logística, a alteração constante das leis e regulamentos, principalmente leis fiscais ou a morosidade da justiça.

Ambiente económico

O ambiente económico consiste nos fatores que afetam o poder de compra dos compradores e os padrões de consumo. Os países e regiões variam muito nos seus níveis e distribuição de rendimento. Alguns países têm economias de subsistência, que oferecem poucas oportunidades de mercado, enquanto outros são economias industriais, que constituem bons mercados para os diferentes produtos.

As condições económicas influenciam os planos de marketing no que se refere à oferta do produto, preço e estratégias de promoção, uma vez que determinam os padrões de despesa dos consumidores, das empresas e dos governos. Os responsáveis de marketing têm que estar atentos às principais tendências do mercado e aos padrões de consumo, tanto no país onde operam, como nos mercados internacionais. Por isso, devem considerar as variáveis económicas nos seus planos de marketing, como se o país está em expansão ou recessão, a taxa de crescimento do produto interno bruto (PIB), as taxas de câmbio, as taxas de juro, a inflação, o nível salarial, as tarifas de importação ou exportação, a taxa de desemprego ou os custos da energia.

Os gestores devem monitorizar o ciclo económico e antecipar as tendências dos consumidores para se adaptarem internamente às novas condições do mercado. Por exemplo, em períodos de crise, quando as famílias estão endividadas, as pessoas deixam de comprar ou compram menos, o que obriga a uma adaptação das empresas a esta nova realidade.

Ambiente tecnológico

O ambiente tecnológico consiste no conjunto de forças que criam novas tecnologias, novos produtos e serviços e novas oportunidades de mercado. É talvez a força mais dramática que marca o destino das organizações. O aparecimento de novos produtos torna os produtos existentes obsoletos e muitos produtos mudam os nossos valores e os estilos de vida. Por sua vez, as mudanças no estilo de vida estimulam muitas vezes o aparecimento de novos produtos não diretamente relacionadas com as novas tecnologias, mas são os novos estilos de vida que induzem ao aparecimento de novas tecnologias.

O ambiente tecnológico muda muito rapidamente, pelo que os responsáveis de marketing devem estar muito cientes da evolução das tendências da tecnologia.

Ambiente sociocultural

As mudanças dos valores sociais forçam as empresas a desenvolver e promover novos produtos, quer para consumidores de bens de consumo, quer para compradores de produtos industriais. Hoje em dia, em resposta à procura crescente de alimentação saudável, as empresas têm vindo a promover as suas linhas de produtos biológicos. Também os novos produtos industriais refletem as mudanças nos valores sociais, traduzidas designadamente no desenvolvimento de programas de bem-estar para os trabalhadores. Estas novas tendências refletem os valores sociais, as crenças e as ideias que moldam a sociedade moderna.

O ambiente cultural é constituído por instituições e outras forças que afetam os valores básicos da sociedade, as perceções e preferências e comportamentos. As empresas devem responder às mudanças socioculturais com estratégias adequadas. Por exemplo, o aumento do número de mulheres no mercado do trabalho e o aumento dos reformados com elevado poder de compra devem ser acompanhados por uma maior atenção por parte dos responsáveis de marketing, com políticas adequadas às novas condições do mercado.

Ambiente competitivo

Num ambiente competitivo como o que vivemos, em que os recursos são escassos, os responsáveis de marketing devem convencer os compradores de que devem comprar os produtos da sua empresa em vez dos produtos da concorrência. Como os consumidores, quer individuais quer os compradores de produtos industriais, têm recursos limitados, cada euro gasto num produto não pode ser disponibilizado para outras compras. Dado o ambiente fortemente competitivo, cada programa de marketing deve procurar tornar o seu produto o mais atrativo possível para o cliente, quer em termos de qualidade, quer em termos de preço.

14.5. FUNÇÕES DE MARKETING

O marketing tem vindo a assumir um papel crescente nas organizações à medida que se tem revelado cada vez mais que o que é difícil é vender e não produzir. Inicialmente, o marketing preocupava-se com a venda em sentido restrito, isto é, não incluia a conceção do produto nem a definição do preço, mas apenas a distribuição física do produtos e a faturação, passando posteriormente a incluir também a publicidade, que tem como finalidade apoiar o papel dos vendedores. Atualmente, o marketing incluiu também a análise das necessidades do mercado, a definição do produto e do preço, a gestão dos canais de distribuição, a comunicação e promoção junto dos clientes, o planeamento e controlo de marketing e o serviço pós-venda.

No início, o marketing era utilizado apenas pelas empresas comerciais, mas atualmente assiste-se também à utilização do marketing pelas empresas industriais, pelas empresas de serviços, pelas organizações sem fins lucrativos e assiste-se mesmo à própria setorização do marketing. Atualmente, o marketing está presente em todos os produtos e serviços, desde os bens de consumo (*Marketing Business to Consumer-B2C*), aos produtos industriais (*Marketing Business to Business-B2B*), aos serviços (*Marketing de Serviços*) e em todos os setores da atividade, como o setor social (*Marketing Social*), a política (*Marketing Político*) e a cultura (*Marketing Cultural*), nas instituições sem fins lucrativos (*Not-For-Profit Marketing*) e nos serviços públicos (*Public Sector Marketing*).

14.6. SISTEMAS DE INFORMAÇÃO E PESQUISA DE MARKETING

O principal objetivo da gestão de marketing é a identificação e satisfação das necessidades e desejos do cliente. Para identificar essas necessidades e implantar estratégias e programas que visem a satisfação das necessidades do consumidor, os responsáveis de marketing precisam de informação sobre o mercado atual e potencial, sobre os clientes, sobre os concorrentes e sobre as forças do meio envolvente.

14.6.1. GESTÃO DE SISTEMAS DE INFORMAÇÃO DE MARKETING

Dado o volume de informação hoje disponível, o que define o sucesso de uma estratégia de marketing é a qualidade da informação recolhida e não a sua quantidade. Para obter e gerir adequadamente a informação de que necessita para a tomada de decisão, com vista a melhor satisfazer as necessidades do mercado, o gestor de marketing deve dispor de um adequado sistema de informação de marketing e fazer pesquisa de marketing.

O sistema de informação de marketing consiste no conjunto de processos para recolher, classificar, avaliar e distribuir informação acerca das necessidades dos compradores e das atividades dos concorrentes, com vista ao desenvolvimento das estratégias de marketing.

Um sistema de informação usa as novas tecnologias de informação para disponibilizar aos gestores dados que lhes permitam transformar esses dados em informação compilada e inteligível (*marketing intelligence*) acerca das necessidades dos compradores e das atividades dos concorrentes, que ajude ao processo de tomada de decisões associadas ao marketing-mix.

A recolha e arquivo desses dados em ficheiros eletrónicos chama-se *data warehousing* (Figura 14.6):

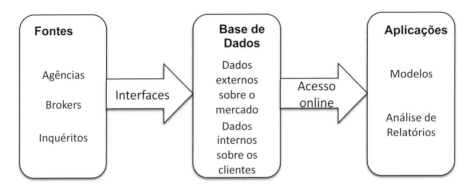

Figura 14.6 Principais Componentes de um Sistema *Data Warehouse*

Para os gestores, *data warehouse* é toda a informação sobre o negócio. Depois de recolher a informação, os gestores usam **data mining**, que é uma aplicação informática para pesquisar, filtrar e reorganizar bases de dados para descobrir informação útil. *Data mining* ajuda os gestores a planear novos produtos, fixar os preços e identificar tendências e padrões de compra. Ao analisarem o que os consumidores atualmente consomem, os gestores podem perspetivar o que tencionam comprar no futuro e enviar-lhes antecipadamente informação ajustada às suas necessidades.

Os gestores das diversos áreas funcionais da organização – produção, marketing, recursos humanos e finanças – têm as suas necessidades específicas de informação, pelo que um sistema de informação é atualmente um conjunto de vários subsistemas que partilham a informação, servindo diferentes níveis da organização, diferentes departamentos ou diferentes operações. Porque têm diferentes tipos de problemas, os gestores e os seus colaboradores têm acesso aos seus próprios sistemas de informação especializados que satisfazem as suas necessidades específicas. A grande vantagem destes sistemas é que cada grupo de utilizadores e cada departamento pode dispor, a cada momento, de informação especializada e ajustada às suas necessidades de informação.

14.6.2. PESQUISA DE MARKETING

A pesquisa de marketing consiste fundamentalmente em recolher e analisar a informação necessária para tomar decisões de marketing. As duas áreas fundamentais em que a informação é necessária são: (1) análise dos mercados atuais e potenciais e (2) táticas e métodos de pesquisa de marketing. A primeira está orientada para analisar o que se passa fora da empresa, enquanto a segunda está orientada para conhecer a forma como a organização responde internamente aos seus clientes atuais e futuros. A informação é utilizada para melhorar a qualidade das decisões de marketing e minimizar os riscos, assegurando que as decisões são bem fundamentadas.

14.6.2.1. O PROCESSO DE PESQUISA DE MARKETING

O processo de pesquisa de marketing engloba várias fases (Figura 14.7):

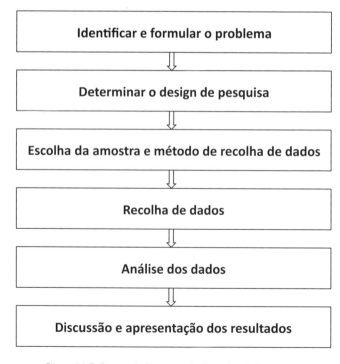

Figura 14.7 Etapas do Processo de Pesquisa de Marketing

1. Identificar e Formular o Problema de Pesquisa

O primeiro passo no processo de pesquisa de marketing envolve a identificação e formulação do problema a pesquisar. Para identificar o problema de pesquisa é preciso identificar as oportunidades do mercado, nomeadamente em termos de crescimento da quota de mercado, novos produtos, novos canais ou oportunidades emergentes de mercado que podem ser exploradas. As empresas devem identificar o problema a pesquisar com base nos sintomas e oportunidades do mercado, tais como:

- Porque está a cair a quota de mercado?
- Porque estão as reclamações a aumentar?
- Porque os novos produtos não têm sucesso?

A identificação clara do problema é o passo essencial para uma correta identificação e formulação do problema de pesquisa de marketing.

2. *Design* de Pesquisa

O *design* de pesquisa está relacionado com a identificação e formulação do problema. Os problemas de pesquisa e o *design* de pesquisa estão intimamente relacionados. Podem ser utilizadas diversas metodologias para conduzir pesquisas de mercado, como a pesquisa exploratória, a pesquisa descritiva e a pesquisa causal (Figura 14.8):

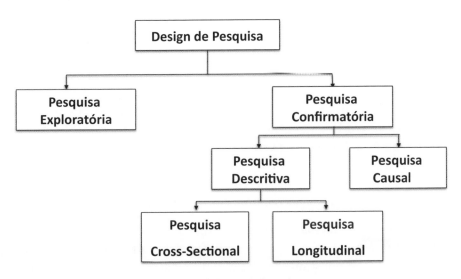

Figura 14.8 Design de Pesquisa

Se não conhecemos o problema e se não foram ainda feitos quaisquer estudos sobre o problema, então é preferível fazer uma pesquisa exploratória. A pesquisa exploratória é usada para explorar um problema ou situações em que é necessário conhecer melhor um fenómeno, sem pretender tirar conclusões definitivas sobre a situação. Utilizam-se técnicas como a pesquisa piloto, entrevistas em profundidade, grupos de foco e pesquisa descritiva.

A pesquisa descritiva tem como objetivo descrever as caraterísticas de determinada situação, sem pretender explicar os fenómenos que descreve. Utilizam-se quando se pretende descrever a dimensão do mercado ou o perfil do consumidor. Este tipo de pesquisa utiliza métodos de estatística descritiva, normalmente baseia-se em amostras representativas da população e compreende um grande número de métodos de recolha de dados, como a entrevista, o questionário, painéis, entre outros. As conclusões a que chega reportam-se aos elementos observados e não tem a pretensão de generalizar as conclusões a todos os elementos da população.

A pesquisa causal é usada quando se pretende obter evidências de causa e efeito, isto é, quando se pretende saber o efeito que a variação de uma variável produz noutra variável. A chave do uso de pesquisa causal é descobrir relações de causalidade, ou seja, a relação entre um evento (causa) e um segundo evento (efeito), quando o segundo evento é a consequência do primeiro. Por exemplo, pode ser utilizada para compreender como o mercado ou os consumidores reagem a uma alteração do preço ou qual o efeito que uma campanha de publicidade produz no volume de vendas. Este tipo de pesquisa usa instrumentos estatísticos, como a análise da regressão, a análise da variância ou modelos de equações estruturais. O método mais usado para este tipo de pesquisa é o método experimental.

3. Fontes e Métodos de Recolha de Dados

Os responsáveis de marketing podem recorrer a diversos tipos de dados internos e externos à organização. Os dados primários referem-se a dados que foram recolhidos especificamente para a pesquisa em causa, enquanto as fontes secundárias referem-se a dados que já existem e que foram recolhidos para outras finalidades, mas que são úteis para o trabalho em curso.

As fontes de dados mais comuns são as seguintes (Figura 14.9):

- **Dados primários** – são dados originados pelo investigador para o fim específico que pretende investigar. Podem ser obtidos por inquéritos, questionários, painéis de consumidores, entrevistas em profundidade, grupos de foco, observação e experimentação.

- **Dados secundários** – são dados obtidos anteriormente para outros fins que não o problema que ocupa o investigador. Podem ser obtidos por registos existentes na própria organização, como relatórios de vendas, estudos, ou fontes publicadas externamente, como bases de dados, relatórios, publicações especializadas, empresas de consultadoria, internet. O uso de dados secundários é mais barato que a obtenção de dados primários e podem ser facilmente localizados, mas podem ser menos relevantes para o fim pretendido ou estarem desatualizados.

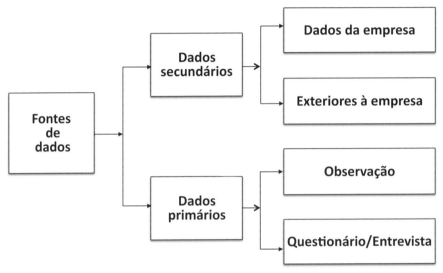

Figura 14.9 Fontes de Recolha de Dados

Os dados podem ser quantitativos ou qualitativos. Os dados quantitativos são apresentados em valores, enquanto os dados qualitativos sao baseados em julgamentos qualitativos, embora, muitas vezes, lhes possamos atribuir códigos, transformando-os, para efeitos de análise estatística, em dados quantitativos. São os casos, por exemplo, de respostas do tipo "sim" ou "não" em que o investigador atribui o código "1" às respostas "sim" e o código "0" às resposta "não", ou das perguntas de resposta múltipla do tipo "discordo completamente", "discordo", "neutral", "concordo" e "concordo completamente", em que o investigador atribui os códigos "1" a "5" ou "1" a "7" consante os objetivos do estudo. Este tipo de escalas em que todas as categorias estão designadas e os respondentes indicam o grau em que concordam, designam-se *escalas de Likert*. As escalas de Likert são as mais comumente usadas por académicos e investigadores em estudos de marketing, sendo as escalas de 7 pontos mais fiáveis do que as escalas de 5 pontos.

14.6.2.2. PESQUISA QUANTITATIVA E PESQUISA QUALITATIVA

A pesquisa de marketing pode ser quantitativa e qualitativa. Os dois tipos de pesquisa usam diferentes metodologias, diferentes tipos de dados e focam-se em diferentes questões de pesquisa. As finalidades da pesquisa quantitativa e qualitativa são diferentes. Se se pretende respostas para questões do tipo "Este produto é um produto de boa qualidade?" e se os respondentes podem escolher entre "discordo completamente", "discordo", "neutral", "concordo" ou "concordo completamente", podemos usar uma metodologia quantitativa. Por outro lado, para a mesma pergunta se as respostas podem ser livres do género "sim", "não", "talvez", "da última vez que provei era bom", então devemos usar uma metodologia qualitativa.

A metodologia quantitativa baseia-se fundamentalmente na recolha de dados através de questionários estruturados ou não e usam metodologias de inferência estatística, como a análise de regressão, ANOVA, testes de hipóteses, análise de clusters, modelos de equações estruturais, ao passo que a pesquisa qualitativa baseia-se fundamentalmente na recolha de dados através de entrevistas em profundidade, grupos de foco ou outros métodos qualitativos e usa técnicas como a análise de conteúdo ou métodos estatísticos descritivos.

14.7. COMPORTAMENTO DO CONSUMIDOR

O conceito moderno de marketing, como um processo de troca, coloca a satisfação das necessidades dos clientes no centro das preocupações da organização. Para responder de forma mais adequada às necessidades, desejos e gostos dos seus clientes, atuais e potenciais, a organização deve conhecê-los o melhor possível e mantê-los satisfeitos. Para que isso aconteça, tem que compreender o comportamento do consumidor e o processo de tomada de decisão de compra.

O comportamento de compra do consumidor é um fenómeno complexo, porque é influenciado por uma multiplicidade de fatores de natureza cultural, social e emocional envolvidos no processo de compra. O conhecimento dessas influências é extremamente importante para que a organização possa identificar e adequar as caraterísticas e atributos dos seus produtos ou serviços às necessidades e desejos dos consumidores. A cultura é um dos principais determinantes do comportamento do consumidor. É por meio da cultura que as pessoas adquirem valores, crenças, costumes e preferências que determinam os seus comportamentos de consumo. A classe social, os grupos de referência, como a família, os amigos, os vizinhos e os colegas e o status social dos indivíduos, são também fatores importantes no processo de decisão de compra. Existem ainda fatores pessoais, como a idade, o género e o estado civil e fatores psicológicos, como a personalidade, as motivações e as atitudes, que determinam e influenciam o comportamento de compra dos consumidores.

A decisão de compra é um processo contínuo que se inicia com o reconhecimento de uma necessidade por parte do consumidor e termina com a avaliação que o comprador faz da compra efetuada (Figura 14.10):

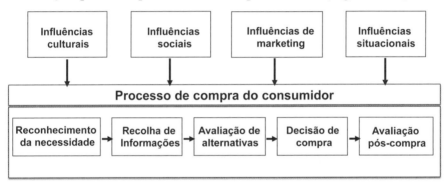

Figura 14.10 Processo de Decisão de Compra do Consumidor

A primeira etapa do processo de decisão de compra é o reconhecimento de um problema ou de uma necessidade, que pode provir de um estímulo interno ou de estímulos externos, como a publicidade ou a exposição do produto no ponto de venda. A segunda etapa consiste na recolha de informação sobre o produto ou serviço que fundamente a decisão de compra. Recolhida toda a informação julgada necessária para o comprador não correr o risco de se arrepender da compra, segue-se a avaliação das alternativas de compra que se colocam, tendo em conta a análise custo-benefício que faz das alternativas e os objetivos de compra pretendidos. Após estas três etapas, segue-se a decisão de compra, que poderá assumir uma das seguintes alternativas (Figura 14.11):

- Opção por não comprar.
- Opção por comprar no futuro.
- Opção por comprar de imediato.

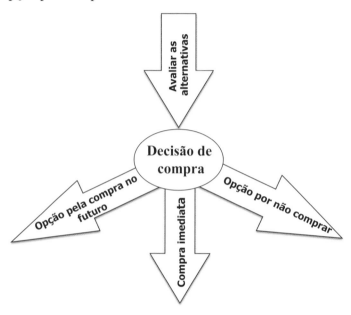

Figura 14.11 Decisão de Compra

Depois da compra, o consumidor inicia o consumo ou uso do produto ou serviço e faz a avaliação sobre o grau de satisfação ou insatisfação da compra efetuada. Nem sempre os consumidores ficam satisfeitos com a decisão de compra, consumo ou não compra. A satisfação do consumidor é função do desempenho e das expectativas que o consumidor tinha sobre o produto. Se o desempenho ficar áquem das expectativas, o consumidor fica insatisfeito; se o desempenho corresponde às expectativas que o consumidor tinha relativamente ao produto, o consumidor fica satisfeito e se o desempenho excede as expectativas, então o consumidor fica encantado.

Se a avaliação for positiva, geram-se comportamentos de satisfação ou encantamento, que induzem os consumidores a repetir a compra sempre que a necessidade se manifeste de novo. Pelo contrário, se a avaliação for negativa, geram-se comportamentos de insatisfação e até arrependimento, que levam os consumidores a não repetirem a compra. A desconformidade ocorre quando há uma discrepância, positiva ou negativa, entre as expectativas e o desempenho do produto ou serviço. Se o desempenho for melhor do que a expectativa, conduz a uma discrepância positiva e à satisfação. Pelo contrário, se o desempenho for mais baixo que o esperado, o resultado é uma discrepância negativa que conduz à insatisfação (Figura 14.12):

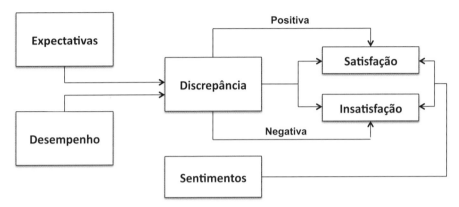

Figura 14.12 **Paradigma da Discrepância**

O arrependimento pós-compra ocorre quando os consumidores percebem uma comparação não favorável entre o desempenho da opção escolhida e o desempenho das opções não escolhidas. Pelo exposto, percebe-se que compreender, prever e influenciar o comportamento do consumidor é uma tarefa difícil, mas fundamental para a definição da estratégia de marketing da organização.

Os consumidores também podem julgar a satisfação e insatisfação com base em sentimentos. Os sentimentos pós-decisão, positivos ou negativos, ajudam a explicar os julgamentos de satisfação e insatisfação. Se nos sentimos bem ou mal ao utilizar um produto ou serviço, é mais provável que nos sintamos satisfeitos ou insatisfeitos, independentemente das nossas expectativas e avaliações do desempenho. Os sentimentos expressos pelos empregados também afetam a satisfação dos clientes. Quando os empregados expressam emoções positivas de forma autêntica, é natural que os consumidores fiquem mais satisfeitos com o produto ou serviço que compraram.

Apesar da satisfação do cliente ser extremamente importante para qualquer empresa, hoje questiona-se se a satisfação, por si só, é suficiente para manter a fidelização do cliente. Num inquérito sobre satisfação e lealdade do cliente, entre 65% a 85% dos clientes que abandonam as marcas concorrentes dizem que estavam satisfeitos ou muito satisfeitos com o produto ou serviço (Chandrashekaran et al., 2007).

Quando os consumidores não estão extremamente satisfeitos, estão mais propensos a abandonar. Para reter o cliente, não chega que esteja satisfeito, é necessário que esteja extremamente satisfeito ou que exista uma razão mais forte a fim de permanecer com a marca ou com a empresa. A fidelidade do cliente depende do produto ser competitivamente superior e dos consumidores valorizarem essa superioridade.

O objetivo de qualquer empresa deverá ser a retenção dos clientes. Uma estratégia de retenção dos clientes tenta construir um relacionamento de longo prazo, prestando atenção a todos os aspetos de interação com o cliente, designadamente o serviço pós-venda.

Mas os comportamentos dos consumidores B2C são muito diferentes dos comportamentos dos compradores B2B. As principais diferenças são as seguintes:

1. Estrutura do mercado
2. Natureza da unidade de compra
3. Tipo de compra
4. Tipo de decisão de compra
5. Diferenças de comunicação, designadamente através do web site

Uma das principais diferenças entre B2B e B2C, que é importante quando consideramos a promoção dos produtos ou serviços, é o número de compradores. No mercado B2B os compradores tendem a ser poucos mas grandes compradores. Por outro lado, o processo de tomada de decisão de compra industrial é mais complexo e envolve mais pessoas, designadamente os utilizadores, os influenciadores, os compradores e os decisores.

O tipo de compra varia drasticamente com a escala e o volume da compra. As empresas que oferecem serviços B2B têm preços e condições em função do volume do negócio e a importância e conhecimento histórico e confiança do cliente.

14.8. SEGMENTAÇÃO, *TARGETING* E POSICIONAMENTO (STP)

Os gestores e os responsáveis de marketing têm plena consciência de que não podem satisfazer as necessidades de todos os clientes. As empresas utilizam cada vez mais a segmentação do mercado como uma estratégia de *marketing,* de fundamental importância para atingir os seus objetivos organizacionais.

GESTÃO DE MARKETING

A segmentação é talvez a decisão mais difícil e mais complexa que os gestores têm de tomar ao decidir a sua estratégica de *marketing*, podendo mesmo dizer-se que não existe um plano de marketing bem sucedido sem uma adequada segmentação de mercado.

O marketing tradicional, cuja principal missão é ocupar-se da venda e promoção dos produtos, já não corresponde aos objetivos das empresas (Kotler, 2007). O trabalho dos responsáveis de marketing é procurar novas oportunidades para a empresa e aplicar cuidadosamente a *segmentação de mercado* para orientar um negócio na direção adequada e desenvolver um *marketing mix* coerente com a estratégia de *marketing* (Kotler, 2007). Daí a importância da segmentação do mercado como instrumento estratégico e a base de toda a estratégia de *marketing* e do sucesso das empresas ou organizações.

As organizações atuam em grandes mercados muito diversificados, onde os consumidores são numerosos, espalhados geograficamente e com gostos e necessidades diferentes, não tendo possibilidades de atuar em todos eles da mesma forma. Em vez de procurarem atender o mercado como um todo, as organizações procuram identificar os segmentos e mercados mais atrativos e os que podem satisfazer melhor.

Depois de analisarem o contexto em que atuam, as empresas devem desenvolver uma estratégia de marketing que promova uma oferta que satisfaça as necessidades dos seus clientes melhor que os seus concorrentes. A este processo de identificar e dividir o mercado em segmentos homogéneos (comportamentos, necessidades, motivações), segundo determinados critérios úteis para a comercialização de bens nesse mercado, chama-se segmentação em sentido lato, que se desenvolve em três etapas fundamentais:

1. **Segmentação do mercado** – identificar os diferentes grupos de consumidores.
2. **Definição do mercado alvo** – avaliar a atratividade dos segmentos e selecionar os segmentos alvo.
3. **Posicionamento de mercado** – definir o posicionamento do produto para cada segmento-alvo e desenvolver um *marketing-mix* para os segmentos-alvo escolhidos.

Estas fases são essenciais para a formulação de uma estratégia de marketing de sucesso. A segmentação tem vantagens porque permite uma maior facilidade na identificação das oportunidades do mercado, o desenvolvimento do produto certo para cada mercado alvo e possibilita uma reposta rápida às alterações dos gostos e necessidades dos consumidores alvo.

14.8.1. SEGMENTAÇÃO DO MERCADO

A segmentação consiste em dividir o mercado global em segmentos homogéneos de clientes com caraterísticas, desejos e necessidades semelhantes, segundo determinados critérios e que podem requer estratégias de
marketing-mix diferenciadas. Como os públicos são muito diferentes uns
dos outros nos seus hábitos, gostos e exigências, é necessário desenvolver
metodologias que permitam uma atuação eficaz junto dos públicos alvo
dentro de uma organização.

Os membros de um segmento de mercado, por definição, devem ter
traços comuns que determinam as suas decisões de compra. Para identificar
os segmentos de consumidores, os investigadores de marketing atentam
às diferentes influências no comportamento do consumidor. As variáveis
mais utilizadas para a segmentação do mercado podem ser classificadas
segundo quatro critérios: **segmentação geográfica, segmentação demográfica, segmentação psicográfica e segmentação comportamental**
(Figura 14.13):

Critérios demográficos	Exemplos
Género	Perfumaria, calçado, relógios
Idade	Lazer, turismo
Altura, peso	Vestuário, produtos dietéticos
Agregado familiar	Habitação, turismo
Critérios geográficos	**Exemplos**
País	Desenvolvidos, em desenvolvimento
Região	Norte, centro, sul
Relevo	Calçado
Clima	Vestuário, aquecimento
Critérios psicográficos	**Exemplos**
Rendimento	Viagens, automóveis, vestuário
Classes sociais	Habitação, bens supérfluos
Nível de instrução	Livros, revistas, espetáculos
Religião	Alimentos, bebidas
Critérios comportamentais	**Exemplos**
Status do consumidor	Relógios
Grau de fidelidade	Tabaco
Ocasião de compra	Natal

Figura 14.13 Critérios de Segmentação

A segmentação tem inúmeras vantagens, porque permite uma análise mais aprofundada dos consumidores, uma análise da concorrência, uma resposta rápida a alterações nas necessidades do mercado, uma mais efetiva alocação dos recursos, uma identificação mais fácil das oportunidades e ameaças do mercado e uma personalização das relações com os clientes.

Ao dividir ou segmentar o público alvo, estamos indubitavelmente a fazer planeamento estratégico de marketing e a personalizar as relações com os clientes. Daí a importância da segmentação como uma poderosa arma estratégica, cujas implicações decorrem da escolha de segmentos bem definidos para a formulação de estratégias competitivas.

14.8.2. SELEÇÃO DO MERCADO ALVO (*TARGETING*)

Após avaliação dos diferentes segmentos, a empresa deve identificar os mercados alvo e selecionar os que apresentam maior potencial e que a empresa pretende servir. São vários os critérios para o estabelecimento de mercados alvo, tais como:

1. Dimensão atual e potencial de crescimento do segmento.
2. Concorrência potencial.
3. Compatibilidade e viabilidade.

A fase seguinte no processo de *targeting* consiste na seleção das estratégias mais adequadas para identificação do mercado alvo, podendo ser adotadas algumas das seguintes estratégias de *targeting* (Figura 14.14):

- **Estratégia de marketing indiferenciado ou marketing de massas** – quando as diferenças nas necessidades dos consumidores são pequenas ou as caraterísticas demográficas não são distintivas, os responsáveis de marketing podem usar uma estratégia de marketing indiferenciado ou marketing de massas (*mass marketing*). O foco do *marketing* de massas está na satisfação de necessidades comuns dos consumidores e na utilização de um só marketing-mix. Neste caso, não há segmentação.
  A empresa produz, distribui e promove em massa um produto para todos os compradores (*commodities*). A Coca-Cola, Sony, Marlboro, Phillips, Toyota, bem como muitas outras empresas multinacionais

bem conhecidas, usam uma estratégia de marketing global, embora, por vezes, modifiquem os seus produtos e as estratégias de comunicação de marketing com vista a satisfazer as necessidades específicas dos seus clientes em mercados internacionais.

- **Marketing concentrado ou marketing de nicho** – dividir o mercado em segmentos homogéneos, ou seja, grupos de pessoas com necessidades idênticas, não é nunca um processo perfeito de segmentação. Mesmo quando os clientes num dado segmento partilham necessidades comuns, há sempre diferenças demográficas ou nos comportamentos que não podem ser perfeitamente satisfeitas por uma estratégia dirigida a esse segmento.
O foco no marketing concentrado está em adquirir uma forte quota de mercado num ou em poucos segmentos de mercado (nicho). São os casos da Rolls Royce, Porsche, etc., em que as estratégias de segmentação são customizadas às necessidades específicas, estilos de vida e comportamentos dos clientes do nicho.

- **Marketing diferenciado ou marketing segmentado** – a empresa usa políticas de marketing-mix diferentes para segmentos distintos e concentra-se no que é específico às necessidades do consumidor, como é o caso da Renault. Neste caso existe alguma segmentação. Desenvolve produtos diferentes, com níveis de qualidade e estilos diferentes para consumidores com gostos diferentes. Usa compostos de marketing adequados aos segmentos a que se destinam.

- **Marketing individual ou micromarketing** – a empresa usa um marketing-mix personalizado para cada indivíduo (customização), como são os casos do Smart, Fiat 500 ou IKEA, que customizam os produtos aos gostos dos consumidores.

GESTÃO DE MARKETING

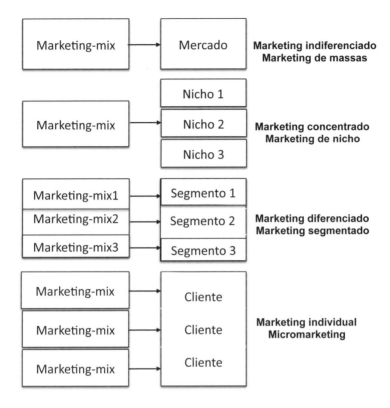

Figura 14.14 Estratégias de *Targeting*

14.8.3. POSICIONAMENTO

Depois de identificados os segmentos de mercado e definidos os segmentos alvo, importa posicionar o produto ou serviço no mercado. Enquanto a segmentação está relacionada com a forma como são identificados os grupos de clientes no mercado, o posicionamento está relacionado com a maneira como os clientes percebem as alternativas de compra à sua disposição. O posicionamento é a forma como o produto se diferencia na mente dos consumidores em relação aos produtos concorrentes, tendo em vista os benefícios que possui e que são valorizados pelos consumidores (Kotler et al., 2008).

O posicionamento é uma tentativa de gerir como os potenciais clientes percebem um produto ou serviço e selecionar o marketing-mix mais apropriado para o segmento ou segmentos alvo escolhidos. Para Kotler et al. (2008), o posicionamento de um produto é "a maneira como ele é

453

definido pelos consumidores no que diz respeito a atributos importantes. É o lugar que ele ocupa nas mentes dos consumidores". É o complexo grupo de perceções, impressões e sentimentos que o consumidor tem sobre um produto em comparação com os concorrentes.

O posicionamento é um passo fundamental na definição da estratégia de marketing, uma vez que define claramente como a empresa pretende ser reconhecida pelo mercado em relação ao seu produto ou serviço. É um processo de reconhecimento do mercado que comporta dois aspetos complementares:

- **Identificação do produto ou serviço** – escolha da categoria a que o produto fica associado na mente dos consumidores (de que género de produto se trata?).
- **Diferenciação do produto ou serviço** – as várias particularidades que distinguem um produto dos concorrentes (o que o distingue dos outros produtos similares?). Muitos clientes estão dispostos a pagar um preço mais elevado por produtos que trazem benefícios para os clientes. Diferenças na qualidade, na fiabilidade e no desempenho dos produtos podem atrair clientes que procuram produtos com desempenhos acima da média. A qualidade de um serviço pode também ser uma importante fonte de diferenciação quando se definem estratégias de posicionamento. A qualidade de um serviço tem dimensões similares à qualidade de um produto.

Diferenciação é a criação de diferenças tangíveis em duas ou mais dimensões chave de um produto ou serviço em relação aos da concorrência (desempenho, formato, fiabilidade, *design*, durabilidade, etc.), enquanto **posicionamento** é a escolha das estratégias que asseguram que essas diferenças ocupam uma posição distinta na mente dos consumidores.

Definidos os segmentos em que atua e o posicionamento que pretende adotar, a empresa ou organização pode desenvolver políticas consistentes de marketing-mix, ao nível do produto, do preço, da distribuição e da promoção.

14.9. MARKETING-MIX

As estratégias de marketing-mix consistem no conjunto de ações que uma organização deve desenvolver com o objetivo de criar valor para os seus clientes, através da atuação ao nível das quatro variáveis, designadas por 4 P's, para produzir a resposta que deseja no mercado alvo (Figura 14.15):

- **Produto (*Product*)** – consiste no desenvolvimento de um produto ou serviço que satisfaça as necessidades dos clientes.
- **Preço (*Price*)** – consiste na definição de uma política de preços que incentive a compra do produto por parte do consumidor, com lucro para a empresa.
- **Distribuição (*Place*)** – consiste na escolha de um sistema de distribuição que permita que o produto chegue ao consumidor.
- **Promoção (*Promotion*)** – consiste no desenvolvimento de uma campanha de comunicação que transmita o valor do produto ao consumidor.

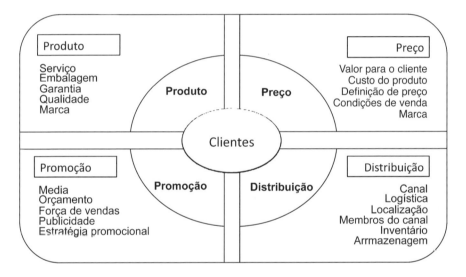

Figura 14.15 Marketing-Mix

O conjunto destas variáveis designa-se **marketing mix**. É importante na política de marketing atuar ao nível de todas as variáveis, uma vez que cada uma delas desempenha um papel vital e estimula o impacto geral do produto ou serviço no consumidor. Vamos desenvolver cada uma destas variáveis e particularmente a forma como podem afetar a atuação da organização ao nível da política de marketing.

14.9.1. PRODUTO

A estratégia de marketing-mix começa com o produto, já que sem ele não faz qualquer sentido tomar decisões sobre o preço, canais de distribuição ou promoção. O produto pode definir-se como um bem ou um serviço destinado a satisfazer uma necessidade do cliente. Conceber ou desenvolver novos produtos é um desafio constante dos responsáveis de marketing, que devem ter em conta o fator de mudança que estiver presente, como a tecnologia, as mudanças nos gostos e necessidades dos clientes e as alterações das condições económicas.

A política de produto não diz respeito apenas às suas caraterísticas intrínsecas, mas também a outros aspetos, tais como, o *design*, a marca, a embalagem, os serviços associados e a política de gama. Neste sentido, o conceito de produto está relacionado com os benefícios percebidos pelo cliente quando realiza uma compra. Os benefícios do produto podem ser de três categorias:

□ **Benefícios funcionais** – dizem respeito às funções específicas esperadas do produto.

□ **Benefícios sociais** – referem-se aos valores que estão associados ao consumo de um bem ou à utilização de um serviço.

□ **Benefícios psicológicos** – correspondem às necessidades pessoais que se procuram satisfazer com o consumo do bem ou serviço.

As caraterísticas intrínsecas referem-se aos atributos tangíveis e intangíveis, que podem agrupar-se em três grandes categorias:

▪ **Fórmula do produto** – descrição técnica dos componentes do produto.

▪ **Desempenho** – caraterísticas observáveis pelos clientes quando os estão a consumir.

▪ **Qualidade do produto** – é o grau em que o seu desempenho corresponde às expectativas que o cliente tem sobre o produto.

▪ **Vantagem do produto** – caraterística intrínseca distintiva do produto relativamente aos concorrentes. Deve possuir quatro caraterísticas:

➢ Corresponder a uma verdadeira expectativa dos clientes.

➢ Ser facilmente perceptível pelos consumidores.

➢ Não provocar um aumento do preço de venda que seja inibidor da compra.

➢ Não possa ser facilmente copiado pelos concorrentes.

O *design* tem a ver não só com o aspeto visual exterior, mas também com a facilidade e segurança de utilização e ainda com a simplicidade e economia de produção e distribuição.

Um outro aspeto muito importante na política do produto refere-se à gestão da marca. A marca constitui o elemento comum identificador do produto. A identidade da marca carateriza-se pelas seguintes aspetos:

- Nome
- Embalagem e *design*
- Componentes
- Logotipo
- Símbolos
- Assinatura
- Códigos gráficos

A marca desempenha as seguintes funções:

- Identificação
- Qualidade
- Segmentação
- Imagem
- Satisfação pessoal/benefícios
- Lealdade

A embalagem é o conjunto de elementos materiais que, sem fazer parte do próprio produto, são vendidos com ele, com o fim de permitir ou facilitar a sua proteção, transporte, armazenagem, apresentação, identificação e utilização pelos consumidores.

Funções da embalagem:

- Técnicas
  - Proteção e conservação do produto.
  - Comodidade de utilização.
  - Facilidade de transporte, armazenagem, arrumação e eliminação.
  - Proteção do ambiente.

- Comunicação
  - Impacto visual.
  - Reconhecimento – cor, grafismo, carateres originais, material particular ou forma original.

- Identificação – light, aromas, etc..
- Expressão do posicionamento – evocar os traços marcantes do produto.
- Informação ao consumidor.
- Criar impulso de compra.

Os serviços associados são o conjunto de serviços ligados ao produto que, não constituindo parte integrante do produto, contribuem para o valorizar aos olhos do consumidor e facilitar a sua compra. São serviços associados, por exemplo, os seguros, o transporte do produto a casa do cliente, a montagem, as reparações, o crédito, os quais assumem cada vez mais importância na gestão dos produtos. O conjunto do produto base e dos produtos e serviços associados é designado por **produto aumentado**.

A gama refere-se ao facto de as empresas poderem fabricar produtos muito diversos. Se os produtos pertencerem a diferentes classes, então cada uma dessas classes constitui uma gama de produtos. Exemplo: a Marlboro produz cigarros, que é o seu produto base, mas produz também roupa. São duas gamas distintas.

As gamas podem ser definidas em torno de:

- Uma mesma tecnologia
- Um mesmo negócio
- Um mercado
- Um segmento de mercado

A dimensão da gama baseia-se em noções de preço e qualidade (relação preço/qualidade), distinguindo-se as seguintes gamas:

- **Gama baixa** – baseia-se em estratégias de baixo custo para facilitar a entrada no mercado.
- **Gama média** – baseia-se em estratégias de preços apelativos ou referências ligadas à imagem.
- **Topo de gama** – topo de gama de um produto não é necessariamente produtos de luxo.
- **Produtos de luxo** – neste tipo de produtos a imagem é determinante e a comunicação assenta mais nas relações públicas e no passa--palavra do que na publicidade. A difusão destes produtos é restrita e o controlo da distribuição é primordial. Os mercados de luxo são geralmente internacionais, pelo que se pratica o marketing global.

14.9.2. PREÇO

A segunda componente do marketing mix é a determinação do preço a pagar pelo consumidor. O preço é a soma dos valores que o consumidor está disposto a pagar pelo benefício de possuír ou usufruir um produto ou serviço. O preço é uma variável estratégica extremamente importante do marketing mix, porque reflete o posicionamento da empresa e a imagem do produto no mercado e tem um impacto direto nas decisões de compra dos consumidores e nos objetivos da empresa.

O preço vai determinar a importância do segmento a atingir e a natureza das reações da concorrência. Idealmente, os responsáveis de marketing pretendem ser proativos na fixação das peças em vez de reagirem ao mercado, mas a verdade é que o preço é uma variável que parece ter sido negligenciada relativamente às outras variáveis do marketing mix, não porque os responsáveis do marketing negligenciem a política de preços, mas porque, muitas vezes, têm uma margem de manobra muito limitada, porque depende da concorrência e das condições do mercado.

A estratégia de preço é determinada pela estratégia da empresa, mas está condicionada por fatores internos e externos, como os custos, a procura e a concorrência, que limitam a capacidade de atuação dos gestores:

1. **Fatores externos** – procura, fornecedores, distribuidores e fiscalidade.
2. **Fatores Internos** – custos de produção, margens de comercialização pretendidas e nível de rendibilidade exigida pelos sócios ou acionistas.
3. **Grau de sensibilidade dos consumidores ao preço** – de acordo com os produtos e o momento de compra.
4. **Importância do mercado** – mercado atual e mercado potencial para um determinado preço.
5. **Estratégia dos concorrentes** – grau de rivalidade e nível de intensidade competitiva da indústria ou setor.

Antes de decidirem o nível de preços a praticar, os gestores devem ponderar o impacto potencial que podem provocar ao nível das vendas e dos resultados. São várias as estratégias a que podem recorrer para determinação dos preços, como os preços fixados com **base nos custos** (preço de venda = custo das vendas + margem de lucro) ou preços **baseados no valor** (o preço é baseado nas perceções do valor do produto por parte do cliente), que podem ser usadas separadamente ou em conjunto (Figura 14.16):

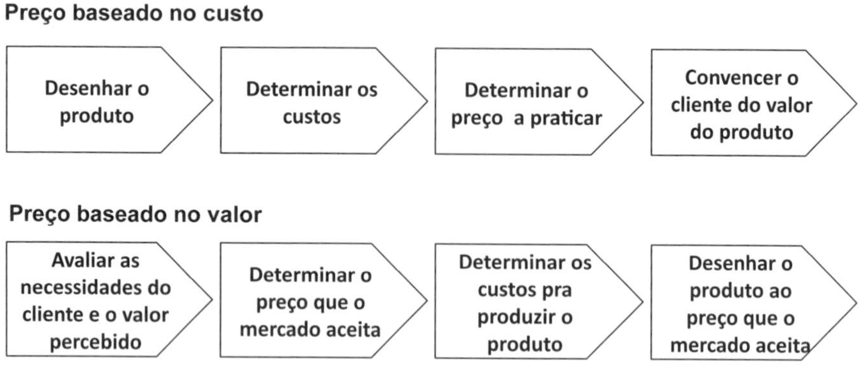

Preço baseado no custo

| Desenhar o produto | Determinar os custos | Determinar o preço a praticar | Convencer o cliente do valor do produto |

Preço baseado no valor

| Avaliar as necessidades do cliente e o valor percebido | Determinar o preço que o mercado aceita | Determinar os custos pra produzir o produto | Desenhar o produto ao preço que o mercado aceita |

Figura 14.16 Teorias de Determinação dos Preços

De acordo com a teoria baseada nos custos, são os custos que determinam os preços. A partir do desenho do produto e dos custos de produção determina-se o preço a praticar, acrescentando a margem de lucro. Segundo a teoria de preços baseada no valor, é o valor do produto percebido pelo cliente que determina o preço, a partir do qual se monta uma estrutura de custos condizente para se desenhar o produto final.

Relativamente aos produtos existentes, a empresa pode adotar três estratégias diferentes na fixação dos preços:

1. Preços **acima dos preços do mercado** para produtos semelhantes, na assunção de que preços altos significam melhor qualidade.
2. Preços **abaixo dos preços do mercado** oferecendo um produto de qualidade comparável ao produto mais caro dos concorrentes, mas a um preço mais baixo.
3. Preços **muito próximos dos preços do mercado**.

Quando as empresas lançam um novo produto no mercado defrontam-se com um problema de posicionamento do produto *versus* produtos concorrentes, em termos de qualidade e preço. Na fixação dos preços, as empresas podem seguir duas estratégias: fixação de **preço por desnatação** (*skimming*) ou fixação de preço por **penetração no mercado** (*penetration*) (Figura 14.17):

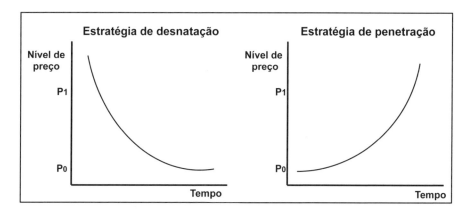

Figura 14.17 Estratégias de Fixação dos Preços

As estratégias de preço por **desnatação** consistem em praticar preços altos para se obterem receitas iniciais mais elevadas. Como tal, dirigem-se aos segmentos mais altos do mercado, podendo posteriormente reduzir o preço e atingir progressivamente outros segmentos. Esta estratégia de preço só deve ser utilizada se a qualidade e imagem do produto forem elevadas e se os concorrentes não conseguirem lançar no mercado produtos idênticos com preço mais baixo.

Na estratégia de preço por **penetração** praticam-se preços baixos no início para entrar no mercado rapidamente, conseguindo um elevado número de compradores e conquistando grandes volumes de vendas. Esta estratégia de preço só deve ser utilizada se o mercado tiver grande sensibilidade ao preço, isto é, se pequenas descidas de preço provocarem elevados aumentos de vendas, se os custos unitários de produção e distribuição diminuírem à medida que o volume de vendas aumenta e se a concorrência tiver dificuldade em acompanhar os custos baixos de produção e/ou de distribuição.

14.9.3. DISTRIBUIÇÃO

O terceiro componente do marketing mix é a distribuição, que consiste no estudo da melhor forma de fazer chegar os produtos aos consumidores. A distribuição dos produtos ou serviços é feita através dos canais de distribuição, que são os meios através dos quais os produtos ou serviços saem das instalações das organizações e chegam aos consumidores para utilização ou consumo.

A política de distribuição implica a tomada de decisão nos seguintes aspetos, dependendo da estratégia de marketing da empresa, das caraterísticas do mercado, das caraterísticas dos produtos, das caraterísticas da concorrência e das capacidades da empresa:

- Funções e objetivos dos canais de distribuição.
- Tipo de canais.
- Número de pontos de distribuição a nível grossista e retalhista.
- Regras de gestão dos canais.

A distribuição diz respeito à conceção e gestão do itinerário percorrido por um produto ou serviço, desde a produção até ao consumo. Pode ser feita de diversas formas, consoante o tipo de produto (Figura 14.18):

- **Distribuição direta** – a distribuição é feita diretamente do produtor ao consumidor final, sem recurso a intermediários.
- **Distribuição indireta** – a distribuição é feita com recurso a intermediários, como grossistas, retalhistas, agentes ou *brokers,* que são um conjunto de indivíduos ou organizações que comercializam os produtos fabricados pelo produtor e os fazem chegar ao consumidor final.
- **Sistemas verticais integrados de distribuição** – a distribuição é feita através de circuitos integrados e controlados pelo produtor em cooperação com os distribuidores.
- **Sistemas horizontais de marketing** – a distribuição é feita através de alianças entre empresas que trabalham ao mesmo nível no mesmo setor.

GESTÃO DE MARKETING

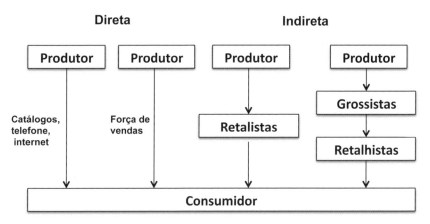

Figura 14.18 Canais de Distribuição

Os canais de distribuição podem ser grossistas ou retalhistas. Os **grossistas**, por norma, vendem aos retalhistas que, por sua vez, vendem ao consumidor final. São vários os tipos de grossistas, como os armazenistas, as cooperativas, *cash and carry* e agentes (*brokers*), que não têm a posse dos produtos, limitando-se a estabelecer a ligação entre os compradores e os vendedores.

De igual modo, são também várias as formas de canais **retalhistas**, como as lojas de retalho, as cadeias de distribuição, o *franchising*, as cooperativas de consumidores e as máquinas de venda de tabaco, bebidas e produtos alimentares (*vending*), o porta a porta, as encomendas por correio ou telefone e o comércio eletrónico pela internet (*e-commerce*).

Finalmente, a distribuição pode ser feita através da **força de vendas** do próprio produtor. A força de vendas é o conjunto das pessoas que têm como missão principal vender ou fazer vender os produtos da empresa, por meio de contactos diretos com os potenciais clientes, distribuidores ou prescritores.

A formulação de um programa de vendas depende da estratégia de distribuição, que está condicionada pelos seguintes fatores:

1. **Papel da força de vendas** – depende do tipo de produto e da estratégia de promoção e distribuição seguida (Figura 14.19):

    i. **Estratégia *push*** – a empresa "empurra" o produto até aos revendedores que, por sua vez, empurram até aos consumidores. O papel da força de vendas é muito importante.

ii. **Estratégia *pull*** – a empresa promove diretamente o produto junto dos consumidores finais, através de campanhas de publicidade e promoções, criando um vácuo na procura que "puxa" o produto através do canal.

2. **Dimensão da força de vendas** – número de vendedores.
3. **Alocação da força de vendas** – áreas geográficas, tipo de clientes, tipo de produtos, tipo de funções.
4. **Gestão dos clientes** – número de visitas, tempo por visita, pessoas a abordar, materiais a apresentar, margem de manobra nas negociações, etc.
5. **Avaliação económica** – custo da força de vendas versus resultados a obter.

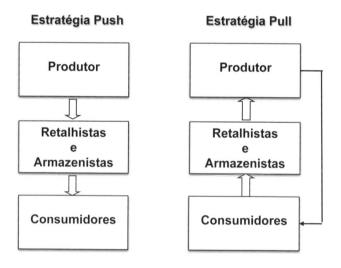

Figura 14.19 Estratégias *Push* e *Pull*

14.9.4. PROMOÇÃO E COMUNICAÇÃO

A política de promoção é outra componente importante do marketing-mix e diz respeito à forma como o produto ou serviço chega ao contacto ou ao conhecimento do consumidor. Não basta produzir e distribuir o produto; é necessário que os consumidores o conheçam e lhe atribuam mais valor do que os produtos concorrentes.

Promoção e comunicação são o conjunto dos sinais emitidos pela empresa em direção aos seus clientes, distribuidores, líderes de opinião, prescritores e outros alvos. A comunicação pode destinar-se a promover os produtos da empresa (comunicação de produtos) ou a imagem da empresa no seu conjunto (comunicação institucional). As funções da comunicação são influenciar o processo de decisão de compra e influenciar o comportamento do consumidor.

São vários os meios que a empresa pode utilizar para promover a comunicação de um produto, como a publicidade, a promoção de vendas, as relações públicas e as vendas pessoais. A este conjunto de ferramentas promocionais designa-se por **mix de comunicação.**

O planeamento da comunicação procura dar resposta às seguintes interrogações básicas do processo de comunicação:

- Quem comunica?
  - Que fontes de comunicação? – publicidade, produtos, dirigentes, pessoal da empresa, jornalistas, distribuidores, associações de consumidores, grupos de pressão, etc.
  - Quais as fontes que dominamos e quais as que não dominamos?
  - Quais as imagens no mercado destas fontes e qual o seu impacto?

- A quem comunicar?
  - Quais são os alvos?
  - Qual o centro do alvo?
  - A comunicação está suficientemente dirigida?
  - Quem são os líderes?
  - O público atingido pela mensagem será importante?

- O que comunicar?
  - Que mensagem pretendemos transmitir? É compreendida?

- Como comunicar?
  - Através de que canal ou canais vamos comunicar?
  - Os canais transportam bem a mensagem? Valorizam-na?

- Com que resultado?
  - Os objetivos da comunicação são atingidos?
  - Como explicar os desvios?
  - O que modificar para ser mais eficaz?

São as seguintes as condições para uma boa comunicação:

- Ser simples:
  - Repetição e redundância (dizer a mesma coisa de diferentes maneiras).
  - Continuidade e duração.
  - Haver uma política coerente de comunicação a nível global (institucional, produtos, publicidade, promoções, *merchandising*, etc.).
  - Obrigação de verdade (a verdade do produto, a verdade da empresa e a verdade dos consumidores).

- Utilizar um mix de comunicação:
  - Publicidade.
  - Promoções.
  - Força de vendas.
  - Relações públicas.
  - Comunicação informal (boca a boca).

A **publicidade** é uma forma paga de comunicação, através da qual se transmitem mensagens e anúncios orais ou visuais destinadas a informar e influenciar os consumidores alvo, utilizando o espaço e tempo dos diversos meios de comunicação disponíveis. Engloba a transmissão de mensagens utilizando os seguintes meios:

- *Media* – televisão, revistas, jornais, rádio, catálogos.
- *Marketing direto* – venda *one-to-one* não personalizada, através de um conjunto de atividades de promoção que pode envolver publicidade, promoções e ações de venda, que chegam ao cliente final sem intervenção de um canal intermediário (*direct mail*, catálogos, *outdoors*, telemarketing, compras por rádio, televisão, internet, etc.).
- *Nos locais de venda – merchandising.*

A publicidade tem os seguintes objetivos:

- Aumentar a notoriedade da empresa e dos produtos.
- Informar os consumidores.
- Persuadir à compra.
- Suscitar simpatia pela marca.

- Gerar emoções, desejo, sonho.
- Diferenciar em relação à concorrência.
- Diminuir o risco e esforço de compra.

Na escolha dos canais de comunicação mais adequados, utilizam-se vários indicadores:

- Acessibilidade – facilidade de acesso, disponibilidade.
- Exposição ou cobertura – percentagem de pessoas pertencentes ao alvo que estão expostas àquele meio de comunicação.
- Circulação – tiragem do meio de comunicação.
- Audiência – número de indivíduos com pelo menos uma exposição à mensagem (a audiência de uma revista é maior que a sua circulação).
- Adequação à mensagem.
- Penetração – proporção da população exposta a um determinado meio de comunicação.
- Frequência – número médio de vezes que a população é exposta à publicidade durante o mesmo período de tempo.

As **promoções de vendas** são outro veículo utilizado na comunicação com os consumidores, que utiliza os canais de distribuição para promover os esforços de marketing da organização. São técnicas de comunicação que consistem em associar a um produto uma vantagem temporária, destinada a facilitar ou a estimular a sua utilização, a sua compra e a sua distribuição.

Consoante os destinatários (consumidores, distribuidores ou rede de vendas), as promoções podem incluir diversas técnicas:

- Experimentação gratuita – oferta de amostras grátis, degustação e demonstração do produto.
- Reduções temporárias de preço – descontos no preço de venda ao consumidor, reembolso diferido contra apresentação de provas de compra, desconto de quantidade, oferta de *coupons*.
- Prémios, ofertas, brindes.
- Concursos, jogos e sorteios.
- Pôr em destaque o poduto – operação temporária de *merchandising*.
- Descontos e oferta de produtos aos distribuidores.
- Feiras e exposições.
- Atividades nos pontos de venda.

As **relações públicas** são uma forma de comunicação com o objetivo de estabelecer relações de confiança entre a organização e os seus públicos. Em qualquer organização, as relações públicas têm os seguintes objetivos:

- Aumentar a credibilidade da empresa, dos produtos e dos serviços.
- Manter os colaboradores informados.
- Criar sentimento de pertença.
- Gerar partilha de valores.
- Melhorar a imagem da empresa e das suas marcas.
- Cria ou melhorar a notoriedade.
- Desenvolver uma atmosfera de confiança com os orgãos de comunicação social.
- Prevenir ou minimizar o impacto de eventuais crises.
- Atrair os investidores.
- Criar boas relações de vizinhança com a comunidade local.

Este veículo de comunicação pode assumir diversas formas, podendo incluir algum ou alguns dos seguintes meios:

- Conferências de imprensa.
- Contactos pessoais.
- Realização de eventos.
- Publicações.
- Patrocínios.
- Mecenato cultural, desportivo ou social.
- Atividades de serviço público.
- Outros – jornadas abertas, visitas às instalações, livros técnicos e científicos, etc.

Mas não é apenas por intermédio das ferramentas referidas que se promovem os produtos ou serviços. Há outros fatores que transmitem uma imagem da empresa e comunicam, como a qualidade das instalações, o comportamento dos empregados e as intervenções públicas dos seus dirigentes.

Além destas formas tradicionais, há ainda o **boca a boca** (*word-of-mouth*) que é uma forma eficaz de comunicar um produto ou uma organização. Um produto considerado bom, ou uma experiência positiva relativamente a um produto, tende a ser comentado com outros potenciais consumidores.

O mesmo se passa relativamente a produtos com fraca qualidade ou a experiências negativas relativamente a serviços prestados. Neste caso, o efeito do boca a boca é ainda pior, já que é mais fácil um cliente insatisfeito relatar a sua experiência negativa do que um cliente satisfeito comentar a sua experiência positiva. Em ambos os casos, o boca a boca afeta as vendas e os resultados da empresa.

14.9.5. PESSOAS, PROCESSO E EVIDÊNCIA FÍSICA

As estratégias de marketing mix que desenvolvemos nos pontos anteriores – produto, preço, distribuição e promoção/comunicação – aplicam-se fundamentalmente a produtos tangíveis e a dois tipos de clientes: os que compram artigos de consumo (consumidores) e os que compram produtos industriais (compradores). Por exemplo, os produtos que compramos no supermercado para consumo corrente ou os medicamentos que compramos na farmácia são todos **produtos de consumo,** isto é, produtos tangíveis que os consumidores adquirem para uso ou consumo pessoal. As empresas que vendem este tipo de produtos aos consumidores para consumo pessoal estão envolvidas no **marketing B2C** (business-to--consumer).

Mas o marketing também se aplica aos **produtos industriais**, isto é, produtos que são adquiridos por empresas para serem incorporados nos seus produtos. Por exemplo, um fabricante de eletrodomésticos adquire motores elétricos a outra empresa para incorporar nos seus produtos. As empresas que vendem produtos a outras empresas estão envolvidas no **marketing B2B** (business-to-business).

Mas as estratégias de marketing aplicam-se também aos serviços, isto é, produtos intangíveis, como o serviço de um escritório de advogados ou os serviços prestados aos seus clientes por um banco ou uma companhia de seguros. O **marketing de serviços** é a aplicação das estratégias e das políticas de marketing aos serviços, destinado tanto aos mercados consumidores como aos mercados industriais.

O desenvolvimento da **economia de serviços** registado nos últimos anos levou a diversas mudanças nas políticas de marketing mix, incluindo o alargamento do modelo dos 4 P's ao modelo dos 7 P's com vista a ajustar o marketing às especificidades próprias dos serviços (Booms & Bitner, 1981). Os 3 P's adicionais incluem:

- **Pessoas (*People*)** para considerar o papel dos colaboradores, desde os empregados ao diretor geral, na satisfação e lealdade do cliente.
- **Evidência física (*Physical Evidence*)** para considerar o ambiente físico do serviço, quer no interior do estabelecimento quer no seu exterior.
- ***Process* (Processo)** para considerar a forma como o cliente é acompanhado nos primeiros contactos com a empresa e no relacionamento pós-venda e a forma como o serviço é prestado.

O marketing mix de serviços, para além do Produto, Preço, Distribuição e Promoção/Comunicação, envolve também as pessoas, o processo e a aparência física. O marketing de serviços tem variáveis adicionais porque as caraterísticas de um serviço são diferentes das caraterísticas de um produto.

14.9.6. DOS 4 P'S AOS 4 C'S

Philip Kotler tem argumentado que os 4 P's, dado que estão orientados para as necessidades dos vendedores (ótica do vendedor), têm vindo a perder relevância em virtude do marketing se ter vindo a orientar fortemente para as necessidades dos clientes (ótica do comprador).

O modelo que Kotler desenvolveu está voltado para a criação de valor para o cliente, em vez de orientado para o produto. Daí preconizar, em vez dos 4 P's, um **marketing mix composto por 4 C's**:

- **Valor para o Cliente (*Customer Value*)** em vez de **Produto (*Product*)** – uma empresa só deve vender um produto que satisfaça as necessidades do cliente. Os *marketers* que pretendem lançar um produto devem estudar cuidadosamente os desejos e necessidades dos clientes.
- **Custo (*Cost*)** em vez de **Preço (*Price*)** – o preço não é o único custo que o consumidor incorre quando compra um produto. Há um custo de oportunidade, na medida em que se comprar aquele produto deixa de comprar outro.
- **Conveniência (*Convenience*)** em vez de **Distribuição (*Place*)** – o produto deve estar prontamente disponível para os consumidores quando dele precisam. Os *marketers* que pretendem lançar um pro-

duto devem estudar cuidadosamente os desejos e necessidades dos clientes

- **Comunicação (*Communication*)** em vez de **Promoção (*Promotion*)** – a promoção é manipulativa, enquanto a comunicação é colaborativa. Os *marketers* devem ter como objetivo principal criar um diálogo construtivo com os potenciais clientes, baseado nas suas necessidades e desejos.

14.10. NOVAS TENDÊNCIAS DO MARKETING

As novas tendências do marketing, como o marketing relacional, a gestão da relação com o cliente e o marketing digital, requerem uma nova filosofia de gestão, que coloca novos problemas às organizações, tornando-as mais dependentes das novas tecnologias de marketing e de informação, como o *e-business* e o *e-commerce*, bases de dados e ferramentas de comunicação eletrónica.

14.10.1. MARKETING RELACIONAL (*RELATIONSHIP MARKETING*)

A atração de novos clientes sempre foi um dos principais objetivos da gestão de marketing. Mas a atração de novos clientes é difícil e dispendiosa, especialmente em mercados maduros e altamente competitivos, envolvendo investimentos avultados, designadamente em campanhas publicitárias e em incentivos à força de vendas. Por esse motivo, modernamente a atenção das empresas tem-se voltado mais para a retenção dos clientes atuais e para a construção de relações duradouras e lucrativas, do que procurar conquistar novos clientes.

Baines e Fill (2011) sugerem que a abordagem tradicional do marketing enfatiza a importância do produto, baseia-se no conceito de marketing mix (4 P's) e reconhecem que alguns gestores e académicos consideram que é uma explicação inapropriada da forma como o marketing funciona. Modernamente, o marketing tende mais a ser visto em termos de interações com os consumidores, enfatizando a importância do serviço ao cliente. O **marketing tradicional** coloca a ênfase no marketing mix e nas transações individuais, enquanto o **marketing relacional** coloca a ênfase no processo de identificar, estabelecer e manter relações duradouras e lucrativas com os clientes (Figura 14.20):

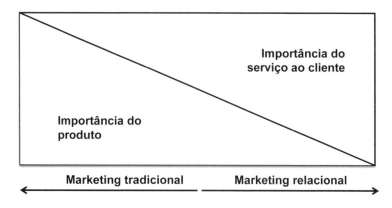

Figura 14.20 Marketing Tradicional e Marketing Relacional

No mesmo sentido, Dibb et al. (2006) definem a era do marketing relacional como o período atual em que o foco não está apenas na simples transação individual, mas na construção e desenvolvimento de relações duradouras e lucrativas com os clientes e na construção de redes de marketing.

O marketing relacional distingue-se do marketing de massas (*mass marketing*) nas seguintes caraterísticas:

Marketing de Massas	Marketing Relacional
Transações pontuais	Transações contínuas
Ênfase no curto prazo	Ênfase no longo prazo
Comunicação unilateral	Comunicação bilateral (colaboração)
Foco centrado na venda	Foco centrado na retenção do cliente
Partilhar o mercado	Partilhar a mente do cliente

O objetivo do marketing relacional é criar valor a longo prazo para os clientes, sendo a medida do sucesso de marketing o grau de satisfação dos clientes. O marketing relacional exige que todos os departamentos da organização trabalhem em conjunto para o mesmo objetivo, que é servir o cliente e criar um clima de satisfação e lealdade do cliente.

Para terem sucesso, as organizações devem identificar os clientes com os quais é vantajoso desenvolver relações de longo prazo, a fim de intensificar o volume de negócios e aumentar a rendibilidade.

14.10.2. GESTÃO DA RELAÇÃO COM O CLIENTE (CRM)

Uma organização moderna não se define apenas pelo seu produto, mas também pelos seus clientes, podendo mesmo dizer-se que os clientes são o principal ativo de uma organização. Para vencerem, ou mesmo sobreviverem, em mercados altamente competitivos, como os que caraterizam os nossos dias, as empresas necessitam de uma nova filosofia de marketing. Devem procurar criar e manter relações de confiança com os seus clientes e não apenas produzir e vender produtos. As empresas devem ser proativas e antecipar as necessidades e desejos dos clientes.

A gestão da relação com o cliente (*Customer Relationship Management-CRM*) é uma ferramenta de gestão transversal a toda a organização que, fazendo uso das novas tecnologias de informação, analisa e influencia o comportamento do cliente, com vista ao desenvolvimento de relações de longo prazo que contribuem para aumentar a captação, retenção e fidelização do cliente. É o processo estratégico de modelar as interações entre os clientes e a organização, de forma a mantê-los satisfeitos e maximizar o valor dos clientes para a organização.

O CRM é uma abordagem ou uma filosofia de gestão que enfatiza o valor do cliente e a importância de construir e desenvolver relações duradouras e lucrativas com os clientes, através de um melhor entendimento sobre as suas necessidades e expectativas (Figura 14.21):

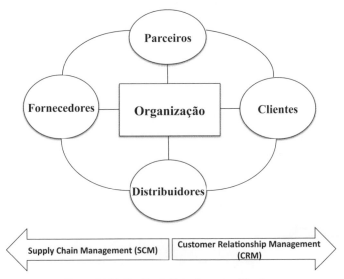

Figura 14.21 **Gestão da Relação com o Cliente**

O CRM proporciona à força de vendas a possibilidade de obter rapidamente informações sobre os clientes, identificar os clientes mais importantes aumentar a fidelização do cliente ao oferecer-lhe produtos e serviços personalizados. Pode também facilitar a realização de cross-selling de produtos ou serviços adicionais aos clientes atuais.

Mas para gerirem as relações com os seus clientes, as organizações necessitam de informação. A informação é escassa e está muitas vezes dispersa pelos vários departamentos da organização. Para ultrapassar estes problemas, cada vez mais empresas usam o CRM para avaliar o valor de cada cliente, identificar os clientes mais valiosos para os tratar de uma forma mais personalizada e customizar os produtos ou serviços às suas necessidades específicas.

O recurso às novas tecnologias de informação, nomeadamente o uso de bases de dados (*data warehouse*), facilita a fidelização dos clientes, na medida em que permite mais facilmente customizar os produtos ou serviços às necessidades específicas de cada cliente. Mas o CRM é muito mais do que dispor de uma base de dados sobre os clientes. Um verdadeiro CRM advoga relações *one-to-one* com os clientes e uma efetiva participação dos clientes nas decisões da empresa que lhes dizem respeito.

Os analistas de CRM desenvolvem e analisam bases de dados e usam técnicas sofisticadas de recolha de dados, arquivo e processamento de informação sobre clientes, mercados, produtos e processos (*data mining*) para explorar ao máximo as informações sobre os clientes. *Data warehouse* é a centralização num arquivo eletrónico de toda a informação existente na empresa sobre os clientes, com o objetivo de permitir aos gestores disporem, de uma forma integrada, de toda a informação disponível na empresa sobre os seus clientes. O *data mining* pode ajudar na seleção dos clientes alvo (*target customers*) ou identificar segmentos de clientes com comportamentos e necessidades similares. O *data warehouse* e o *data mining* são cruciais para a funcionalidade e eficácia dos sistemas CRM, uma vez que é fundamental, para uma boa gestão da relação com o cliente, a existência de uma base de dados única que integre todas as informações relevantes sobre os clientes (Figura 14.22):

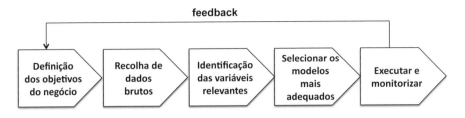

Figura 14.22 Processo de *Data Mining*

O CRM é implementado com recurso a programas informáticos sofisticados e ferramentas analíticas que integram a informação sobre os clientes, analisam os dados e usam os resultados para construir relações fortes com os clientes. A implementação de um programa de gestão da relação com o cliente bem sucedido pressupõe a existência de quatro etapas fundamentais:

1. Qualificação dos clientes atuais com base no seu valor potencial para a empresa.
2. Perceber as necessidades individuais de cada cliente, as preferências sobre os produtos e os seus comportamentos de compra.
3. Criar soluções individualizadas com base nas necessidades individuais de cada cliente e estabelecer relações *one-to-one* para construir e manter relações sustentáveis.
4. Acompanhar todos os aspetos da satisfação do cliente para assegurar que são alcançados elevados níveis de satisfação e lealdade.

As tecnologias CRM podem dividir-se em três categorias:

1. **CRM operacional** – visa melhorar as operações de *front-office* da empresa, como a automação e melhoria do atendimento e apoio ao cliente, a automação do marketing e da força de vendas, gestão de encomendas e faturação, entre outras funções.
2. **CRM estratégico** – baseia-se na recolha, tratamento, interpretação, distribuição e arquivo de informação sobre os clientes, recolhida pelas ferramentas do CRM operacional e outras fontes de informação.
3. **CRM colaborativo** – é como que uma interpenetração de CRM operacional e CRM estratégico. Envolve e prepara as interações entre a

empresa e o cliente. Pode ser um portal, uma aplicação de gestão de relações com parceiros, canais de distribuição, entre outros. Com CRM, os clientes deixam de ser apenas compradores mas passam também a ser parceiros integrados no processo de negócio (Nguyen e Mutum, 2012).

Um verdadeiro CRM tem muitos benefícios para a organização e para os clientes, porque ajuda a vender os produtos ou serviços de forma mais eficaz e contribui para aumentar os rendimentos, na medida em que:

- Conhecendo melhor os clientes, é possível proporcionar níveis mais elevados de satisfação do produto ou serviço e desenvolver relações mais fortes com os clientes.
- Compradores leais tendem a repetir a compra (retenção de clientes) e estão mesmo dispostos a pagar um preço mais elevado.
- Consumidores satisfeitos tendem a comprar outros produtos da organização (*cross-selling*).
- Clientes fidelizados são mais fáceis de servir.
- Clientes satisfeitos fazem publicidade gratuíta dos produtos ou serviços da empresa para outros consumidores.

Os sistemas CRM baseiam-se em bases de dados sobre as necessidades dos clientes e englobam três fases: **captação, retenção e atração de novos clientes**. A captação de novos clientes tem por objetivo aumentar o volume de vendas, a qual, modernamente, pode fazer-se recorrendo a canais digitais, como o comércio eletrónico (*e-commerce*), e-mails, etc. A atração de novos clientes é difícil e dispendiosa, especialmente em mercados em maturidade e altamente competitivos, pelo que a retenção de clientes atuais deve ser uma das prioridades e desafios das organizações.

14.10.3. *BUSINESS INTELLIGENCE*

***Business intelligence* (BI)** ou ***competitive intelligence* (CI)** é um programa baseado nas novas tecnologias de informação, que permite obter informação sobre os concorrentes e tirar conclusões que ajudam os gestores

GESTÃO DE MARKETING

a tomar decisões que melhorem a eficiência, a satisfação e lealdade dos clientes e aumentem as vendas e os resultados. É uma das áreas de maior desenvolvimento da gestão estratégica.

Estudos indicam que há uma relação forte entre o desempenho da empresa e as atividades de *business intelligence*. Segundo Badr, Madden e Wright (2006), a primeira razão para dispor de um programa de *business intelligence* é tomar consciência e conhecimento sobre a indústria, apoiar o processo de planeamento estratégico e desenvolver novos produtos, novas estratégias e novas táticas de marketing.

Business intelligence inclui software como *data mining*, que pesquisa e analisa dados de múltiplas fontes, internas e externas à organização, para identificar padrões de desempenho e de qualidade total e relações que podem ser importantes para a organização, bem como análises estatísticas e relatórios sobre áreas específicas da organização.

A aplicação *business intelligence* pode ajudar os gestores a otimizar os resultados, adequando o mix de produtos às necessidades do mercado, a evitar arquivos desnecessários de informação e a detetar deficiências na organização, como defeitos na produção e possíveis fraudes.

São várias as fontes de *competitive intelligence*. Muitas empresas recorrem a organizações exteriores para obter dados e informações sobre a envolvente externa. As informações sobre as condições do mercado, as normas e regulamentos governamentais, os concorrentes na indústria e novos produtos podem ser obtidas através de empresas especializadas (*brokers*).

Algumas empresas criaram as suas próprias bases de dados e sistemas de informação computadorizados para gerir o manancial de informação disponível. Outras recorrem à internet, que é uma forma rápida de obter informações sobre a envolvente dos negócios. Outras ainda escolhem a espionagem industrial para obter informação sobre os concorrentes, tecnologias, planos de negócio e estratégias de preço.

A principal atividade de *business intelligence* consiste em monitorizar os concorrentes, que são empresas ou organizações que oferecem os mesmos produtos ou serviços, produtos ou serviços similares ou produtos ou serviços substitutos na área de negócio em que a empresa opera.

14.10.4. MARKETING DIGITAL *(DIGITAL MARKETING)*

O marketing digital é uma tendência do mundo contemporâneo. As iniciativas de marketing digital incluem o desenvolvimento de sites, campanhas publicitárias e vendas em formato digital. Muitos negócios podem hoje fazer-se por um processo digital, sem necessidade de dispor de um espaço físico para o efeito.

O *e-business* (*electronic business*) refere-se ao trabalho que uma organização faz, por via eletrónica, com os seus clientes, parceiros, fornecedores, colaboradores e outros *stakeholders*, designadamente através da *internet*. As organizações que usam meios eletrónicos para comunicar com os seus clientes ou com os colaboradores fazem *e-business*. Abarca o desenvolvimento do produto, marketing, vendas e as formas pelas quais os produtos ou serviços são distribuídos aos clientes.

O *e-commerce* (*electronic commerce*) é uma parte do e-business e refere-se ao uso da internet e outros meios eletrónicos para efetuar transações comerciais, desde os clientes aos fornecedores. São três os tipos de *e-commerce*: **Business-to-Consumer (B2C)**, **Business-to-Business (B2B)** e **Consumer-to-Consumer (C2C)** (Figura 14.23):

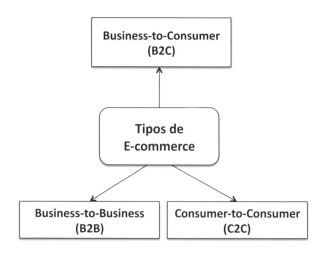

Figura 14.23 Tipos de E-Commerce

As relações *Business-to-Consumer (B2C)* referem-se à venda de produtos ou serviços aos consumidores finais através da internet, como é o caso da Amazon, Expedia, La Redoute. As relações *Business-to-Business* (B2B) referem-se a transações eletrónicas entre organizações. Apesar do *Business--to-Consumer (B2C)* ser provavelmente o mais visível, o *Business-to-Business (B2B)* assume hoje uma importância crescente, podendo utilizar, para além da internet, sistemas eletrónicos privados de *e-commerce*.

A terceira área de *e-commerce* é o *Consumer-to-Consumer* (C2C), que acontece quando um negócio é efetuado através da *internet*, que atua como um intermediário entre consumidores. Acontece quando é criado um grande mercado eletrónico, onde os consumidores podem comprar e vender diretamente a outros consumidores sem intermediários, fazendo praticamente toda a transação via *internet*. São os casos do eBay ou do OLX. Outra área em grande crescimento do C2C é o *Peer-to-Peer* (P2P), que consiste em redes de partilha de ficheiros, como são os casos do iTunes e Grokster, entre outros, que facultam tecnologia para troca online de músicas, filmes e outros ficheiros.

Quando se avalia o impacto do e-commerce numa organização é útil identificar as oportunidades do lado da procura (transações entre o departamento de compras de uma organização e os seus fornecedores) e o lado da oferta (transações entre o departamento comercial de uma organização e os seus clientes). Por conseguinte, as transações de comércio electrónico entre as organizações podem ser consideradas de duas perspectivas: lado da venda na perspectiva da organização vendedora e lado da compra da perspectiva da organização compradora.

A operacionalização do marketing digital não difere muito da elaboração de um plano de marketing. A elaboração de um plano de marketing digital desenvolve-se da mesma forma que um plano de marketing, ou seja, parte da análise do microambiente e do macroambiente em que os serviços de marketing digital são prestados, para a fixação de objetivos de marketing, a definição de estratégias para os mercados alvo e a fixação de táticas de marketing mix (Figura 14.24):

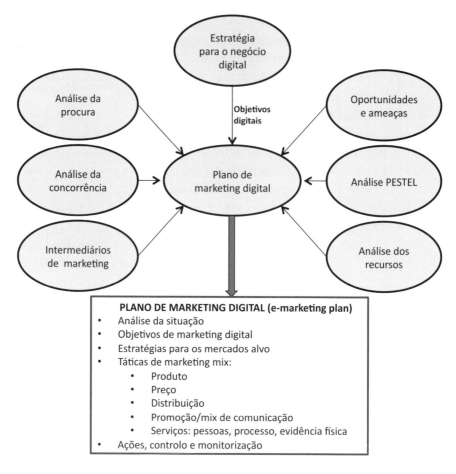

Figura 14.24 **Inputs para o Plano de Marketing Digital**

As etapas envolvidas no plano digital de marketing podem caracterizar-se como segue:

- Análise da situação – onde estamos agora?
- Objetivos – para onde queremos ir?
- Estratégia – como podemos lá chegar?
- Táticas – como exactamente podemos lá chegar?
- Ação – qual é o nosso plano?
- Controlo – conseguimos lá chegar?

Medir a eficácia do e-marketing é uma parte integrante da estratégia, com vista a avaliar se os objectivos foram alcançados.

14.10.5. MARKETING DIRETO *(DIRECT MARKETING)*

O marketing direto envolve a interação entre os clientes individuais e o vendedor. É a forma de marketing que apresenta um maior crescimento. No passado, o marketing direto era largamente dominado pelo correio e pelo telefone. Com o desenvolvimento das novas tecnologias, hoje em dia o marketing direto refere-se a todas as formas de comunicações online, que inclui o uso de todas as formas de venda não pessoal, como a venda por catálogo, telemarketing, mail direto, websites, televisão interativa, comunicações por telemóvel e internet, para fazer chegar os produtos ao conhecimento dos consumidores, que depois compram por email, telefone ou internet. Os produtos e serviços oferecidos vão desde roupas, livros, CD's, vinhos, serviços financeiros, reservas de hotéis, viagens por caminho de ferro e viagens aéreas.

As principais caraterísticas do marketing direto são:

- Ausência de contacto face a face.
- Uso *online* ou *offline* dos media para estabelecer comunicações *one-to-one* e realizar transações.
- Facilidade de medir as respostas às comunicações.
- Uso de base de dados (*database*) para selecionar o público alvo (*target*).

O marketing direto pode ser usado tanto no *business to consumer* (B2C) como no *business to business* (B2B), embora com finalidades diferentes. No marketing B2C o marketing direto tem como objetivo principal concretizar a venda, ao passo que no marketing B2B, o marketing direto é essencialmente um indutor de compra, sendo a venda concluída pelo vendedor quando o cliente mostrar interesse.

O marketing direto tem vantagens para os compradores: é conveniente, é fácil e é privado. No marketing direto não há horários de encerramento e o consumidor não necessita de se deslocar à loja, enfrentar o trânsito e ter que arranjar parque para estacionamento da viatura, pode consultar os catálogos e as caraterísticas do produto livremente em sua casa sem perder tempo com o vendedor. É fácil porque dá acesso a um número ilimitado de artigos em qualquer parte do mundo. É privado porque no conforto da sua casa pode fazer as compras que entender sem intervenção de outras pessoas.

Para os vendedores, o marketing direto tem também grandes vantagens. É uma ferramenta poderosa para construir relações com os clientes.

MANUAL DE GESTÃO MODERNA

Usando bases de dados, os *marketers* podem direcionar a mensagem ao público alvo e medir os resultados. Fica a saber quem é o cliente, o que comprou no passado e pode fazer recomendações de novas compras com base nas compras que fizeram clientes similares. Por exemplo, a Amazon sabe quem é o cliente, onde se situa, o que comprou no passado e sugere a compra de outros artigos que outros compradores fizeram.

A natureza *one-to-one* do marketing direto facilita às empresas interagir com os seus clientes por e-mail, telefone ou online, saber mais sobre as suas necessidades e ajustar os produtos ou serviços à medida dos gostos específicos dos consumidores. O marketing direto tem ainda a vantagem para os vendedores de ser barato, eficiente e rápido.

Com as novas tecnologias, as organizações podem hoje contactar com os seus clientes a toda a hora, onde quer que se encontrem e sobre qualquer assunto. Como o uso de telemóveis está generalizado em todo o mundo, os *marketers* de todos os setores vêm o telemóvel como um novo grande meio de marketing direto, recorrendo a mensagens SMS e mensagens multimédia (MMS) para contactar os consumidores, com anúncios, promoções, atribuição de prémios e descontos.

Por outro lado, os *marketers* de uma grande variedade de setores, incluindo automóveis, viagens, telecomunicações e serviços financeiros, estão cada vez mais a usar a televisão interativa para enviar mensagens e informações para consumidores alvo. A TV interativa dá aos *marketers* a oportunidade de atingir consumidores alvo de uma forma mais envolvente. As audiências são estimuladas a interagir diretamente com a empresa através de um simples ato de pressionar um botão do seu comando.

O telemóvel, os *podcats (download* de ficheiros audio da internet para um iPod), *os vodcasts (download* de ficheiros video da internet para um iPod) e a TV interativa oferecem excelentes oportunidades de marketing direto, mas os *marketers* devem usar estes instrumentos com parcimónia e oferecer reais vantagens aos consumidores, caso contrário correm o risco de ter efeitos negativos sobre os consumidores, por considerarem invasão das suas vidas privadas.

14.10.6. MARKETING SOCIAL *(SOCIAL MARKETING)*

O marketing social foi desenvolvido por Philip Kotler em 1971 para "descrever o uso de princípios e técnicas de marketing para a promoção de

GESTÃO DE MARKETING

uma causa, de uma ideia ou de um comportamento social". Desde então o marketing social tem vindo a ganhar relevância, considerando-se hoje uma estratégia de mudança de comportamento organizacional e uma ferramenta de marketing que pode ser utilizada por todos os setores da economia para promover a transformação social e acrescentar valor ao produto ou serviço, à imagem ou à marca de uma organização.

O marketing social tem como objetivo principal acrescentar valor à marca de determinada organização ou produto por meio da promoção de ações sociais, culturais, desportivas ou ambientais. Enquanto o marketing de negócios procura transmitir as vantagens de um produto ou serviço ou os méritos de uma marca, o marketing social está relacionado com a responsabilidade social das organizações e tem como objetivo contribuir para uma imagem positiva da organização, através da promoção de ações de caráter social.

Esta nova abordagem de marketing parte do princípio de que os consumidores desenvolvem uma atitude positiva em relação à organização e aos seus produtos se a considerarem uma organização responsável perante a sociedade, solidária e amiga do ambiente.

14.11. RESUMO DO CAPÍTULO

Este capítulo teve como objetivo introduzir os principais conceitos de marketing e enfatizar a sua importância no desempenho das organizações modernas. O processo de marketing começa com a recolha e tratamento da informação sobre os clientes, os concorrentes, a organização e o contexto onde desenvolve as suas atividades, com vista a adequar o produto ou serviço às necessidades e desejos do consumidor.

Foram apresentados os fundamentos do comportamento do consumidor, bem como a forma como as organizações segmentam o mercado, selecionam o público-alvo e se posicionam no mercado. Foi também estudada a forma como os gestores devem tomar decisões sobre as políticas de marketing-mix, tendo em vista a criação de valor para os clientes e a prossecução dos objetivos da organização.

Finalmente, o capítulo termina com a abordagem das novas tendências de marketing, nomeadamente a gestão da relação com o cliente, o marketing relacional, o marketing digital, o marketing direto e o marketing social.

QUESTÕES

1. Explique a evolução do conceito de marketing e destaque a importância do foco no cliente.
2. Quais as forças do micromarketing relevantes no setor do Vinho do Porto? Justifique.
3. Identifique e explique as cinco forças que constituem o ambiente do macromarketing.
4. Descreva as principais forças do macromarketing que afetam ou podem afetar as vendas de Vinho do Porto? Sugira formas como o setor pode responder aos fatores externos.
5. O que é pesquisa de marketing?
6. Qual a diferença entre dados primários e dados secundários?
7. Imagine que é o responsável de marketing de uma empresa que produz shampoo que está pronta a lançar um novo shampoo mas há incerteza sobre quem o vai comprar. É útil elaborar um estudo de pesquisa de mercado? Deve atrasar o lançamento do produto?
8. Descreva os fatores que influenciam o comportamento de compra do consumidor.
9. Que dados são necessários recolher sobre o comportamento do consumidor num processo de pesquisa de marketing no mercado do vinho? Justifique.
10. São os mercados industriais fundamentalmente diferentes dos mercados de consumo?
11. Explique como as empresas do Vinho do Porto identificam segmentos de mercado atrativos e como escolhem uma estratégia de targeting?
12. Que critérios podem ser usados para determinar os segmentos de mercado?
13. Identifique os quatro componentes do marketing-mix.
14. Qual a importância do preço para os esforços de marketing? Que fatores devem ser considerados na sua definição?
15. Que decisões têm que tomar os gestores na definição da política do produto?
16. O que são canais de distribuição? Que funções desempenham para a organização?
17. Explique o significado de distribuição e identifique os diferentes canais de distribuição.
18. Descreva o papel dos armazenistas e dos retalhistas na distribuição do produto.
19. Em que consiste a comunicação? Quais as fases de um processo de comunicação?
20. Quais as principais tendências contemporâneas do marketing?
21. Em que consiste o marketing relacional? Porque é hoje tão popular?
22. O que é a gestão da relação com o cliente? Como pode aumentar o grau de satisfação e lealdade do cliente?

GESTÃO DE MARKETING

23. **Defina marketing direto e indique quais os benefícios para os consumidores e para os vendedores?**
24. **Identifique a principais formas de marketing direto.**
25. **Como as empresas podem usar o marketing direto para criar mais valor para os clientes?**

ESTUDO DE CASO 14.1

Imagine que é o gestor de marketing de uma empresa que planeia lançar uma nova marca de um perfume.

QUESTÕES

1. **Qual das estratégias de preços "desnatação" ou "penetração" usaria para o lançamento do novo produto? Justifique a resposta.**
2. **Qual das estratégias de promoção "pull" ou "push", ou uma combinação das duas, usaria para o lançamento do novo produto? Justifique a resposta.**

ESTUDO DE CASO 14.2

A Fábrica de Cervejas Cintra foi construída pelo empresário Sousa Cintra e inaugurada em 2002. Praticamente desde o início da laboração tem passado por dificuldades financeiras, acabando por declarar a insolvência. Sousa Cintra disse ser "um negócio que tinha tudo para dar certo, mas acabou por ser aquele onde perdeu mais dinheiro na sua vida". Disse ainda "que podia ter sido um grande sucesso". "Não havia nenhum país na Europa que tivesse apenas duas marcas de cerveja, como era o caso de Portugal". "Senti que havia espaço para uma cerveja de grande qualidade, depois do sucesso que tinha tido no Brasil". "Fiz tudo como deve ser, uma fábrica com princípio, meio e fim, numa zona do País estratégica para a distribuição, com água para fazer a cerveja do melhor que há, estudos de mercado que garantiam o sucesso do produto".

Depois de várias peripécias e após ter passado por outros proprietários, acabou por ser comprada em 2010 pelo grupo espanhol Font Salem, que pertence integralmente ao Grupo Damm, um dos maiores produtores de cerveja em Espanha. Com vista à sua viabilização, o Grupo Font Salem encetou um processo de recuperação, que passou pela duplicação da capacidade produtiva, com abertura de uma nova linha de engarrafamento de latas e alargamento da gama de produtos,

MANUAL DE GESTÃO MODERNA

com produção de refrigerantes para o mercado das marcas de distribuição ibéricas. O grupo espanhol decidiu manter a marca Cintra porque tem notoriedade, estando a engarrafar barris para o canal HORECA (bares, restaurantes, entre outros espaços) e a engarrafar para o mercado angolano, onde já estava implantada e a crescer. Está também a exportar para Espanha e a prestar serviço de enchimento para outras marcas.

Diz ainda Sousa Cintra "Eu mexi com o mercado e, nessa medida, beneficiei os consumidores, porque obriguei a concorrência a aumentar a qualidade". Lembra o lançamento da cerveja preta e da "mulata", que foi "imitada quase de imediato". Mas nestas coisas "é preciso manter a chama acesa", que é como quem diz "distribuir bem e publicitar bem". E isso não conseguiu Sousa Cintra em Portugal.

O mercado das cervejas em Portugal é dominado pelos dois grandes operadores, Centralcer e Unicer, que usam estratégias agressivas de marketing-mix. Os pequenos fabricantes, como a "Cervejas Cintra", produzem em pequenas quantidades e têm dificuldade em penetrar no mercado em Portugal. Para crescer, a estratégia da "Cervejas Cintra" consistiu em atrair os principais retalistas, bares e *pubs*, mas não foi tarefa fácil. Como se tratava de uma cerveja nova no mercado, a "Cervejas Cintra" começou a despertar a atenção dos seus principais concorrentes, que não estavam dispostos a permitir que roubasse as suas quotas de mercado. O resultado foi o fracasso da sua estratégia de marketing.

QUESTÕES

1. *No seu entender, o que terá falhado no processo de lançamento no mercado da "Cervejas Cintra"? Justifique.*
2. *Quais as forças relevantes do micromarketing que afetaram as vendas da "Cervejas Cintra" e como pode a empresa responder a essas forças?*
3. *Qual a importância em identificar os mercados-alvo para ter sucesso num mercado altamente competitivo como o das cervejas?*
4. *Deve a empresa tentar penetrar no mercado doméstico? Porquê? Se sim, quais devem ser os seus mercados alvo e como deve posicionar os seus produtos nesse mercado?*
5. *Como pode a empresa acrescentar valor para os clientes através das decisões de marketing mix?*
6. *Imagine que foi recentemente contratado como gestor de marketing da empresa. Quais devem ser as suas prioridades? Que estratégia de marketing desenvolveria e que ações desencadearia com vista ao relançamento da empresa?*
7. *Defina uma estratégia de marketing para a internacionalização da empresa e identifique e caracterize as diferentes opções de internacionalização tradicionalmente usadas na internacionalização das empresas.*

REFERÊNCIAS

Baines, P. e Fill, C. (2011), *Marketing*, 2nd edition, Oxford University Press.

Badr, A., Madden, E. e Wright, S. (2006), *The contribution of CI to the strategic decision making process: Empirical study of the European pharmaceutical industry*, Journal of Competitive Intelligence & Management, 3 (4), pp. 15-35.

Chandrashekaran, M., Rotte, k., Grewal, R. e Tax, S. (2007), *Satisfaction Strength and Customer Loyalty*, Journal of Marketing Research, February.

Dibb, S., Simkin, L., Pride, W. e Ferrel, O. (2006), *Marketing Concepts and Strategies*, 5th edition, European Edition, Houghton Mifflin, Boston.

Hooley, G., Saunders, J. e Piercy, N. (2006), *Estratégia de Marketing e Posicionamento Competitivo*, 3ª edição, Pearson Prentice Hall, São Paulo.

Keegan, W. e Green, M. (2011), *Global Marketing*, Sixth Edition, Pearson, Education, Upper Sadle River, New Jersey.

Kotler, P. (2007), *Os 10 Pecados Mortais do Marketing: Indícios e Soluções*, Editora Planeta DeAgostini.

Koler, P. e Keller, K. (2009), *Marketing Management*, 13th Edition, Pearson International Edition, Upper Sadle River, New Jersey.

Kotler, P. e Armstrong, G. Wong, V. e Saunders, J. (2008), *Principles of Marketing*, Fifth European Edition, Pearson Education Limited, England.

Kumar, V. e Reinartz, W. (2012), *Customer Relationship Management: Concept, Strategy, and Tools*, Second Edition, Springer, London.

Lindon, D., Lendrevie, J., Levy, J., Dionísio, P. e Rodrigues, J. V. (2013), *Mercator XXI: Teoria e Prática do Marketing*, 15ª Edição, Dom Quixote, Lisboa.

Maçães, M. A. R. (2010), *Orientação para o Mercado, Aprendizagem Organizacional e Inovação: As Chaves para o Sucesso Empresarial*, Coleção Teses, Universidade Lusíada Editora, Lisboa.

Mooi, E. e Sarstedt, M. (2011), *A Concise Guide to Market Research: The Process, Data, and Mrthods Using SPSS Statistics*, Springer, London.

Nguyen, B. e Mutum, D. (2012), *A Review of Customer Relationship Management: Successes, Advances, Pitfalls and Futures*, Business Process Management Journal, Vol. 18 (3), pp. 400-419.

Peppers, D. e Rogers, M. (2011), *Managing Customer Relationships: A Strategic Framework*, 2nd edition, John Wiley & Sons, Inc., New Jersey.

Stuart, B. Sarow, M. e Stuart, L. (2007), *Integrated business Communication in Global Marketplace*, John Wiley & Sons, Ltd, England.

Capítulo 15
Gestão Financeira

Este capítulo é dedicado à gestão financeira, que é a área responsável pela gestão do fluxo dos recursos financeiros colocados à disposição da organização. Na primeira parte deste capítulo descrevem-se os fundamentos da gestão financeira e faz-se a análise das demonstrações financeiras fundamentais a que o gestor financeiro recorre.

De seguida, será analisada a situação económico-financeira e o desempenho da empresa nos seus diferentes aspetos, designadamente no que se refere ao equilíbrio financeiro, liquidez, solvabilidade e rendibilidade. São focadas as principais decisões financeiras que os gestores têm que tomar em matéria de investimento e de financiamento.

Finalmente serão abordados os principais métodos de análise e avaliação de projetos de investimento e apresentadas as principais modalidades de financiamento de curto e médio e longo prazo a que as empresas podem recorrer, incluindo o financiamento de grandes projetos empresariais, como o *project finance* e as parcerias público-privadas.

OBJETIVOS DE APRENDIZAGEM

Depois de ler e refletir sobre este capítulo, o leitor deve ser capaz de:
- Conhecer as funções do gestor financeiro.
- Interpretar o balanço e a demonstração de resultados de uma empresa.

MANUAL DE GESTÃO MODERNA

- Conhecer os conceitos de estrutura e de equilíbrio financeiro.
- Elaborar um orçamento de tesouraria e avaliar a sua importância na gestão financeira das empresas.
- Saber analisar a situação económico-financeira de uma empresa em termos de liquidez, autonomia financeira, solvabilidade e rendibilidade.
- Conhecer os principais métodos de avaliação de projetos de investimento.
- Identificar as principais modalidades de financiamento das empresas.

Conceitos chave
Contabilidade, gestão financeira, equilíbrio financeiro, situação económico--financeira, balanço, demonstração de resultados, orçamento, decisões de investimento, decisões de financiamento, project finance, parcerias público-privadas, capital de risco.

15.1. O PAPEL DA CONTABILIDADE E DA INFORMAÇÃO CONTABILÍSTICA

A contabilidade é um sistema de recolha, análise e comunicação de informação financeira da organização, destinada aos sócios, acionistas, gestores, empregados, fisco, credores e público em geral.

Como qualquer organização tem milhares de transações, para assegurar a consistência, a informação contabilística deve estar subordinada a determinadas normas e procedimentos obrigatórios. É esse o papel do **Sistema de Normalização Contabilística (SNC)**, que é um sistema organizado para identificar, medir, registar e arquivar informação a ser usada na elaboração da informação financeira a prestar pelas organizações.

O SNC, que assimila a transposição das diretivas contabilísticas da União Europeia, é composto pelos seguintes instrumentos:

- Bases para a apresentação de demonstrações financeiras.
- Modelos de demonstrações financeiras.
- Código das contas.
- Normas contabilísticas e de relato financeiro.
- Norma contabilística e de relato financeiro para pequenas entidades.
- Normas interpretativas.

As demonstrações financeiras são uma representação estruturada da posição financeira e do desempenho financeiro de uma organização. O objetivo das demonstrações financeiras é o de proporcionar informação

GESTÃO FINANCEIRA

acerca da posição financeira, do desempenho financeiro e dos fluxos de caixa de uma entidade que seja útil a uma vasta gama de utentes na tomada de decisões económicas. São vários os destinatários da informação contabilística, que é utilizada com diversas finalidades:

- Os gestores usam-na para desenvolver objetivos e planos, orçamentos e previsões.
- Os empregados usam-na para planear os benefícios que podem receber, como apoio em sistemas de saúde, férias e reforma.
- Os investidores e credores usam-na para estimar a rendibilidade para os acionistas, determinar perspetivas de crescimento dos negócios e analisar e decidir o risco de crédito.
- As autoridades fiscais usam-na para planear o montante de impostos a cobrar, determinar as taxas de imposto dos indivíduos e dos negócios e assegurar que o montante de impostos é pago atempadamente.
- Os reguladores, como o Banco de Portugal, a Comissão do Mercado de Valores Mobiliários e a Autoridade de Supervisão de Seguros e Fundos de Pensões, usam-na para assegurar o cumprimento das suas obrigações perante o público.

Qualquer organização desenvolve várias relações, não só no seio da própria organização, mas também com o meio envolvente, que lhe fornece os *inputs* (matéria-prima, mão-de-obra, energia, capital, equipamentos) de que necessita para a sua atividade e onde coloca os seus *outputs* (produtos e serviços).

As relações que uma empresa desenvolve com o meio externo são suscetíveis de ter uma expressão quantitativa que a contabilidade financeira regista. Numa definição clássica, a **contabilidade financeira** regista as relações da empresa com o exterior, enquanto a **contabilidade de gestão** (contabilidade de custos) regista as relações no seio da própria empresa. Estes dois ramos da contabilidade distinguem-se pelos destinatários da informação.

A contabilidade financeira destina-se a utilizadores externos, como grupos de consumidores, *stakeholders*, fornecedores, bancos, autoridades governamentais. Prepara as Demonstrações Financeiras, como o Relatório de Gestão, o Balanço, a Demonstração dos Resultados e demais peças contabilisticas constantes do SNC.

A contabilidade de gestão serve os utilizadores internos. Os gestores de todos os níveis de gestão precisam de informação para tomar decisões, monitorizar projetos e planear as atividades futuras. Os outros colaboradores também precisam de informação de gestão. Os responsáveis de produção precisam de saber os custos de produção. Por exemplo, antes de lançar um novo produto ou de fazer determinadas melhorias na produção, os responsáveis de compras precisam de saber os custos dos materiais para negociar as condições de compra com os fornecedores, os vendedores precisam de saber o volume de vendas no passado, por produtos, por clientes e por regiões geográficas.

15.2. FUNÇÕES DO GESTOR FINANCEIRO

Depois de no Capítulo 1 termos identificado as funções do gestor em termos gerais, vamos agora analisar as funções específicas do gestor financeiro (*CFO-Chief Financial Officer*). Uma abordagem possível é centrarmo-nos nos principais objetivos da função financeira. Outra será analisarmos as funções do gestor financeiro em funções do tipo de decisões que toma e do horizonte temporal (curto e médio/longo prazos) em que fazem sentir os seus efeitos (Figura 15.1).

Entende-se como curto prazo as tarefas realizadas num período inferior a um ano e como médio/longo prazo as atividades que têm repercussões num período superior a um ano.

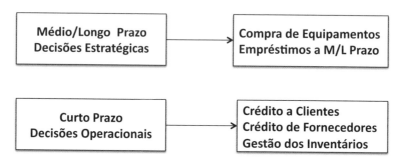

Figura 15.1 Funções do Gestor Financeiro

As **decisões estratégicas** têm a ver com as políticas de investimento e de financiamento da empresa, as quais se traduzem na elaboração do plano de investimentos. Por exemplo, uma empresa pretende comprar uma nova máquina para aumentar a sua capacidade produtiva. O gestor financeiro deve analisar o investimento em causa e escolher a melhor alternativa de financiamento possível para concretizar esse investimento.

As **decisões operacionais** têm a ver com a definição da política de concessão de crédito aos clientes, isto é, se pagam de imediato ou se lhes concede um prazo para fazer o pagamento, ou a política de pagamento a fornecedores. A decisão de concessão de crédito é uma decisão operacional, pois está diretamente relacionada com as condições de exploração da empresa.

Abordámos as funções do gestor financeiro na ótica da tarefa. Mas quais são os objetivos da gestão financeira?

Um dos objetivos da gestão financeira é assegurar o **equilíbrio financeiro da empresa.** Para que isso aconteça, a empresa deve desenvolver a sua atividade operacional e realizar os seus investimentos de acordo com a política de financiamento mais adequada. Assim, se a empresa pretende investir a longo prazo, deve utilizar meios de financiamento de longo prazo (por exemplo, a compra de uma máquina para a linha de produção deve ser financiada por empréstimo de médio/longo prazo); se a empresa pretende financiar a aquisição de matérias-primas ou mercadorias para armazém, deve utilizar meios de financiamento a curto prazo, como, por exemplo, negociar o crédito com os seus fornecedores ou um financiamento de curto prazo na banca.

Outro dos objetivos da gestão financeira é **maximizar a rendibilidade** da empresa, para que os resultados obtidos possam criar valor para a empresa. Seja qual for a atividade da empresa, os gestores financeiros têm que tomar decisões referentes à alocação de recursos e ao seu financiamento, com o objetivo de maximizar o valor da empresa. No entanto, a um investimento está sempre associado um determinado risco que é preciso minimizar para que a relação entre a rendibilidade e o risco do investimento seja equilibrada.

Um terceiro objetivo da gestão financeira é garantir a **sustentabilidade da empresa** a longo prazo e desta forma garantir a obtenção de resultados líquidos positivos, que pode traduzir-se na distribuição de resultados aos sócios ou, em alternativa, haver uma retenção de resultados para reinvestimento. Embora a aplicação de resultados seja um dos objetivos da gestão financeira, a decisão cabe à Assembleia Geral, depois de apresentado o Relatório e Contas da empresa. Estes documentos refletem a situação económico-financeira da empresa no ano anterior.

MANUAL DE GESTÃO MODERNA

15.3. A GESTÃO FINANCEIRA NAS ORGANIZAÇÕES

As relações que se estabelecem entre as empresas e o exterior e no seu interior vão gerar fluxos físicos e fluxos de informação. Na ótica da gestão financeira, os fluxos a tratar são:

1. **Financeiros (Receitas/Despesas)** – dizem respeito ao relacionamento da empresa com o exterior. Se a empresa fica credora de um elemento externo, diz-se que teve uma receita; se fica devedora diz-se que teve uma despesa.
2. **Monetários (Recebimentos/Pagamentos)** – dizem respeito à entrada (recebimentos) e saída (pagamentos) de meios monetários da empresa.
3. **Económicos (Rendimentos/Gastos)** – dizem respeito ao consumo de *inputs* (gastos) e à obtenção de *outputs* (rendimentos).

Quando uma empresa compra matéria-prima a um fornecedor tem uma despesa. O momento da despesa pode ou não coincidir com o momento do pagamento. Quando uma empresa obtém um produto acabado está a ter um rendimento e quando o vender terá uma receita. No momento em que o cliente pagar o valor da dívida, a empresa terá um recebimento.

Designa-se por **património** de qualquer pessoa ou organização o conjunto de bens, direitos (dívidas a receber) e obrigações (dívidas a pagar). Todos os elementos patrimoniais são suscetíveis de serem representados por unidades monetárias e por isso todos eles são valores. Podemos dividir o património em duas classes distintas.

1. **Ativo**: Bens + Direitos
2. **Passivo**: Obrigações

O ativo é o subconjunto do património constituído por todos os bens e valores a receber, enquanto o passivo é o subconjunto de todos os valores a pagar.

Exemplo:

O **ativo** inclui os recursos de que a empresa dispõe ou tem direito a receber, como dinheiro em caixa ou depósitos bancários, terrenos, edifícios, viaturas, equipamentos, mobiliário, inventários, dívidas de clientes.

O **passivo** inclui as dívidas da empresa a parceiros exteriores, como financiamentos obtidos, dívidas a fornecedores, dívidas ao Estado, dívidas aos trabalhadores.

A diferença entre o **ativo** e o **passivo** designa-se por **capital próprio.**

Exemplo:

A empresa X dispõe dos seguintes elementos patrimoniais (valores em Euros):

Equipamentos	40 000
Caixa	200
Depósitos bancários	2 000
Mercadorias	5 000
Investimentos financeiros	20 000
Edifícios	1 000 000
Dívidas de clientes	8 000
Dívidas a fornecedores	30 000

Ativo = 200+2 000+20 000+1 000 000+40 000+8 000+5 000=1 075 200 Euros
Passivo = 30 000 Euros
Capital Próprio = 1 075 200 – 30 000 = 1 045 200 Euros

Temos, por definição:

$$\text{Ativo} = \text{Passivo} + \text{Capital Próprio}$$

$$\text{Capital Próprio} = \text{Ativo} - \text{Passivo}$$

A esta expressão chama-se **Equação Fundamental da Contabilidade.**

Quanto ao valor do capital próprio, podemos ter três situações distintas:

- Ativo > Passivo → Capital próprio positivo
- Ativo = Passivo → Capital próprio nulo
- Ativo < Passivo → Capital próprio negativo (situação de falência técnica)

15.4. DEMONSTRAÇÕES FINANCEIRAS

Conforme referimos anteriormente, a contabilidade sintetiza os resultados das transações da empresa e elabora documentos contabilísticos para ajudar os gestores a tomar decisões fundamentadas. Os documentos contabilísticos mais importantes elaborados pela contabilidade são as demonstrações financeiras que incluem, entre outros, o **balanço**, a **demonstração dos resultados** e a **demonstração de fluxos de caixa**. A análise conjunta destes três documentos contabilísticos permite avaliar a saúde financeira da empresa e de que forma pode ser afetada, pelo que são documentos essenciais para os gestores financeiros. Desta forma, os primeiros pontos deste capítulo serão dedicados à compreensão dos princípios fundamentais da gestão financeira e das demonstrações financeiras e do seu conteúdo.

Posteriormente, passar-se-á à exposição das ferramentas básicas de análise financeira, que permitem avaliar a situação económico-financeira da empresa, tirando-lhe uma radiografia que pormenorize o que é a empresa e a sua rendibilidade.

15.4.1. BALANÇO

O **Balanço** é o registo do património da empresa num dado momento, suas dívidas, créditos, capital próprio, ou seja, ativo, passivo e capital próprio.

O **Ativo** de uma empresa representa o que possui, tanto em termos de elementos efetivamente detidos, como em termos de direitos que conferem a posse de algo que ainda não é detido. O ativo é composto pelas rubricas de imobilizado, existências (mercadorias, produtos acabados e matérias-primas), dívidas a receber e disponibilidades (caixa e depósitos). Por seu turno, as dívidas contraídas para financiar o ativo denominam-se por **Passivo.** O passivo pode ser de curto prazo ou de médio/longo prazo, consoante o seu prazo de vencimento e reembolso. Por último, a diferença entre aquilo que a empresa possui (ativo) e o que deve (passivo) corresponde à sua situação patrimonial líquida, ou seja, o **Capital Próprio**.

A Figura 15.2 apresenta o balanço de forma esquemática:

Figura 15.2 **Balanço Esquemático**

O **Ativo** é composto pelas seguintes rubricas:

- **Ativo não corrente**: representa o que a empresa detém com carácter permanente, isto é, com duração superior a um ano. O ativo não corrente divide-se em quatro rubricas fundamentais – tangível, intangível, investimentos financeiros e investimentos em curso.
    - **Ativos fixos tangíveis**: compreende as quantias, líquidas de depreciações e de perdas de imparidades acumuladas, assumidas à data do relato, por ativos fixos tangíveis que a empresa detém. Estes bens são classificados em termos contabilísticos como terrenos, edifícios, equipamentos básicos, equipamentos de transporte, ferramentas e utensílios, equipamento administrativo e taras e vasilhame.
    - **Ativos intangíveis:** devem ser registados como imobilizado incorpóreo todos os bens não palpáveis da empresa. São considerados bens imobilizados intangíveis as despesas de instalação, as despesas de investigação e desenvolvimento, a propriedade industrial e outros direitos (patentes, marcas, alvarás, licenças, etc.) e os trespasses.
    - **Participações financeiras**: são considerados investimentos financeiros com carácter de permanência as ações, obrigações, empréstimos concedidos, imóveis para arrendamento, depósitos bancários e os títulos de dívida pública detidos pela empresa por um período superior a um ano.
    - **Ativos não correntes detidos para venda**: rubrica na qual se incluem as quantias, líquidas de depreciações e de perdas de imparidades acumuladas, dos ativos classificados como não correntes detidos para venda.

- **Ativo corrente:** representa o que a empresa detém com caráter de curto prazo, ou seja, com duração inferior a um ano.
  - **Inventários:** correspondem aos materiais que a empresa detém, quer sejam para venda, quer para incorporação na produção (mercadorias, produtos acabados e intermédios ou matérias- -primas, subsidiárias e de consumo).
  - **Clientes:** esta rubrica inclui as quantias de ativos financeiros relativos a dívidas a receber de clientes, liquidas de perdas de imparidades acumuladas, à data do relato. As dívidas de terceiros poderão ser de curto prazo ou de médio/longo prazo, consoante a previsão de cobrança seja inferior ou superior a um ano.
  - **Adiantamentos a fornecedores**; compreende as quantias de ativos financeiros respeitantes a fornecedores de bens e serviços e de investimento cujo preço não esteja previamente fixado.
  - **Estado e outros entes públicos:** compreende os ativos correntes por quantias a favor da entidade respeitantes a impostos, taxas e contribuições obrigatórias derivadas do relacionamento com o Estado e outros entes públicos.
  - **Outras contas a receber:** compreende as quantias de ativos financeiros correspondentes a contas a receber que não estejam inserias nas demais rubricas de contas a receber.
  - **Diferimentos:** rubrica que se destina especificamente a evidenciar as quantias respeitantes a despesas e pagamentos que, à data do relato, antecedem o momento de uso ou consumo de rcursos.
  - **Caixa e depósitos bancários:** representam fundos monetários da empresa, como dinheiro em caixa, depósitos bancários, aplicações em títulos, por prazo inferior a um ano.

O **passivo** de uma empresa, por seu turno, representa o que esta deve a terceiros de forma a financiar a sua atividade e é constituído pelas seguintes rubricas:

- **Passivo não corrente:** representa o que a empresa deve com caráter permanente, isto é, com duração superior a um ano.
  - **Provisões:** compreende as quantias de provisões para acorrer a riscos e encargos que a entidade salvaguarda para fazer face a possíveis perdas.
  - **Financiamentos obtidos:** compreende as quantias referentes a passivos financeiros classificados como não correntes, nomeada-

GESTÃO FINANCEIRA

mente empréstimos bancários de médio/longo prazo, contraídos junto de bancos e instituições financeiras e empréstimos obrigacionistas.

- **Estado e outros entes públicos**: representa as dívidas da empresa para com o Estado, nomeadamente IVA a pagar, Segurança Social, retenções de IRS, IRC e impostos locais.
- **Outras contas a pagar**: inclui as quantias de passivos financeiros correspondentes a contas a pagar de caráter não corrente, que não estejam inseridas nas demais rubricas de contas a pagar.
- **Passivo corrente**: representa o que a empresa deve com caráter de curto prazo, ou seja, com duração inferior a um ano.
  - **Fornecedores**: representam as quantias de passivos financeiros por dívidas a pagar a fornecedores à data de relato.
  - **Adiantamento de clientes**: compreende as quantias de passivos financeiros respeitantes a adiantamentos de clientes em transações cujo preço não esteja previamente fixado.
  - **Estado e outros entes públicos**: compreende os passivos por quantias em dívida respeitantes a impostos, taxas e contribuições obrigatórias derivadas do relacionamento das entidades com o Estado e outros entes públicos.
  - **Financiamentos obtidos**: compreende as quantias referentes a passivos financeiros classificados como correntes, nomeadamente empréstimos bancários de curto prazo contraídos junto de bancos e instituições financeiras ou quantias por responsabilidades de um locatário numa locação financeira.
  - **Outras contas a pagar**: inclui as quantias de passivos financeiros correspondentes a contas a pagar de caráter corrente, que não estejam inseridas nas demais rubricas de contas a pagar. Inclui as quantias de adiantamentos de clientes em transações cujo preço esteja previamente fixado.
  - **Diferimentos**: rubrica que se destina a evidenciar as quantias respeitantes a receitas e recebimentos que à data do relato devam ser reconhecidos nos períodos seguintes.

Finalmente, o **capital próprio** de uma empresa é representado pela diferença entre o seu ativo e passivo. O capital próprio é constituído pelas seguintes rubricas:

MANUAL DE GESTÃO MODERNA

- **Capital realizado**: corresponde ao capital realizado nos termos estatutários. Corresponde à diferença entre a quantia de capital estatutário da entidade e a parte não realizada pelos sócios.
- **Reservas legais**: compreende as quantias respeitantes a reservas não distribuíveis, de génese legal, estatutária ou outra.
- **Outras reservas**: compreende as quantias de todas e quaisquer reservas distribuíveis, cuja afetação decorre de deliberações dos detentores de capital.
- **Resultados transitados**: rubrica que reflete os resultados de períodos anteriores que não foram distribuídos nem transitaram para reservas.
- **Resultado líquido do período**: regista o resultado líquido do período, depois de considerado o imposto sobre o rendimento do período.

O **balanço** de uma empresa não é mais do que a sua situação financeira num dado momento, exprimindo os seus ativos, as dívidas e a diferença entre ambos.

O Balanço sintético, para efeitos de análise, tem a seguinte configuração (Figura 15.3):

Ativo		Capital Próprio	
Ativo não corrente	1 000 000	Capital realizado	1 000 000
Ativo corrente		Resultado líquido do período	45 000
Inventários	65 000	Passivo	
Clientes	8 000	Financiamentos obtidos MLP	10 000
Caixa + Depósitos bancários	2 000	Financiamentos obtidos CP	10 000
		Fornecedores	10 000
Total do ativo	**1 075 000**	**Total capital próprio + passivo**	**1 075 000**

Figura 15.3 Balanço Sintético

O **capital realizado** é o valor que os sócios ou acionistas investem no ato de constituição da empresa. A soma do capital próprio e do passivo a médio e longo prazo constitui os **capitais permanentes**, por permanecerem na empresa por um período superior a um ano (Figura 15.4):

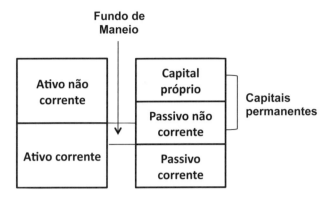

Figura 15.4 Fundo de Maneio

O **Fundo de Maneio** é o excedente do ativo corrente sobre o passivo corrente (ótica de curto prazo), ou o excedente dos capitais permanentes sobre o ativo não corrente (ótica de longo prazo), ou seja:

Fundo de Maneio = Capitais Permanentes – Ativo Não Corrente

Fundo de Maneio = Ativo Corrente – Passivo Corrente

O **Fundo de Maneio Necessário** ou as **Necessidades de Fundo de Mancio** (*working capital*) é a diferença entre os ativos correntes com caráter de permanência (necessidades financeiras de exploração que a empresa precisa para manter os ativos mínimos, com caráter rotativo, necessários para funcionar, como é o caso dos inventários, do crédito concedido a clientes e das disponibilidades) menos os recursos correntes de caráter permanente (crédito de fornecedores + Estado):

Necessidades de Fundo Maneio = Necessidades Financeiras de Exploração – Recursos Financeiros de Exploração

A diferença entre o Fundo de Maneio e as Necessidades de Fundo de Maneio, que representa o saldo (excesso ou insuficiência) existente em recursos de longo prazo, designa-se por **Tesouraria Líquida**. Se o saldo for positivo, significa que a situação da empresa é de desafogo financeiro, assegurando o cumprimento das responsabilidades de curto prazo, uma vez que dispõe de excesso de recursos. Se, pelo contrário, o saldo for negativo, a situação é de aperto de tesouraria, que pode levar a situações de incumprimento no curto prazo.

A situação ideal, em termos de eficiência da gestão financeira, é ter uma tesouraria líquida próximo de zero, o que significa que a empresa tem um fundo de maneio adequado às suas necessidades de funcionamento.

15.4.2. DEMONSTRAÇÃO DOS RESULTADOS

Enquanto o **Balanço** de uma empresa traduz a sua situação financeira num dado momento, a **Demonstração dos Resultados** pretende evidenciar o seu desempenho durante o ano. É a Demonstração dos Resultados que permite medir se a atividade da empresa é rendível, pondo em evidência o que esta ganha (ganhos) e o que perde (gastos). O diferencial entre os rendimentos ou ganhos e os gastos totais denomina-se **Resultado Líquido do Período**, sendo o elemento catalizador do capital investido pelos acionistas.

Resultado Líquido Positivo (ou Negativo) = Rendimentos – Gastos

A Figura 15.5 apresenta o esquema da Demonstração dos Resultados em que o Resultado Líquido do Período é positivo (os ganhos do período excedem os gastos do mesmo período):

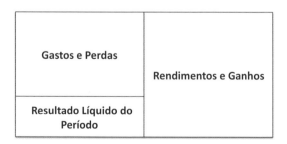

Figura 15.5 Demonstração dos Resultados Esquemática

GESTÃO FINANCEIRA

Os **rendimentos e ganhos** de uma empresa podem subdividir-se em (Figura 15.6):

- **Vendas e serviços prestados:** compreende o rédito apurado no período relativamente à venda de bens e os serviços prestados.
- **Subsídios à exploração**: compreende as quantias atribuídas à entidade a título de subsídios não reembolsáveis relacionados com rendimentos recebidos para potenciar a atividade da empresa.
- **Variação nos inventários de produção**: esta rubrica evidencia as variações das quantias dos inventários de produção, entre o início e o fim do período de relato.
- **Outros rendimentos e ganhos**: compreende todos os rendimentos e ganhos não incluídos em qualquer outra rubrica.
- **Juros e rendimentos similares obtidos**: compreende as quantias de rendimentos obtidos relacionados com o financiamento da entidade.

Os **gastos** subdividem-se em (Figura 15.6):

- **Custos das mercadorias vendidas e das matérias consumidas (CMVMC):** corresponde, para as empresas industriais, ao custo das matérias-primas, subsidiárias e outras matérias consumidas na atividade produtiva de bens e serviços, ou o custo das mercadorias vendidas na atividade comercial da entidade.
- **Trabalhos para a própria entidade**: compreende as quantias reconhecidas como gastos relativos a trabalhos que a entidade realize para si mesma e que devem ser contabilizados no período como ativo.
- **Fornecimentos e serviços externos:** regista os custos pagos ou a pagar a terceiros, quer por serviços prestados, quer por fornecimentos destinados a consumo imediato ou não imediato. Destacam-se a subcontratação, eletricidade, água, combustíveis, material de escritório, rendas, comissões, honorários, etc.
- **Gastos com o pessoal:** esta rubrica expressa todos os valores relativos a remunerações do pessoal e encargos sobre remunerações.
- **Imparidade de dívidas a receber:** compreende as variações líquidas ocorridas no período, referentes a estimativas de perdas por imparidades que afetam as dívidas a rceber.
- **Imparidades de ativos não depreciáveis:** esta rubrica evidencia as variações líquidas ocorridas no período, referentes às estimativas de

perdas por imparidades que digam respeito a ativos ou grupos de ativos não sujeitos a depreciação nem a amortização.

- **Provisões:** regista os gastos no período decorrentes das responsabilidades cuja natureza esteja claramente definida e que à data do balanço sejam de ocorrência provável ou certa, mas incertas quanto ao seu valor ou data de ocorrência.
- **Outros gastos e perdas:** compreende todos os gastos e perdas não incluídos em qualquer outra rubrica.
- **Juros e gastos similares suportados:** compreende as quantias de gastos suportados com o financiamento da entidade.

Gastos		Rendimentos	
Custo das mercadorias vendidas	120 000	Vendas e serviços prestados	200 000
Fornecimentos e serviços externos	30 000	Trabalhos para a própria empresa	20 000
Gastos com o pessoal	25 000	Juros e rendimentos obtidos	5 200
Juros e gastos suportados	5 000		
Total de gastos	**180 000**	**Total de rendimentos**	**225 200**
Resultado Líquido do período	**45 200**		

Figura 15.6 Demonstração dos Resultados Sintética

15.4.3. DEMONSTRAÇÃO DOS FLUXOS DE CAIXA

O mapa de fluxos de caixa descreve os recebimentos e pagamentos efetuados durante o período. Dado que proporciona informação detalhada sobre a forma como a empresa gera e aplica os fluxos de tesouraria, alguns investidores e credores consideram a demonstração de fluxos de caixa o documento contabilístico mais importante. Reflete os efeitos na tesouraria da empresa de três atividades fundamentais do negócio: **fluxos de caixa das atividades operacionais, fluxos de caixa das atividades de investimento e fluxos de caixa das atividades de financiamento.**

GESTÃO FINANCEIRA

A Figura 15.7 apresenta a demonstração de fluxos de caixa:

Rubricas	Período N	Período N-1
Fluxos de caixa das atividades operacionais	+	+
Recebimentos de clientes	–	–
Pagamentos a fornecedores	–	–
Pagamentos ao pessoal	+/–	+/–
Pagamentos/recebimentos do IRC	–/+	–/+
Outros pagamentos/recebimentos	+/–	+/–
Fluxos de caixa das atividades operacionais (1)	+/–	+/–
Fluxos de caixa das atividades de investimento		
Pagamentos respeitantes a:		
Ativos fixos tangíveis	–	–
Ativos intangíveis	–	–
Investimentos financeiros	–	–
Outros ativos		
Recebimentos provenientes de:	+	+
Ativos fixos tangíveis	+	+
Ativos intangíveis	+	+
Investimentos financeiros		
Outros ativos	+	+
Subsídios ao investimento	+	+
Juros e rendimentos similares	+	+
Dividendos	+	+
Fluxos de caixa das atividades de investimento (2)	+/–	+/–
Fluxos de caixa das atividades de financiamento		
Recebimentos provenientes de:		
Financiamentos obtidos	+	+
Realizações de capital	+	+
Cobertura de prejuízos	+	+
Doações	+	+
Outras operações de financiamento	+	+
Pagamentos respeitantes a:		
Financiamentos obtidos	–	–
Juros e gastos similares	–	–
Dividendos	–	–
Reduções de capital	–	–
Outras operações de financiamento	–	–
Fluxos de caixa das atividades de financiamento (3)	+/–	+/–
Variações de caixa e seus equivalentes(1+2+3)	+–	+/–
Caixa e seus equivalentes no início do período	....	....
Caixa e seus equivalentes no início do período	....	....

Figura 15.7 **Demonstração dos Fluxos de Caixa**

MANUAL DE GESTÃO MODERNA

Os **fluxos de caixa das atividades operacionais** dizem respeito às principais atividades operacionais: fluxos de caixa que resultam da compra e venda de produtos e serviços. Os **fluxos de caixa das atividades de investimento** respeitam ao fluxo líquido utilizado na realização de investimentos. Inclui recebimentos e pagamentos resultantes da compra e venda de inventários, obrigações, imóveis, equipamentos e outros ativos produtivos. Estas fontes de fluxos de caixa não constituem a principal linha de negócio da empresa. Finalmente, os **fluxos de caixa das atividades de financiamento** respeitam ao fluxo líquido de todos os financiamentos. Inclui fluxos de caixa resultantes de empréstimos, bem como saídas de caixa para pagamento de dividendos e pagamento de empréstimos.

15.5. ANÁLISE ECONÓMICO-FINANCEIRA DE EMPRESAS

Observadas e explicadas as demonstrações financeiras mais importantes, passamos então à sua análise. Para tal, são adotadas duas perspetivas:

1. Uma **perspetiva estática,** em que, através da utilização de diversos rácios, se pretende avaliar a estrutura e a atividade de uma empresa e respetiva evolução, tendo como fonte de informação fundamental o Balanço.
2. Uma **perspetiva dinâmica**, em que se pretende acima de tudo medir a rendibilidade de uma empresa de diversos pontos de vista, tendo como fonte de informação fundamental a Demonstração dos Resultados.

A aplicação de uma metodologia de **análise financeira estática** exige que se proceda previamente a uma reorientação do balanço contabilístico, enquanto documento que retrata a situação de uma empresa num dado momento, para um formato mais adequado à aplicação de rácios situacionais. Dessa reorientação resulta o **balanço financeiro**, que tem por preocupação essencial isolar os diferentes ciclos da atividade de uma empresa (Figura 15.8):

- **Ciclo de investimento**, diretamente ligado à aquisição e gestão de ativos imobilizados.
- **Ciclo de financiamento**, ligado à angariação dos capitais necessários ao investimento, através da contração de dívida externa ou

de aumentos da participação dos sócios/acionistas no capital realizado.
- **Ciclo de exploração**, agregando tanto os ativos como os passivos ligados à atividade operacional da empresa.

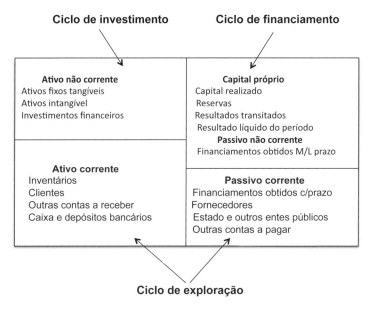

Figura 15.8 Balanço Financeiro

O **ciclo de exploração** corresponde à atividade do dia a dia da empresa e tem como objetivo gerar um retorno para os investimentos realizados. Inclui a compra dos recursos que vão ser transformados no processo produtivo da empresa, desde a aquisição das matérias-primas, mão-de-obra, distribuição e venda dos produtos e todas as atividades de apoio, como a gestão dos recursos humanos, sistemas de informação e investigação e desenvolvimento. Por sua vez, o **ciclo de investimento** envolve todas as formas alternativas de aplicação dos recursos. As decisões de investimento determinam a composição e tipo de ativos e incluem os investimentos em equipamentos, instalações, aplicações financeiras. Finalmente, o **ciclo de financiamento** consiste no processo de seleção e avaliação das melhores formas de financiar os ativos, designadamente as combinações de recursos próprios e alheios. As diferentes combinações de recursos, próprios ou alheios, onerosos ou não, de curto, médio ou longo prazo, definem a **estrutura financeira da empresa**.

As rubricas integrantes do ciclo de financiamento, com carácter de exigibilidade de médio e longo prazo, são normalmente denominadas **capitais permanentes,** ao passo que as rubricas de financiamento de curto prazo se denominam **passivo corrente.** A regra de **equilíbrio financeiro mínimo,** base de um Balanço Financeiro, consubstancia-se no facto de os Capitais Permanentes serem iguais ou superiores aos ativos não correntes. Se tal não acontecer, verifica-se uma situação em que os ativos não correntes se encontram a ser financiados por capitais alheios remunerados com prazo de pagamento inferior a um ano. Tal situação resultará numa provável asfixia para a empresa, uma vez que os ativos mais facilmente transformáveis em dinheiro (ativos de exploração) não serão suficientes para liquidar os capitais devidos a terceiros com prazo de vencimento inferior a um ano (note-se que se Ativos Não Correntes>Capitais Permanentes, então Ativo Corrente<Passivo Corrente).

Entrando então na temática específica dos rácios de análise financeira estática, dever-se-ão considerar **rácios de estrutura** do Balanço Financeiro, **rácios de gestão ou atividade** da empresa e **rácios de alavancagem**.

Os **rácios de estrutura** subdividem-se em três tipos diferentes de indicadores: os *rácios de estrutura de origens* (capital próprio e passivo) e *aplicações* (ativo) de fundos, os rácios de liquidez *e os* rácios de solvabilidade total e de autonomia financeira.

Os **rácios de estrutura de origens e aplicações de fundos** são extremamente simples e visam unicamente reproduzir percentualmente o peso de cada rubrica ativa ou passiva no total do ativo ou passivo. A sua maior utilidade consiste na leitura rápida do Balanço Financeiro, proporcionando ao analista a possibilidade de se focar imediatamente na proporção de cada um dos seus elementos no total de cada um dos membros do Balanço.

Os **rácios de liquidez (***liquidity ratios***),** por seu turno, visam essencialmente proporcionar ao analista uma visão sobre a capacidade da empresa honrar os seus compromissos para com os seus credores externos no curto prazo. Ao estabelecer comparações entre as rubricas do ativo cuja transformação em unidades monetárias é mais fácil (maior nível de liquidez) e as rubricas do passivo com menor prazo para vencimento (maior nível de exigibilidade), os rácios de liquidez permitem conhecer quais as possibilidades da empresa fazer face aos seus compromissos de curto prazo. Os rácios de liquidez – **liquidez imediata (***cash ratio),* **liquidez reduzida (***acid test ratio***) e liquidez geral (***current ratio***),** calculam-se da seguinte forma:

$$\text{Liquidez imediata} = \frac{\text{Caixa} + \text{Depósitos bancários}}{\text{Passivo corrente}}$$

$$\text{Liquidez reduzida} = \frac{\text{Caixa} + \text{Depósitos bancários} + \text{Clientes}}{\text{Passivo corrente}}$$

$$\text{Liquidez geral} = \frac{\text{Ativo corrente}}{\text{Passivo corrente}}$$

Como se pode verificar, o rácio de liquidez geral expressa claramente a regra já exposta do equilíbrio financeiro mínimo – caso o rácio seja inferior à unidade, existem mais capitais com exigibilidade de curto prazo do que ativos correntes, o que significa que existem ativos não correntes a serem financiados por capitais alheios de curto prazo.

Finalmente, no que respeita aos **rácios de estrutura**, os **rácios de solvabilidade total** e de **autonomia financeira** são muitíssimo importantes, uma vez que fornecem indicações sobre a estrutura de financiamento da empresa. Mais adiante analisar-se-á a estrutura de capital como algo essencial no que concerne à análise de projetos de investimento. De momento, interessa somente a análise objetiva dos rácios.

$$\text{Autonomia Financeira} = \frac{\text{Capitais próprios}}{\text{Ativo}}$$

O rácio de **autonomia financeira** permite observar qual o peso do capital próprio no financiamento do total das aplicações ou do ativo. Quanto maior for este rácio, maior é a solidez financeira da empresa e maior será a sua capacidade para cumprir os seus compromissos. O valor normal indicativo para este rácio deverá ser superior a 33,33%, ou seja, o capital próprio deve representar pelo menos um terço do ativo.

$$\text{Solvabilidade} = \frac{\text{Capitais próprios}}{\text{Passivo}}$$

A **solvabilidade total** é um rácio que permite igualmente avaliar a estrutura de financiamento da empresa, colocando em evidência a proporção dos capitais investidos pelos acionistas/sócios face aos capitais

MANUAL DE GESTÃO MODERNA

provenientes de entidades externas (capitais alheios). O valor normal indicativo deste rácio deverá ser superior a 50%.

No que concerne aos **rácios de atividade** *(activity ratios)*, subdividem-se em rácios de gestão e rácios de rotação.

Os **rácios de gestão** procuram essencialmente a medição dos ciclos da empresa, nas suas diversas vertentes: recebimentos, pagamentos e armazenagem. O cálculo destas medidas possibilita ao analista tomar conhecimento sobre os dias que, em média, a empresa leva a pagar as suas compras, receber as suas vendas e armazenar as suas existências.

$$\text{Prazo Médio de Recebimento} = \frac{\text{Dívidas de clientes}}{\text{Vendas} + \text{Prestação de serviços}} \times 360 \text{ dias}$$

$$\text{Prazo Médio de Pagamentos} = \frac{\text{Dívidas a fornecedores}}{\text{Compras} + \text{Fronecimentos e Serviços Externos}} \times 360 \text{ dias}$$

$$\text{Duração Média de Produtos Acabados} = \frac{\text{Inventário de produtos acabados}}{\text{Produtos acabados a preços de custo}} \times 360 \text{ dias}$$

$$\text{Duração Média de Matérias Primas} = \frac{\text{Inventário de matérias primas}}{\text{Consumo de matérias primas}} \times 360 \text{ dias}$$

$$\text{Duração Média de Mercadorias} = \frac{\text{Inventário de mercadorias}}{\text{Mercadorias consumidas}} \times 360 \text{ dias}$$

Estas medidas são essenciais, uma vez que, através da sua análise, o gestor poderá corrigir e otimizar as suas operações (por exemplo, poderá verificar que recebe dos seus clientes muito depois do que paga aos seus fornecedores, procurando posteriormente a concessão de crédito por períodos mais curtos aos seus clientes, de forma a aliviar a sua gestão de tesouraria).

Por último, no que concerne à análise financeira estática, resta referir os **rácios de rotação** *(turnover ratios)*. Estes rácios visam medir o grau de eficiência da empresa na utilização dos seus recursos, traduzida no volume de vendas que a empresa consegue realizar, utilizando os recursos que tem ao seu dispor. Por exemplo, um grau de rotação do ativo igual a 2, significa que com cada Euro de que dispõe a empresa consegue vender 2 Euros. Quando maiores forem os graus de rotação das diversas rubricas do balanço maior é o grau de eficiência da empresa na utilização dos seus recursos.

$$\text{Rotação do ativo} = \frac{\text{Vendas}}{\text{Total do ativo}}$$

$$\text{Rotação do ativo corrente} = \frac{\text{Vendas}}{\text{Ativo corrente}}$$

$$\text{Rotação do ativo não corrente} = \frac{\text{Vendas}}{\text{Ativo não corrente}}$$

$$\text{Rotação do capital próprio} = \frac{\text{Vendas}}{\text{Capital próprio}}$$

A análise financeira da empresa numa **perspetiva dinâmica** incide sobre a sua rendibilidade e respetiva evolução, tendo como principal fonte de informação a Demonstração dos Resultados.

No entanto, e tal como sucedeu com o Balanço em sede de análise financeira estática, também a Demonstração dos Resultados deve ser alvo de algumas correções em termos de forma, para ser mais facilmente interpretada numa ótica de análise da rendibilidade.

Vendas + Serviços Prestados
- Custo das mercadorias vendidas e matérias consumidas
= **Margem de contribuição (MC)**
+ Outros rendimentos operacionais
- Fornecimentos e serviços externos
- Gastos com o pessoal
- Impostos operacionais
- Outros gastos operacionais
= **Resultado antes de juros, imposto e depreciações (EBITDA)**
- Depreciações
= **Resultados antes de juros e imposto (EBIT)**
+ Rendimentos financeiros
- Gastos financeiros
= **Resultado antes de imposto (EBT)**
- Imposto sobre o rendimento do período **(IRC)**
= **Resultado Líquido do Período**

Dado o carácter meramente introdutório deste capítulo, na análise económica da empresa procurar-se-á abordar basicamente dois vetores essenciais:

- **Teoria Custo-Volume-Resultados (CVR)** e a sua explicação da rendibilidade e risco de exploração.
- Os indicadores de **Rendibilidade do Ativo Total (*Return on Assets*-ROA), Rendibilidade do Investimento (*Return on Investment*-ROI) e Rendibilidade do Capital Próprio (*Return on Equity*--ROE).**

A teoria CVR pretende fornecer os indicadores necessários para que o analista confronte os resultados de exploração de uma empresa com o seu nível de atividade, estabelecendo parâmetros de comportamento entre os ganhos e os gastos de exploração e a atividade operacional da empresa. É uma teoria que assenta em alguns pressupostos de base, a saber:

- Existe uma separação total entre gastos fixos (independentes do nível de atividade da empresa ou das quantidades produzidas) e gastos variáveis (dependentes do nível de atividade).
- Os gastos fixos são estáveis.
- Os gastos variáveis são proporcionais ao nível de atividade.
- A proporção de cada produto produzido mantém-se mesmo que ocorram alterações no nível de atividade.
- O preço de venda unitário é estável ao longo do tempo.
- Não existe formação de inventários.

Segundo a teoria CVR, os resultados de exploração de uma empresa resultam das suas vendas deduzidas dos seus custos variáveis e dos seus custos fixos de exploração. A diferença entre o volume de vendas e prestação de serviços e os custos variáveis associados com a produção e comercialização do produto designa-se por **margem bruta ou margem de contribuição (MC).** É com esta margem que a empresa vai pagar os gastos fixos de produção e comercialização, assim como os gastos gerais associados ao produto e gerar o resultado líquido do período.

Os rácios de alavancagem referem-se ao financiamento da atividade da empresa com recurso a capitais alheios. Uma empresa que recorre à alavancagem, dentro de certos limites, consegue crescer mais do que se recorrer exclusivamente a capitais próprios (efeito de alavancagem). Contudo, se alavancar demasiado pode pôr em risco a empresa, por não conseguir libertar fundos suficientes para reembolsar o serviço da dívida (capital e juros). Por conseguinte, os gestores devem conjugar o efeito de alavancagem com os rácios de autonomia financeira e solvabilidade, para se assegurarem de que o endividamento da empresa se mantém dentro dos limites aceitáveis.

O **Grau de Alavancagem Económico (GAE)** é um indicador de risco económico que procura medir a sensibilidade dos resultados operacionais face às variações das vendas, isto é, saber em que medida as variações das vendas afetam os resultados operacionais. Por outras palavras, o GAE permite estabelecer uma relação direta entre os resultados de exploração e o seu nível de atividade, expresso em termos de unidades produzidas. Quanto maior for o GAE, maior será o risco económico a que a empresa está sujeita:

$$GAE = \frac{\text{Margem de Contribuição (MC)}}{\text{Resultado Operacional (EBITDA)}}$$

O **Grau de Alavancagem Financeira (GAF)** permite analisar a capacidade da empresa para maximizar a rendibilidade dos capitais próprios, através de uma combinação adequada de capitais próprios e de capitais alheios. Quando a empresa recorre a capitais alheios, verifica-se a existência de um efeito de alavancagem financeira, que pode ser positivo se a Rendibilidade do Ativo (ROA) for superior ao custo do capital alheio e, por essa via, aumentar a Rendibilidade do Capital Próprio (ROE), ou negativo, na situação inversa.

O Grau de Alavancagem Financeira é um indicador de risco financeiro, que mede a sensibilidade do Resultado Líquido do Período face a variações do Resultado Operacional:

$$GAF = \frac{\text{Resultado Operacional (EBITDA)}}{\text{Resultado antes de Impostos (EBT)}}$$

Sendo um indicador que procura aferir o impacto do resultado operacional no resultado líquido do período, quanto maior for o valor do GAF, maior será o risco financeiro da empresa. Se, por exemplo, o GAF for 2, significa que se o resultado operacional aumentar 1%, o resultado antes de imposto e o resultado líquido do período aumentarão 2% e se o GAF for −2, significa que se o resultado operacional diminuir 1%, o resultado antes de imposto e o resultado líquido do período baixarão 2%.

A conjugação da análise do risco económico e do risco financeiro permite avaliar o risco global da empresa. O **Grau de Alavancagem Combinado (GAC)** procura medir o efeito combinado do Grau de Alavancagem Económico e do Grau de Alavancagem Financeiro (GAF) e é dado pela seguinte expressão:

$$GAC = GAE \times GAF = \frac{MC}{EBITDA} \times \frac{EBITDA}{EBT} = \frac{MC}{EBT}$$

Como o GAC procura medir o impacto da variação do volume de vendas no resultado antes de imposto e no resultado líquido do período, naturalmente que quanto maior for o valor do GAC maior será o risco global da empresa.

A teoria do CVR permite o cálculo do **ponto crítico de vendas** ou **ponto de equilíbrio (*breakeven point*)**. Corresponde ao nível de atividade em que os gastos totais (gastos fixos + gastos variáveis) são iguais ao volume de vendas, ou seja, os resultados de exploração são nulos. Uma forma de apresentar o ponto de equilíbrio é dizer que a margem de contribuição total é igual aos gastos fixos. Esta medida é fundamental, uma vez que indica qual o nível de atividade correspondente ao limiar da viabilidade económica *da* empresa – capacidade que esta tem de gerar fundos de exploração suficientes para satisfazer os interesses dos credores externos e dos acionistas.

$$\text{Ponto crítico de vendas} = \frac{CF}{1 - CV/V} \text{ (em valor)}$$

$$\text{Ponto crítico de vendas} = \frac{CF}{P - CVu} \text{ (em quantidades)}$$

Sendo

CF = Total dos gastos fixos
V = Vendas
P = Preço de venda
CV = Gastos variáveis
CVu= Gasto variável unitário

A Rendibilidade do Investimento Total (*Return on Assets* – ROA) constitui uma medida da rendibilidade do negócio, uma vez que confronta o resultado operacional com o ativo total líquido.

$$ROA = \frac{EBIT}{Total\ do\ ativo}$$

A *Rendibilidade do Investimento* (*Return on Investment* – ROI) será dada pela proporção dos resultados antes de juros e depois de impostos sobre o capital investido.

$$ROI = \frac{EBIT\ (1-t)}{Capital\ investido}$$

Sendo:

EBIT – *Earnings Before Interest and Taxes*
t – Taxa de imposto sobre o rendimento

Finalmente, a **Rendibilidade do Capital Próprio (*Return on Equity* – ROE)** é dada pela proporção do valor que a empresa gera sobre o total do capital investido pelos acionistas (total do capital próprio).

$$ROE = \frac{Resultado\ Líquido\ do\ Período}{Capital\ próprio}$$

15.6. DECISÕES DE INVESTIMENTO

Uma das decisões mais importantes dos gestores diz respeito à realização de investimentos. Pelas implicações que têm no futuro das organizações, as decisões de investimento são decisões estratégicas e devem ser tomadas ao nível da gestão de topo. O ato de investir consiste num dispêndio de recursos financeiros no presente com vista à obtenção de rendimentos futuros.

Estas decisões são muito importantes porque condicionam o futuro das organizações. Um investimento bem feito vai gerar fundos no futuro que contribuirão para melhorar o desempenho financeiro futuro da empresa. Pelo contrário, um investimento mal feito pode provocar um desequilíbrio financeiro da empresa e prejudicar a sua posição competitiva no futuro.

15.6.1. TIPOS DE INVESTIMENTOS

As organizações realizam investimentos com o objetivo de crescimento e melhoria da competitividade. Os investimentos podem ser de quatro tipos, consoante a sua finalidade:

- **Investimentos de expansão** – investimentos destinados a aumentar a capacidade produtiva da empresa. Podem envolver a compra de instalações e equipamentos ou a aquisição de uma empresa já existente.
- **Investimentos de substituição** – investimentos destinados a substituir equipamentos obsoletos.
- **Investimentos de renovação** – investimentos destinados a reconstruir ou reformar ativos existentes, com vista a aumentar a sua produtividade e eficiência.
- **Outros** – investimentos em ativos não correntes intangíveis, como investimentos financeiros, realização de campanhas publicitárias, investimentos em pesquisa e desenvolvimento ou consultadoria de gestão.

15.6.2. TRAMITAÇÃO DE UM PROJETO DE INVESTIMENTO

A decisão de investir, como se trata de uma decisão com implicações no futuro da empresa, deve compreender um conjunto de procedimentos destinados a fundamentar a decisão (Figura 15.9):

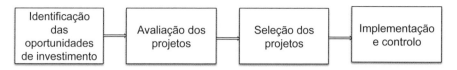

Figura 15.9 Processo de Investimento

A primeira etapa consiste na identificação das oportunidades de investimento que sejam compatíveis com os objetivos da empresa. Depois de identificadas as oportunidades, os projetos devem ser analisados. Esta análise consiste na avaliação da sua viabilidade económica e financeira, que inclui a projeção dos *cash flows* para a vida útil do projeto e a seleção da taxa de desconto mais adequada para calcular o valor presente dos *cash flows* esperados dos projetos. A taxa de desconto está associada às condições do mercado e ao risco do investimento. Assim, investimentos de alto risco devem usar taxas de desconto mais elevadas do que investimentos de risco baixo ou moderado.

Feita a avaliação dos projetos, segue-se a fase da aprovação e seleção da melhor proposta, recorrendo aos principais métodos de avaliação económico-financeira de projetos, como o **Prazo de Recuperação do Investimento (PRI)**, o **Valor Atual Líquido (VAL)** e a **Taxa Interna de Rendibilidade (TIR)**.

Por fim, os projetos aprovados e selecionados devem ser implementados. Durante a implementação, os projetos devem ser monitorizados e controlados, tendo em vista averiguar se estão a ser implementados conforme aprovados e se os gastos, rendimentos e resultados estão em conformidade com o planeado ou se é necessário introduzir alterações às projeções iniciais.

15.6.3. AVALIAÇÃO FINANCEIRA DE PROJETOS DE INVESTIMENTO

A avaliação financeira de um projeto de investimento permite saber se o projeto é ou não rendível. Para isso, há que quantificar essa rendibilidade através de alguns critérios, para posteriormente poder emitir um parecer sobre a qualidade técnica e comercial do projeto. A avaliação de um projeto de investimento baseia-se essencialmente na utilização de demonstrações financeiras previsionais.

O investimento pode ocorrer apenas no momento inicial do projeto, ou pode ocorrer de forma faseada. Por outro lado, a natureza do investimento pode também ser distinta: investir na compra de uma máquina não é a mesma coisa que conceder crédito a um cliente, mas ambas são situações de investimento. A primeira situação é de investimento em Ativo não Corrente, dado que o bem em causa vai permanecer na empresa a médio/ /longo prazo, enquanto na segunda situação trata-se de investimento em Ativo Corrente.

A vida útil de um projeto de investimento é o horizonte temporal em que pretendemos avaliar se o projeto é ou não viável. Quanto maior for o período de vida do investimento, maior é o risco e maior é a probabilidade de erro.

Para contornar esta questão do prazo do investimento, na análise de projetos de investimento adotam-se fundamentalmente três critérios de avaliação, que são os mais usuais:

1. Período de Recuperação do Investimento (PRI) (*Discounted Payback Period* – DPP)
2. Valor Atual Líquido (VAL) (*Net Present Value* – NPV)
3. Taxa Interna de Rendibilidade (TIR) (*Internal Rate of Return* – IRR)

Se usarmos o **Período de Recuperação do Investimento (PRI)** vamos comparar o valor do investimento inicial com o somatório dos *cash flows* gerados pelo projeto durante o seu período de vida útil (n períodos, normalmente o ano). Os *cash flows* previsionais do projeto resultam da diferença entre as entradas e as saídas de dinheiro, ou seja, entre os rendimentos e os pagamentos efetuados em cada um dos períodos. Para a aplicação deste método é necessário atualizar os *cash flows* previsionais, utilizando uma taxa (i) que corresponde ao custo do capital, ou seja, a rendibilidade exigida pelos investidores e n o número de anos de vida útil do projeto.

$$PRI = t \rightarrow -I + \sum_{t=1}^{n} \frac{Cash\ Flows\ (t)}{(1 + i)^t} = 0$$

Este método permite identificar a partir de que período ocorre a recuperação do valor do investimento. Assim, de acordo com este critério, o projeto só é viável se a soma dos *cash flows* for superior ao valor do inves-

GESTÃO FINANCEIRA

timento, ou seja, para que o projeto seja viável, o PRI tem de ser inferior à vida útil do projeto.

Exemplo:

Investimento	100 000 Euros
Cash flow ano 1	30 000 "
Cash flow ano 2	35 000 "
Cash flow ano 3	40 000 "
Cash flow ano 4	45 000 "

Se considerarmos uma taxa de atualização de 10%, o projeto é viável dado que a soma dos *cash flows* atualizados (116 986,5 Euros) é superior ao valor do Investimento (100 000 Euros). Neste caso, a vida útil do projeto é de 4 anos, mas o PRI é inferior, uma vez que o investimento é recuperado em 2,875 anos (2 anos e 10 meses e meio):

	Ano 0	Ano 1	Ano 2	Ano 3	Ano 4
Cash Flows	-100 000	30 000	35 000	40 000	45 000
Cash Flows Acumulados	-100 000	-70 000	-35 000	+5 000	+ 50 000

Verifica-se que entre os anos 2 e 3 o investimento inicial (100 000 euros) é recuperado pelos *cash flows* gerados pelo projeto, tornando-se positivo o *cash flow* acumulado no final do 3º ano. Entre estes dois anos ocorreu o *payback period*. Para se saber o valor exato pode fazer-se uma interpolação linear ou uma simples "regra de três": o fluxo de caixa acumulado aumentou 40 000 euros do segundo para o terceiro ano, logo aumentará 35 000 euros em X anos (de –35 000 euros para zero), de forma que:

$$X = 35\ 000/40\ 000 \text{ anos} = 0,875 \text{ anos}$$

$$PRI = 2 + 0,875 \text{ anos} = 2,875 \text{ anos, ou 2 anos e 10 meses e meio}$$

O **Valor Atual Líquido (VAL)** de um projeto é a soma dos *cash flows* previsionais atualizados, remunerados em função da taxa exigida pelos investidores (i), no momento presente, deduzido das despesas de investimento efetuadas. Assim, quando um projeto tem um VAL positivo, os investidores obtêm um excedente relativamente ao capital investido e o projeto é viável.

$$VAL = - \text{Investimento} + \sum_{t=1}^{n} \frac{\text{Cash Flows (t)}}{(1 + i)^t}$$

Utilizando o exemplo anterior e uma taxa de remuneração do capital investido de 10% e n = 4, teremos:

$$VAL = - 100\ 000 + \frac{30\ 000}{(1 + 0,1)^1} + \frac{35\ 000}{(1 + 0,1)^2} +$$

$$+ \frac{40\ 000}{(1 + 0,1)^3} + \frac{45\ 000}{(1 + 0,1)^4} = 16\ 986,5\ \text{Euros}$$

Daqui resulta que o projeto é viável, pois o VAL é positivo. Da análise efetuada, conclui-se que os investidores conseguem recuperar o investimento efetuado, remunerado a uma taxa de 10% e ainda conseguem um excedente de 16 986,5 Euros.

A vantagem deste método é o facto de considerar todos os *cash flows* do projeto na sua análise e como desvantagem pode apontar-se o facto da viabilidade do projeto ser muito sensível à taxa de atualização estimada, que pretende medir o risco associado ao projeto.

A **Taxa Interna de Rendibilidade (TIR)** é a taxa que torna o VAL nulo. Assim, para que um projeto seja viável é necessário que a TIR seja superior à taxa de atualização.

$$0 = - \text{Investimento} + \sum_{t=1}^{n} \frac{\text{Cash Flows (t)}}{(1 + \text{TIR})^t}$$

O cálculo correto da TIR é algo complicado, uma vez que é necessário resolver a equação em ordem à TIR, sendo esta expressão de grau n, dependendo n do número de anos da vida útil do projeto.

Uma forma de cálculo expedita é recorrer a máquinas de calcular financeiras que calculam diretamente a TIR ou recorrer a uma folha de cálculo através do Excel, onde as funções financeiras estão predefinidas.

Para o exemplo apresentado, a TIR é igual a 17%. Como a taxa de atualização (i) é de 10%, significa que, também de acordo com este método, o projeto é viável. Resta saber se o investidor considera 17% uma taxa de rendibilidade suficiente para correr o risco do investimento. Para tomar a sua decisão, naturalmente confrontará a TIR obtida no projeto com aplicações alternativas de riscos semelhantes.

Uma das grandes vantagens deste método de avaliação de projetos de investimento é que não exige o conhecimento prévio do custo do capital exigido pelos investidores. Para além disso, fornece uma taxa, ao contrário do VAL que apresenta um valor absoluto, o que permite um termo de comparação abaixo do qual os projetos devem ser recusados.

15.7. DECISÕES DE FINANCIAMENTO

O financiamento é uma operação de captação de recursos financeiros. A política de financiamento de uma empresa baseia-se na definição da melhor composição de recursos que serão utilizados no financiamento das suas atividades, ou seja, baseia-se na definição da estrutura de financiamento mais adequada face aos objetivos da empresa.

Esses recursos podem ser classificados como:

- **Capitais próprios ou capitais alheios**: os capitais próprios são investidos pelos sócios ou acionistas ou lucros retidos na empresa, enquanto os capitais alheios correspondem a dívidas contraídas perante terceiros, que podem ser passivo corrente ou passivo de médio/longo prazo.
- **Capitais permanentes ou temporários**: os capitais permanentes são recursos próprios ou alheios exigíveis a longo prazo, enquanto os recursos temporários são dívidas exigíveis a curto prazo.
- **Capitais onerosos ou não onerosos**: os recursos onerosos obrigam a empresa ao pagamento de juros, enquanto os recursos não onerosos não exigem o pagamento de quaisquer encargos.

15.7.1. FONTES DE FINANCIAMENTO

As fontes de financiamento podem ser internas ou externas. São fontes de financiamento internas os lucros gerados pela atividade da empresa, não distribuídos pelos sócios ou acionistas. É uma fonte de financiamento não onerosa e não reembolsável, embora os sócios ou acionistas, por norma, exijam uma remuneração dos capitais investidos sob a forma de dividendos distribuídos.

Quando os recursos gerados internamente não são suficientes para o desenvolvimento da empresa, a empresa recorre a fontes de financiamento externas, que podem assumir a natureza de subscrições de aumentos de capital por parte dos acionistas ou donos da empresa, ou recorrendo a empréstimos de terceiros, que incluem financiamentos de curto prazo ou de médio/longo prazo contratados junto de instituições de crédito ou o recurso ao mercado de capitais.

No caso do recurso a financiamentos junto de terceiros, a empresa assume a obrigação do seu reembolso num determinado período e obriga--se também a pagar um custo (juro) pela utilização desses capitais. No caso de financiamento com capitais próprios, não há lugar ao seu reembolso, mas, como se disse já, existe o pagamento de uma remuneração aos acionistas, sob a forma de dividendos.

A forma mais adequada de financiamento depende de múltiplos fatores, tais como as condições do mercado, a disponibilidade de fundos, a capacidade de endividamento da empresa, o risco da empresa ou da operação, o custo do financiamento, fatores que devem ser cuidadosamente ponderados pelo gestor financeiro. A função do gestor financeiro é procurar assegurar o equilíbrio financeiro da empresa, ajustando as origens de fundos às respetivas aplicações. A regra do equilíbrio financeiro mínimo espitula que enquanto as aplicações correntes podem ser financiadas com recurso a passivo corrente, as aplicações de longo prazo devem ser financiadas por capitais permanentes, mantendo uma adequada proporção entre os capitais próprios e os capitais alheios, por forma a que a empresa mantenha a autonomia financeira perante os credores.

15.7.2. FINANCIAMENTO DE CURTO PRAZO

As decisões de financiamento de curto prazo baseiam-se no **Orçamento de Tesouraria.** Trata-se de um documento em que se faz uma previsão

GESTÃO FINANCEIRA

dos recebimentos e pagamentos previstos, geralmente com a periodicidade mensal e apura-se o saldo de tesouraria (Figura 15.10). Através do orçamento de tesouraria é possível identificar períodos de excesso ou de escassez de liquidez, o que permite antecipar as necessidades de fundos e negociar as melhores condições de prazo e de custo junto das instituições de crédito.

Rubricas	Jan.	Fev.	Março	Abril	Maio	Junho
Saldo inicial	**330000**	50000	113000	221000	442000	668000
Vendas	550000	40000	660000	660000	770000	440000
Recebimentos						
20% p.p.	110000	8000	112000	112000	114000	88000
30% 30 dias		15000	112000	118000	118000	221000
50% 60 dias			225000	220000	330000	330000
Total Rec. Vendas	110000	23000	449000	550000	662000	559000
Out. Rec.		15000	112000	115000	118000	220000
Total Rec.	**110000**	**38000**	**661000**	**665000**	**880000**	**779000**
Compras	550000	30000	440000	440000	550000	660000
Pagamentos						
50% p. p.	25000	15000	220000	220000	225000	330000
50% 60 dias			225000	115000	220000	220000
Total Pagamentos Compras	225000	15000	445000	335000	445000	550000
Outros Pagamentos	110000	15000	88000	99000	99000	115000
Total Pagamentos	**335000**	**30000**	**553000**	**444000**	**554000**	**665000**
Saldo Final	**55000**	**13000**	**221000**	**442000**	**668000**	**882000**

Figura 15.10 Orçamento de Tesouraria

As principais fontes de financiamento de curto prazo podem ser agrupadas em três categorias: **crédito de fornecedores, crédito bancário e** *factoring.*

Crédito de Fornecedores

O crédito de fornecedores refere-se ao prazo concedido pelos fornecedores para pagamento dos fornecimentos à empresa. Trata-se de uma excelente forma de financiamento da empresa, já que é renovável e normalmente não acarreta encargos financeiros.

Crédito Bancário

O crédito bancário é uma das principais formas de financiamento das empresas e é fundamental para as pequenas e médias empresas, já que muitas delas não têm capacidade nem dimensão para recorrer ao mercado de capitais. A diversidade de produtos de curto prazo oferecidos pelos bancos é grande, não só em termos de custo, mas também em termos de caraterísticas do produto. As principais formas de financiamento bancário de curto prazo são as seguintes:

- Desconto de letras comerciais.
- Desconto de livranças.
- Contas correntes caucionadas ou não.

O desconto de letras comerciais caiu largamente em desuso, tendo vindo a ser substituído, com vantagens, por outros instrumentos financeiros mais funcionais e mais baratos para as empresas, como são os casos das contas correntes e do *factoring*.

Factoring

O *factoring* consiste na tomada, por um intermediário financeiro, de créditos comerciais de curto prazo de uma empresa. Através de uma operação de *factoring* é possível fazer a antecipação do recebimento de dívidas comerciais, por meio da cessão de créditos, inclusivé do risco de pagamento, mediante o pagamento de juros e de comissões de gestão e de cobrança. O *factoring* apresenta importantes vantagens como forma de financiamento das atividades correntes da empresa, a saber:

- Disponibiliza recursos financeiros imediatos sem implicações nos limites de crédito bancário.
- Produz maior flexibilidade nas opções de financiamento da empresa.
- Facilita a gestão da faturação da empresa.
- Garante o recebimento das dívidas, uma vez que pode eliminar o risco de crédito.

Apesar das vantagens enunciadas, aponta-se normalmente ao *factoring* a desvantagem de ter um custo mais elevado que outras formas de financiamento de curto prazo, designadamente o crédito bancário.

15.7.3. FINANCIAMENTO DE LONGO PRAZO

As decisões de financiamento de longo prazo têm como objetivo definir uma estrutura de capitais permanentes que preserve o equilíbrio financeiro da empresa. As decisões de financiamento de longo prazo podem assumir diversas modalidades que o gestor financeiro deverá ponderar, tendo em conta os custos para a empresa e o impacto que têm no risco financeiro da empresa.

15.7.3.1. FINANCIAMENTO COM CAPITAIS PRÓPRIOS

O capital realizado de uma empresa não é estático ao longo do tempo. Pode haver necessidade de realizar aumentos de capital no decorrer da atividade da empresa, não só para manter o equilíbrio financeiro, mas também para sustentar o processo de crescimento do volume de negócios.

Existem três formas fundamentais de aumentar o capital realizado de uma empresa:

- Por subscrição de novas ações por parte dos acionistas.
- Por subscrição pública de novas ações ou oferta pública de venda.
- Por autofinanciamento através de incorporação de reservas e por retenção de lucros.

O capital realizado de uma empresa é dividido por quotas iguais ou diferentes, no caso de uma sociedade por quotas ou, no caso das sociedades anónimas, em partes iguais, todas elas com o mesmo valor nominal, que são as ações. As ações são títulos representativos do capital realizado de uma sociedade anónima. A emissão de novas ações é feita a um preço determinado, que pode ser diferente do valor nominal e do preço a que são transacionadas no mercado.

No caso do aumento do capital realizado por incorporação de reservas, não há modificação do capital próprio, uma vez que não há entrada de "dinheiro fresco", tratando-se apenas de numa operação contabilística.

MANUAL DE GESTÃO MODERNA

Estas fontes de financiamento não têm prazo de reembolso, o que não significa que não têm custo, já que os detentores de ações têm direito a receber dvidendos pelo facto de terem investido os seus recursos na empresa.

15.7.3.2. FINANCIAMENTO COM CAPITAIS ALHEIOS (*CORPORATE FINANCE*)

O recurso a financiamento com capitais alheios é uma forma de endividamento de médio/longo prazo. Tem vantagens do ponto de vista fiscal, na medida em que os encargos financeiros são custo para efeitos fiscais, mas tem a desvantagem de aumentar o risco financeiro da empresa, principalmente se ultrapassar os limites de endividamento recomendáveis. A principal diferença em relação ao financiamento com capitais próprios é que os capitais alheios têm que ser reembolsados dentro dos prazos acordados e implicam o pagamento de encargos financeiros (juros).

As principais modalidades de financiamento com capitais alheios a que as empresas podem recorrer são as seguintes:

1. **Empréstimos bancários de médio/longo prazo** – trata-se de empréstimos tradicionais contraídos junto de instituições de crédito, através da celebração de contratos onde são estabelecidas as condições do empréstimo, designadamente montante, prazo de reembolso, carência de reembolso, taxas de juro, garantias.
   As garantias podem ser dadas pela própria empresa, designadamente sob a forma de penhor de bens móveis ou hipoteca de bens imóveis ou bens móveis sujeito a registo, ou garantias pessoais dos sócios ou acionistas, designadamente sob a forma de avales ou hipoteca de bens imóveis particulares.

2. *Leasing* **mobiliário ou imobiliário** – é uma modalidade de financiamento em que uma empresa tem o direito de utilizar determinado ativo não corrente (equipamentos, viaturas ou instalações) mediante o estabelecimento de um contrato de aluguer de longo prazo com um banco ou um intermediário financeiro especializado, que detém a propriedade do ativo. Neste caso, a empresa não necessita de fazer um desembolso inicial para adquirir o ativo, ficando a pagar uma renda periódica pela sua utilização. No final do contrato, a empresa tem a opção de adquirir o bem por um valor residual previamente acordado.

GESTÃO FINANCEIRA

3. **Empréstimos obrigacionistas** – um empréstimo obrigacionaista consiste na obtenção de fundos pelas entidades emitentes diretamente junto dos mercados financeiros, sem recurso a intermediação financeira. Estes empréstimos têm como suporte títulos representativos de frações dos mesmos, que se designam por obrigações. Obrigações são títulos de crédito negociáveis, emitidos por uma entidade, pública ou privada, que representam frações iguais de um empréstimo a médio e longo prazo, que conferem aos seus titulares (obrigacionistas) o direito de receber juros e reembolso do seu valor nominal, na data do vencimento.

O empréstimo obrigacionista tem vantagens para a entidade emitente, porque permite a diversificação das fontes de financiamento e uma maior autonomia relativamente ao crédito bancário.

São os seguintes os elementos caraterizadores de uma obrigação:

- **Emitente** – entidade que emite as obrigações.
- **Moeda de denominação** – moeda em que o empréstimo é emitido.
- **Valor nominal** – é o valor inscrito no título. O produto do valor nominal pelo número de obrigações dá o montante da emissão. O valor nominal é designado por par.
- **Valor de subscrição** – é o valor pelo qual as obrigações são colocadas no mercado para subscrição, isto é, o valor pelo qual são adquiridas no mercado primário. Este valor pode não coincidir com o valor nominal. Com efeito, se as obrigações são atrativas para o mercado, o emitente pode decidir vendê-las acima do valor nominal. Se tal acontecer, diz-se que são emitidas acima do par. Pelo contrário, se o mercado não estiver favorável, o emitente pode tentar melhorar a atratividade do empréstimo, emitindo as obrigações abaixo do valor nominal. Neste caso, diz-se que as obrigações são emitidas abaixo do par. Ao produto do valor de subscrição pelo número de obrigações vendidas chama-se valor de encaixe do empréstimo ou valor do empréstimo obtido.
- **Valor de reembolso** – é o valor pelo qual as obrigações são reembolsadas no prazo acordado. A situação mais comum é o preço de reembolso ser igual ao valor nominal e, por conseguinte, o reembolso ser ao par. Se o reembolso for a um valor superior ao valor nominal, então diz-se que o reembolso é acima do par.

MANUAL DE GESTÃO MODERNA

- **Prazo** – é o tempo de vida do empréstimo obrigacionista, ou seja, o tempo que medeia entre a data da emissão das obrigações e a data do reembolso.
- **Forma de reembolso** – o reembolso do empréstimo obrigacionista pode ser feito de várias formas. A mais usual é de uma só vez no fim do empréstimo, ou seja, na maturidade das obrigações, em que o emitente reembolsa as obrigações pelo valor nominal, acrescido ou não de um prémio de reembolso, conforme haja sido acordado. É o modelo de amortização única. No entanto, podem ser definidas na Ficha Técnica da Emissão outras formas de reembolso de modo a escalonar o reeembolso do empréstimo pela forma mais conveniente para o emitente, como:

  - ☐ **Amortização por séries** – o empréstimo é dividido em séries, sendo cada uma delas amortizada na data prédefinida.
  - ☐ **Amortização por sorteiro** – é uma situação parecida à anterior, em que a amortização é feita também por séries em datas prédefinidas, com a diferença de que as obrigações a amortizar são obtidas por sorteio.
  - ☐ **Opção de reembolso antecipado** – o empréstimo pode ser reembolsado antecipadamente, se estiver expressamente previsto e nas condições definidas na Ficha Técnica da Emissão.
  - ☐ **Negociabilidade** – as obrigações são títulos negociáveis, podendo ser admitidas à cotação em bolsa de valores e transacionadas em mercado secundário.
  - ☐ **Taxa de juro nominal** – a taxa de juro pode ser fixada previamente ou estar indexada a um determinado indexante, devendo ser sempre estabelecida após análise do risco do emitente, do prazo da operação e das condições do mercado. Assim, a taxa de juro nominal pode ser uma taxa fixa, se se mantiver inalterada ao longo de toda a vida do empréstimo, ou uma taxa variável, se estiver indexada e variar durante a vida do empréstimo, em função das alterações do indexante. Hoje em dia, o indexante de taxas de juro em Portugal e nos mercados da zona Euro é a Euribor, que é a média das taxas de juro praticadas pelos principais bancos da zona Euro. Existem taxas Euribor para vários prazos, sendo as mais importantes as Euribor a 1, 3, 6 e 12 meses.

GESTÃO FINANCEIRA

4. **Emissão de papel comercial (*commercial paper*)** – é uma forma de financiamento a que as empresas e investidores institucionais podem recorrer para financiar a sua atividade, em geral por prazos inferiores a um ano, que apresenta as seguintes vantagens em relação aos empréstimos bancários:

- ☐ Cobrir necessidades de tesouraria de curto prazo, eventualmente sazonais.
- ☐ Conseguir taxas de juro mais baixas do que os financiamentos bancários de idêntico prazo.
- ☐ Maior flexibilidade em relação a prazos de emissão, permitindo otimizar a gestão de tesouraria.
- ☐ Diversificar as formas de financiamento de curto prazo, aliviando a dependência do financiamento bancário.

Uma entidade emitente que pretenda recorrer a esta forma de financiamento deve, para o efeito, recorrer a uma instituição financeira que se encarregará de preparar a respetiva emissão e de a colocar junto do público investidor. A entidade emitente é obrigada a elaborar uma Ficha Técnica da Emissão, donde devem constar os seguintes elementos:

- Identificação da entidade emitente.
- Garantias da operação.
- Montante e prazo da emissão.
- Entidades financeiras encarregadas de colocação dos títulos.
- Notação de *rating*.
- Regime fiscal da emissão.

A emissão pode assumir duas modalidades:

- ➢ **Emissão contínua** – através de um plano de emissão a utilizar por *tranches*, até um determinado montante e dentro de um prazo definido.
- ➢ **Emissão por séries** – a entidade emitente recorre ao mercado para necessidades esporádicas e específicas, podendo os montantes e os prazos ser diferentes em cada emissão, em função das necessidades da entidade emitente.

Uma emissão de papel comercial tem normalmente associada uma análise de *rating* feita por empresas de *rating*, no sentido de fornecer ao mercado e aos potenciais investidores uma avaliação da qualidade do emitente e do risco de crédito.

Os títulos vencem juros nas condições definidas na Ficha Técnica da Emissão, que é o rendimento dos investidores e são amortizados pela empresa emitente, na data do vencimento, ao valor nominal, podendo ser reembolsados antecipadamente (resgate), nos termos previstos na respetiva Ficha Técnica da Emissão.

15.7.4. *PROJECT FINANCE* E PARCERIAS PÚBLICO-PRIVADAS (PPP)

Project finance é uma modalidade de financiamento de projetos empresariais, como alternativa ao financiamento por capitais próprios, aos financiamentos bancários de longo prazo, à emissão de títulos ou aos empréstimos obrigacionistas. Farrell (2003) refere que o *project finance* pode ser definido como o financiamento de um projeto por uma entidade financiadora, no qual os *cash flows* gerados pelo projeto servem como fonte de recursos para reembolsar o empréstimo e onde os ativos do projeto servem como garantia para o empréstimo. O *project finance* é uma forma de financiamento em que o credor espera ser reembolsado somente a partir dos *cash flows* gerados pelo próprio projeto. No fundo, o *project finance* é um mecanismo de financiamento que permite que o desenvolvimento de um projeto ocorra mediante a obtenção de um financiamento especialmente contratado, o qual será reembolsado com as receitas que o próprio projeto irá gerar no futuro.

O *project finance* não se confunde com outras formas de financiamento de projetos, na medida em que o que o carateriza é a assunção de riscos inerentes ao sucesso do empreendimento, o qual é representado pela capacidade de libertação de fundos suficiente para cobrir os custos operacionais, cumprir o serviço da dívida (reembolso do capital+juros) e proporcionar uma rendibilidade adequada aos investidores. Aparece normalmente associado ao financiamento de infraestruturas e grandes projetos de investimento, como a construção de autoestradas, construção de hospitais, sistemas de transporte e aeroportos.

O *project finance* tem determinadas caraterísticas que o diferenciam das outras formas de financiamento de projetos. A sua principal caraterística é a separação legal e económica do projeto através da criação de uma sociedade criada para o efeito, cujo único objeto é a gestão do projeto e a geração de *cash flow* para o projeto e seus acionistas. Outra caraterística relevante, dado tratar-se normalmente de projetos de grande envergadura, é que o projeto pode ser financiado por várias entidades financiadoras, sendo os financiamentos libertados à medida que a obra for sendo realizada, mediante avaliações e medições periódicas.

A estrutura de financiamento de um *projet finance* é elaborada de forma a alocar com maior eficiência os riscos e retornos financeiros do projeto para as partes envolvidas do que o modelo tradicional, exigindo uma engenharia financeira complexa com o fim de tornar o projeto aceitável para todas as partes envolvidas.

O *project finance* é uma modalidade de financiamento que envolve diversos tipos de participantes, onde cada um assume uma determinada responsabilidade ao longo do desenvolvimento do projeto, pelo que as relações contratuais acordadas entre as diversas partes são de grande relevância. As estruturas contratuais variam de caso para caso. Alguns contratos podem incluir contratos de engenharia e construção, contratos de fiscalização, contratos de fornecimento, contratos de operações e de manutenção, acordos de apoio governamental, envolvendo financiamento através de fundos comunitários, garantias e avales ou benefícios fiscais, contratos relativos a seguro, contratos de consultadoria técnica, jurídica, financeira e fiscal e contratos de financiamento junto de instituições de crédito.

O *project finance* tem as seguintes vantagens relativamente ao financiamento tradicional:

- Repartição dos riscos entre as diversas partes interessadas no projeto.
- Obtenção de economias de escala na produção.
- Benefícios fiscais.
- Melhor avaliação dos riscos.
- Garantias de desempenho do projeto (*cash flows*) em vez de garantias tradicionais alheias ao projeto.

Como desvantagens podem apontar-se:

- Necessidade de uma estrutura complexa com os inerentes custos.
- Complexidade na alocação dos riscos.

- Taxas de juro mais elevadas, principalmente em projetos públicos, cuja alternativa seria a realização do projeto pelo Estado, com custos de financiamento mais baixos.
- Maior supervisão dos credores.

Dento dos *project finance* merecem destaque as **Parcerias Público-Privadas (PPP)**, tão em voga nos últimos anos, que são contratos que envolvem parcerias entre uma entidade pública e uma entidade privada para a construção de um empreendimento, como um investimento de interesse público. As entidades privadas que assinam os contratos de parceria são normalmente consórcios compostos por várias empresas privadas, como acontece com a construção de autoestradas, caminhos de ferro ou hospitais.

O lançamento de uma PPP tem como objetivo permitir a construção de infraestruturas de interesse para as populações, sem que o Estado tenha que desembolsar no imediato o custo da construção. Em vez de uma obra ser construída através de contratos de empreitada e de concurso público e suportada pelo Estado, há um contrato entre o Estado e o consórcio de entidades privadas que se compromete a executar a obra e a suportar os seus custos, mediante a concessão da exploração da infraestrutura durante um longo período de tempo (30 ou 40 anos, dependendo da dimensão e do custo da infraestrutura), ou mediante o pagamento de uma renda anual, igualmente por um longo período de tempo, por parte da entidade pública, caso a infraestrutura não tenha rendimentos futuros suficientes para assegurar o pagamento do investimento, como é o caso de algumas autoestradas.

Antes de ser lançada uma PPP, o Estado deve fazer um estudo comparativo (comparador público) entre os custos a longo prazo da obra se for construída no regime PPP e os custos, igualmente a longo prazo, se o investimento e a sua execução forem assumidos pelo Estado. Só deverá optar pelo regime de PPP se os custos totais para o Estado forem inferiores aos custos que assumiria se executasse a obra por sua conta e risco.

As PPP, se forem parcimoniosamente executadas, apresentam as seguintes vantagens:

- Redução de custos – não só no financiamento, mas também na execução e manutenção, na medida em que há um maior controlo, designadamente quanto a obras extra.

- Partilha de riscos entre as entidades públicas e as entidades privadas, se o contrato for bem negociado.
- Melhor qualidade do serviço prestado – as PPP podem introduzir inovação na prestação de serviços públicos.
- Implementação mais eficiente – maior eficiência na tomada de decisão.
- Outros benefícios económicos – estímulo à economia.

Por outro lado, as PPP apresentam também alguns riscos:

- Perda de controlo por parte do Estado.
- Maiores gastos – o serviço prestado pelas PPP pode implicar preços mais elevados, difíceis de controlar por parte do setor público, designadamente em termos de custos financeiros.
- Riscos políticos e questões laborais.
- Problemas de qualidade – se não forem bem elaborados, os contratos de PPP podem resultar em redução da qualidade do serviço ou falta de manutenção.

Em Portugal, as parcerias público-privadas são reguladas pelo Decreto-Lei nº11/2012, de 23 de maio, que estabelece as normas gerais aplicáveis à intervenção do Estado na definição, conceção, preparação, lançamento, adjudicação, alteração, fiscalização e acompanhamento das parcerias público-privadas e estabelece a criação da Unidade Técnica de Acompanhamento de Projetos.

15.7.5. CAPITAL DE RISCO, *BUSINESS ANGELS* E *PRIVATE EQUITY*

As empresas de capital de risco são instituições financeiras que investem fundos em novos negócios ou expansão de negócios já existentes, mediante a participação no capital social e participação nos lucros potenciais. O principal objetivo dos fundos de capital de risco, tal como dos *business angels* ou dos *private equity funds*, é obter lucro com a venda das participações mais valorizadas. As empresas de capital de risco e de *private equity* usualmente também prestam assistência, aconselhamento e informação com o objetivo de ajudar o negócio a prosperar.

Uma fonte corrente de financiamento de *start-ups* com elevado potencial é precisamente o recurso ao **capital de risco (*venture capital*)** e a ***business*** *angels*. *Business angels* são indivíduos alheios ao negócio, tipicamente com experiência de negócio e com contactos, que acreditam na ideia para uma *start-up* e estão dispostos a investir os seus próprios recursos para ajudar a que o negócio cresça. O seu contributo materializa-se com a entrada de capital para a *start-up*, mas também através de consultadoria e assistência ao empreendedor no desenvolvimento do negócio. O objetivo deste tipo de investidor é o de ajudar a rendibilizar o projeto o mais rapidamente possível para reaver o capital investido e participar nos lucros obtidos. Um *business angel* é um investidor de capital de risco (normalmente investe entre 50 e 500 mil Euros), mas não um sócio no projeto ou no negócio.

Outras fontes de financiamento importantes de *start-ups*, normalmente de maior dimensão do que os *business angels*, são os **private equity funds** e o **capital de risco**. O capital de risco e os *private equity funds* são especialmente importantes para empreendedores que têm boas ideias mas não têm recursos suficientes para arrancar com o negócio. Os *private equity funds* são um tipo de fundo que compra participações em empresas não cotadas em bolsa, com o objetivo de distribuição de dividendos e obtenção de lucro quando vender essas participações já valorizadas. O capital das *private equity* provém de investidores privados ou institucionais e pode ser utilizado em investimentos em novas tecnologias, aumentos de fundo de maneio, fusões e aquisições ou reestruturação financeira de empresas.

As formas mais correntes de *private equity* são *leveraged byouts (LBO)*, que é a aquisição de outra empresa com recurso a montantes significativos de capital alheio (obrigações ou empréstimos a longo prazo) contra garantia dos próprios ativos adquiridos, para além de garantias oferecidas pelo adquirente, capital de risco (*venture capital*) e capital de desenvolvimento (*growth capital*), que é um tipo de *private equity* com participações minoritárias em empresas em desenvolvimento que necessitam de capital para acompanhar o seu ciclo de crescimento.

15.8. RESUMO DO CAPÍTULO

O presente capítulo procurou apresentar uma visão integrada da função financeira das organizações. A gestão financeira desempenha uma função fundamental na gestão da empresa. Na verdade, sem uma adequada gestão dos fluxos financeiros, qualquer organização está condenada ao fracasso. Como a generalidade das decisões tem impacto na situação financeira da

GESTÃO FINANCEIRA

organização, todos os gestores, mesmo os de outras áreas funcionais, têm necessidade de ter conhecimentos sobre gestão financeira.

De uma forma simplificada, pode dizer-se que a gestão financeira consiste na tomada de decisões sobre a adequação das origens de fundos (fundos próprios ou alheios) às aplicações de fundos (ativo), com vista a assegurar o equilíbrio financeiro da organização, a maximização dos resultados e a criação de valor para os *stakeholders*.

Ao longo do capítulo, foram apresentados os principais conceitos de gestão financeira e apresentadas técnicas de análise económico-financeira das organizações, designadamente pelo método dos rácios. Foram também apresentadas metodologias e técnicas de análise financeira de empresas e avaliação de projetos de investimento, que ajudam os gestores financeiros a tomar decisões de investimentos e de financiamentos.

As decisões de financiamento devem ter como preocupações fundamentais o equilíbrio financeiro da organização e a minimização dos riscos, enquanto as decisões de investimento devem privilegiar a realização de projetos que assegurem a rendibilidade dos capitais investidos.

O capítulo termina com a apresentação das principais fontes de financiamento das empresas e de projetos de investimento, quer recorrendo a capitais próprios, quer recorrendo a capitais alheios de curto e médio e longo prazo (*corporate finance*) e formas modernas de financiamento e de partilha de riscos de grandes projetos de investimento, como são os casos do *project finance* e das parcerias público-privadas.

Finalmente foram abordadas algumas formas modernas de financiamento de *start-ups*, com partilha de capital e de riscos, como *business angels*, capital de risco e *private equity funds*.

QUESTÕES

1. *Para além das funções de qualquer gestor, quais as funções específicas do gestor financeiro?*
2. *Compare e contraste a Demonstração de Resultados com o Balanço? Como podem estes documentos contabilísticos ajudar os gestores na gestão corrente e nas decisões de investimento?*
3. *O que é o Fundo de Maneio e Necessidades de Fundo de Maneio?*
4. *Em que consiste a análise económico-financeira de empresas? Quais os principais métodos utilizados?*

MANUAL DE GESTÃO MODERNA

5. *Em que consistem o Grau de Alavancagem Económico e Grau de Alavancagem Financeiro e qual a utilidade para a gestão.*
6. *Em que consiste a avaliação económico-financeira de projetos de investimento e explique como o VAL e a TIR podem ajudar os gestores a melhorar a qualidade das decisões de investimento.*
7. *Quais são as principais fontes de financiamento da atividade de uma empresa?*
8. *Que fonte ou fontes de financiamento considera mais adequadas para financiar projetos de investimentos?*
9. *Comente a seguinte afirmação:*
   "A obtenção de resultados sucessivamente negativos pode ter impacto no equilíbrio financeiro de uma empresa".

ESTUDO DE CASO 15.1

A empresa ABC efectuou as seguintes previsões para o 2º semestre do ano XXXX, em milhares de Euros:

Previsão de vendas

julho	agosto	setembro	outubro	novembro	dezembro	total
50 000	40 000	60 000	40 000	70 000	80 000	340 000

Condições de recebimento:

    20% a pronto pagamento
    30% a 30 dias
    50% a 60 dias

Previsão de compras

julho	agosto	setembro	outubro	novembro	dezembro	total
60 000	60 000	80 000	40 000	50 000	60 000	350 000

Condições de pagamento:

    50% a 30 dias
    50% a 60 dias

Custo das mercadorias vendidas

julho	agosto	setembro	outubro	novembro	dezembro	total
40 000	80 000	60 000	60 000	40 000	60 000	340 000

GESTÃO FINANCEIRA

Outros recebimentos

julho	agosto	setembro	outubro	novembro	dezembro	total
10 000	15 000	12 000	15 000	18 000	20 000	90 000

Outros pagamentos

julho	agosto	setembro	outubro	novembro	dezembro	total
40 000	25 000	18 000	39 000	29 000	45 000	196 000

Saldo inicial de caixa: 25 000
Saldos iniciais de inventários: 20 000
Saldo inicial de clientes: 10 000
Saldo inicial de fornecedores: 15 000

Pede-se:

1. Elaboração do orçamento de tesouraria da empresa para o 2º semestre.
2. Admitindo que não há outras despesas operacionais, elabore a Demonstração de Resultados e o Balanço Previsionais relativos ao 2º semestre

---

ESTUDO DE CASO 15.2

A empresa XYZ deseja preparar um orçamento de tesouraria para o 1º semestre do ano seguinte, dispondo, para o efeito, dos seguintes elementos:

Meses	Vendas	Materiais	Salários	Gastos Gerais dde Fabrico	Gastos de Vendas e Distribuição
janeiro	10 000	10 000	2 000	1 600	400
fevereiro	11 000	7 000	2 200	1 650	450
março	14 000	7 000	2 300	1 700	450
abril	18 000	11 000	2 300	1 750	500
maio	15 000	10 000	2 000	1 600	450
junho	20 000	12 500	2 500	1 800	600

Informação adicional:

1. O saldo de caixa no início de janeiro era de €5 000. Vai ser instalada uma nova maquinaria que custa €10 000 a crédito, a pagar em duas prestações iguais em março e abril.

MANUAL DE GESTÃO MODERNA

2. A comissão de 5% a pagar sobre as vendas totais é paga no mês seguinte.
3. Em março recebe uma parcela do aumento do capital de €5 000 e um prémio de emissão de €1 000 relativo ao mesmo aumento.
4. O prazo de pagamento concedido pelos fornecedores é de 2 meses.
5. O prazo de recebimento concedido aos clientes é de 1 mês.
6. O prazo de pagamento dos gastos gerais é de 1 mês.
7. O atraso no pagamento dos salários é de meio mês.
8. As vendas são feitas 50% a pronto pagamento.

Pede-se:

Prepare um orçamento de tesouraria para o 1º semestre, tendo em conta as estimativas de rendimentos e gastos.

ESTUDO DE CASO 15.3

A empresa XYZ apresentou no final dos exercícios N-1 e N os seguintes elementos contabilísticos:

Balanços	Ano N-1	Ano N
Ativo		
Ativo não corrente	280 000	315.000
Ativos fixos tangíveis	210 000	200.000
Ativos fixos intangíveis	30 000	80.000
Investimentos financeiros	15 000	20.000
Investimentos em curso	25 000	15.000
Ativo corrente	146 700	133.200
Inventários	96 700	77.700
Clientes	40 000	43.000
Caixa + Depósitos Bancários	10 000	12.500
Total do Ativo	**426 700**	**448.200**
Capital Próprio e Passivo		
Capital Próprio	**176 700**	**153.200**
Capital realizado	100 000	120.000
Resultados transitados	72 000	19.000
Resultado líquido do período	4 700	14.200
Passivo		
Passivo não corrente	120 000	150.000
Financiamentos obtidos	120.000	150.000
Passivo corrente	130.000	145.000
Fornecedores	40.000	50.000
Financiamentos obtidos	85.000	90.000
Estado e outros entes públicos	5.000	5.000
Total do Passivo	**250.000**	**290.000**
Total do capital próprio e passivo	**426.700**	**448.200**

GESTÃO FINANCEIRA

Demonstração de Resultados	Ano N-1	Ano N
Vendas e serviços prestados	400.000	500.000
CMVMC	240.000	330.000
FSE	99.300	90.000
Gastos com o pessoal	35.000	40.000
Impostos	1.000	3.000
EBITDA	24.700	37.000
Custos de depreciação e amortização	8.000	8.000
Provisões do período	2.000	2.000
Resultado operacional (EBIT)	14.700	27.000
Juros obtidos	1.000	1.000
Gastos e perdas de financiamento	5.000	8.000
Resultado antes impostos (EBT)	8.000	18.000
Imposto sobre o rendimento	3.300	3.800
Resultado Líquido do Período	4.700	14.200

1. Calcule para ambos os anos o Fundo de Maneio da empresa. Analise a evolução e o que levou à sua degradação?
2. Faça a análise do equilíbrio financeiro da empresa, salientando os seguintes pontos:

   - Causas da situação em que se encontra.
   - Ajustamentos necessários face ao equilíbrio/desequilíbrio identificado.

3. Faça a análise da situação económico-financeira da empresa pelo método dos rácios. Comente a sua evolução.
4. Determine os graus de alavancagem financeiro e operacional para o ano N e explique o seu significado em termos de análise de risco.
5. Calcule e represente graficamente o *breakeven point* da empresa no ano N e interprete o seu significado.
6. A empresa pondera fazer um investimento numa nova máquina. Os dados previsionais sobre o novo investimento são os seguintes (em Euros):

	Ano 0	Ano 1	Ano 2	Ano 3	Ano 4	Ano 5
Investimento	100 000					
Cash flows	–	(10 000)	30 000	50 000	80 000	80 000

Considere um custo do capital de 10%.

Com base nos dados previsionais apresentados, faça a análise da viabilidade e rendibilidade do projeto, utilizando o VAL e a TIR.

REFERÊNCIAS

Brealey, R. e Myers, S. (2007), *Princípios de Finanças Empresariais*, 7ª Edição, McGraw-Hill, Lisboa.

Farrell, L. M. (2003), *Principal-agency risk in project finance*, International Journal of Project Management, Vol. 21, pp. 547-561.

Gomes, J. e Pires, J. (2011), *SNC – Sistema Nacional de Contabilidade: Teoria e Prática*, 4ª Edição, Vida Económica, Porto.

Mota, A., Barroso, C., Soares, H. e Laureano, L. (2013), *Introdução às Finanças*, Edições Sílabo, Lisboa.

Fernandes, C., Pegunho, C., Vieira, E. e Neiva, J. (2013), *Análise Financeira: Teoria e Prática*, 2ª Edição, Edições Sílabo, Lisboa.

Capítulo 16
Gestão de Recursos Humanos

No atual ambiente de globalização, as organizações têm de valorizar os seus recursos humanos. Para muitos autores, os recursos humanos são a principal fonte de vantagem competitiva das organizações. Neste contexto competitivo em que vivemos, torna-se fundamental, para a sobrevivência das organizações, atrair, desenvolver e reter os trabalhadores competentes que lhes permitem alcançar os objetivos estabelecidos. Uma das funções mais críticas de um gestor consiste em gerir as pessoas que compõem a organização, de forma a atingir os objetivos pretendidos. Para isso precisa de planear, recrutar, treinar, promover e remunerar os membros da organização.

Este capítulo tem como objetivo descrever os principais conceitos e técnicas de gestão dos recursos humanos e futuras direções que serão determinantes na gestão dos recursos humanos. Serão também abordados os processos de planeamento, recrutamento e seleção, nas suas vertentes interna e externa, acolhimento e integração, formação e desenvolvimento, avaliação do desempenho e sistemas de remuneração e incentivos e despedimento.

OBJETIVOS DE APRENDIZAGEM

Depois de ler e refletir sobre este capítulo, o leitor deve ser capaz de:
- Compreender a importância da gestão de recursos humanos para as organizações.
- Apresentar uma abordagem sistémica do processo de gestão dos recursos humanos.
- Explicar a necessidade e as vantagens do planeamento dos recursos humanos.
- Identificar os principais instrumentos de seleção de recursos humanos.
- Descrever a importância e os métodos de gestão do desempenho.
- Destacar as principais tendências contemporâneas da gestão dos recursos humanos.

Conceitos chave
Gestão de recursos humanos, recrutamento, formação, avaliação do desempenho, remunerações, incentivos, despedimento.

16.1. GESTÃO ESTRATÉGICA DE RECURSOS HUMANOS

Durante as últimas décadas, muitas organizações têm atravessado processos de mudança organizacional, motivados pela necessidade de responder de um modo mais eficaz aos desafios emergentes das alterações do mercado, provocadas pelo aumento da concorrência, pelo desenvolvimento das novas tecnologias de informação e pelo fenómeno da globalização.

Os recursos humanos são o elemento vital em qualquer organização para o aumento da competitividade. Para enfrentarem os desafios que se lhes colocam, os gestores têm de compreender a importância e o potencial dos recursos humanos. São as pessoas que constroem as organizações e que asseguram a eficácia do seu sistema organizativo. Sem uma sintonia perfeita entre as pessoas e a organização e uma gestão global eficiente, a sobrevivência da organização pode estar comprometida. Por essa gestão tem de passar obrigatoriamente a gestão dos recursos humanos.

O objetivo principal da gestão estratégica dos recursos humanos é criar vantagem competitiva sustentável. Pode definir-se gestão estratégica dos recursos humanos como o processo pelo qual os gestores desenham os componentes de um sistema de gestão de recursos humanos que seja

GESTÃO DE RECURSOS HUMANOS

consistente com os outros elementos organizacionais e com a estratégia e os objetivos da organização. É o processo de concretizar os objetivos organizacionais, através do recrutamento e seleção dos colaboradores, orientação e integração, formação e desenvolvimento, avaliação do desempenho, atribuição de compensações, incentivos e benefícios e do despedimento dos recursos humanos.

A forma como os recursos humanos têm vindo a ser geridos tem sofrido profundas alterações nos últimos anos, decorrentes dos novos desafios que o ambiente competitivo coloca às organizações. As políticas seguidas no passado têm vindo a ser reavaliadas e adaptadas a este novo contexto competitivo de grande abertura dos mercados, inovação tecnológica, redução do ciclo de vida dos produtos, aumento da qualidade dos produtos e serviços e diminuição de custos.

O planeamento, o recrutamento e seleção, a formação, a gestão das competências e das carreiras, a gestão dos sistemas de avaliação de desempenho e de recompensas, assumem especial destaque na procura de um clima de motivação e de reconhecimento do valor das pessoas, em grupo ou individualmente.

Mas não há uma forma milagrosa de garantir o sucesso na gestão dos recursos humanos. De facto, a especificidade da natureza humana torna difícil identificar métodos que permitam uma gestão de pessoas com sucesso. O que funcionou bem no passado pode não funcionar bem hoje ou no futuro, o que funcionou numa organização pode não funcionar noutra e o que funciona num ambiente competitivo pode não funcionar noutro. Existem diversos fatores, de ordem social, cultural, financeira, emocional, que dificultam a criação de técnicas precisas na gestão dos recursos humanos. A gestão de recursos humanos tem de passar, necessariamente, pela aquisição de conhecimentos e experiências no âmbito de cada organização e na procura gradual da sintonia entre as pessoas e a organização.

As organizações de sucesso serão as que optarem por investir no desenvolvimento sustentado das pessoas e, concomitantemente, souberem adaptar as metodologias e as práticas que melhor contribuam para o alcance dos seus objetivos. É nesta perspetiva que, neste capítulo, vamos abordar temas de gestão de recursos humanos relacionados entre si, nomeadamente: planeamento, recrutamento e seleção, formação e desenvolvimento, orientação e acolhimento, avaliação do desempenho, manutenção e despedimento.

MANUAL DE GESTÃO MODERNA

Face ao que antecede, são objetivos gerais da gestão de recursos humanos:

- Criar, manter e desenvolver um grupo de pessoas com capacidades e motivação capazes de realizar os objetivos da organização.
- Criar, manter e desenvolver as condições organizacionais que permitam o alcance dos objetivos individuais.
- Alcançar eficiência e eficácia, através dos recursos humanos disponíveis.

Como objetivos específicos podemos apontar:

- Criar todas as condições para que o trabalho seja bem realizado.
- Rendibilizar, através das pessoas, quer o capital quer a tecnologia disponíveis.
- Tornar claros os objetivos da empresa.
- Fazer participar os trabalhadores no projeto da organizacão e nos objetivos.
- Mobilizar as pessoas com aproveitamento das suas capacidades.
- Reconhecer e recompensar os trabalhadores da empresa na medida dos seus conhecimentos e capacidades e do seu grau de cumprimento dos objetivos propostos.
- Conseguir, através da realização do trabalho, um grau de satisfação que envolva os trabalhadores, os patrões e os clientes da empresa.

Nas organizações, qualquer que seja a sua dimensão, é preciso recrutar, retribuir, avaliar o desempenho e desenvolver as capacidades dos trabalhadores. O desenvolvimento dos recursos humanos inclui a formação, educação, avaliação e preparação das pessoas para um melhor desempenho atual e futuro. São estes tópicos que vamos tratar nos pontos seguintes deste capítulo.

16.2. PLANEAMENTO DA GESTÃO DE RECURSOS HUMANOS

O planeamento de recursos humanos inclui a atividade dos gestores que consiste em fazer uma previsão das futuras necessidades de recursos humanos, ter conhecimento das mudanças que ocorrem na organização, ana-

GESTÃO DE RECURSOS HUMANOS

lisar a mão-de-obra existente, assim como as ofertas interna e externa de mão-de-obra disponível. Para se poder efetuar um bom planeamento de recursos humanos deve ter-se um conhecimento concreto dos objetivos da empresa e conhecer também o mercado de trabalho.

A previsão das futuras necessidades só é possível se:

- Houver um perfeito conhecimento dos objetivos da empresa e das mudanças que irão ocorrer na organização.
- Existir um bom acompanhamento das movimentações de pessoal no interior da empresa (transferências, baixas e aposentações, promoções, etc.).
- Houver uma articulação entre o planeamento estratégico da organização e o planeamento de recursos humanos.

O objetivo primordial do planeamento de recursos humanos é permitir à organização identificar com antecedência os pontos críticos em que é mais provável que ocorram faltas, excessos ou uso ineficiente de pessoal (Figura 16.1). Um bom planeamento da gestão dos recursos humanos permite:

- Determinar as necessidades de recrutamento e a sua calendarização.
- Detetar eventuais redundâncias e avaliar as possibilidades de reconversão, evitando despedimentos desnecessários.
- Definir com rigor as necessidades de formação e estabelecer uma base racional para a construção de planos de desenvolvimento individual.
- Prever e avaliar o impacto das novas tecnologias e de novas formas de organização do trabalho na atividade da organização, designadamente a flexibilidade e o trabalho em equipa.

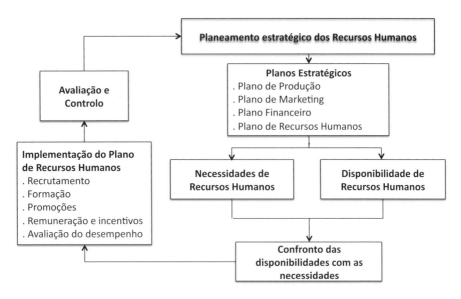

Figura 16.1 Planeamento da Gestão de Recursos Humanos

Como resultado do planeamento dos recursos humanos, os gestores podem decidir optar pelo **recrutamento interno ou externo**, ou pelo recurso a *outsourcing*, como forma de preenchimento das necessidades de recursos humanos. Em vez de recrutar e selecionar empregados para produzir os produtos ou serviços, os gestores podem contratar pessoas que não fazem parte dos quadros da organização ou recorrer a empresas de trabalho temporário para recrutar pessoas para executar tarefas em determinadas áreas. É o caso dos serviços de limpeza, segurança, transporte de valores que usualmente são executados por empresas em regime de *outsourcing*.

Há duas razões fundamentais que impelem, por vezes, os gestores a recorrerem ao *outsourcing*, que são a flexibilidade e o mais baixo custo. O recurso a *outsourcing* permite aos gestores uma muito maior flexibilidade nas gestão dos recursos humanos, principalmente quando é difícil prever as necessidades de recursos humanos, no caso de sazonalidade da atividade ou ainda no caso de atividades que exigem um elevado grau de especialização. Em segundo lugar, o *outsourcing* possibilita muitas vezes a obtenção de recursos humanos a um custo mais baixo.

Mas o recurso a *outsourcing* tem também desvantagens. Quando se recorre a trabalho em *outsourcing* perde-se algum controlo sobre a qualidade dos produtos ou serviços produzidos pela organização. O trabalhador

GESTÃO DE RECURSOS HUMANOS

contratado em *outsourcing* tem também um menor conhecimento das práticas, regras e procedimentos organizacionais e está menos comprometido com os objetivos da organização do que os empregados.

16.3. RECRUTAMENTO E SELEÇÃO

Recrutamento é o processo pelo qual os gestores visam preencher as vagas existentes na organização, que decorre entre a decisão de preencher um cargo vago e o apuramento dos candidatos que preenchem o perfil da função e reúnem condições para ingressar na empresa. A seleção consiste no processo de escolha entre os finalistas (*short list*) e na tomada de decisão sobre quem deverá assumir o cargo. Antes de ser tomada uma decisão sobre o preenchimento da vaga, deve encarar-se outras alternativas, tais como:

- Reorganizar o trabalho de tal forma que os trabalhadores disponíveis possam fazer todo o trabalho.
- Recurso a horas extraordinárias.
- Análise aprofundada do conteúdo dos diferentes cargos da mesma unidade, para concluir se há tarefas que podem ser eliminadas ou automatizadas.
- Informatização de tarefas.
- Reanálise dos perfis e competências das funções próximas do cargo vago para, através da sua alteração, eliminar a necessidade de recrutamento.
- Flexibilização do horário de trabalho.
- Contratação de trabalho temporário ou em tempo parcial.
- Recurso a subcontratação (*outsourcing*).

Se continuar a ser evidente a necessidade de preenchimento do cargo, deverá ser ponderado, antes da decisão:

- Em que consiste o trabalho.
- Em que aspetos é diferente do desempenhado pelo anterior titular.
- Qual o custo adicional que vai originar.
- Se esse custo está orçamentado.
- Se o empregado adicional está dentro dos orçamentos aprovados.
- Quando é que o novo empregado deve iniciar o trabalho.

Antes de iniciar o processo de recrutamento, o departamento de recursos humanos deve ainda certificar-se de qual é o perfil pretendido para a função, de forma a estar perfeitamente sintonizado com o que pretende o seu cliente interno e evitar erros de recrutamento que resultem em candidatos insatisfatórios, com os custos e perdas de tempo inerentes. A definição do perfil da função compreende três elementos essenciais:

1. Identificação da função, seu título e enquadramento organizacional.
2. Clarificação dos requisitos que o candidato ideal deve preencher, nomeadamente:

   - Aptidões e competências técnicas e de gestão.
   - Experiência anterior.
   - Dimensões comportamentais exigidas para ter sucesso (*soft skills*).
   - Fatores preferenciais.

3. O que a empresa tem para lhe oferecer, focando, entre outros aspetos:

   - O salário e regalias atribuídos.
   - As oportunidades de formação e desenvolvimento pessoal.
   - As possibilidades de carreira.
   - O local de trabalho.
   - O horário de trabalho.

Antes de decidir avançar com o processo de recrutamento, a direção de recursos humanos, em articulação com a hierarquia da vaga a preencher, deve definir a estratégia a seguir no preenchimento da vaga e se deve optar pelo recrutamento interno ou externo.

O recrutamento interno consiste no preenchimento da vaga por um empregado que ocupa outra função na empresa. O recrutamento interno tem vantagens como:

1. Maior rapidez no preenchimento da vaga.
2. Maior probabilidade de acerto na escolha do candidato.
3. Um custo mais baixo que o recurso externo.
4. Elimina o risco de haver desencontro cultural entre a pessoa e a organização.
5. Permite dar oportunidades de carreira aos empregados atuais.
6. Aproveitamento de investimentos feitos na formação.

GESTÃO DE RECURSOS HUMANOS

A par das vantagens enunciadas, o recrutamento interno também pode ter inconvenientes:

1. É mais lento que o recurso ao mercado, porque, uma vez selecionado o candidato interno vencedor, haverá que o substituir e que garantir um período de sobreposição na antiga função, antes que a hierarquia o liberte.
2. Relutância da hierarquia em dar o seu acordo à saída dos seus melhores colaboradores.
3. Pode provocar rotação excessiva de pessoal dentro da empresa, com perdas de eficiência.
4. Se for necessário rejeitar alguns candidatos internos, é preciso, posteriormente, gerir as suas expectativas frustradas e mantê-los motivados.

Se, ao invés, a empresa optar pelo recrutamento externo a fim de identificar o candidato ideal para preencher a vaga, o processo comporta vantagens, de que se destacam:

1. Eventual celeridade do processo, uma vez que não implica movimentações internas, nem períodos de passagem de serviço.
2. Injeção de pessoas na empresa que trazem novas competências e novas formas de pensar.
3. Visibilidade que a empresa obtém no mercado de trabalho e reforço da sua imagem como empregadora.
4. Em muitos casos é mais barato recrutar no exterior do que formar pessoas internamente.

Contudo, o recrutamento externo comporta também inconvenientes, de que se destacam os mais importantes:

1. Exige da parte do recrutado um período de adaptação.
2. É bastante mais caro que o recrutamento interno.
3. Comporta maiores riscos de incompatibilidade cultural entre o candidato e a empresa, levando à sua rejeição pelo grupo e, por vezes, ao fracasso.
4. Frustra as expectativas de carreira dos colaboradores da empresa, dando a noção que as oportunidades são dadas a pessoas do exterior.

16.3.1. MÉTODOS E PROCEDIMENTOS DE RECRUTAMENTO

A preocupação de qualquer gestor é colocar em tempo oportuno as pessoas certas nos lugares certos. Para o efeito, deve avaliar as necessidades dos departamentos, usar uma variedade de métodos de recrutamento e seleção e ajustar as necessidades e interesses dos indivíduos aos interesses da organização.

Para minimizar os potenciais erros de admissão, é usual usar uma variedade de métodos e instrumentos de seleção. Para os lugares mais baixos da hierarquia é suficiente uma ficha de candidatura e uma breve entrevista, mas para os lugares de maior responsabilidade poderá ser necessário um conjunto de entrevistas, testes de atitude, de inteligência, de personalidade, de desempenho e avaliação das capacidades e análise das referências.

Os gestores recorrem tradicionalmente a dois tipos de recrutamento: **externo** e **interno,** podendo hoje também ser feito pela **internet**. Quando a organização opta pelo recrutamento externo, deve observar um conjunto de métodos e procedimentos que escolherá em conformidade com o perfil da função a preencher:

1. Consultar o arquivo de candidaturas existente na empresa, resultante de processos de recrutamento anteriores ou de candidaturas espontâneas.
2. Colocar anúncios em jornais ou revistas profissionais, devendo, neste caso, constar um conjunto de elementos que elucidem o candidato sobre a empresa, conteúdo funcional, especificação de requisitos, forma de concorrer, etc.
3. Recorrer a universidades, institutos politécnicos e escolas de formação profissional. Hoje é visível a preocupação das escolas em garantir empregabilidade aos seus alunos, havendo por isso diversas escolas que se comprometem a apoiar os alunos a procurar colocação ou através da assinatura de protocolos e acordos de cooperação com entidades empregadoras.
4. Consultar associações profissionais e sindicatos.
5. Conhecimento pessoal e recomendação por parte de colaboradores da empresa.
6. Recorrer a agências de emprego, quer públicas, como o Instituto de Emprego e Formação Profissional, quer privadas especializadas na área.

7. Recrutamento de familiares e amigos, muito usado em empresas de cariz familiar.

16.3.2. O PROCESSO DE SELEÇÃO

O recrutamento e seleção são fases do mesmo processo de admissão de colaboradores. Enquanto o recrutamento consiste na procura de pessoas que satisfaçam os requisitos de potenciais candidatos ao cargo, a seleção é o processo de escolha do candidato mais habilitado e com melhores atributos para o preenchimento da vaga.

A seleção é um processo de comparação entre os perfis dos candidatos e as exigências da função. O conteúdo da função é dado pela análise e descrição de funções, enquanto o perfil do candidato é determinado através da análise do *curriculum vitae* e do recurso a um conjunto coerente de métodos e técnicas de seleção. O ideal é que perfil e função se ajustem.

O processo de seleção tanto pode ser efetuado pela própria empresa, como com recurso a entidades externas independentes. O recurso a entidades externas especializadas tem vantagens nesta fase do processo de seleção, precisamente porque é independente e só seleciona os candidatos que, na sua análise, satisfaçam os requisitos para o cargo.

Definida e enquadrada a seleção dos candidatos, seguem-se as seguintes fases do processo de seleção:

a. **Análise detalhada do curriculum** – permite fazer uma primeira triagem de forma a eliminar o primeiro conjunto de candidatos cujo perfil de formação não se ajusta à função.

b. **Preenchimento de boletim de candidatura** – compreende o preenchimento de um formulário que se destina a recolher informações sobre o candidato.

c. **Entrevista inicial** – trata-se de uma entrevista de carácter geral que se destina a eliminar o segundo contingente de candidatos.

d. **Controlo de referências** – consiste em controlar a veracidade dos documentos apresentados e de referências indicadas pelos candidatos.

e. **Provas e testes** – testes psicotécnicos, testes de aptidão, testes de inteligência, testes de personalidade, etc.

f. **Entrevistas** com as chefias onde os candidatos serão colocados.

g. **Aprovação pelo diretor** – fase em que os candidatos são hierarquizados para serem escolhidos pelo órgão decisor.
h. **Exames médicos** exigidos por lei ou pelas normas da empresa no âmbito da higiene e segurança no trabalho.
i. **Acolhimento e integração**, que inclui o apoio a dar ao candidato após a admissão, quer através de programas específicos, quer da nomeação de um tutor que o acompanhe nos primeiros meses.

Entrevista

A entrevista constitui um dos elementos mais decisivos na escolha dos candidatos. Permite a interação pessoal entre o entrevistado e o entrevistador, possibilitando uma análise de traços de personalidade, difíceis de captar através da análise do *curriculum vitae* ou de quaisquer outros testes. As entrevistas podem ser feitas por um único entrevistador, por vários em sequência, ou por um painel de entrevistadores em que o candidato é entrevistado por vários entrevistadores para aumentar a validade da entrevista. A escolha do método da entrevista depende do perfil do cargo que se pretende preencher.

As entrevistas podem ser:

a. Estruturadas – quando o entrevistador segue um padrão de forma a minimizar a subjetividade que lhe está subjacente. Os entrevistadores fazem as mesmas perguntas a cada um dos candidatos.
b. Não estruturadas – quando não existe qualquer guião, tornando-se, por essa razão, subjetiva e a comparação entre os candidatos mais difícil. Assemelha-se a uma entrevista informal com o candidato.
c. Mistas – quando se traduz num misto entre questões previamente preparadas e outras livres.
d. Sob pressão ou stress – quando o entrevistador se mostra agressivo para testar como o entrevistado reage. É usada, por exemplo, para selecionar pessoas para funções de atendimento.

Uma vez decidido qual o melhor candidato a quem vai ser proposto o lugar, há uma série de pontos a clarificar entre a chefia funcional e a direção de recursos humanos, designadamente:

➢ Qual é o título interno da função?
➢ Qual o nível interno da função?
➢ Local e horário de trabalho.

GESTÃO DE RECURSOS HUMANOS

> Vencimento inicial e prazo de revisão.
> Benefícios a que tem direito.
> Outros pontos relevantes.

Só após haver uma decisão definitiva acerca destes aspetos é que se deve contactar o candidato escolhido, para lhe fazer a proposta de emprego.

Nesta fase, deverá reconfirmar-se a motivação do candidato para a função e assegurar que esta não é meramente monetária. A aceitação da proposta pelo candidato pode ser adiada para lhe dar tempo para refletir, se ele o solicitar, mas normalmente ocorrerá logo no decurso da reunião. Aí deve fixar-se a data de admissão. O candidato deverá dispor de um contrato escrito com as condições acordadas, antes de se despedir do emprego anterior. Esta última condição destina-se a dar ao candidato a certeza da seriedade da proposta e permitir-lhe, sem risco, escrever a respetiva carta de demissão, sabendo que o novo empregador posteriormente não recuará no compromisso assumido.

Após a escolha do candidato é efetuado todo o processo de acolhimento e integração, que levará o novo colaborador a conhecer a organização e a adaptar-se às novas funções.

16.4. ORIENTAÇÃO E INTEGRAÇÃO

Após o recrutamento e a seleção de um candidato, chega o momento de o acolher, orientar e integrar na organização. A orientação ajuda a integração do novo colaborador e a conhecer melhor a empresa e o que se espera dele no desempenho da sua função.

A orientação é constituída pelas seguintes fases:

> Ajuda no preenchimento de impressos pelos colaboradores do departamento de pessoal.
> Apresentação da empresa pela chefia direta.
> Visita às instalações e apresentação aos colegas.
> Apresentação do chefe de departamento que deve explicar a orgânica e estrutura do departamento.
> Indicação de um colega para fazer o acompanhamento nos primeiros tempos.
> Entrega de um dossier donde constem normas e procedimentos e outras informações relevantes sobre a empresa.

A integração pressupõe um período de adaptação e de aprendizagem. A adaptação deve ser proporcionada por uma ação de acolhimento para familiarizar o candidato com a empresa e a função vai desempenhar. Um dos aspetos com maior importância na integração dos novos colaboradores é o plano de formação.

16.5. FORMAÇÃO E DESENVOLVIMENTO

Feita a seleção dos candidatos a recrutar, a fase seguinte da gestão de recursos humanos é a formação e desenvolvimento dos colaboradores. O desenvolvimento inclui a **experiência profissional**, a **formação** e a **avaliação de desempenho**.

Num primeiro momento, temos as ações de orientação inicial que se destinam a integrar os colaboradores nos seus postos de trabalho e na organização. A orientação inicial deve conter informação sobre o dia de trabalho, a natureza da organização, as políticas da empresa, as regras e os benefícios da organização. A orientação inicial faz-se na fase de acolhimento e tem no manual de acolhimento o seu instrumento principal, que deve conter:

1. Uma breve descrição da empresa.
2. As condições básicas de emprego.
3. Vencimentos e expectativas de carreira.
4. Regime de faltas.
5. Acordos sindicais.
6. Treino e formação profissional.
7. Serviços de apoio, como refeitório, bar, venda de produtos da própria empresa.

A formação visa aumentar as capacidades profissionais das pessoas, preparando-as para as suas carreiras. Pode e deve ser fomentada pela própria organização ou pode ser desenvolvida pelo próprio trabalhador. Há dois aspetos fundamentais a sublinhar na formação profissional: (1) reforço da polivalência do trabalhador; (2) integração de componentes de organização e gestão a todos os níveis da organização de forma a facilitar os processos de mudança.

No desenvolvimento dos seus planos de formação, as organizações podem optar por formadores internos ou externos. Os formadores internos são mais adequados ao treino ou a ações de formação profissional que visam o desempenho dos trabalhadores. Para ações de formação decorrentes de mudanças na organização que visam a alteração de mentalidades ou de comportamento, deve recorrer-se a formadores externos.

Com as ações de formação pretende-se o desenvolvimento das qualidades e capacidades gerais dos trabalhadores, nomeadamente:

➢ Preparar as pessoas para a execução das tarefas.
➢ Proporcionar um contínuo desenvolvimento pessoal.
➢ Mudar a atitude e mentalidade das pessoas.

O processo de formação implica quatro fases:

➢ Levantamento de necessidades de formação.
➢ Programação das ações de formação.
➢ Execução das ações de formação.
➢ Avaliação dos resultados da formação.

No que se refere ao levantamento de necessidades de formação, o diagnóstico pode ser efetuado a três níveis:

➢ A **nível da organização** – sistema organizacional relacionado com o alcance dos objetivos de curto, médio e longo prazo e a capacidade de adaptação à mudança.
➢ A **nível da análise dos recursos humanos** – capacidades, conhecimentos e atitudes dos empregados.
➢ A **nível da análise das tarefas** – sistemas de aquisição de capacidades. Refere-se à análise efetuada ao nível da função, requisitos exigidos pela função ao seu titular e ao modo como está a ser executada.

Os meios utilizados para o levantamento das necessidades de formação são os seguintes:

➢ **Avaliação de desempenho** – permite verificar quais os colaboradores que têm vindo a desempenhar as suas funções abaixo do nível desejado, mas também averiguar quais os setores da empresa que necessitam de mais formação, com vista à melhoria do desempenho no futuro.

> **Observação das ineficiências** – verificação das áreas onde haja evidências de trabalho ineficiente (excessivos estragos nos equipamentos, problemas disciplinares, absentismo, desperdícios).

> **Questionários** – pesquisas através de questionários.

> *Check-list* **das ações de formação** – a formação é traduzida numa lista detalhada de ações onde cada pessoa escolhe a ordem dos temas em que sente necessidade de aquisição de maior capacidade ou conhecimento.

> **Entrevista de avaliação de desempenho** – bastante eficaz na determinação das necessidades de formação. Também as entrevistas de despedimento ou abandono de empresa, as transferências e as promoções, podem ser boas fornecedoras de necessidades de formação.

> **Solicitações dos supervisores e gestores** – ações de formação solicitadas pela própria hierarquia para os seus colaboradores.

Além de um plano de formação que cubra as necessidades do conjunto da organização, podem também ser delineados planos de formação individuais, que cubram necessidades dos colaboradores em áreas específicas.

Não obstante a formação, quer em sala quer no posto de trabalho, poder ser usada para desenvolver as capacidades dos colaboradores, a fase de **desenvolvimento** inclui atividades adicionais com vista a ajudar o colaborador a crescer e adquirir capacidades e competências em áreas específicas, como formação académica e profissional, *mentoring, coaching*, rotação de funções e programas de assistência.

16.6. AVALIAÇÃO DE DESEMPENHO

A avaliação de desempenho é um processo de apreciação sistemática do desempenho dos colaboradores no exercício das suas funções, que contribui para o seu desenvolvimento futuro. É um processo pelo qual a organização identifica em que medida o desempenho de cada trabalhador contribui para satisfazer os objetivos estratégicos e atingir os resultados da organização.

A avaliação de desempenho pode ser definida como uma interação entre o avaliador e o avaliado, em que o trabalho desenvolvido ao longo do período é analisado e discutido por ambas as partes, a fim de identificar os aspetos positivos e negativos do desempenho e encontrar oportunidades de desenvolvimento e melhoria, proporcionando ao avaliado a possibilidade de saber sempre o que a organização espera do seu desempenho.

16.6.1. PROCESSO DE AVALIAÇÃO DE DESEMPENHO

A avaliação de desempenho é um processo que deve ser encarado como um acompanhamento contínuo, onde dar e receber *feedbak* constitui o essencial do percurso que culmina no momento final da notação (Figura 16.2):

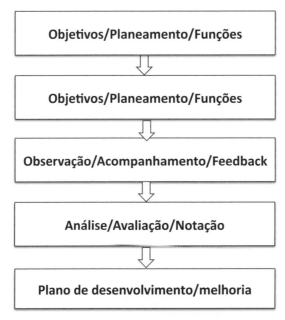

Figura 16.2 **Processo de Avaliação de Desempenho**

A avaliação de desempenho permite, por um lado, validar os sistemas de recrutamento e seleção utilizados pela empresa e, por outro, medir o contributo individual para o alcance dos objetivos estratégicos da organização. Assenta na fixação prévia de objetivos, que devem ser quantificados, calendarizados e alcançáveis e o seu sucesso depende do compromisso do avaliado em procurar atingí-los. Os objetivos fixados são de diversa

MANUAL DE GESTÃO MODERNA

natureza, avultando os objetivos da equipa, que traduzem os resultados esperados de toda a unidade de negócios a que o avaliado pertence e os objetivos individuais, cujo resultado depende do seu esforço pessoal para os atingir.

Da avaliação de desempenho podem resultar três consequências principais:

> A gestão de remunerações.
> A determinação do potencial do empregado.
> A identificação de necessidades de formação para colmatar áreas de oportunidade que tenham sido detetadas.

A avaliação de desempenho individual é um instrumento de medida que consiste na apreciação sistemática do comportamento do indivíduo na função que ocupa, suportada na análise objetiva do comportamento desse mesmo indivíduo no trabalho e na comunicação do resultado da avaliação.

São os seguintes os objetivos mais relevantes da avaliação de desempenho:

> Orientar o progresso e os resultados da organização.
> Apoiar o desenvolvimento da organização, face às mudanças que ocorrem no seu meio envolvvente.
> Motivar os trabalhadores no sentido de desenvolverem continuamente as suas capacidades, de modo a tornarem-se progressivamente mais valiosos para a organização.
> Validar os métodos de recrutamento e seleção.
> Detetar áreas de desatualização profissional e daí partir para ações de formação.
> Fundamentar as promoções.
> Fundamentar as renovações contratuais.
> Orientar a afetação dos recursos humanos em conformidade com as suas aptidões.
> Fundamentar a atribuição de benefícios e compensações.
> Fornecer a cada indivíduo uma ideia clara do resultado do seu trabalho.
> Avaliar a quota parte de responsabilidades da hierarquia por um eventual mau desempenho.

16.6.2. VANTAGENS E PROBLEMAS DA AVALIAÇÃO DE DESEMPENHO

A avaliação de desempenho tem vantagens para o avaliado, para a chefia e para a organização. Para o avaliado, tem as seguintes vantagens, porque permite saber previamente:

➢ Quais os seus objetivos.
➢ Como, quando e quem vai medir o seu desempenho.
➢ Fazer uma reflexão sobre o seu desempenho e as áreas que carecem de melhoria.
➢ Comunicar de modo aberto com a hierarquia, negociando aspetos de carreira, de formação, de compensação, etc.

Para a organização, a avaliação do desempenho tem as seguintes vantagens:

➢ É um instrumento de medição do potencial dos seus recursos humanos.
➢ É um instrumento de apoio à política de formação, promoções e compensações.

Para a chefia tem também vantagens, como:

➢ Dispor de um instrumento que ajude a minimizar a subjetividade da avaliação.
➢ Propor medidas que visem melhorar o desempenho do colaborador.
➢ Comunicar de forma franca e aberta com os colaboradores.

Mas a avaliação do desempenho tem também problemas, sendo os seguintes os mais frequentes:

➢ Definição dos parâmetros de avaliação e do seu peso no resultado final.
➢ Diferentes padrões de rigor na avaliação, na medida em que há avaliadores mais rigorosos que outros.
➢ O efeito de halo, que consiste na tendência para o avaliador classificar uma multiplicidade de fatores com base na impressão que lhe causou uma classificação baixa ou elevada num único fator.
➢ A baixa motivação do avaliador, que hesita em atribuir uma classificação baixa para evitar problemas.

MANUAL DE GESTÃO MODERNA

➢ A tendência para nivelar pela média, não separando o bom desempenho do fraco desempenho.
➢ Tendência para inflacionar a avaliação de ano para ano.
➢ Dificuldades de comunicação ao avaliado, especialmente no que respeita aos parâmetros avaliados de forma negativa.

16.6.3. ERROS MAIS COMUNS NA AVALIAÇÃO DE DESEMPENHO

Ter consciência das distorções que involuntariamente se fazem ao avaliar pessoas é um dos passos mais importantes para reduzir a subjetividade na avaliação. Os erros e distorções mais comuns são os seguintes:

- **Efeito de Halo ou efeito de Horn** – tendência para estender a todo o desempenho aspetos positivos ou negativos desse desempenho. Assim, quando um notador tem uma opinião favorável acerca de uma caraterística do trabalhador, tem tendência a considerá-lo bom em todos os fatores (efeito de Halo) e se tem uma opinião desfavorável relativamente a um comportamento de um trabalhador, tem tendência a considerá-lo negativamente em todos os fatores (efeito de Horn).
  Os efeitos de Halo e de Horn são muito difíceis de evitar. A única forma de os reduzir, para além de estar atento e ter consciência deles, é através de formação dos notadores, a qual deverá incluir formação prática com o guia de pontuação que faz parte integrante das fichas de notação, devendo ser sempre considerado um fator de cada vez.
- **Erro de tendência central** – tendência para atribuir a nota média. Um notador não informado ou mal preparado adota normalmente duas posições: evita classificações baixas, com receio de prejudicar os seus subordinados ou evita classificações elevadas, receando comprometer-se futuramente. Este erro tem maior propensão a ocorrer quando o avaliador quer evitar a justificação da atribuição de notações nos extremos da escala. Para reduzir este erro, o notador deverá ter em atenção que esta situação retira todo o significado à avaliação e procurar não ter receio de atribuir notas altas ou baixas fundamentadamente.
- **Efeito de recenticidade** – tendência para dar relevo a situações recentes que marcaram a vida profissional do colaborador. O avaliador tende a lembrar preferencialmente as situações que aconteceram

mais recentemente, acabando estas por ter um efeito desproporcional na avaliação. Este erro pode ser reduzido se, durante todo o período em avaliação, o notador for tomando notas regularmente sobre o desempenho do trabalhador.

- **Erro de complacência e rigor excessivo** – notadores condescendentes estabelecem padrões de avaliação muito baixos e notadores muito exigentes definem padrões de desempenho muito elevados, que os trabalhadores não podem atingir. Tais avaliações apenas refletem a personalidade do notador e não o desempenho real dos colaboradores. Este erro pode ser reduzido através de uma definição conjunta, entre avaliador e avaliado, dos objetivos e metas a atingir.
- **Erro de primeira impressão** – a primeira impressão que o avaliador forma do avaliado tem tendência a permanecer e a sobrepor-se ao desempenho real. Se o notador formou, por exemplo, uma primeira ideia de que um trabalhador é pouco responsável, essa impressão permanecerá mesmo que o trabalhador tenha conseguido tornar-se substancialmente responsável. Para reduzir este erro, o notador, para além de estar atento a esta propensão, deverá centrar-se unicamente no período em avaliação e nos resultados efetivamente atingidos pelo trabalhador.
- **Erro de semelhança** – propensão a avaliar o trabalhador à semelhança de si próprio. O notador julga mais favoravelmente os trabalhadores que se identificam mais consigo próprio (mesmo meio social, frequência da mesma universidade, caraterísticas de personalidade semelhantes, pertença ao mesmo grupo recreativo ou cultural etc.). Para corrigir este erro, o notador deve estar atento a esta propensão e compreender que ela pode desvirtuar consideravelmente a avaliação.
- **Erro de fadiga ou de rotina** – propensão a não prestar muita atenção ao processo de avaliação, quando se tem de avaliar muitos trabalhadores ao mesmo tempo. Esta situação pode distorcer consideravelmente a avaliação. Uma forma de evitar este erro é procurar planear o processo de forma a concentrar-se num pequeno número de trabalhadores de cada vez.
- **Incompreensão do significado dos fatores** – apreciação de qualidades diversas das desejadas, por incompreensão ou distorção do sentido do fator. Este erro pode ser corrigido através de formação dos notadores que inclua interpretação e discussão de cada fator.

16.6.4. FONTES DE AVALIAÇÃO DE DESEMPENHO

A avaliação de desempenho compete tradicionalmente à hierarquia direta do avaliado, que é exercida no âmbito das suas funções, intervindo, por vezes, também o nível hierárquico superior. No entanto, pode ser feita por outras fontes, designadamente:

> ➤ Pelo próprio avaliado (autoavaliação).
> ➤ Pelos superiores hierárquicos.
> ➤ Pelos subordinados que avaliam os superiores.
> ➤ Pelos pares.
> ➤ Avaliação multi-avaliadores ou avaliação de 360º.
> ➤ Outras fontes de avaliação, como os comités de avaliação, a avaliação múltipla e o cliente mistério.

A autoavaliação, feita pelo subordinado, é importante do ponto de vista organizacional, por obrigar o avaliador a ter que preparar melhor a sua argumentação e a poder adotar uma atitude construtiva. É também importante porque incentiva o envolvimento e a responsabilização do avaliado, permitindo-lhe confrontar a sua própria avaliação com a da hierarquia acerca dos pontos fortes e fracos do seu desempenho. Tem também problemas, como o inflacionamento das apreciações que cada avaliado faz acerca do seu desempenho. Trata-se de um método que apenas deverá ser usado quando a maturidade intelectual dos indivíduos o permita. Exige que o avaliado entenda bem o alcance dos parâmetros em equação e da relatividade da sua própria avaliação no contexto do grupo de trabalho. Por si só tem um alcance limitado, não servindo como um verdadeiro método de avaliação, mas apenas para confrontar com a avaliação feita pelo avaliador.

O segundo método é o mais usado, tanto nas empresas como na administração pública, assumindo-se que o superior hierárquico é a pessoa melhor colocada para avaliar os subordinados.

O terceiro método é bastante usado no sistema de ensino, onde os estudantes avaliam a capacidade pedagógica dos professores. Tem, todavia, limitações e desvios que tem conduzido ao inêxito de experiências levadas a cabo noutras escolas.

O quarto método é pouco usado, devido à carga emocional que transfere para o grupo de trabalho, além de carecer de ser cruzado com outro método para corrigir desvios.

A avaliação 360º é aplicada aos processos em que o colaborador é avaliado por vários atores que afetam ou são afetados pelo seu desempenho, como sejam os superiores hierárquicos, os colegas, os subordinados, os clientes internos e externos e os fornecedores. Este tipo de avaliação requer um clima organizacional favorável, caso contrário pode ter efeitos nefastos para o avaliado e para a própria organização, pela dificuldade de operacionalização do sistema, pela morosidade que pode implicar e pela desconfiança que pode gerar.

De referir também os denominados comités de avaliação, em que vários superiores hierárquicos funcionam como verdadeiros juízes, discutindo a avaliação a atribuir a cada elemento. Alternativamente, pode invocar-se o denominado sistema de avaliação múltipla em que vários superiores avaliam separadamente o mesmo trabalhador, sendo a avaliação final a média das avaliações individuais.

Finalmente, algumas empresas, como as lojas comerciais e os supermercados, têm vindo a utilizar a técnica do "cliente mistério" para avaliarem periodicamente o desempenho dos seus colaboradores. O "cliente mistério" é um elemento da equipa de avaliação que faz uma visita como "cliente" ao estabelecimento, com o objetivo de observar o comportamento e desempenho dos colaboradores. O seu relatório é analisado internamente e constitui um elemento de avaliação, podendo dar origem a iniciativas de melhoria do desempenho.

16.6.5. MÉTODOS E INSTRUMENTOS DE AVALIAÇÃO DE DESEMPENHO

Apesar da importância da existência de um sistema de avaliação de desempenho, não é fácil desenvolver instrumentos que permitam medir o desempenho de forma justa e rigorosa. Os métodos e instrumentos de avaliação de desempenho podem revestir diversas formas, em função do objetivo em que focalizam a sua atenção.

Os gestores podem utilizar vários métodos de avaliação, sendo os seguintes os mais frequentemente usados, agrupados de acordo com as respetivas abordagens:

1. Abordagens centradas na personalidade
   1.1 Escalas ancoradas em traços.

2. Abordagens centradas nos comportamentos
   2.1. Incidentes críticos.
   2.2. Escalas de escolha forçada.
   2.3. Escalas ancoradas em comportamentos.

3. Abordagens centradas na comparação entre os avaliados
   3.1. Ordenação simples.
   3.2. Comparação com os pares.
   3.3. Distribuição forçada.

4. Abordagem centrada nos resultados
   4.1. Gestão por objetivos.

5. Avaliação multiavaliador ou avaliação 360°

1. Abordagens centradas na personalidade

Segundo esta abordagem, a avaliação de desempenho deve exprimir julgamentos exatos sobre o avaliado, o que só é possível se forem utilizados instrumentos de avaliação bem construídos. Esta abordagem, designada por metáfora do teste, foi muito usada nos primórdios da avaliação do desempenho, nos inícios do século XX, mas tem vindo a ser progressivamente abandonada (Caetano e Vala, 2002).

As escalas ancoradas em traços consistem na apresentação de traços de personalidade que funcionam como fatores de avaliação e linhas contínuas relativas a cada um, onde se colocam, em posição equidistante números ou objetivos que funcionam como âncoras para o avaliador se pronunciar. Este método permite apurar avaliações em cada um dos traços/fatores e uma avaliação global, através da combinação de todas as avaliações em cada traço ou fator. Naturalmente é suposto que os traços constitutivos da escala e sujeitos a avaliação sejam relevantes para um desempenho eficaz numa determinada função.

2. Abordagens centradas nos comportamentos

Método dos incidentes críticos
Consiste no registo sistemático, por parte dos avaliadores, de todas as ocorrências que traduzem desempenhos excelentes ou deficientes dos colaboradores e que tenham impacto significativo. É um processo de ava-

liação contínua que assenta nos registos feitos ao longo de um determinado período de tempo. Este método tem a vantagem de ser muito fácil dar *feedback* aos avaliados, na medida em que se baseia em aspetos comportamentais específicos que servem para fundamentar os julgamentos que os avaliadores fazem sobre os seus avaliados. Porém, este método tem a desvantagem de não existir uma forma de controlar a arbitrariedade do avaliador sobre a escolha dos acontecimentos que regista. Por outro lado, este método não permite fazer comparações entre os avaliados, por não implicar uma quantificação do desempenho do avaliado.

Escalas de escolha forçada

Consiste em apresentar ao avaliador um conjunto de afirmações, tendo este que escolher as que considere mais representativas do desempenho do avaliado, cuja resposta está limitada a duas opções do género sim ou não. O avaliador terá que escolher aquela que mais se adequa e a que menos se adequa ao desempenho do avaliado. Cada conjunto de afirmações diz respeito a um critério ou dimensão do desempenho.

Exemplo de uma escala de escolha forçada:

Afirmações	Sim	Não
1. Faz sempre o que lhe mandam		
2. Aceita críticas construtivas		
3. Hesita em tomar decisões		
4. Tem pouca iniciativa		
5. Expressa-se com dificuldade		
6. Merece toda a confiança		
7. É dinâmico		

Escalas ancoradas em comportamentos

Trata-se de escalas criadas como alternativa às escalas baseadas em adjetivos ou números e que em vez de incidirem em atitudes, sentimentos ou traços de personalidade do avaliado, procuram centrar-se em comportamentos verificados ou inferidos a partir da observação da sua atuação. No lugar dos adjetivos ou números aparecem apenas descrições de comportamentos exemplificativos de diferentes graus de eficácia em cada dimensão a avaliar.

As escalas ancoradas em comportamentos permitem que os avaliadores deem o *feedback* aos avaliados de forma clara, na medida em que assentam em comportamentos específicos. Por outro lado, estas escalas permitem comparar os avaliados dado que se obtém uma quantificação para cada uma das dimensões.

Exemplo de uma escala ancorada em comportamentos:

	Muito bom	Bom	Médio	Fraco	Muito fraco
Produção	Ultrapassa sempre as exigências da função	Ultrapassa com frequência as exigências da função	Satisfaz as exigências da função	Às vezes ultrapassa as exigências da função	Sempre abaixo das exigências da função
Qualidade	Sempre superior e muitas vezes excecional	Às vezes superior. Bastante cuidadoso no trabalho	Sempre satisfatória. Cuidado regular no trabalho	Parcialmente satisfatória. Apresenta por vezes erros	Nunca satisfatória. Apresenta grande número de erros
Conhecimento do trabalho	Conhece tudo o que é necessário e está sempre disponível para aprender	Conhece quase tudo o que é necessário	Conhece os aspetos importantes		
Espírito de colaboração	Possui excelente espírito de equipa				

Escalas de observação comportamental

Estas escalas diferem da anterior na medida em que, enquanto aquelas avaliam o grau de semelhança entre o desempenho observado e a descrição comportamental, estas pretendem saber qual a frequência com que o avaliado manifesta o comportamento descrito. Esta escala visa superar as impressões gerais (subjetividade) das primeiras, através do registo estatístico do número de vezes em que um determinado comportamento é efetivamente manifestado (objetividade).

Estas escalas consistem em listagens de descrições comportamentais que traduzem a atividade do avaliado nos seus aspetos considerados mais importantes, devendo os avaliadores indicarem, numa escala originariamente de 5 pontos, a frequência com que se verifica cada um dos comportamentos, obtendo-se uma pontuação total através da soma dos valores de cada item.

Exemplo de uma escala de observação comportamental para avaliação de um *front office* num banco:

	5 Sempre	4	3	2	1 Nunca
1. Tem boa aparência.					
2. Usa as palavras por favor quando solicita alguma coisa aos clientes.					
3. Atende o telefone sempre, no máximo, ao terceiro toque.					
4. Fuma em presença dos clientes.					
5. É pontual a chegar ao posto de trabalho					
6. Trata os clientes pelo nome					
7. Quando há filas de espera e pressão sobre o atendimento, conserva a calma e a boa disposição.					

3. Abordagens centradas na comparação entre os avaliados

Estes métodos permitem avaliar o desempenho dos colaboradores comparando-os com o desempenho dos seus pares. Nestes casos, trata-se de uma avaliação de desempenho relativa e não absoluta.

Ordenação simples

Este método de ordenação simples consiste em comparar o desempenho dos avaliados que desempenham funções idênticas com o intuito de obter uma lista ordenada do melhor para o pior. Este método é de simples aplicação, mas não permite compreender porque é que o avaliador ordenou determinado avaliado numa posição e não noutra, ou seja, este método de avaliação é pouco discriminante e é arbitrário, não permitindo dar um *feedback* fundamentado ao avaliado.

Comparação por pares

A comparação por pares pretende garantir que o desempenho de cada avaliado é comparado com o desempenho de todos os outros, mas com um de cada vez, o que obriga a que se formem todos os pares possíveis de avaliados. O avaliador deverá ponderar quem tem o melhor desempenho em cada um dos pares constituídos, sendo o resultado final uma hierarquização dos avaliados em função do número de vezes em que tenha sido definido o melhor.

O número de pares possíveis de formar com n indivíduos é o número de combinações que é possível formar com os n indivíduos agrupados dois a dois, ou seja:

$$N (n-1) / 2, \text{ em que } n \text{ é o número de avaliados}$$

Se, por exemplo, tivermos 10 avaliados, então é possível formar 45 pares de indivíduos:

$$10 (10-1) / 2 = 45 \text{ pares}$$

Distribuição forçada

Este método consiste na distribuição dos colaboradores em graus de desempenho, por exemplo, excelente, bom, satisfatório, medíocre e insatisfatório, para as quais é determinada uma percentagem de avaliados para cada uma daquelas categorias. Os graus de desempenho são previamente estabelecidos, podendo ser três, cinco ou mais, devendo o avaliador integrar uma determinada percentagem de avaliados em cada um desses graus. Por exemplo, apenas poderá haver 10% de trabalhadores classificados como excelentes.

Este método é muito utilizado por grandes empresas e está associado a estratégias de gestão de recursos humanos ao nível das promoções e recompensas. Tem como objetivo fundamental obrigar os avaliadores a serem mais criteriosos e seletivos no processo de avaliação e, muitas vezes, está associado a estratégias de contenção ou redução de custos.

4. Abordagem centrada nos resultados. Avaliação por objetivos

Insere-se na gestão por objetivos e consiste na análise dos resultados do desempenho dos colaboradores, tendo como padrão de comparação

GESTÃO DE RECURSOS HUMANOS

objetivos previamente definidos e negociados com cada um. Este método visa, por um lado, criar critérios objetivos de medida e, por outro, facilitar a avaliação, uma vez que o avaliado participa na definição dos padrões de desempenho e na análise dos resultados. Neste tipo de avaliação, há que distinguir os objetivos individuais dos objetivos da equipa.

5. Avaliação multiavaliador ou avaliação de 360º

Este método é aplicado aos processos em que o colaborador é avaliado por vários atores que afetam ou são afetados pelo desempenho do colaborador, como sejam os superiores hierárquicos, os colegas, os subordinados, os clientes internos e externos e os fornecedores. Daí a designação de avaliação multiavaliador ou avaliação 360º.

A principal vantagem deste método reside no facto do avaliado receber *feedback* de vários tipos de avaliadores, recolhido através de um questionário estruturado, respondido anonimamente pelas diversas fontes, com base em diferentes perspetivas. O *feedback* 360º requer um clima organizacional favorável, caso contrário pode ter efeitos nefastos para o avaliado e para a própria organização, pela dificuldade de operacionalização do sistema, morosidade que pode implicar e pela desconfiança que pode gerar.

Apesar das suas virtualidades, a avaliação 360º pode ter efeitos negativos para o avaliado e para a própria organização, se o contexto organizacional e o estilo de gestão se basearem em princípios de desconfiança, de discricionariedade e de controlo prévio.

16.6.6. ENTREVISTA DE AVALIAÇÃO DE DESEMPENHO

A entrevista de avaliação de desempenho é o momento em que o avaliador e o avaliado discutem o desempenho do avaliado, durante o período em análise e perspetivam o trabalho futuro do colaborador.

16.6.6.1. OBJETIVOS DA ENTREVISTA DE AVALIAÇÃO DE DESEMPENHO

A entrevista de avaliação de desempenho tem, entre outros, os seguintes objetivos:

- Analisar o desempenho ocorrido no período em avaliação, identificando os aspetos positivos e negativos, por comparação com padrões de desempenho tomados por referência ou objetivos que tenham sido previamente definidos.

- Diagnosticar as causas dos aspetos negativos e discutir formas de as superar.
- Estabelecer programas de formação individualizados que visem a melhoria do desempenho e/ou apoiem a evolução da carreira.
- Estabelecer objetivos para o futuro e negociar formas de apoio ao cumprimento desses objetivos.
- Motivar o empregado para o cumprimento dos objetivos acordados e para o investimento pessoal na sua progressão profissional.
- Fortalecer o relacionamento interpessoal, através de uma discussão aberta e franca sobre todas as questões que se mostrem úteis para o subordinado, para a hierarquia e para a organização.

16.6.6.2. PREPARAÇÃO DAS REUNIÕES

As reuniões entre notador e notado são de grande importância no processo de avaliação de desempenho, por constituírem momentos privilegiados de reflexão e comunicação entre o superior hierárquico e o trabalhador. Este diálogo deverá ser objeto de uma cuidadosa preparação para ter resultados frutíferos. O notador deverá, antes de mais, rever o "Guia de Pontuação" que faz parte integrante das fichas de notação, nomeadamente analisar os fatores de avaliação, e recordar os erros e propensões mais comuns que poderão distorcer o rigor da avaliação. Deverá também rever, com atenção, os princípios e objetivos da avaliação do desempenho, consagrados na lei, quando for o caso.

Após esta reflexão inicial, a preparação da reunião inclui ainda os seguintes aspetos:

- Planear o esquema da reunião, bem como o seu encadeamento, não esquecendo o aviso ao notado, com antecedência, da data da realização da reunião, para que este tenha também tempo de se preparar.
- Preparar o local onde decorrerá a reunião, designadamente tornando-o agradável, sem obstáculos à comunicação, utilizando preferencialmente uma mesa redonda, com o mínimo de pastas e papéis e tomando as providências necessárias para que a reunião não seja interrompida.

GESTÃO DE RECURSOS HUMANOS

- Se se tratar da reunião inicial, que se destina ao planeamento das atividades do ano que vai ser objeto de avaliação, o avaliador deverá elaborar o planeamento anual das atividades a desenvolver pelo trabalhador, definindo os objetivos, metas e resultados a atingir, tendo em conta:

  a. As linhas de orientação estratégica e o plano de atividades da direção ou do serviço ou chefia.
  b. O conteúdo funcional do trabalho.
  c. Os recursos e meios necessários.

- Na preparação da reunião final, que se destina à apreciação final do desempenho do avaliado, o avaliador deve recolher os dados relevantes para apreciação do desempenho do trabalhador, durante o período sobre qual vai recair a avaliação e analisá-los cuidadosa e objetivamente, definir os factos que devam ser abordados, bem como tentar prever as reações do notado a essa abordagem. Seguidamente, o notador deverá analisar os dados referentes ao desempenho do trabalhador face a cada fator de avaliação, constante do "Guia de Pontuação" de cada ficha de notação, e atribuir, justificadamente, uma pontuação provisória a ser discutida com o trabalhador durante a reunião e passível das alterações que se revelarem justificadas.

- Quando a reunião inicial e a reunião final se realizem conjuntamente, constituindo uma única reunião, o notador deverá efetuar a sua preparação, abrangendo todos os aspetos referentes a cada uma delas.

- Na preparação da reunião, a realizar a meio do período em avaliação, que se destina ao acompanhamento do desempenho do trabalhador, o notador deverá recolher e analisar os dados relevantes para apreciação preliminar do desempenho do trabalhador que permitam verificar em que medida os objetivos, metas e resultados, definidos na reunião inicial, estão a ser atingidos até ao momento e identificar os problemas e situações a serem analisados conjuntamente com o trabalhador, a fim de se procederem aos ajustamentos que se revelem necessários.

16.6.6.3. DURANTE AS REUNIÕES

Existem três formas de conduzir uma entrevista de avaliação de desempenho:

- **Dizer e vender (*telling and selling*)** – o avaliador dá a conhecer ao avaliado como é que este desempenhou a sua função e transmiti-lhe a sua opinião. Quando se conduzem entrevistas com base neste princípio, podem surgir desentendimentos, que tendem a repercutir-se para além da entrevista.
- **Dizer e ouvir (*telling and listening*)** – o avaliador comunica ao avaliado os pontos fracos e fortes do seu desempenho e, em simultâneo, pede ao avaliado que dê a sua opinião sobre os diferentes aspetos que vai referindo.
- **Resolução de problemas (*solving problems*)** – o avaliador tenta maximizar a participação do avaliado na discussão sobre o seu desempenho e na concretização das melhores soluções para superar eventuais deficiências. É geralmente considerada a melhor base para uma avaliação de desempenho.

Durante a entrevista, o avaliador deverá procurar que haja sempre lugar a uma troca de impressões com o avaliado e ter em consideração os seguintes princípios:

- Analisar e discutir o desempenho do trabalhador.
- Evitar pastas e papéis desnecessários sobre a secretária. Há que transmitir a ideia de disponibilidade.
- Usar de naturalidade no acolhimento do trabalhador. Qualquer familiaridade não habitual só inspirará desconfiança.
- Pôr o trabalhador à vontade, evitando atitudes autoritárias ou de crítica.
- Dar-lhe a palavra. Saber ouvir com atenção tudo o que o trabalhador tem para dizer sobre o seu desempenho.
- Orientar a conversa de modo a aprofundar o que se pretende.
- Saber compreender – não estar atento apenas às palavras.
- Evitar discutir e corrigir continuamente os exageros e inexatidões, não querer ter sempre razão em tudo.

GESTÃO DE RECURSOS HUMANOS

- Evitar substituir-se ao trabalhador, cortando-lhe a palavra ou tentando abafar as suas emoções.
- Evitar aconselhar ou consolar.
- Evitar interpretações apressadas e abusivas sobre o comportamento do trabalhador.
- Evitar atitudes paternalistas ou demagógicas.
- Adotar medidas para evitar ser interrompido durante a reunião, mesmo pelo telefone.
- Anotar os pontos em que tenha havido acordo.
- Anotar igualmente os pontos de desacordo, como os problemas que necessitem de maior aprofundamento.
- Procurar acordar objetivos, planos e compromissos de desenvolvimento para o período seguinte, visando a melhoria do desempenho.
- Analisar com o trabalhador as expectativas de desenvolvimento da sua carreira, tendo o cuidado de não fazer promessas que não tenha a certeza de poder cumprir.
- Salientar os pontos fortes da sua atuação.
- Concluir a reunião com palavras de encorajamento e estímulo à melhoria.

São vários os fatores que podem determinar e condicionar a forma como a entrevista de avaliação de desempenho se realiza:

- **O estilo de gestão do avaliador** – se o avaliador é do estilo autocrático vai realizar uma entrevista mais do tipo *dizer e vender* do que um avaliador que tenha um estilo mais participativo e democrático. As entrevistas com avaliadores mais democráticos tendem a suscitar menos conflitos.
- **A forma como o avaliador encara a avaliação de desempenho** – os avaliadores que encaram a avaliação de desempenho como uma tarefa importante tendem a empenhar-se mais na entrevista.
- **A relação que o avaliador tem com o avaliado** – as entrevistas tendem a correr melhor quando os avaliadores têm um bom relacionamento com os avaliados.
- **O desempenho dos avaliados** – há mais probabilidades de se criar um clima cooperante quando o avaliado tem um bom desempenho.

- **Preparação dos subordinados** – é importante pedir ao subordinado que se prepare para a entrevista.

Para melhorar a entrevista de avaliação de desempenho é importante atender a alguns aspetos:

- **Especificidade do *feedback*** – o *feedback* deve ser preciso, claro e objetivo.
- ***Feedback* atempado** – o *feedback* deve ser dado logo depois da ação ocorrida.
- **Focalizar o *feedback* no comportamento** – não se deve criticar a personalidade, mas analisar apenas o comportamento do avaliado.
- **As consequências do *feedback* devem ser facilmente percetíveis** – o avaliado deve perceber facilmente como pode melhorar o seu desempenho.
- **Frequência do *feedback*** – o avaliador deve dar um *feedback* frequente ao avaliado de modo a que este identifique os problemas e os possa corrigir.

16.6.7. QUALIDADES DE UM SISTEMA DE AVALIAÇÃO DE DESEMPENHO

Seja qual for a modalidade do sistema de avaliação do desempenho por que se opte, para ser eficaz e eficiente, deve respeitar um conjunto de qualidades (Figura 16.3):

GESTÃO DE RECURSOS HUMANOS

Qualidades de um sistema de avaliação de desempenho	
Ser discriminatório	Deve permitir distinguir os avaliados de acordo com os critérios estabelecidos.
Ser fiável	Deve cumprir os critérios de fiabilidade e validade que permitam assegurar que os resultados obtidos não dependem do avaliador ou das circunstâncias em que a avaliação é feita, mas sim dos diferentes aspetos do desempenho efetivo do avaliado.
Ser orientado para o avaliado	Deve permitir ao avaliado obter informação sobre o seu desempenho e dar orientações para o futuro, não se limitando à análise do desempenho passado. Deve contemplar instrumentos que apoiem a progressão profissional do avaliado, auxiliando-o a tomar as decisões mais corretas para o seu futuro e da organização.
Ser transparente	O sistema deve ser suficientemente claro e simples, de modo a ser entendido em toda a sua dimensão por aqueles que participam na avaliação, quer como avaliadores, quer como avaliados. Devem ser conhecidos os objetivos, os métodos e as consequências da avaliação.
Ser útil à organização	Qualquer sistema de avaliação de desempenho deve constituir um instrumento de gestão, tendo em conta os objetivos da organização. Um sistema de avaliação de desempenho não deve ser fonte de tensões e conflitos que levam à desmotivação dos colaboradores, ocupam as hierarquias a resolver os conflitos e os resultados tendem a ter reduzida fiabilidade e validade.

Figura 16.3 Qualidades de um Sistema de Avaliação de Desempenho

16.7. COMPENSAÇÃO, INCENTIVOS E BENEFÍCIOS

As pessoas que trabalham em qualquer negócio esperam ser pagos pelo seu trabalho e muitos colaboradores esperam também alguns benefícios dos seus empregadores. Os sistemas de compensação consistem no conjunto de contrapartidas tangíveis e intangíveis que os empregados recebem em função da qualidade do desempenho, do seu contributo para a organização e da sua identificação com os valores e cultura da organização. A par da componente salarial, assume importância as formas de reconhecimento pelo trabalho realizado, quer sob a forma de responsabilidade acrescida ou promoções, quer sob a forma de prémios e outras formas de retribuir a importância da sua contribuição. O objetivo primordial de um sistema de compensação é o reforço da motivação dos empregados com o projeto de empresa.

A retribuição pelo trabalho efetuado é um dos fatores mais importantes na gestão de recursos humanos. Primeiro, porque é um dos fatores determinantes de insatisfação e desmotivação dos trabalhadores, assim como da migração de colaboradores. Segundo, porque está dependente da gestão financeira da organização, por ser na generalidade dos casos um dos principais custos.

A política de retribuição da organização deve ter como objetivos:

- Atrair e reter os melhores colaboradores.
- Motivar os colaboradores para a melhoria do desempenho e garantir um bom clima organizacional.
- Incentivar o aumento de conhecimentos, capacidades, competências e da produtividade.

Importa referir que o sistema de recompensa deve estar sintonizado com os fatores motivadores no seu trabalho. Esses fatores são, por ordem decrescente de importância:

- O sentido de realização pessoal.
- O reconhecimento dos seus pares e das chefias.
- A progressão na carreira.
- O estilo de gestão.
- A remuneração.

Conforme podemos constatar, a remuneração aparece em último lugar entre os fatores motivadores. São normalmente as recompensas ligadas ao trabalho em si, ao grau de satisfação que proporciona, ao estilo de gestão e autonomia que dá, ao reconhecimento pela obra feita e ao desenvolvimento ou progressão de carreira que motivam os trabalhadores. São os fatores intrínsecos que criam o compromisso entre o colaborador e a empresa e estimulam a consolidação de uma relação de confiança entre ambas as partes.

Existem três tipos de retribuição que se utilizam usualmente em qualquer organização:

- As **remunerações** são os ordenados e salários pagos contratualmente aos trabalhadores pelo seu trabalho, podendo ser fixos ou variáveis. O salário variável pode depender do desempenho individual ou do desempenho do grupo. Se o trabalho for desempenhado sempre em equipa, então não é aconselhável o salário depender do desempenho individual pois irá fomentar a desmotivação do grupo.

- Os **incentivos** são uma forma de retribuição por mérito do trabalhador. Geralmente são atribuídos sob a forma de remuneração que complementa o salário. Em muitas organizações, como alternativa ao salário variável, existe um salário base, sendo o restante atribuído como incentivo, de acordo com o desempenho. À semelhança dos salários variáveis, os incentivos podem ser individuais, de grupo ou coletivos. Os incentivos individuais (bónus) e de grupo são atribuídos por mérito ou de acordo com a produtividade individual ou do grupo. Os incentivos coletivos podem ser atribuídos por ocasião de datas especiais para a organização, ou de determinados eventos ou simplesmente como forma de participação na organização, como é o caso da participação no capital através da oferta de ações da empresa (*stock options*), ou da distribuição de parte dos lucros pelos colaboradores.

- Os **benefícios** são formas de retribuição não remunerada que, contrariamente aos incentivos, não dependem do desempenho ou mérito dos trabalhadores. Normalmente os benefícios são atribuídos a todos os colaboradores da organização, excetuando-se alguns benefícios atribuídos apenas a determinadas funções ou grupos de trabalho. Os benefícios podem ser de carácter social ou outro tipo de regalias. Entre os primeiros, temos os seguros de saúde, planos complementares de reforma, assistência médica complementar, subsídios diversos. As outras regalias podem ser a utilização de automóvel da empresa, viagens, planos de férias, utilização de recursos da empresa, descontos, etc.

Estes benefícios são uma boa forma de motivação, já que bons salários não são suficientes para a motivação individual. A melhor forma de motivação é a existência de um clima organizacional saudável que responda às necessidades básicas dos indivíduos.

16.8. DESPEDIMENTO

Quando os trabalhadores entram para uma organização não o fazem para toda a vida. O despedimento é o contrário da admissão e constitui o componente mais desagradável do trabalho do gestor. Por vezes há necessidade de despedir empregados, devido a violação das regras e procedimentos ou por necessidades de ações de reestruturação ou *downsizing* da organização.

O movimento de entradas e saídas de colaboradores constitui um índice da estabilidade da força de trabalho e um movimento excessivo é indesejável pelos custos que envolve para a organização, designadamente:

- Custos com o recrutamento e seleção.
- Custos com o aumento dos acidentes de trabalho, motivados pela falta de treino e de rotina.
- Custos com o treino e formação.
- Diminuição da produtividade até à completa adaptação dos novos trabalhadores.
- Aumento dos desperdícios.

O despedimento tem naturalmente aspetos positivos, permitindo substituir elementos não eficientes e criando oportunidades de mobilidade, de novas ideias, novos estilos, novas tecnologias e recrutamento de elementos mais jovens.

Todavia, o despedimento pode e deve ser controlado de forma a mantê-lo dentro de valores aceitáveis, tendo em conta a necessidade de rejuvenescimento da organização e as capacidades financeiras para fazer face a estes custos. Algumas formas de organização do trabalho possíveis para diminuir o despedimento poderão ser a implementação de trabalho parcial, o enriquecimento de funções (*empowerment*) de forma a tornar o trabalho mais interessante ou o teletrabalho, permitindo que o indivíduo trabalhe a partir de casa.

Os motivos subjacentes ao despedimento podem encontrar-se no interior da organização, em causas externas à organização ou no próprio indivíduo. As causas ligadas à organização podem resultar das seguintes situações:

- Atividade normal da empresa, nomeadamente rescisão de contratos, processo disciplinar ou reforma.

GESTÃO DE RECURSOS HUMANOS

- Necessidade de racionalização da empresa que implique cortes no número de pessoas ao serviço (*downsizing*), fraco desempenho, salários elevados, funções com pouco valor estratégico, pré-reformas, acordos.
- Encerramento da empresa com despedimentos coletivos, reformas.

As organizações devem, no entanto, estar preparadas para fazer face a este tipo de migração de pessoas. No caso das reformas, é possível recorrer a um plano de reformas antecipadas, que possibilite planear os efeitos do abandono. Desta forma as reformas são provocadas e não aparecem de forma imprevista. Nos países europeus, as idades da reforma estão legisladas o que torna a previsão do turnover muito mais fácil.

No que se refere a despedimentos, o planeamento do *turnover* torna-se mais difícil. Os despedimentos podem ocorrer a pedido do trabalhador ou por determinação da empresa. Apesar de existir legislação que obriga a comunicação de despedimentos com antecedência por cada um dos lados, esta antecedência pode não ser suficiente para as ações de recrutamento, seleção e treino de novos profissionais.

A lei portuguesa tipifica as situações em que pode cessar a relação individual de trabalho:

- Por acordo entre as partes.
- Por caducidade do contrato de trabalho.
- Despedimento individual ocorrendo justa causa.
- Despedimento coletivo com fundamento organizativo ou técnico (*downsizing*).

O processo de despedimento deve ser cuidadoso e bem gerido, pois o trabalho tem um significado valioso para as pessoas e é um dos fatores mais importantes de afirmação e integração social. A sua perda pode ter consequências gravosas para as pessoas, tanto no campo económico como no domínio do equilíbrio emocional.

Tendo estes aspetos como referencial, o processo de despedimento deve ser complementado com as seguintes atividades:

- **Informação verdadeira e completa** – deve dar-se informação atempada e adequada à situação, de forma a evitar que a separação surja de surpresa, provocando um choque nos trabalhadores e dificultando o processo de reintegração dos mesmos.

MANUAL DE GESTÃO MODERNA

- **Aconselhamento** – através de técnicos ou serviços especializados, apoiar os trabalhadores a restabelecer a confiança e a autoestima e a procurar um novo emprego.
- **Plano financeiro** – apoiar os trabalhadores no momento da reforma, na escolha de planos complementares de reforma, no aceso ao subsídio de desemprego.
- **Colocação no exterior** – criando ou contratando um serviço de *outplacement* para os trabalhadores no ativo ou ocupação de tempos livres para os reformados.
- **Entrevista de despedimento** – com o objetivo de detetar falhas e corrigir as causas que provocam as saídas das pessoas. Esta entrevista deve ser feita primordialmente aos trabalhadores que abandonam a empresa por sua iniciativa e deve abranger a verificação do motivo básico da saída e a opinião do trabalhador sobre um conjunto diversificado de aspetos relacionados com a política de recursos humanos. Estas informações devem permitir:

  - A análise da situação da organização e do seu ambiente de trabalho.
  - A avaliação dos efeitos da gestão de recursos humanos desenvolvida pela organização.
  - Definição de novas estratégias de gestão de recursos humanos.

Em suma, o processo de despedimento deve ser negociado de forma a não deixar traumas no colaborador, na organização e na sociedade, tendo em conta a importância do trabalho na vida das pessoas e os traumatismos resultantes da falta de trabalho.

16.9. RESUMO DO CAPÍTULO

O principal objetivo do presente capítulo é analisar a gestão dos recursos humanos. A gestão de recursos humanos é uma parte importante da gestão por três razões fundamentais. Em primeiro lugar, porque pode ser uma fonte de vantagem competitiva. Segundo, porque é um elemento importante da estratégia organizacional e, em terceiro lugar, porque a forma como as organizações tratam os seus recursos humanos tem um impacto significativo no desempenho organizacional.

Pela sua importância, a gestão dos recursos humanos não pode ser negligenciada pelas organizações. As pessoas são um dos recursos mais valiosos das organizações, mas são também seres humanos, com os seus problemas, as suas atitudes, os seus comportamentos, que desencadeiam diferentes graus de motivação ou desmotivação. Cabe aos gestores a difícil tarefa de gerir e coordenar as diferentes capacidades e sensibilidades existentes na organização, no sentido de obter o melhor desempenho para as pessoas e para a organização.

Neste capítulo, foram analisadas as diferentes áreas da gestão de recursos humanos, desde o recrutamento, seleção, avaliação do desempenho, passando pelos sistemas de remunerações, incentivos, gestão de carreiras e despedimento e descritos os principais métodos e instrumentos usadas pelos gestores na avaliação do desempenho dos seus colaboradores.

Finalmente foram descritas as principais qualidades que deve ter um sistema de avaliação de desempenho para ter validade e fiabilidade.

QUESTÕES

1. *Defina gestão de recursos humanos e explique como os gestores planeiam as necessidades de recursos humanos para as suas organizações.*
2. *Explique como os gestores planeiam as necessidades de recursos humanos para as suas organizações.*
3. *Descreva as diferenças entre recrutamento e seleção.*
4. *Descreva as fases do processo de recrutamento.*
5. *Quais as vantagens e desvantagens do recrutamento interno e externo? Em que circunstâncias é cada um mais adequado?*
6. *A entrevista é o método mais comum para preencher vagas numa organização. Comente.*
7. *Descreva como os gestores desenvolvem a força de trabalho nas suas organizações através da formação e da avaliação do desempenho.*
8. *Descreva as principais componentes de um sistema de compensações de uma empresa.*
9. *O que entende por Gestão do Desempenho e qual o papel que deve assumir na Gestão de Recursos Humanos?*
10. *Quais as funções e objetivos de um sistema de avaliação do desempenho?*
11. *Quais as vantagens e utilidade da existência de um sistema de avaliação de desempenho para as empresas e para os trabalhadores?*

MANUAL DE GESTÃO MODERNA

12. *Porque falham alguns sistemas de avaliação de desempenho?*
13. *Qual a finalidade da entrevista de avaliação de desempenho?*
14. *Explique as várias abordagens usadas pelos gestores para avaliar o desempenho dos colaboradores.*
15. *Explique os principais estilos que o avaliador pode adotar durante a entrevista de avaliação de desempenho. Em qual dos estilos se revê. Explique.*
16. *Quais os erros e distorções mais comuns cometidos pelos avaliadores no processo de avaliação do desempenho?*
17. *Identifique o que o gestor pode fazer para minimizar as distorções na avaliação de desempenho dos seus colaboradores.*
18. *Explique a opção de redução do número de trabalhadores (downsizing).*

ESTUDO DE CASO 16.1

Imagine que é Diretor dos Recursos Humanos de uma empresa e acaba de fazer a entrevista de avaliação de desempenho de um seu colaborador. Foi confrontado(a) com uma reação negativa do seu colaborador que o(a) questionou sobre a validade do sistema de avaliação de desempenho, tendo mesmo afirmado que não servia para nada.

a. Indique a importância da entrevista no processo de avaliação do desempenho.
b. Quais os cuidados a ter na preparação e na condução da entrevista para evitar situações como a que ocorreu? Que terá falhado neste caso? Justifique.
c. Como reagiria se estivesse colocado perante esta situação? Justifique a resposta à luz dos conhecimentos adquiridos.

ESTUDO DE CASO 16.2

A participação ativa dos colaboradores no processo de avaliação do desempenho é fulcral, por permitir conhecer as expectativas da empresa a seu respeito. Esse objetivo pode ser alcançado com a realização da entrevista de avaliação do desempenho.

a. Que objetivos se pretendem atingir com a realização da entrevista de avaliação do desempenho?

GESTÃO DE RECURSOS HUMANOS

    b. Que estilos de gestão podem ser usados na condução da entrevista de avaliação do desempenho e qual a forma que preconiza? Justifique a sua resposta.

    c. Prepare um modelo de agenda de avaliação de desempenho que adotaria, mencionando os assuntos que quer discutir com os seus colaboradores e o que considera importante transmitir-lhes.

ESTUDO DE CASO 16.3

Rita e António são chefes numa média empresa e frequentam o curso de gestão de recursos humanos. Ainda não foram dadas matérias sobre avaliação do desempenho, mas têm discutido s seus entendimentos sobre o assunto.

António não acredita que se possa fazer uma avaliação justa ao trabalho de um colaborador, a menos que tenham sido definidas as funções e discutidos os objetivos, previamente acordados com o colaborador. Pensa que os objetivos devem ser mensuráveis para que quer ele quer o colaborador possam acompanhar o desempenho e o progresso do trabalho.

Rita, por sua vez, pensa que esta abordagem é perigosa. Pensa que se deve dar aos empregados apenas uma ideia geral do que devem fazer e que os empregados que participam na definição dos objetivos têm tendência a fixá-los muito por baixo. Prefere deixar as expectativas de desempenho vagas para ver quais os empregados que as cumprem por sua própria iniciativa. Se os resultados não estiverem à altura, então far-lhes-á sentir isso.

    1. Qual destas formas de avaliação lhe parece mais adequada? Justifique a sua resposta.

    2. A definição de funções e a fixação clara dos objetivos da empresa e dos departamentos é a componente mais importante de um processo de avaliação de desempenho. Comente.

    3. Quais os objetivos e que regras se devem seguir na definição dos perfis de funções?

ESTUDO DE CASO 16.4

Imagine que é Diretor do Departamento de Recursos Humanos numa média empresa e que o seu colega Diretor do Departamento de Produção durante o almoço lhe relatou a seguinte situação que se passou no processo de avaliação do desempenho de um seu colaborador e lhe pediu o seu aconselhamento sobre a melhor forma de resolver o seguinte problema:

Acabou de fazer a entrevista de avaliação de um seu colaborador, que não correu nada bem. De facto, no fim da entrevista o colaborador recusou-se a assinar a ficha de avaliação porque não concorda com a avaliação que lhe foi atribuída e a considera extremamente injusta, porque se considera um colaborador dedicado, sempre disponível para o que lhe é solicitado e nunca falta ao serviço. A apresentou factos concretos para justificar a sua posição. Disse ainda que o chefe não pode fazer uma avaliação justa do seu trabalho porque não estão definidas as suas funções e não foram discutidos e acordados objetivos para o período da avaliação".

1. Concorda com a posição e argumentos assumidos pelo colaborador? Justifique a resposta.
2. Se fosse o diretor do departamento de produção, como reagiria perante a atitude assumida pelo colaborador? Justifique a resposta.
3. Como diretor do departamento de recursos humanos, que conselho daria ao seu colega da produção, no sentido de evitar situações idênticas no futuro. Justifique a resposta.

REFERÊNCIAS

Almeida, F. N. (1996), *Avaliação de Desempenho*, McGraw-Hill, Lisboa.

Caetano, A. e Vala, J. (2002), *Gestão de Recursos Humanos: Contexto*, Processos e Técnicas, 2ª edição, RH Editora, Lisboa.

Caetano, A. (2008), *Avaliação do Desempenho: O Essencial que Avaliadores e Avaliados Precisam de Saber*, Livros Horizonte, Lisboa.

Câmara, P., Guerra P. e Rodrigues, J. (2013), *Humanator XXI – Recursos Humanos e Sucesso Empresarial*, 6ª Edição melhorada, Publicações D. Quixote, Lisboa.

Donnelly, Gibson e Ivancevich (2000), *Administração: Princípios de Gestão Empresarial*, 10ª Edição, McGraw-Hill, Lisboa.

Jones, G. e George, J. (2011), *Contemporary Management*, 7th edition, McGraw-Hill / Irwin, New York.

Lisboa, J. et al. (2005), *Gestão de Recursos Humanos nas Organizações*, Vida Económica, Porto.

Robbins e DeCenzo (2004), *Fundamentos de Administração*, 4ª Edição, Pearson Prentice Hall, São Paulo.

Rocha, O. e Dantas J. C. (2007), *Avaliação do Desempenho e Gestão por Objetivos*, Editora Rei dos livros, Lisboa.